위대한 조직을 만드는 10가지 절대법칙

위 대 한　조 직 을　만 드 는

10가지 절 대 법 칙

Management
in 10 words

테리 리히 지음
차백만 옮김

21세기북스

감사의 말

1970년대에 내가 경험은 부족해도 패기만은 넘치는 마케팅 직원으로 입사했을 때만 하더라도, 체인형 슈퍼마켓 테스코가 영국 유통업에서 차지하는 위치는 미미했다. 당시 테스코는 저가할인점 이미지를 떨치기 위해 노력하고 있었고, 식료품만 판매했으며, 영국 이외의 지역에는 전혀 진출하지 못한 상태였다. 다행히 1980년대 들어 급성장할 수 있었지만, 1990년대 중반까지도 테스코는 여전히 영국 유통업의 양대 산맥이었던 세인즈베리와 막스앤스펜서에 뒤지고 있었다.

하지만 내가 14년간 최고경영자로 일하다가 은퇴한 2011년, 테스코는 두 회사와 비교해 6배나 큰 대형유통업체로 성장했다. 현재 테스코는 전 세계 3위 유통업체이고 유럽과 미국, 아시아의 14개국에서 6,000곳이 넘는 매장을 운영하고 있다. 전 세계 인구의 절반을 상대로 시리얼, 보험, 휴대전화, 바나나, 의류, 아이폰을 판매하고 있으며, 매주 오프라인 매장과 온라인 매장에서 수백만 명의 고객들을 만난다.

영국 비즈니스 역사에서 가장 놀라운 사례로 손꼽히는 테스코의 대변신에는 여러 요소가 복합적으로 작용했다. 고객들에게 지속적으로 가치를 전달해 고객충성도를 높이려는 끊임없는 노력, 고객충성도 카드와 소매서비스, 새로운 매장 형태로 대변되는 지속적인 혁신이 있었고, 무엇보다도 회사를 성공의 길로 이끌려는 직원들의 의지가 가장 큰 역할을 했다.

애초에 나는 이 책을 쓸 생각이 없었다. 따라서 내가 여러 강연에서 활용했던 아이디어를 책으로 출간하자고 제안한 대니 스턴에게 감사를 표한다. 편집자 나이젤 윌칵슨과 함께 일하는 건 매우 즐거운 경험이었다. 그는 늘 나를 격려해줬고, 내 글을 이해하기 쉬운 구조와 문체로 바꾸는 데 놀라운 실력을 발휘했다. 조지 브리지스에게도 감사드린다. 그는 나를 지속적으로 도와줬을 뿐만 아니라 소중한 조언도 해주었다.

테스코에 몸담았던 건 나로선 행운이었다. 내게 테스코 직원들은 최고의 동료들이었다. 그 이름을 일일이 나열하려면 책 한 권으로는 부족할 것이다. 그렇다고 몇몇의 이름만 언급하자니 이름이 빠진 사람들이 섭섭해할까 걱정이다. 내가 테스코에 몸담았던 30년 동안 나를 도와줬던 수많은 사람들에게 고마움을 전한다. 모두들 내게 작지만 소중한 친절을 베풀었고, 그중 상당수는 내게 큰 도움을 줬으며, 일부 지인과 동료들은 나를 꾸준히 믿어주고 이끌어줬다.

마지막으로 나의 가족들에게 고맙다는 말을 전한다. 아내 앨리슨과 톰, 케이티, 데이비드는 내게 사랑과 보살핌, 웃음을 안겨주었다.

내게 최고의 날은 아직 오지 않았다

영국 정부를 운영하는 고위관료들이 회의실을 가득 메우고 있었다. 그들이 던진 질문은 내가 이전에도 여러 번 받은 질문이었다.

"도대체 방법이 뭐요?"

영국 유통업계 3위에 불과했던 테스코를 전 세계 3위 유통업체로 변모시킨 비결이 무엇이냐는 뜻이었다.

"간단합니다." 내가 대답했다. "고객들에게 가치를 전달하기 위해 끊임없이 노력한 덕이죠. 우리는 단순한 목표를 세웠고, 우리가 지켜야 할 가치를 설정했습니다. 그런 뒤 목표와 가치를 달성하기 위한 업무 절차를 수립했고, 모든 직원들이 자신의 책임을 확실히 인식하게 했습니다."

침묵이 흘렀다.

점잖은 헛기침 소리가 들렸고, 컵에 물을 따르는 소리도 들렸다.

다시 긴 침묵이 흘렀다.

회의실은 너무나 조용했다. "그게 전부요?" 마침내 한 관료가 입을 열었다. 그리고 나는 이렇게 답했다. "그렇습니다."

이 책은 내가 테스코를 이끌면서 배운 교훈들을 담고 있다. 그중 일부는 놀랄 만큼 단순명료하고 당연한 교훈이다. 하지만 나는 전 세계 여러 다른 문화에 속한 사람들과 함께 일하면서, 비즈니스와 삶에 대한 이 기본적이고 단순한 진실이 '너무나 당연하다'는 이유로 간과되거나 무시되고 있다는 사실에 매우 놀랐다. 그들은 영리한 사람들이었지만 '단순함simple'을 '어리석음simplistic'으로 착각하고 있었다. 한마디로 세상이 너무 복잡하기에, 당연히 그 해결책도 복잡해야 한다고 믿고 있는 것이다.

결국 사람들은 해결책이 복잡하다는 생각 때문에 문제를 해결하지 못할 것이라는 무력감에 빠지고, 복잡한 문제를 해결해야 할 책임이 자신이 아닌 다른 사람에게 있다고 믿는다. 직장 상사나 사장, 국가원수, UN이 해결할 문제이지 자신이 해결해야 할 문제가 아니라고 생각한다. 또한 세상이 직면한 문제들이 매우 어렵고 복잡하다는 점을 너무나 순순히 인정하기에 대담한 목표는 결코 달성할 수 없다고 여긴다. 정치와 비즈니스, 민간 분야와 공공 분야를 막론하고, 너무나 많은 사람들이 이런 생각을 당연하게 받아들이고 있다. 하지만 이제는 생각을 바꿔야 할 때다.

세상이 복잡한 건 맞다. 오늘날 우리가 직면한 전 세계적인 문제들-인구 증가, 기후 변화, 글로벌 경제시스템의 규제-은 실제로 매우 복잡하다. 비즈니스 세계 또한 디지털 혁명의 영향력, 미로처럼 얽혀 있는 규제와 법률, 금융시장의 복잡성에 빠져 있다. 하지만 전 세계적인 문제든 기업 경영에 따른 문제든 결국 지속가능하면서 좋은 해결책은 언제나 단순하기 마련이다. 단순한 해결책은 모든 사람들이 이해할 수 있는 해결책이다. 그리고 대체로 모든 사람들이 공감하는 명확한 가치와 원칙을 토대로 한다.

나는 복잡한 도전을 극복하며 테스코를 오늘날의 다국적 대기업으로 변모시키는 과정에서 이런 단순한 교훈을 몸소 배웠다. 그리고 내가 배운 교훈을 독자들과 나누기 위해 이 책을 썼다. 내가 배운 모든 교훈을 10개의 키워드로 정리했고, 이 키워드들은 내가 경험한 경영의 핵심 요소를 담고 있다. 간단하게 10개의 키워드로 내 생각을 정리한 데에는 내 성격도 한몫했다. 사람들은 나에 대해 직설적이고 요점만 말한다고 평가한다. 실제로도 그렇다. 나는 내가 본 그대로를 솔직하게 말하며, 직설적인 내 태도 때문에 상대방의 기분이 상할 때도 있지만, 덕분에 의사전달 과정에서 오류는 없는 편이다.

이 책의 목적에 대해 말했으니 이번에는 목적이 아닌 것에 대해 말할 차례다.

일단 이 책은 테스코에서 보낸 내 인생의 회고록이 아니다. 물론 책에는 내가 30년간 몸담은 테스코에서의 경험이 녹아 있다. 그러나 테스코의 이야기는 지금도 진행형이며, 그 이야기에서 내가 차지하는 부분은 말 그대로 일부분일 뿐이다. 테스코의 성공은 단 한 명의 업적이 아닌, 수만 명의 사람들이 공통의 목표를 향해 열심히 전진한 결과이기 때문이다. 따라서 테스코에서 보낸 내 이야기를 쓴다면 독자들에게 테스코의 성공이 오로지 나 때문이라는 잘못된 인상을 심어줄 수도 있다. 실제로 나는 원고를 여러 차례 탈고하면서 여전히 이 책에 잘못된 인상을 심어줄 만한 부분이 남아 있지는 않은지 고심했다. 만약 그런 인상을 받았다면 사과드린다. 자만심은 흔한 실수이지만, 적어도 내가 이 실수를 최대한 피하려고 노력했다는 점만은 밝히고 싶다.

회사를 경영하다 보면 실수를 저지르기 마련이다. 나 또한 꽤 많은 실수를 범했다. 내가 마케팅이사직을 맡고 처음 추진한 광고캠페인도 실수였고, 매장에 레스토랑을 입점시킨 것도 실수였으며, 대만 진출도 실수였다. 이밖에도 많은 실수를 저질렀다. 나 역시 이런 많은 실수를 저질렀다는 점은 결국 경영자란 위험을 감수하는 직업이라는 점을 잘 보여준다. 위험을 감수하지 않는 의사결정은 의사결정이 아니며, 기업을 성장시키지도 못한다. 따라서 중요한 점은 실수를 통해 배움으로써 치명적 실수를 피하는 것이다.

만약 내가 테스코에서 저지른 실수 때문에 재판정에 섰다면, 아마도 내 변호사는 일부 사안에 대해서는 변호에 성공했겠지만, 일부 사안에 대해서는 유죄를 인정해야만 했을 것이다. 하지만 내가 이 책을 쓴 목적은 내 의사결정의 타당성을 주장하거나 오류를 변명하기 위함이 아니다. 오히려 나는 테스코에 몸담았던 기간 동안 내가 배운 교훈들을 독자들에게 들려주기 위해 이 책을 썼다. 내가 테스코에서 잘했는지 못했는지는 내가 아닌 다른 사람들이 평가할 몫이다.

이 책은 또한 유통업계에만 국한된 책이 아니다. 비록 책에 담긴 많은 교훈들이 유통업계에서 배운 것이지만, 나는 교훈들이 당신의 업무나 직업과 상관없이 모두 통용될 것이라고 믿는다. 그러니 '고객'이란 단어가 나온다고 '우리 회사에는 고객이 없으니 나와는 무관한 내용'이라고 생각할 필요가 없다. 거의 모든 조직에는 고객이 있다. 민간 분야의 일부 기업들은 고객을 클라이언트 또는 바이어라고 표현하지만, 그들도 고객이긴 매한가지다. 공공 분야는 기업처럼 금전 거래가 발생하지 않지만, 대부분의 경우 시민들이 공공서비스를 이용하는 고객들이며, 그 대가로 세금을 납부한다. 여기서 내가 '대부분의 경우'라고 한정짓는 까닭은 공공서비스 중에서 대체재가 없는 경우가 대부분이기 때문이다. 즉 시민들은 정부기관이 제공하는 공공서비스를 어쩔 수 없이 받아들여야 한다. 하지만 유일한 공급자인 공공기관이라 할지라도 성공하려면 명확한 목표와 업무 절차, 그리고 내가 이 책에서 소개할 여러 특징들을 갖춰야 한다.

이 책은 또한 항상 자신의 자리를 염려하면서, 동시에 직원들을 보며 '이젠 뭘 해야 하지?'를 걱정하는 대기업의 최고경영자만을 위한 책이 아니다. 책에 담긴 내용은 대기업뿐만 아니라 중소기업을 포함한 모든 조직에 해당된다.

당신이 기업의 관리자가 아닐지라도 나는 이 책에 담긴 내용이 당신의 삶에 도움이 되길 기대하고 희망한다. 만약 당신이 아주 작은 회사에서 일하거나, 또는 조그만 부서의 일원일지라도, 당신 역시 일상에서 다른 직원들과 관계를 맺어야 하고, 어려운 의사결정을 내려야 하며, 계획을 수립하고 실행해야 할 것이다. 그런 면에서 이 책은 도움이 될 수 있다. 물론 책에 요술 같은 비법이 담겨 있다는 말은 아니다. 이 책은 약장수가 판매하는 만병통치약처럼 '성공과 행복의 비결'을 알려주지 않는다. 만약 내가 그런 약속을 한다면, 당신은 책을 읽다가 실망해서 환불을 요구할 것이다(평생을 유통업에 몸담은 나에게 '환불'은 곧 이 책이 실패작이라는 반증이다). 이 세상에는 성공적인 삶이나 성공적인 사업 비법 같은 건 애당초 없다. 만약 누군가가 그런 비법이 있다고 말한다면 그건 거짓말이다. 다만 이 책에서 소개하는 단순한 진실에 당신의 근면한 노력이 더해진다면 성공 확률은 높아질 수 있다. 그게 내가 약속할 수 있는 전부다.

이 책은 또한 테리 리히라는 개인에 대한 책이 아니다. 나는 사생활 노출을 극도로 꺼리는 편이다. '내 삶'을 취재하기 위해 '개별 인터뷰'를 요청했지만 매번 거절당했던 수많은 언론인들은 하나같이 내가 얼마나 내 얘기를 안 하는 사람인지 잘 알고 있다. 나는 내 개인적인 이야기를 남에게 털어놓는 게 불편하다. 그 이유는 아마 내 삶이 어디까지나 내가 알아서 살아가야 하는 삶이며, 다른 사람들이 내 삶에 대해 별다른 관심이 없다고 생각하기 때문이다.

그럼에도 나는 독자들이 책에 담긴 내용을 이해하려면 어느 정도는 내 삶에 대해 알아야 한다고 생각한다. 왜냐하면 책에는 어쩔 수 없이 내 신념과 가치관이 담겨 있기 때문이다. 그러니 이제 약간 이를 악물고, 어렵지만 테리 패트릭 리히의 삶에 대해 짧게 몇 자 적고자 한다.

내 아버지는 아일랜드의 카운티 슬라이고에서 태어났다. 열 명의 자녀 중 한 명이었고, 다른 형제들은 모두 미국으로 이민을 갔다. 아버지도 미국으로 이민을 갈 생각이었지만, 경주견 도박을 너무나 좋아해서 그 꿈을 잠시 뒤로 미뤘다. 그리고 실제로 도박에서 딴 돈으로 아일랜드를 떠나 영국의 리버풀로 이주했다. 만약 아버지가 돈을 잃었다면, 아마도 나는 미국 시민이 됐을 것이다.

목수였던 아버지는 제2차 세계대전이 발발하자 상선을 타는 선원이 됐고, 애틀랜틱 호를 타고 대양을 항해했다. 그러던 중 아버지가

탄 배가 어뢰를 맞았고, 파편으로 부상을 입긴 했지만 목숨은 건질 수 있었다. 이후 아버지는 폐결핵에 걸렸고, 부상 때문에 더 이상 목수로 일할 수도 없었다. 얼큰하게 술에 취해 경주견 도박에 빠져 사는 게 아버지의 일상이 됐다. 아버지는 친절하고 지적인 분이었다. 아버지는 가끔씩 나를 데리고 경주견 구경을 갔다. 그중에는 불법 경주도 있었는데 무척 거친 사람들이 많았다. 실제로 나는 한 사내가 경주 결과에 불만을 품고 총을 꺼내드는 광경도 목격했다.

어머니도 아일랜드 출신이었다. 카운티 아마의 농부 집안에서 태어난 어머니는 어릴 때부터 가혹한 노동이 몸에 밴 분이었다. 어머니는 간호사가 됐고, 영국으로 건너와 나치의 영국 대공습 시절 엑서터의 병원에서 일했다. 이후 리버풀로 이주해 톡스텍스에서 아버지를 만나 그렇고 그런 과정을 거쳐 가정을 이뤘다. 그리고 1956년, 리버풀 벨베일에서 아들 넷 중 셋째아들로 내가 태어났다.

우리 가족은 공영주택단지에 위치한 조립식 주택에서 살았다. 공장에서 조립돼 건축 현장으로 옮겨져 세워지는 조립식 주택은 제2차 세계대전 당시 공습으로 집을 잃은 수많은 가정들에 제공된 주거 형태였다. 알루미늄 벽에 페인트칠을 한 합판을 덧댄 조립식 주택은 겉모습은 허름했지만 생활하기에는 나름 쾌적했다. 다만 겨울에는 얼어 죽을 만큼 추웠다. 그나마 우리 집은 냉장고와 실내 화장실이라도 있었다.

우리 가족은 노동자 계층─정확히 말하자면 아버지는 '가끔씩 일하는 노동자'였다─이었기에 풍족한 적이 없었다. 1962년에 텔레비전을 처음으로 구입했고, 이후로도 오랫동안 자동차를 소유하지 못했으며, 휴가를 맞아 여행을 떠난 적도 없었다. 나는 옷도 부족했다. 열여섯 살이 되기 전까지 늘 교복을 입고 생활했던 것 같다. 거의 매일 베이컨과 계란, 감자튀김으로 저녁을 먹었고, 금요일에는 생선 요리를 먹었다. 오늘날의 관점에서 보면 당시 우리 가족의 식단은 매우 단순하고 기본적인 수준이었다. 어린 시절에 쌀을 먹어본 적도 없었다. 다만 처음으로 맛본 파스타와 요구르트는 지금도 기억이 난다(당시 나는 열여덟 살이었다).

어린 시절 내게 식료품은 상당히 중요한 부분이었다. 나는 종종 어머니와 함께 쇼핑을 갔는데, 어쩌면 내 몸에 유통점으로 나를 이끄는 유전자가 있었기 때문일 수도 있고, 어머니가 나를 딸처럼 여겼기 때문일 수도 있다. 아무튼 당시 우리 집에서 가장 가까운 가게들은 하나같이 조립식 건축물이었다. 면적은 우리 집보다 더 비좁았고, 매장 안은 상품이 가득했으며, 조명도 매우 어두웠다. 고객들은 상호가 아닌 주인의 이름으로 매장을 구별했다. 로니네 정육점, 해리네 사탕 가게, 조지네 잡화점 같은 식이었다.

내가 처음 다닌 학교는 동네의 가톨릭계 초등학교였다. 나는 학교를 그다지 좋아하지 않아 자주 수업을 빼먹었다. 학습 진도도 느린 편이었다. 우리 집에는 책이 없어 뭔가를 공부하기가 쉽지 않았다. 다행히도 당시 한 학급당 학생이 50명이나 됐지만, 선생님들은 의욕적이었고, 내가 제법 머리가 좋다는 점을 알고는 몇몇 선생님이 학업을 도와주었다. 덕분에 나는 리버풀에서 가장 명문인 세인트 에드워즈 고등학교에 장학생으로 진학할 수 있었다. 등록금을 내야 하는 사립학교였지만 국가가 등록금을 대신 내줬다.

세인트 에드워즈는 내 인생의 탈출구가 됐다. 공영주택단지에 거주하는 다른 가정들과 마찬가지로 우리 가족은 전문직이나 회사의 관리자, 사업가들과 전혀 교류가 없었다. '저들과 우리'로 양분되는 문화라고나 할까. 우리는 늘 없는 이들이었고, 저들은 늘 가진 이들이었다. 그게 정해진 인생이었고, 이런 삶을 거부해도 소용이 없었다. 그저 열여섯 살에 학업을 마치고 일자리—아무 일자리나 상관없었다—를 얻으면 그걸로 끝이었다. 희망을 꿈꾸지 못하는 상황에서도 우리는 사회주의자이자 이웃한 지역구의 노동당 하원의원이었고, 당시 영국 총리 자리까지 오른 해럴드 윌슨을 영웅으로 추앙했다. 우리가 속한 세계를 벗어나 옥스퍼드 대학에 진학한 윌슨은 계속해서 더 높은 사회적 위치로 올라갔다. 한마디로 그는 우리가 속한 암울한 세상에서 탈출한 드물게 운이 좋은 경우였다. 적어도 우리는 그렇게 믿었다.

하지만 세인트 에드워즈의 선생님들—상당수가 그리스도교 형제단 소속이었다—은 내게 전혀 다른 생각을 심어줬다. 나는 학교를 다니면서 알게 모르게 만약 내가 열심히 노력한다면 나도 다른 사람만큼 성공할 수 있다는 사실을 깨달았다. 처음에는 선생님들의 가르침을 거부해 체벌을 받기도 했다. 반항적이었던 나는 몇 년 동안 성적이 하위권을 맴돌았고 교실에서 늘 말썽을 일으켰다. 하지만 대학 입학시험을 준비해야 할 시기가 닥쳐오면서, 나는 내가 교실에서 의견을 말해도 하위권 학생이라는 점 때문에 의견이 관철되지 않는다는 사실을 깨닫고는 학업에 매진했다. 지리, 역사, 경제, 교양 교과서를 독파했고, 상도 받았다. 아마 선생님들도 깜짝 놀랐을 것이다.

당시 리버풀의 산업은 한창 붕괴되고 있었던 반면, 문화는 폭발적으로 성장하고 있었다. 나는 학교에 다니면서 리버풀 출신 밴드의 음악에 심취했다. 게리 앤 피스메이커스, 프레디 앤 드러머스를 들었고, 무엇보다도 비틀스의 노래에 푹 빠졌다. 하지만 문화적 영향력의 폭발적인 증가와 달리, 리버풀의 경제 중심지인 항구는 파리만 날리고 있었다. 한마디로 기회는 갈수록 줄어들고 있었다. 심지어 여름방학 동안 일을 하려고 해도 일자리를 찾을 수가 없었다. 결국 나는 버스를 타고 수백 킬로미터 떨어진 런던 남부의 완즈워스까지 가서 일자리를 구해야 했는데, 여러 곳을 돌다가 대형쇼핑센터에 입점해 있는 테스코에서 일자리를 얻을 수 있었다. 내가 맡은 일은 진열대에 커피와 차를 채워 넣는 것이었다. 나는 그 일이 마음에 들었다. 한 가지 불만이 있다면 매장에서 반복적으로 흘러나오는 음악이었다. 아무튼 테스코에서 여름방학 아르바이트를 마치고 다시 학교로 돌아가면서, 이후 내가 테스코에서 다시 일하게 되리라고는 상상조차 못했다.

원래 내 계획은 학교를 마친 뒤 건축가가 되는 것이었다. 건축이란 직업의 창의성이 좋았기 때문이다. 하지만 성적이 좋지 못해 건축가의 길을 포기할 수밖에 없었다. 차선책은 변호사였지만 그마저도 법대에 갈 성적은 안 된다는 말을 듣고 꿈을 접어야 했다. 이후 내가 관심을 가진 분야가 바로 경영이었다. 왜 경영에 끌렸는지는 나도 잘 모르겠다. 당시 나는 경영에 문외한이었다. 그저 경영자란 직업이 흥미롭고 도전적으로 느껴졌다. 나는 대학에 지원했고, 맨체스터 과학기술대학에 입학할 수 있었다. 향수병에 시달리는 등 학창생활이 무척 힘들긴 했지만, 당시 나는 학업에 꽤 자신감이 있었고, 맨체스터 대학의 교육도 내게 큰 자극이 됐다. 특히 롤랜드 스미스나 케리 쿠퍼 교수로부터 경영에서의 단순함과 초점의 중요성, 특히 고객에게 집중하는 것의 중요성을 배울 수 있었다.

나는 대학 졸업장을 손에 넣은 뒤 일류 소비재를 판매하는 기업들에 지원했지만 모두 퇴짜를 맞았다. 결국 나는 협동조합에 취직해 영국 전역을 돌면서 냉장육이나 치즈 같은 상품을 협동조합 고객들에게 판매했다. 요크셔의 무뚝뚝한 광부들에게 크로텡 치즈와 훈제고기, 올리브를 파는 건 쉽지 않았지만 재미는 있었다. 하지만 나는 지나치게 복잡한 소유구조와 조직구조 때문에 협동조합의 미래가 불투명하다고 느꼈다. 이런 이유로 1979년에 테스코의 마케팅부서에 지원을 했다. 동시에 전망이 밝아 보였던 알칸 포일에도 지원했다. 테스코는 나를 채용하지 않았다. 하지만 다행히도 나 대신에 뽑힌 직원이 일을 너무 잘하는 바람에 다른 부서에 배치됐다. 다시 말해 내 입사 경쟁자의 똘똘함 덕분에 나는 한 번 떨어진 회사에 다시 합격하게 된 것이다. 이렇게 나는 테스코에 합류했고, 이후 33년을 그곳에 몸담았다.

내가 살아온 이야기를 마치기 전에 한 가지 덧붙이자면, 나는 의사인 아내 앨리슨과 결혼해 세 명의 아이를 두었다.

당신의 성장 배경이 당신의 신념과 가치관에 어떤 영향을 끼쳤는지를 정확히 판단하기란 매우 어려울 것이다. 왜냐하면 스스로를 객관적인 시각에서 판단하기란 애당초 불가능하기 때문이다. 다만 여기서 잠시, 내가 심리 상담을 받는다 가정하고 내 성장 배경이 내게 어떤 교훈을 줬는지 살펴보면 다음과 같다.

일단 나는 예의범절, 교육, 근면, 상식, 타인에 대한 존중이 중요하다는 걸 배웠다. 이런 가치들은 모든 가정, 지역사회, 기업과 사회를 이루는 근간이다.

내게는 어떤 어려움이 있더라도 반드시 성공하겠다는 욕구가 있었다. 나는 어린 시절부터 뭔가를 성취하려면 내 힘으로 해야 한다는 걸 배웠다. 다시 말해 나는 '누가 날 좀 도와줘요'가 아닌 '스스로를 돕겠다'는 마음가짐을 늘 잃지 않았다. 내게 실패는 불안정한 삶이자 빈곤을 의미했다. 성공하려면 최선을 다하고 위험을 감수해야 한다는 점도 일찍부터 깨달았다. 내가 다니던 학교의 교훈은 '믿음을 통한 용기'였다. 내게는 두 가지 믿음, 즉 신에 대한 믿음과 자신에 대한 믿음이 있었다.

또한 모든 이들에게 출신 배경을 막론하고 더 나은 삶을 제공하고 싶다는 깊은 소망도 있었다. 그렇다고 정치에 끌린 건 아니다. 연단에 올라 유권자들을 상대로 일장 연설을 늘어놓기엔 지나치게 수줍음을 많이 타는 편이었다. 무엇보다도 정치는 말만 많을 뿐 실천력은 부족한 영역이다. 정치가들은 공약만 남발할 뿐 결과물은 내놓지 못한다. 따라서 나는 정치가 아닌, 보다 영속적인 가치가 있는, 그리고 내가 헌신할 수 있는 분야에 더 매진하고 싶었다.

마지막으로 리버풀 토박이인 나는 리버풀 최고의 축구단 에버튼의 광팬이다.

이 책을 읽다 보면 내가 다른 사람들의 경험과 글을 인용했다는 걸 알게 될 것이다. 만약 '독창성이 부족하다'고 느껴진다면 미안하다. 다만 나는 우리가 '독창적'이고 '새로운' 것만을 찾아가는 과정에서 윗세대들의 경험과 지혜를 간과하는 경향이 있다고 생각한다.

이 책에서 내가 인용한 자료들 중 일부는 지나치게 비대해진 '경영 컨설팅' 시장에서 그나마 보석처럼 빛나는 인물들의 글이다. 군 지휘관의 글도 인용했다. 특히 제2차 세계대전 당시 미얀마에 주둔했던 영국 14군단 윌리엄 슬림 자작의 회고록은 내게 큰 영향을 줬다. 그는 사기가 낮고 패배에 익숙한 군대를 강력한 전투부대로 변모시킴으로써 최후의 승리를 거둔 인물이다. 물론 군대와 테스코를 직접 비교하는 건 무리가 있다. 예를 들어 테스코는 사기가 저하된 적도 없고, 경쟁에서 패배한 적도 없다. 다만 나는 그의 경험 중 많은 부분에 공감했고, 따라서 내 사고방식도 영향을 받았다.

그리고 진부하게 들릴지도 모르겠지만, 군대와 기업 간에는 실제로 공통점이 많다. 군 지휘관은 급변하는 전투 상황에서 수천 명의 병사를 통솔해야 한다. 따라서 명확한 목표의식과 절차가 매우 중요한데, 이건 기업도 마찬가지다. 또한 긴박한 상황 속에서 지휘관은 사소한 부분까지 일일이 고민할 시간이 없다. 전투 중에는 핵심적인 부분만 고민한 뒤 신속하고 민첩하게 움직여야 한다. 전투에서 애매모호한 태도는 패배를 부를 뿐이다. 나는 군대의 단순함, 그리고 핵심에 집중하는 태도를 매우 높게 평가한다. 마지막으로 내가 전쟁사에 관심이 많다는 점도 인정한다. 어쩌면 모든 유통점 주인의 계산대 밑에는 군 지휘관의 지휘봉이 잠자고 있을지도 모르겠다.

책을 시작하기 전에 나에 대해 들려주고 싶은 게 한 가지 더 있다. 나는 낙관론자다. 나는 최고의 날이 아직 오지 않았다고 믿는다. 왜냐하면 전 세계 모든 사람들은 매일매일 단순한 희망 하나씩을 마음속에 품고 살아가기 때문이다. 바로 자신과 가족들에게 더 나은 내

일을 선물하겠다는 소망 말이다. 이건 모든 인류가 꿈꾸는 보편적인 꿈이다. 나는 자유와 자신감, 기회가 주어진다면 인간이 위대한 일을 해낼 수 있음을 믿어 의심치 않는다. 지나치게 이상적인 생각처럼 느껴질지도 모르지만, 적어도 비관적인 것보다는 낫지 않은가.

'나는 결코 꿈을 이룰 수 없다'라고 생각하는 사람이 있다면, 당장 생각을 바꿔라. 좋은 교육과 안정적인 가정 형편이 성공적인 삶의 토대가 되는 건 맞지만, 이런 축복을 타고나지 않았다고 출신 배경에 얽매일 필요는 없다. 과거는 어디까지나 과거일 뿐이다. 과거 때문에 미래를 한정짓는 어리석음을 범하지 마라. 책에서 설명하겠지만 성공 확률을 높이는 방법은 아주 많다. 성공은 결국 마음가짐에 달려 있다. 꿈과 희망이 이끄는 정상에 오르기 위해 노력하지 않는다면, 결국에는 좌절된 꿈만 나뒹구는 암울한 계곡에 처박혀 정상을 올려다보며 탄식만 내뱉게 될 뿐이다. 결국 자신의 행동을 책임지는 건 자기 자신뿐이다. 인생이 나아갈 방향을 결정하는 것도 자신의 몫이다. 때로는 불행과 실수로 좌절하겠지만, 계속해서 전진하고 계속해서 정상을 바라보라. 그리고 이제 책장을 넘겨라.

차 례

감사의 말 4
서문 내게 최고의 날은 아직 오지 않았다 6

위대한 조직을 만드는 절대법칙 1
진실을 직시한다

고객의 목소리에 귀를 기울여라 25 | 진실을 파악하고 실천하라 39 | 조직의 목적을 분명하게 정의하라 63

위대한 조직을 만드는 절대법칙 2
고객충성도를 확보하고 유지한다

충성도가 높은 조직을 만들어라 71 | 사장이 아닌, 고객이 사업을 이끌게 하라 83 | 거대 트렌드의 변화에 주목하라 103

위대한 조직을 만드는 절대법칙 3
새로운 영역에 진입할 용기를 갖는다

용감하고 대담한 목표를 세워라 115 | 새로운 시장을 두려워하지 마라 126 | 고정관념을 부정하면 아이디어가 생긴다 139 | '작은 꿈'은 아예 꾸지도 마라 149

위대한 조직을 만드는 절대법칙 4
기업의 핵심가치를 심어준다

직원들 스스로 성취감을 느끼게 하라 161 | 금전적 이익보다 핵심가치를 우선시하라 182 | 문화가 달라도 가치는 공유하라 190 | 핵심가치로 조직을 개혁하라 204

위대한 조직을 만드는 절대법칙 5
계획대로 실행한다

실행에 집중하라 211 | 실행 절차를 문서화하라 214 | 두려움과 사랑을 모두 받는 리더가 되라 226 | 아이디어가 현실이 되게 하라 236 | 시행착오로부터 성공 요소를 찾아내라 251 | 업무 절차를 통해 더 큰 자유를 부여하라 259

위대한 조직을 만드는 절대법칙 6

균형 잡힌 안목을 기른다

고객의 요구가 반영된 성과지표를 도입하라 265 | 현실을 정확히 이해하라 279 |
단기 성과와 장기적 안목을 균형 있게 유지하라 284

위대한 조직을 만드는 절대법칙 7

모든 것을 단순화한다

단순화하면 조직의 목표가 명확해진다 299 | 과정을 단순화하는 습관을 들여라
306 | 단순한 아이디어에서 거대한 혁신이 시작된다 317 | 단순함으로 통념을 깨
고 효율성을 높여라 330

위대한 조직을 만드는 절대법칙 8

린 사고로 낭비 요소를 없앤다

더 적은 비용으로 더 큰 성과를 거둬라 339 | 린 사고를 적용해 모든 활동을 점
검하라 346

위대한 조직을 만드는 절대법칙 9

경쟁자를 찾아 나선다

경쟁은 곧 생존의 문제다 361 | 경쟁자에게서 배운 교훈으로 경쟁자를 뛰어넘어라
371 | 승리하기 위해 모든 것을 들이붓지 마라 385

위대한 조직을 만드는 절대법칙 10

사람들을 신뢰한다

리더를 신뢰하는 조직을 만들어라 395 | 솔직하게 말하고 정중하게 대하라 399 |
균등한 기회를 주고 자신감을 심어줘라 412

맺음말 고객이 '진실'이다 420
참고문헌 429

진실을
직시한다

조직은 형편없을 정도로 진실을 직시하지 못한다. 오히려 현실을 보고 싶은 대로 바라보고 그 기준에 따라 성공과 실패를 판단하는, 훨씬 쉬운 길을 택한다. 하지만 내 경험상 성공을 거두고 이를 유지하려면 진실을 직시하는 것이 무엇보다 중요하다.

고객의 목소리에
귀를 기울여라

진실을 직시한다는 것은 고통스러운 일이다. 당신은 현재의 직업이 그다지 만족스럽지 않다. 투자가 수익을 거두지 못해 회사가 휘청대고 있다. 당신은 최선을 다해 일하지 않고 있다……. 이런 진실을 다른 사람에게, 심지어 스스로에게조차 털어놓기란 매우 고통스럽다. 한마디로 어떤 식으로든 부족함이나 결함을 인정하기란 매우 어렵다. 그리고 일단 진실을 말하고 나면 온갖 종류의 괴로운 질문들이 고개를 든다. 왜 이런 일이 벌어졌지? 내가 무슨 잘못을 했기에 이런 상황이 닥친 거지? 이 상황을 어떻게 해결하지? 직업을 바꿔야 하나? 직원들을 내보내? 구조조정을 해야 하나? 이런 모든 질문들은 당신, 또는 다른 이들의 변화를 요구한다. 하지만 변화는 어렵다. 특히 그 이유가 당신의 실수 때문이라면 변화는 배로 힘들다.

따라서 사람들은 진실을 직시하기보다 아무것도 하지 않고 현 상태를 고수한다. 물론 당신이 만족하지 못하는 게 자동차나 집이라면 쉽게 상황을 해결할 수 있다. 하지만 당신의 직업에 미래가 없다면, 당신이 속한 회사나 팀이 실수를 연발한다면 불만족스런 상황은 당신의 자신감을 서서히 무너뜨리고 마침내 영혼을 갉아먹는다. 목적의식을 잃었다는 자각, 더 잘할 수 있었는데 그러지 않았다는 후회, 매일 퇴근하면서 그날 무엇을 성취했는지 확신할 수 없는 상황은 하나같이 당신의 사기를 꺾고, 당신을 우울하게 하고, 심지어 체념하게 만든다.

더 힘든 건 조직의 모든 사람들이 당신과 똑같은 생각을 품고 있다는 사실을 알게 될 때다. 최근에 수립된 전략이 제대로 돌아가지 않고 있으며, 이른바 '성과지표'는 무용지물이고, 회사가 방향성을 잃었다는 사실을 모든 직원들이 알고 있는데도 아무도 그 사실을 입 밖에 내지 않는다. 침묵의 시간이 길어질수록 진실, 그리고 미래에 다가올 결과를 직시하기란 더욱 어려워진다. 결국 아무것도 하지 않을 가능성이 더 높아지고, 그러다가 영영 때를 놓치게 된다.

전 세계 모든 조직은 형편없을 정도로 진실을 직시하지 못한다. 오히려 현실을 보고 싶은 대로 보고, 그 기준에 따라 성공과 실패를 판단하는 훨씬 쉬운 길을 택한다. 경영진은 듣기 싫은 이야기에는 귀를 막고, 듣기 좋은 이야기만 듣는다. 문제가 있음을 인정한다는 건 곤란한 결정을 내려야 하거나, 얼굴을 붉히며 회의를 해야 한다는 의미다. 이럴 경우 당신은 다른 직원들의 미움을 살 수도 있다. 그러니 굳이 나서야 할 필요가 뭐란 말인가? 더 심각한 건 진실을 직시하면,

모든 이들이 너무나도 혐오하는 '실패'가 모습을 드러낸다는 점이다. 결국 조직은 서서히 무의식적으로 몸을 사리며 진실을 애써 외면하게 된다. 이사회는 아무 문제 없다고 스스로에게 최면을 건다. 또는 문제가 지나치게 파고들어 헐뜯기를 즐기는 언론, 압력단체, 정치인, 고객들이 꾸며낸 것이라고 단정한다. 이사회는 눈앞에서 벌어지는 심각한 상황을 경영진의 잘못이 아니라고 스스로를 설득한다. 그런 뒤 철저하게 현실을 외면함으로써 문제를 키운다. 이쯤 되면 경영진은 뭔가 바쁘게 움직이고 있다는 모습을 보여주기 위해, 자신들이 상황을 제대로 '통제'하고 있다는 사실을 증명하기 위해 부리나케 수많은 (종종 쓸모없는) 실행 계획과 프로젝트를 추진한다.

역설적으로 성공적인 기업일수록 진실을 외면하고 어려운 결정을 회피하는 상황을 더 쉽게 합리화한다. 모든 경영지표—주가, 매출, 고객 수 등—가 성공을 가리키는 상황에서 굳이 암울한 시선으로 세상을 바라봐야 할 이유가 뭐란 말인가? 이미 잘하고 있는데 왜 굳이 변화해야 하는가? 성공이 결국 자만심을 부르는 것이다. 그 자만심은 당신이 이미 성공을 거둔 세상은 변하지 않을 것이며, 따라서 당신 또한 변화하지 않아도 된다는 착각과 다름없다.

사실 진실이란 단어는 유통업과 잘 어울리지 않는다. 진실은 일반적으로 법이나 종교를 말할 때 사용되는 고상한 단어로, 매장 진열대를 두고 진실을 논한다는 건 허황되게 보일 수도 있다. 하지만 내 경험상 성공을 거두고, 이를 유지하려면 진실을 직시하는 것이 무엇보다 중요하다. 실제로 1990년대에 테스코가 처했던 상황을 돌이켜보면, 진실을 찾는 것이 너무나도 중요했다는 사실을 깨닫곤 한다. 다시 말해 당시 영국 슈퍼마켓 업계에서 중위권을 차지하고 있던 테스코가 더 높이 치고 올라가려면 진실을 찾는 방법뿐이었다.

잠시 테스코의 역사를 뒤돌아보자. 테스코는 잭 코헨Jack Cohen이 제1차 세계대전 참전 뒤 받은 퇴역금으로 복잡한 런던 이스트엔드에 좌판을 열면서 시작됐다. 당시 코헨은 스톡웰T. E. Stockwell에게서 차를 매입(영국의 구화폐 기준으로 1파운드당 9페니에 사들여 이를 다시 0.5파운드당 6페니에 판매[1])하곤 했다. 테스코Tesco란 이름도 스톡웰의 'TES'에 코헨의 'CO'를 더해서 지어졌다. 비록 이름이 뒤에 들어가긴 했지만, 테스코를 주도적으로 이끈 사람은 코헨이었다. 그는 단 하루 만에 좌판에서 차를 450파운드나 판매하기도 했다. 코헨은 물품을 판매하는 데 천부적인 자질이 있었고, 싼 가격에 구매하는 재주도 있었으며, 성공의 비결이 오로지 낮은 가격에 있다고 믿었다. 언젠가 코헨은 반파된 선박에 실려 있던 덴마크 크림치즈를 사들여 자신의 가게로 보냈는데, 함께 보낸 쪽지에는 이렇게 적혀 있었다.

'상표를 떼고 선반에 있는 광택제로 깨끗이 닦은 다음 캔당 2페니에 판매할 것.'[2]

코헨은 상추 잎으로 만든 폴란드산 담배를 사들이기도 했다. 당시 직원의 말을 빌리자면, 그 담배는 '어린 시절 학교 화학실험실 뒤에서 피우던 약초로 만든 담배와 별반 다를 게 없었다.'[3] 한마디로 '슬래셔 잭Slasher Jack'*은 품질보다 가격을 더 중시했다. 코헨의 좌우명이 '물건을 잔뜩 쌓아놓고 헐값에 팔아라'였다면, 가장 좋아하는 격언은 '돈

* 'slash'는 가격을 확 깎는다는 의미다 — 옮긴이

에서 눈을 떼지 말고, 여차하면 튀어라'였다.[4]

코헨의 카리스마, 사업 수완, 열정 덕분에 테스코는 성장 가도를 달렸다. 1950년대 중반이 되자 매장 수가 150개에 달했다. 코헨은 1956년에 첫 슈퍼마켓을 개장했고, 1961년에는 B급 저예산 코미디 영화 시리즈 〈캐리온Carry-On〉의 스타였던 코미디언 시드 제임스를 설득해 당시 영국에서 가장 큰 슈퍼마켓인 테스코 레스터 지점을 열었다[5]. 1970년에 코헨-당시에는 잭 경Sir Jack으로 불렸다-이 은퇴를 하며 사위들에게 경영권을 물려줄 무렵, 테스코의 매장 수는 800개가 넘었다.

하지만 규모가 커졌다고 회사가 더 좋아진 건 아니었다. 테스코는 코헨 그 자체였는데, 그게 문제라면 문제였다. 코헨의 강력한 리더십, 때로는 막무가내식의 저돌적인 성격이 사업에 그대로 반영돼, 실제로 테스코는 계획 수립 과정을 무시하거나, 이사회에서 거친 말이나 그보다도 심한 언사가 오가는 것으로 유명했다.

창업주의 성격을 토대로 한 회사 문화가 늘 성공적인 결과를 가져오는 것은 아니다. 영국은 점차 부유해지고, 늘어나는 중산층의 소득 수준은 높아졌지만, 오히려 코헨이 이룩한 테스코는 점점 빛이 바래갔다. 그에 반해 영국 남부에서는 세인즈베리Sainsbury가 새로운 슈퍼마켓 체인을 구축하고 있었고, 북부에서는 아스다Asda가 한창 대형 마트를 개장하면서 싼 가격에 식료품을 판매하고 있었다.

이런 상황에서 테스코의 생존이 가능했던 까닭은 최고경영자 이안 맥로린, 상무이사 데이비드 말파스, 그리고 떠오르는 샛별이었던 존 길더슬리브로 구성된 경영진 덕분이었다. 잭 코헨이 물러난 이후, 테스코는 낮은 가격에 집중하는 대신 그린실드 쿠폰마케팅 전략에 지나치게 의존하고 있었다(테스코는 고객이 구매한 금액에 따라 쿠폰을 지급했고, 고객은 쿠폰 액수에 따라 더 많은 상품을 구매할 수 있었다). 심지어 담배회사가 테스코를 인수하려다가 회사 브랜드에 악영향을 끼칠까봐 포기했다는 풍문이 돌 정도로 당시 테스코의 상황은 좋지 않았다. 이런 상황에서 이안 맥로린은 그린실드 쿠폰마케팅 정책을 폐기하고, 과거의 공격적인 가격 인하 정책으로 되돌아갔다. 그러면서도 '물건을 잔뜩 쌓아놓고 헐값에 파는' 테스코의 이미지를 개선하기 위해 자체 브랜드 상품, 건강 식단 프로그램을 도입하고 신선식품에 집중했다. 무엇보다 이안이 이끌던 경영진은 자동차를 수유한 소비자들의 증가세를 겨냥해 교외에 대형마트를 세우는 데 집중했다. 그 결과 1988년부터 1990년까지 상품회전율은 50%가 증가했고, 이익은 2배로 늘어났으며, 영업이익도 6%를 넘겼다. 테스코가 보유한 매장 공간-모든 매장 면적을 합한-은 매년 10%씩 증가했다.[6] 한 대형신문은 1990년 테스코의 실적에 대해 이렇게 보도했다.

10년 전만 하더라도 테스코는 업계의 조롱거리였다. 하지만 지금 웃고 있는 건 신이 나서 은행에 돈을 입금하러 가는 테스코다. 한마디로 테스코는 놀라운 성공 신화를 쓰고 있다.[7]

그러나 한창 실적이 개선되던 와중에 하필이면 영국에 불황이 닥쳤다. 고가의 질 좋은 상품을 선호하던 소비자들은 저가상품을 찾게 됐고, 이런 변화는 알디Aldi, 리들Lidl과 같이 영국에 새로 진입한 독일 할인점들에 유리하게 작용했다. 테스코는 비용을 줄여 영업이익을 보호하려고 노력했다. 예를 들어 계산대의 숫자를 줄여 비용을 낮추는 식이었다. 문제는 이런 비용 절감 시도가 오히려 서비스와 고객충성도의 저하로 이어졌다는 점이다. 게다가 금리의 상승으로 상황은 더욱 악화됐다. 특히 금리 상승은 테스코의 고객들에게 더 큰 타격이었다. 반대로 세인즈베리 고객들은 금리 상승에 따른 영향을 덜 받았다. 세인즈베리 고객층은 테스코 고객층보다 연령대가 높아 주택담보대출에 따른 부담도 적었고, 금융소득이 있는 이들도 더 많았다. 덕분에 세인즈베리는 무서울 정도로 치고 올라갔다. 반대로 테스코는 전략에 대한 자신감을 잃었고, 과거에 테스코를 수식하던 '성장 가도'라는 표현은 '갈팡질팡'으로 바뀌었다. 테스코는 다양한 시도를 했지만 대부분 바위에 계란 던지기 식이었다. 한마디로 테스코는 업계 전문가의 말마따나 '막다른 골목에 다다른'[8] 것처럼 보였다.

1992년 당시 테스코의 사기는 크게 꺾여 위기감이 맴돌고 있었다. 그러던 10월의 어느 날, 체스헌트 사무실에서 근무 중이던 나는 이안 맥로린의 호출을 받았다. 이안의 사무실에 들어서니 데이비드 말파스도 함께 있었다. 순간 내 머릿속에 가장 먼저 떠오른 단어는 '해고'였다. 당시 테스코는 고객을 잃고 있었고, 신선식품의 구매와 판매를 총괄하는 이사였던 나 또한 그에 대해 어느 정도 책임이 있었다. 하지만 예상과 달리 둘은 내게 마케팅이사직을 제안했다. 승진이었다.

그러나 나는 창백하게 질렸다. 독이 든 성배처럼 여겨졌기 때문이다. 물론 나는 수락할 수밖에 없었다. 제안을 거절할 처지도 아니었고, 딱히 선택의 여지도 없었다.

듣기에는 그럴듯했지만 테스코에서 마케팅이사직은 이전까지 없던, 그때 처음 생긴 직책이었다. 따라서 마케팅이사가 어떤 역할을 하는지 테스코에서 알고 있는 사람 역시 아무도 없었다. 마케팅이사로 부임한 첫날, 내게는 팀도 없었고 회의 일정도 없었다. 단지 텅 빈 사무실 하나만 주어졌다. 나는 태생적으로 자신감이 넘치는 사람이 아니며, 체계나 실행 계획이 명확히 정해진 상황을 좋아한다. 따라서 나는 이 모든 상황이 매우 불안했다. 하지만 지금 생각하면 새롭게 맡게 된 마케팅이사직의 업무가 명확히 규정되어 있지 않다는 점이 가장 소중한 기회를 제공했으니, 그것은 바로 생각할 수 있는 시간이었다.

내가 맡은 임무는 단순했다. 테스코가 흔들리는 원인을 찾아내어 그것을 고치는 것이었다. 나는 이전부터 테스코의 사업 접근 방식에 무언가 잘못된 점이 있다고 생각했다. 내가 보기에 테스코는 유통업을 한다면서 정작 고객의 생각을 사업에 반영하는 데는 무척 소극적이었다. 물론 테스코도 고객조사를 진행했고, 설문집단의 의견을 들었으며, 소비자의 행동에 따라 매출이 늘거나 줄어드는 상황에 대해 논의하곤 했다. 하지만 진실을 말하자면, 테스코는 결코 고객의 요구에 민감하게 반응하는 조직이 아니었다.

'고객만족'은 공허한 표어에 불과했고, 물류나 운영 절차보다 더 중시되는 가치도 아니었다. 사실 고객에 대한 테스코의 접근 방식은 유통업계에 만연한 관행이기도 했다. 당시의 유통업계는 오로지 운영에만 집착했고, 고객을 상품을 구매하는 수많은 사람들 중 하나로 인식할 뿐이었다.

이런 접근 방식은 내가 대학의 마케팅 수업에서 배운 기본 원칙과 상충했다. 내가 배운 마케팅의 기본 원칙은 성공적인 기업은 단지 고객들의 요구에 집중하는 것을 넘어 모든 사업 활동에서 고객을 핵심으로 본다는 것이었다. 한마디로 고객이 모든 사업 활동의 중심이 되어야 했다. 하지만 우리-테스코의 경영진뿐만 아니라 당시 유통업계 전체를 통틀어-는 소비자의 관점에서 생각하지 않고 있었다. 사업에 대한 가장 근본적인 질문을 회피하고 있었던 것이다.

더욱 큰 문제는 테스코가 테스코 자체의 기준이 아닌 경쟁업체들의 기준에서 경쟁을 하고 있다는 점이었다. 즉 경쟁업체들의 실적과 비교하면서 지속적으로 경쟁업체들을 따라 했다. 당시 테스코는 '벤치마킹 전략'을 신봉했다. 다른 경쟁업체들이 잘하는 게 무엇인지 지속적으로 관찰한 뒤 (솔직하게 실수를 인정한 이안 맥로린의 표현을 빌리자면) '일말의 수치심도 없이 똑같이' 베꼈다.⁹ 결론적으로 테스코의 전략은 '선두업체 뒤쫓기'였지만, 선두업체가 되기에는 부적합한 전략이었다.

따라서 어떤 면에서 나는 내 직감을 따른 셈이다. 나는 고객의 목소리에 귀를 기울인다면, 고객이 직접 성공에 이를 수 있는 길을 제시해줄 거라고 믿었다. 하지만 내 생각이 옳다는 것을 입증하려면 진실을 직시해야 했다. 다시 말해 고객들이 테스코에 대해 어떻게 생각하는지, 나아가 테스코와 같은 유통업체가 자신들의 삶에서 어떤 역할을 해야 한다고 생각하는지가 곧 진실이었다. 그리고 이 진실을 파악하려면 일반적인 고객조사로는 불가능했다. 고객의 내면 깊숙이 파고들려면, 훨씬 강력한 고객조사 방법과 이를 수행할 시간적 여유가 필요했다.

하지만 당시 나는 '지금 당장, 빠르게, 문제를 해결해야 한다'는 압박감에 직면해 있었다. 사실 이런 상황은 매우 흔하다. 기업이 위기에 빠지면 구성원들은 당황해서 허둥지둥하기 마련이다. 수많은 조치가 단행되고 '전략수립팀'이 구성된다. 구성원들은 지금 당장 무언가를 실행해야 한다는 착각에 빠진다. 급한 마음만 앞설 뿐 '우리 회사의 진정한 사업 목적은 무엇인가?'와 같은 근본적인 질문을 고민할 시간적 여유가 없다고 생각한다. 위기에 빠졌을 때에는 오히려 실패의 원인이 된 진실을 직시하는 것이 가장 중요하다는 사실을 망각하는 것이다.

실제로 당시 수많은 이들이 불쑥 내 사무실에 들러 이렇게 물었다. "테리, 해결책 좀 찾았어? 이사회에서 궁금해 죽으려고 한다고." 그러나 마케팅이사가 되고 몇 달 동안, 나는 전혀 해결책을 떠올리지 못했다. 다만 일련의 조치를 단행함으로써 마케팅이사 역할을 수행하긴 했다. 문제는 내가 단행한 조치들이 광범위한 전략이라기보다는 단편적인 전술에 불과했으며, 큰 효과가 없었다는 점이다. 계속해서 계란으로 바위를 치는 데 불과했다. 1993년 런던 증시는 20%가 상승한 반면, 식료품과 유통업계 주가는 20%가 추락했다. 테스코의 주가 하락폭은 더 컸다.

테스코의 주가가 추락하는 동안, 나는 영국 전역을 돌며 소비자들로 구성된 수많은 포커스그룹에 배석해 고객의 말을 경청했다. 나는 고객의 입에서 테스코의 사업 모델이 놀라운 잠재력에도 불구하고 비참하게 실패했다는 말이 나올까 두려웠다. 내 생각에 만약 소비자들이 품질을 원한다면 세인즈베리로 가면 됐고, 낮은 가격을 원한다면 할인점으로 가면 됐다. 한마디로 테스코를 방문할 까닭이 없었다. 설상가상으로 당시 영국에서는 독일 할인점들이 활개를 쳤고, 테스코는 그들의 먹잇감으로 전락할 가능성이 높았다.

나는 테스코가 이전까지는 없었던 대규모 고객조사를 단행해야 한다는 결론을 내렸다. 대규모 고객조사는 매우 대담한 시도였다. 왜냐하면 고객조사를 통해 판도라의 상자를 열면, 그 안에 테스코가 직면하기 두려운 놀라운 진실이 숨어 있을 것임을 알았기 때문이다. 나는 내게 진실을 밝힐 용기와 권한이 있는지 의심스러웠다. 이런 상황에서 내가 대규모 고객조사를 단행할 수 있었던 건 결국 이안 맥로린의 리더십 덕분이었다. 이안은 인정하기 힘든 진실과 대면할 준비가 되어 있었을 뿐만 아니라, 오히려 그것을 원했다. 사실 실패 또는 생존에 대한 위협은 빠른 변화를 이끌어내는 원동력이 된다. 적어도 조직 내에 변화를 추진할 힘과 신뢰가 있다면 위기 상황은 오히려 변화의 계기가 될 수 있다.

실제로 뚜껑을 열어보니 그 안에는 너무나도 참혹한 진실이 숨어 있었다. 테스코에 대한 고객들의 있는 그대로의 진실한 시각은 듣기 힘들 정도로 고통스러웠다. 요약하면, 고객들은 테스코가 자신들을 배신했다고 생각했다. 테스코는 고객의 요구에 관심을 두는 대신 세인즈베리와 막스앤스펜서^{Marks&Spencer}를 흉내내는 데에만 집착하고 있었다. 한마디로 더 이상 과거에 고객들이 알고 있던 테스코가 아니었다. 테스코는 기업의 영혼과도 같은 고객가치를 잃었고, 그와 함께 고객충성도도 사라진 상태였다. 테스코는 경제 불황기에 고객들을 위해 양질의 상품을 그들이 지불할 수 있는 합리적인 가격에 제공해야 했다. 하지만 테스코는 그러지 못했다. 돈이 있는 고객들은 세인즈베리나 막스앤스펜서로 향했고, 돈이 없는 고객들은 할인점으로 향했다. 테스코는 고객들이 원하는 수준의 낮은 가격에 상품을 제공하지 못했고, 오히려 비용 절감에 집중하면서 고객서비스만 형편없어진 것이다. 고객들의 시각은 어디 한군데 꼬투리 잡을 데 없이 너무나 옳았다. 윌트셔의 타운브릿지 매장을 이용하는 고객은 테스코에 대한 고객들의 시각을 이렇게 요약했다.

"나는 테스코를 좋아합니다. 다만 더 이상 테스코에서 쇼핑할 돈이 없을 뿐이죠."

그렇다면 테스코는 최후를 맞이한 것일까? 천만에. 고객들은 테스코로 다시 발길을 돌릴 의향이 있었다. 그들에게 테스코는 여전히 동네에 있는 친숙한 매장이었다. 다만 다시 발길을 돌릴 이유가 있어야 했다. 즉 고객들에게 테스코를 이용해야 하는 이유를 제시해야 했고, 테스코가 고객의 편이라는 것을 보여줘야만 했다.

고객들의 반응은 내 마음속 깊이 잠자던 뭔가를 건드렸다. 고객들의 기대와 요구는 턱없이 허황된 게 아니었다. 고객들은 단지 자신들의 월급잔고가 더 오래 유지될 수 있도록 테스코가 도와주길 원했다. 다시 말해 고객들은 월급으로 자녀들에게 새 신발도 사주고, 휴가를 위해 저축도 하고, 가족과 함께 영화관도 가길 원했다. 나 또한 여유가 많지 않은 리버풀의 가정에서 자라났기에 고객들이 말하는 게 무엇인지를 본능적으로 깨달을 수 있었다.

한 발 더 나아가, 나는 테스코가 고객을 중심에 두지 않았다는 건 고객에게 테스코에서 쇼핑을 하든지 말든지 둘 중 하나를 선택하라고 강요한 것과 마찬가지라는 사실을 알았다. 테스코는 (오늘날에는 매우 당연한) '고급 상품'이 오직 부자들을 위한 것이라는 인상을 고객들에게 심어줬다. 그 결과 테스코 고객들은 진열대 유리에 코를 박고 자신들이 구매할 수 없는 상품을 그저 부러운 눈길로 쳐다볼 수밖에 없었다. 나는 고객들이 원하는 더 나은 삶에 대한 소박한 희망이 테스코에게 기회가 될 수 있다고 믿었다. 이는 또한 테스코의 존재 목적이기도 했다. 바로 소득과 상관없이 모든 고객들에게 양질의 상품과 다양한 선택을 제공하는 것 말이다. 고객들이 원하는 건 양질의 저렴한 상품에 대한 특별한 기대감과 더 큰 만족감이었다. 한마디로 테스코가 보다 저렴하면서 보다 구미를 자극하는 상품을 제공할 수 있다면 상황은 개선될 수 있었다. 물론 테스코는 당연히 중산층과 고소득층을 고객으로 섬겨야 했다. 하지만 저소득층에게도, 다시 말해 매달 빠듯하게 씀씀이를 관리해야 하는 이들에게도 호황이든 불황이든 도움이 되어야 했다. 즉 테스코는 소득 수준과 상관없이 모든 소비자들을 고객으로 섬겨야 했다.

나는 시장조사 결과를 보고할 준비를 마치고 1993년 봄 이사회에 참석했다. 회의실에는 긴장감이 맴돌았다. 이사들은 내 입에서 문제가 해결 불가능할 정도로 심각하거나, 또는 문제의 원인을 찾지 못했다는 말이 나올까봐 겁을 먹고 있었다. 나는 천천히 결과를 발표하며 틈틈이 내 의견을 곁들였다. 내가 가장 강조했던 부분은 테스코가 평범한 소비자들이 자연스럽게 선택하는 대형마트가 되기 위해 필요한 모든 수단을 강구해야 한다는 것이었다. 테스코가 당면한 문제가 해결 불가능하진 않았지만, 그렇다고 만병통치약처럼 단 하나의 해결책이 있는 것도 아니었다. 테스코는 고객들을 위해 수많은 작은 시도를 단행해야 했다. 나는 이런 작은 시도를 '벽돌로 담을 쌓는 과정'이라고 표현했다. 즉 수많은 혁신을 실천함으로써 가까운 미래에 큰 변화를 이루어야 했다. 그리고 이런 시도에는 더 저렴한 가격과 개선된 고객서비스가 포함되어야 했다.

내가 보고를 마치자 이사회는 안도하는 듯했다. 데이비드 말파스는 당시 이사회의 분위기에 대해 이렇게 요약했다.

"문제는 심각했지만, 적어도 그 원인이 무엇인지, 어떻게 문제를 해결해야 할지를 알고 나자 안심이 됐다."

이사회 회의는 진실을 직시했을 때의 위력을 보여줬고, 고객의 중요성도 함께 보여줬다. 즉 고객조사 결과를 두고 이견을 제기하는 건 수천 명의 고객이 틀렸다고 말하는 것과 마찬가지였다. 어느 누구도 테스코에 대한 고객의 시각에 대해 의문을 제기할 수 없었고, 테스코가 왜 사업을 잘못하고 있는지에 대해 반론을 제기할 수도 없었다. 한마디로 고객조사 결과는 우리가 무엇을 잘못하고 있는지를 매우 자세하고도 적나라하게 보여줬다. 책임은 '우리 모두'에게 있었다. 물류부서가 상품 재고를 적절하게 관리했다면 아무런 문제가 없었을 것이라는 식의 책임 전가는 전혀 도움이 되지 못했다. 진실은 고객들이 테스코를 더 이상 신뢰하지 않는다는 것이었다. 따라서 새로운 상품을 선보이거나, 영리한 마케팅을 펼치거나, 또는 물류를 개선한들 고객의 신뢰를 회복하지 않고서는 문제 해결은 요원했다. 즉 우리는 다시 기본으로 돌아가야만 했다.

진실을 파악하고
실천하라

기본으로 돌아간다는 건 고객이야말로 유통업체가 가장 신뢰할 수 있는 조언자라는 사실을 인정하는 것을 의미했다. 고객이야말로 우리를 수렁에서 건져줄 수 있었다. 다만 고객의 의견을 진실의 목소리로 인정하면, 우리는 그 목소리에서 귀를 떼어선 안 됐다. 즉 고객의 시각, 요구, 기대를 우리의 모든 사업 절차와 사업에 대한 사고방식에 반영해야 했다. 고객의 목소리를 외면하던 과거로 되돌아가선 안 됐다.

고객을 중심으로 사업을 펼친다는 건 매우 당연한 말처럼 들린다. 하지만 진정으로 고객과 사용자의 목소리에 귀 기울이고 그에 맞게 반응하는 기업이 과연 얼마나 될까? 학교, 제조업체, 자선단체, 전문 서비스업체, 공급업체를 비롯한 모든 조직에는 고객이 존재한다. 그리고 조직들은 고객에 대해 '잘 안다'고 주장한다. 하지만 실제로 고객을 잘 아는 조직은 찾기 힘들며, 고객의 목소리를 반영하는 조직은 더더욱 찾기 힘들다. 관리자들은 손사래를 치며 "당연히 고객조사를 실시하고 있죠"라고 말하지만, 막상 자세하게 파고들면, 그들이 실시한 고객조사는 이미 알고 있는 사실을 뒷받침할 만한 근거를 찾기 위한 경우가 대부분이다. 또한 고객조사 보고서는 대충 훑어본 후에 책상 서랍에 처박아두기 일쑤다. 결국 이런 조직들은 진실의 빛이 거의 비추지 않는 암흑 속을 헤매고 있는 것과 같다. 모든 분야-유통업부터 도시계획에 이르기까지-에서 진정한 발전을 가로막는 건 결국 고객들의 생각을 제대로 포착하지 못하는 잘못된 고객조사 때문이다.

'고객을 안다'는 것은 제품이나 서비스의 모든 측면에 대한 고객의 시각을 파악한다는 뜻이며, 현재의 제품과 서비스에 대한 고객의 불만을 발견하고, 고객의 마음을 움직이는 요소-감정, 기대, 두려움-가 무엇인지를 안다는 뜻이다. 테스코의 고객조사 결과는 고객이 느끼는 온갖 종류의 감정을 드러냈다. 조사결과에 의하면 일부 고객들은 실직의 두려움에 떨었고, 일부는 누리고 싶은 조그만 호사가 자신들의 소득을 약간 벗어난다는 점에서 실망하고 있었다. 어떤 가족은 함께 식사를 했고, 어떤 가족은 가족 구성원별로 따로 식사를 했다. 심지어 우리는 조사결과를 통해 방향 전환이 힘든 매장의 카트가 고객들에게 얼마나 짜증스러운 물건인지도 알아냈다. 고객에 대한 온갖 형태의 지식을 찾다 보면 끝이 없다. '고객'-그들은 부모일 수도 있고, 환자일 수도 있으며, 서비스를 구매하는 사업가나 최신 유행에 민감한 여성일 수도 있다-의 요구와 기호, 감정은 지속적으로 변화하기에 예측이 불가능하다. 따라서 잠시라도 고객에게서 시선을 떼면, 고객들이 무엇을 원하는지를 바로 놓치게 된다.

　관리자들은 고객에 대한 객관적인 관찰이 중요하다는 사실을 인식하면서도 막상 사업적 의사결정의 토대가 되는 고객조사는 실시하길 꺼려하거나 그 필요성을 무시하곤 한다. 이런 관행은 적절치 못한 경영이자 현대 사회에서 결코 정당화될 수 없는 처사다. 왜냐하면 지금 시대에는 고객의 생각과 감정을 들여다볼 수 있는 수많은 고객조사 기법이 존재하며, 따라서 고객이 특정한 행위를 하게 된 이유나 감정을 훨씬 쉽게 파악할 수 있기 때문이다. 예를 들어 오늘날에는 양적 조사quantitative research와 질적 조사qualitative research가 모두 가능하다(양적 조사는 설문조사를, 질적 조사는 고객층을 대표하는 사람들을 모아놓고 정형화된 방법으로 논의케 하는 조사방법을 고상하게 표현한 것이다). 그뿐만 아니라 이미지조사, 태도조사, 행태조사도 있다. 조사를 위해 전화를 사용할 수도 있고, 온라인이나 대면조사를 진행할 수도 있다. 인터넷의 등장과 함께 조사 기간도 이전보다 훨씬 단축됐다. 즉 이제는 과거처럼 고객조사 보고서를 읽으면서 마치 지난달 신문을 읽는 느낌을 받지 않아도 된다. 고객층을 대표하는 사람들도 훨씬 빨리 모집할 수 있고, 의견도 즉각 수렴할 수 있다.

　오해할까봐 덧붙이는데, 테스코가 내가 마케팅이사가 되기 전까지 단 한 번도 고객조사를 실시하지 않았던 것은 아니다. 사실 테스코는 1980년대 초부터 고객조사를 시행해왔다. 문제는 고객조사가 그다지 포괄적이지 못했고, 따라서 회사의 의사결정에 도움이 되지 못했다는 점이다. 물론 초기의 고객조사는 테스코에 고객에 대한 통찰을 제공하긴 했지만, 1990년대 테스코가 부침을 겪었다는 점에서 볼 수 있듯, 고객의 목소리를 수렴하는 일은 충분하지도, 즉각적이지도 않았다. 다시 말해 고객의 목소리는 테스코의 유전자에 각인되지 않았다. 따라서 테스코는 모든 사업에서 고객의 목소리를 출발점으로 삼지 못했다.

물론 초기의 고객조사가 테스코에 도움이 된 부분도 있었다. 예를 들어 1980년대에 나는 테스코에 '트레이드오프trade-off 조사모델'을 도입했다. 트레이드오프 조사모델은 원래 포드자동차가 처음 고안한 조사기법으로, 언뜻 매우 복잡하게 들리지만 실제로는 경쟁우위를 창출하고 유지하기 위한 매우 단순하고 효과적인 방법이었다. 포드는 당시 개발 중이던 신형 피에스타가 시장 1위인 폭스바겐 골프와 맞설 만한 경쟁력을 갖추길 원했고, 그러려면 여러 문제를 고민해야 했다. 예를 들어 소비자들은 차를 구매할 때 여러 요소를 고려한다. 엔진 성능, 안전성, 좌석의 안락함을 비롯해, 유모차나 주말에 쇼핑한 장바구니가 들어갈 정도로 트렁크가 널찍한지, 연비는 얼마인지 등등 수많은 요소를 고려한다. 피에스타가 최고의 소형차임을 입증하려면 포드는 이런 모든 요소들의 상대적 중요성에 대해 순위를 매겨야 했다.

포드는 고객조사를 단행했다. 고객들에게 다양한 요소들을 제시하고 그중에서 가장 중요한 요소를 선택하게 했다. 이런 식으로 반복하자 마침내 고객의 구매 결정 요소에 대한 순위가 도출됐다. 즉 엔진의 크기와 연비 중에서 무엇이 더 중요한지, 안전성과 넓은 실내 공간 중에서 무엇을 더 선호하는지를 알 수 있었다. 이처럼 고객조사를 통해 포드는 고객의 요구를 더 깊게 파악할 수 있었고, 피에스타가 고객들이 가장 중시하는 요구를 충족하도록 역량을 집중할 수 있었다.

나는 포드의 고객조사 방식을 소비자들이 어떤 매장을 선택하는지를 파악하는 데에도 활용할 수 있다고 봤다. 여기서 잠시, 당신이 어떤 대형마트를 방문할지를 결정하는 과정을 떠올려보라. 당신은 온갖 종류의 요소들, 예를 들어 상품의 다양성 아니면 저렴한 가격, 편리함 아니면 품질, 품질 아니면 가격 등을 평가하고 비교할 것이다. 테스코는 고유한 조사모델을 고안해 고객들이 특정 대형마트를 선호하는 데 영향을 끼치는 요소들을 도출한 뒤, 중요성에 따라 순위를 매길 수 있었다. 그 결과 자동차 구매와 마찬가지로 대형마트를 선택할 때 고려하는 요소도 꽤 많았다. 심지어 고객들은 '신선한 야채와 과일, 또는 다양한 맥주와 포도주 종류'를 두고도 고민했으며, '신선한 빵, 또는 육아용품'을 두고도 고민했다. 우리는 트레이드오프 조사모델을 통해 일부 소비자들이 테스코보다 세인즈베리를 선호하는 이유를 알아낼 수 있었다. 예를 들어 세인즈베리를 선호하는 고객들은 더 나은 품질과 신선식품을 원했다. 트레이드오프 조사모델은 우리에게 고객에 대한 이해를 제공했고, 덕분에 1980년대에 테스코는 고객의 요구에 부합하는 대형마트를 개설함으로써 세인즈베리가 지배하던 시장을 빼앗아올 수 있었다. 하지만 당시 세인즈베리는 우리보다 너무나 멀찌감치 앞서 있었고, 따라서 1980년대에 테스코는 그 격차를 일부 줄이긴 했지만, 끝내 선두를 차지하지는 못했다. 아무튼 1980년대 말이 되자 테스코는 세인즈베리의 강력한 경쟁자가 됐다.

다만 1990년대에는 불황으로 인해 기세가 한풀 꺾인 후였다.

따라서 당시의 고객조사가 테스코의 의사결정 과정을 개선했다는 건 의심의 여지가 없는 사실이다. 하지만 제아무리 뛰어난 조사기법(실제로 트레이드오프 조사는 당시만 해도 최고였다)이라 할지라도 한계는 존재한다. 고객조사에서 도출되는 결론은 결국 당신이 묻는 질문, 당신이 활용하는 조사방법론에 영향을 받을 수밖에 없다. 따라서 아무리 정확한 조사결과라도 반드시 현상을 제대로 반영하는 것은 아니다. 그건 마치 깜깜한 방에 작은 불빛을 비추면 오로지 빛이 다다르는 곳만 훤히 보이는 원리와 같다. 한마디로 고객조사가 모든 것을 보여주지는 못한다.

나는 고객조사의 이런 한계를 잘 알고 있었기에, 고객들의 머릿속과 가슴을 파고들어 그 안에 잠재된 깊은 감정과 이성을 파악하려면 추가적인 조치가 필요하다고 생각했다. 즉 사전에 준비한 질문과 분석기법을 통한 정형화된 고객조사가 아닌, 고객들이 하고 싶은 말을 마음껏 떠들도록 놔두고, 그들의 말에 귀를 기울이면 안 될 이유가 뭐냐고 스스로에게 반문했다. 그리고 1992년에 마케팅이사가 되면서, 나는 이런 생각을 실천할 수 있는 기회를 얻을 수 있었다. 나는 영국 전역의 테스코 매장에서 고객설문단을 운영하도록 지시했다. 주간에 쇼핑하는 고객들과 야간에 쇼핑하는 고객들로 나눠 고객설문단을 조직했고, 직원들이 설문단에 참여하게 했다(고객설문단은 약 30명의 고객들로 구성됐다). 운영은 매장 관리자가 맡았지만, 관리는 본사에서 파견된 전문가들이 직접 했다.

엄격하게 말하자면 고객설문단은 전형적인 고객조사와는 거리가 멀었다. 설문단에 포함된 이들이 과연 테스코 고객을 정확하게 대표하는 이들인지도 의심스러웠다. 하지만 그들은 실제로 고객들이 테스코에 어떤 감정을 느끼는지에 대해 아주 소중하고 주관적인 의견을 제공했다. 그들은 자신들의 일과 삶, 가정, 금전 문제에 대해 끊임없이 이야기를 들려줬다. 어떤 TV 프로그램을 시청하고, 휴일에는 어디로 놀러 가는지, 최근의 화젯거리가 뭔지, 그리고 무엇보다 쇼핑에 대해 얘기했다. 그들은 테스코에 대한 전반적인 의견뿐만 아니라 자신의 동네에 있는 다른 매장에 대해서도 말했다. 테스코의 어떤 점이 마음에 드는지, 어떤 점이 마음에 들지 않는지, 자신들이 무엇을 원하는지, 그리고 이를 위해 테스코가 무엇을 해줬으면 좋겠는지에 대해 말했다. 그들은 다른 대형마트들과 비교해 테스코가 무엇을 잘하고, 무엇이 부족한지를 우리에게 들려줬다.

고객설문단의 사적인 의견은 실제로 일반 소비자들의 삶에 대해 보다 다채로운 시각을 제공했고, 따라서 무미건조한 고객조사보다 호소력도 훨씬 컸다. 예를 들어 런던 외곽의 헤멀 헴프스터드에 거주하는 한 청년은 테스코가 제공하는 4만 개의 상품 중에서 단 하나의 상품 가격만을 보고 테스코의 상품 가격이 전반적으로 높다고 주장했다. 우리는 테스코의 평균 상품 가격을 언급하면서 청년의 생각을 바꿔보려고 했지만, 모든 시도에도 불구하고 청년의 생각은 바뀌지 않았다. 한 연금 소득자는 봉투 값을 지불하길 싫어했는데, 놀라운 건 테스코의 입장에서 보면 봉투 제작비가 아주 푼돈이었다는 점이다. 한 주부는 계산대 앞에 진열된 사탕을 두고 분통을 터뜨렸다. 상품을 계산하는 동안 아이들이 사탕을 사달라고 계속 졸라댔기 때문이

다. 종종 가장 큰 불만을 터뜨리는 이들은 한두 명–대체로 남성–에
불과했고, 그들이 분위기를 주도했다. 다른 고객들은 그들의 불만을
묵묵히 듣다가 점차 더 노골적으로 불만을 털어놓곤 했다. 하지만 가
장 중요한 시각은 이런 강력한 불만이 아닌 여러 사람들의 의견 속에
서 반복적으로 제기되는 문제점이었다. 즉 영국 전역의 각기 다른 고
객설문단에서 동일한 의견이 공통적으로 제시되었다면, 이런 의견이
야말로 가장 중요한 의견이었다.

한마디로 고객설문단은 '집단지성'의 위력이 발휘되는 장이었다. 고
객의 요구(환자의 요구일 수도, 유권자의 요구일 수도 있다)를 의사결정에
반영하는 데 비판적인 시각을 지닌 이들은 고객들의 요구기 너무나
상반되기에 모두 충족시킬 수 없다고 주장한다. 그들은 심지어 의사
결정을 특정 사안에 해박한 사람들, 다시 말해 전문가들에게 맡겨
야 한다고 주장한다. 이런 비판적인 시각에는 사람에 대한 신뢰 부
족, 그리고 시장의 요구가 아닌 중앙집중형 계획 수립이 더 효과적이
라는 잘못된 오해가 자리하고 있다. 하지만 나는 사람들을 신뢰한다.
충분히 많은 사람들과 대화하고 이야기를 듣는다면, 공통된 의견이
모습을 드러내면서 지나치게 극단적인 의견은 저절로 배제되고, 결
국 단순하면서도 강력한, 그럼에도 경영자들이 간과하는 진실이 드
러난다고 믿는다.

우리는 영국 전역에서 고객설문단을 운영했고, 이후 전 세계 테스
코 매장으로 확대했다. 나는 1990년대에도 고객설문단에 자주 참석
해서 뒷자리에 앉아 묵묵히 고객들의 목소리를 경청하곤 했다. 사
실 기업이라는 무대의 한가운데에서 떠들어대는 이들은 대체로 리

더들이다. 하지만 리더로서 내가 가장 잘한 일 중 하나는 고객들이 무대를 차지하게 하고 나는 뒷자리에서 조용히 그들의 말을 경청한 것이었다.

물론 초기에는 나 또한 고객들이 들려주는 고통스런 진실과 테스코의 문제점을 직시하기가 쉽지 않았다. 특히나 테스코에 대한 비판이 우리가 만족시키려 노력했던 고객들에게서 나온다는 사실이 너무나 견디기 힘들었다. 하지만 막상 가장 혹독한 고객의 비난과 직면하고 나니, 오히려 이후로는 고객이 제기한 문제점을 고칠 수 있겠다는 안도감이 느껴졌다. 실제로 고객들이 테스코를 비난했다는 건, 뒤집어 얘기하면 그들이 여전히 테스코가 문제를 개선할 수 있다고 기대하고 믿는다는 의미였다. 그리고 실제로 문제 해결에 착수하고 나자 안도감은 신나는 흥분으로 바뀌었다.

테스코는 고객의 의견을 토대로 대대적인 체질 개선에 착수했다. 테스코가 추진한 모든 변화 중에서 가장 중요한 변화는 테스코의 사고방식이 바뀌었다는 점이다. 보다 쉽게 말하자면 우리는 사업 절차를 완전히 뒤집었다. 즉 고객에서 모든 일이 끝나는 것이 아니라, 반대로 고객에서 모든 일이 시작된다는 원칙을 세웠다. 이 원칙에는 앞으로 두 번 다시 고객을 실망시키지 않겠다는 다짐이 담겨 있었다. 우리는 고객들의 요구를 파악하기 위해, 그리고 경쟁자보다 더 빨리 고객의 요구를 충족하기 위해 최선을 다하리라 다짐했다.

결론적으로, 고객이 입을 열면 우리는 귀를 기울였다. 고객이 요구하면 우리는 들어줬다. 고객이 잘못을 지적하면 우리는 고쳤다. 고객이 늘 옳다는 걸 의심하지 않았고, 반문하지도 않았다. 우리는 고객이 어떤 것을 원하는지는 고객 자신들이 가장 잘 안다고 믿었다. 우리의 임무는 고객들이 원하는 것을 제공하는 것이었다.

고객들은 우리에게 늘 뭔가를 요구했다. 하지만 터무니없는 요구는 절대 하지 않았다. 그들에게는 주인의식이 있었으며, 무엇보다 공정했다. 고객들은 테스코가 끝없이 매장에 재투자를 하거나, 또는 지속적으로 가격 인하를 단행할 수 있다고 생각하지 않았다. 그들은 테스코가 무한정 현금을 보유하고 있다고 생각할 정도로 무분별하지 않았다(나는 정치가들이 모든 일에 더 많은 예산을 투입하겠다고 말할 때마다, 만약 그들 곁에 일반 유권자들이 있다면 그런 터무니없는 공약을 자제할 것이라고 생각한다). 오히려 고객들은 테스코의 문제를 해결하기 위해 경영진이 직면한 어려움을 너무나 잘 이해해줬다.

우리는 고객의 목소리를 경청함으로써 테스코에 어떤 변화가 필요한지를 파악할 수 있었고, 그것을 실행했다. 그리고 단 3년 만에 이런 변화는 테스코가 처한 모든 문제를 해결해줬을 뿐만 아니라 테스코가 경쟁업체들을 제치고 1위 업체로 올라서고, 지금까지도 1위 자리를 유지하게 해줬다.

테스코가 고객의 목소리를 경청해서 수립한 전략 중 대표적인 사례가 바로 1993년에 도입한 '밸류Value 상품군'이다. 밸류 상품군은 매우 기본적인 기능만을 제공하는 상품들로 구성됐다. 즉 테스코는 새롭게 저가상품군을 도입함으로써 당시 불황에 고통받던 고객들에게 다음과 같은 메시지를 던진 셈이다.

"이 힘든 시기에 테스코가 당신의 편이 되겠습니다. 더 이상 할인점에서 쇼핑하지 않으셔도 됩니다."

1년 뒤 테스코는 '한 명 대기' 계산대 서비스를 소개함으로써 영국 대형마트 중에서 최초로 계산대 앞의 길게 늘어선 줄을 없앴다. 이 서비스의 원칙은 단순했다. 계산하려는 고객 앞에 무조건 한 명이 넘는 고객이 대기하고 있어선 안 된다는 것이었다. 만약 계산대 앞에 한 명이 넘는 고객이 대기하고 있다면, 계산대 관리자는 무조건 새로운 계산대를 열어야 했다. 또한 1995년에는 가장 효과적인 시도였던 '클럽카드Clubcard' 고객만족 프로그램을 소개했다(자세한 내용은 뒤에서 소개하겠다).

이런 모든 시도에는 막대한 투자비용과 위험 부담이 뒤따랐다. 밸류 상품군은 경쟁업체들과 가격 인하 전쟁을 부를 수 있는 위험이 있었다. 계산대 앞의 줄을 없애려면 수천 명의 직원을 추가로 고용해야 했고, 따라서 이익도 10%나 손해를 봐야 했다. 게다가 비록 이 모든 시도가 내 뒤를 이어 최고경영자가 된 필립 클라크에 의해 면밀하게 관리되긴 했지만, 매장을 방문하는 고객 수가 늘어난다고 반드시 모든 투자비용을 회수할 수 있는 매출 상승으로 이어진다는 보장도 없었다. 특히나 클럽카드는 위험 부담이 가장 컸다. 왜냐하면 이익의 25%를 포기해야 했기 때문이다. 나아가 경쟁업체들도 비슷한 프로그램을 도입한다면, 제로섬 게임에 빠질 수도 있었다. 다시 말해 유통업계의 전체 매출이 정체된 상태에서, 업계 이익의 4분의 1이 고스란히 고객의 호주머니로 빠져나갈 수도 있었다.

따라서 회사 내부와 주주들 사이에서는 이런 대대적인 조치를 반대하는 목소리도 있었다. 하지만 그들의 주장은 어디까지나 육감에 의한 반대였고, 변화에 대한 저항이자 진실을 회피하려는 시도에 불과했다. 반대로 우리에게는 진실이 있었다. 변호사가 즐겨 말하는 '논쟁의 여지가 없는' 명백한 증거가 있었다. 바로 고객이 원한다는 것이었다. 게다가 우리가 고객의 요구를 중시한다고 해서 그들을 만족시키기 위해 돈을 퍼주자고 주장한 것도 아니었다(고객들은 상식적으로 행동한다. 기업이 절대 그럴 수는 없으며, 오히려 수익을 창출해야 한다는 사실을 너무나 잘 안다). 우리는 고객의 말을 경청하고, 그들의 요구를 불가능한 것으로 속단하지 말자고 주장했을 뿐이다. 그런 뒤 고객의 요구를 전부, 또는 일부나마 들어주면서 동시에 수익을 낼 수 있는 방법이 있는지 찾아보자는 게 우리의 주장이었다.

고객조사는 테스코가 현 상태에 머무는 것은 답이 될 수 없음을 분명하게 보여줬다. 한마디로 변화가 없으면 미래도 없었다. 테스코는 결국 변화를 도입했다. 그리고 유통업계에서 가장 먼저 고객중심으로 변모했다는 점은 테스코에 유리하게 작용했다. 왜냐하면 고객들이 우리가 변화한 까닭이 자신들을 위해서라는 걸 알아챘기 때문이다. 테스코의 변화 노력은 법이나 제도로 강제된 게 아니었다. 경쟁 때문도 아니었다. 경쟁업체들은 우리가 추진하는 변화를 전혀 시도하지 않고 있었다. 따라서 고객들은 테스코가 자신들을 위해 먼저 변화를 추구하는 것을 좋게 보았고, 시간이 지나면서 이런 노력은 고객들의 충성도 증가로 이어질 수 있었다.

나아가 경쟁업체들이 테스코의 변화를 따라 하기 시작하자, 고객들은 그 까닭이 자신들을 위해서가 아니라 테스코에 밀리지 않기 위해서라는 것 또한 즉각 알아챘다. 그 결과 경쟁업체들의 고객충성도는 증가하지 않았다. 이처럼 경쟁업체의 변화 시도를 '카피'해서 재미를 보는 경우는 거의 없다. 그 이유는 시도에 진정성이 없기 때문이다. 예를 들어 직원들은 회사가 변화하는 이유가 경쟁업체에 뒤지고 있어 별수 없이 뒤늦게나마 따라잡으려는 시도라는 걸 금세 파악한다. 고객 역시 이런 열정 없는 변화를 즉각 눈치챈다.

우리가 고객의 의견을 듣고 가장 먼저 바꾼 것 중에 하나가 매장 구조였다. 내가 마케팅이사로 임명됐을 무렵만 해도 테스코의 매장은 유통업계 중에서 인테리어에 가장 많은 비용을 투자하는 것으로 유명했다. 테스코는 매장에 최첨단 고급 인테리어를 적용하는 데 엄청난 돈을 투자하고 있었다. 실제로 테스코의 매장 설계는 전 세계의 유통업체들이 부러워하고 모방하는 디자인이었다. 다만 문제는 우리가 매장을 세우면서 고객들에게 다음과 같은 가장 기본적인 질문을 던지지 않았다는 것이다.

"이런 디자인의 매장에서 쇼핑하고 싶습니까?"

사실 이건 너무나 당연한 질문이었지만, 어찌된 영문인지 우리는 고객들에게 이 질문을 던지지 않았다.

우리가 뒤늦게나마 고객들에게 매장 디자인에 대해 의견을 물었을 때, 고객들이 내놓은 답변은 충격적이었다. 고객들은 전 세계 건축업계의 갈채를 받던 인테리어를 칭찬하기는커녕 조금도 마음에 들이 히지 않았다. 고객들이 느끼기에 테스코 매장은 너무 서늘해 추울 정도였고, 친근감을 불러일으키지도 않았으며, 지나치게 공장 같은 느낌이라 유통업체라기보다는 창고 같았다. 당시 우리는 매장의 전체적인 조명을 약간 어둡게 하되, 진열대만 밝게 비추는 방식을 취하고 있었다. 이는 매장 설계자들이 보기에 고급스런 디자인이었지만, 고객들은 매장 안이 너무 어둡다고 지적했다. 매장의 냉장 진열대와 냉동 진열대는 문이 없는 최첨단 설비였는데, 고객들은 항상 열려 있는 진열대 탓에 매장이 너무 춥다고 불평을 했다. 상품 진열대마다 특색을 주기 위해 구조를 약간씩 다르게 배치한 것도 고객들에겐 복잡하게 느껴질 뿐이었다.

매장 설계 담당자들이 뛰어난 인재였던 건 사실이지만, 고객을 전혀 고려하지 않고 매장을 설계했던 게 문제였다. 어쩌면 그들은 '고객에 대해선 이미 충분히 잘 알고 있기 때문에 그들의 의견을 묻지 않아도 된다'고 생각했을 수도 있다. 그리고 경영진은 그들이 고객이 아닌 경영진의 입맛에 맞게 매장을 설계하는 걸 묵인했다. 한마디로 처음부터 고객의 편의에 맞게 매장을 설계해야 한다는, 너무나도 당연한 원칙을 망각했던 것이다.

우리는 이런 사고방식을 송두리째 뒤집어야 했다. 매장 설계 담당자들은 처음에는 고객중심의 매장 설계가 자신들의 창의성을 침해한다며 반발했다. 하지만 그들은 막상 고객의 의견이 반영된 설계 지침이 주어지자 매우 성공적인 매장 설계안을 내놓았다.

새로운 매장을 설계하기에 앞서, 문제가 되는 기존 매장 구조부터 바꿔야 했다. 우리는 고객설문단의 의견을 듣는 한편, 매장 직원들로 하여금 큰 비용을 들이지 않고 구조를 개선할 아이디어를 내게 했다. 고객과 매장 직원들의 의견을 반영해서 시행한 조치는 평범한 것들이었다. 일단 조명을 밝게 했고, 벽은 좀 더 따뜻한 색깔로 바꿨다. 진열대 높이를 낮춰 고객들이 쉽게 상품을 집을 수 있게 했다. 그러자 진열대 통로도 훨씬 넓고 밝아 보이는 효과가 나타났다. 상품 진열도 더 단순하게 바꿨다. 안내 표지도 눈에 잘 보이게 개선했고, 매장 입구도 깨끗하게 정리하여 고객들이 보다 넓고 친근한 느낌을 받게 했다. 카트 손잡이를 닦을 수 있는 물수건과 농산물을 포장하기 위한 대용량 봉투를 비치했고, 화장실에는 기저귀를 갈 수 있는 수유실을 설치했다. 주차장 구조를 바꾸고 안내 표지판을 개선해 차량 진입을 훨씬 용이하게 했다.

변화는 연속적으로 이뤄졌다. 하지만 이런 변화들은 하나같이 큰돈이 들지 않았다. 실제로 테스코는 매장별로 예산이 한정돼 있었는데, 구조 변경을 위한 투자비용 때문에 예산 부족에 시달린 경우는 단 한 번도 없었다. 오히려 테스코의 변화 조치는 예산보다는 좋은 관리자, 상식이 있는 관리자를 더 많이 요구했다. 무엇보다 이런 변화를 가장 환영한 건 고객들이었다. 다시 말해 우리는 고객들의 의견을 반영함으로써 고객들에게 테스코가 신뢰할 수 있는 기업이라는 이미지를 심어줬다. 나아가 더 이상 세인즈베리와 막스앤스펜서를 모방하던 과거의 테스코가 아니라 고객에게 집중하는 테스코라는 점을 몸소 실천했다. 고객들은 우리가 일부러 돈을 들여 자신들에게 더 나은 쇼핑 경험을 제공하려 한다는 걸 분명히 알았던 반면, 과연 우리가 투자비용을 뽑을 수 있을지는 확신하지 못했다. 그리고 이 점이 고객들에게 좋은 인상을 심어줬다. 즉 우리는 단순한 수익 창출보다 고객의 요구를 더 중시한다는 걸 실제로 보여줬고, 그러자 고객들도 자신들과 테스코의 관계를 다르게 인식하기 시작했던 것이다. 우리는 테스코의 변화를 고객들에게 알리기 위해 프루넬라 스케일스(TV 시트콤 〈폴티 타워스Fawlty Towers〉에 출연했던)가 등장하는 '다티

Dotty' 광고캠페인을 펼쳤다. 광고는 매우 성공적이었다. 광고에는 까다로운 고객인 '다티'가 등장하는데, 매 광고마다 다티의 불만을 해소해주는 테스코의 혁신적인 서비스가 소개되면서 테스코가 고객에게 더 나은 쇼핑 경험을 제공한다는 메시지를 전달했다.

돌이켜보면 '뉴룩New Look'(매장 구조 개선을 위한 조치들)은 매우 작은 변화이자 테스코의 역사에서 지극히 사소한 부분에 불과하다. 하지만 고객들의 의견을 반영하여 매장 구조를 바꿔가는 과정은 테스코의 미래에 매우 중대한 영향을 끼쳤다. 당시에는 깨닫지 못했지만, 우리는 이 사소한 혁신의 과정을 거치면서 그저 그런 유통기업에서 위대한 마케팅기업으로 변모할 수 있었다. 즉 1980년대의 테스코와는 백팔십도 달라진, 고객중심 기업으로 탈바꿈했던 것이다.

이게 첫걸음이었다. 이후로 고객은 우리가 중요한 의사결정을 할 때 가장 먼저 고려하는 요소가 됐고, 불가능한 문제를 해결하는 데 필요한 조언과 지혜를 제공하는 근원이 됐다.

예를 들어 2000년대에 들어서면서 우리는 일부 테스코 매장이 지역의 인구계층구조를 제대로 반영하지 못하고 있다는 걸 깨달았다. 사실 인구통계학적 구성은 유통업체에 매우 중요하다. 대형마트는 지역사회의 인구계층을 제대로 반영하지 못하면 지역주민들과 연대감을 맺을 수도 없고, 지역사회의 생활방식에 침투하지도 못한다. 결국 지역주민들의 삶과 문화, 씀씀이와 하나가 되지 못하고 빙빙 겉돌다가 고객의 외면을 받게 된다.

우리는 그동안 매장 부지를 선정하고, 매장을 설계하고, 판매할 상품군을 정할 때 늘 영국 인구총조사 통계자료를 활용해왔다. 문제는 인구총조사가 10년에 한 번씩 수행된다는 점이다. 게다가 인구총조사는 원래부터 정확성이 떨어진다. 이민자들이 증가하면서 영국의 문화가 빠르게 변하고 있는 것도 문제였다. 한마디로 인구통계자료는 이런 현상을 제대로 반영하지 못했다.

이 문제는 2005년 런던 서부의 슬라우 지역에 매장을 재건축하면서 해결의 실마리를 찾게 된다. 슬라우 지역은 주변을 한 바퀴 둘러보기만 해도 2001년 인구총조사 이후 지역사회가 크게 달라졌다는 걸 쉽게 알 수 있었다(2003년부터 2006년까지 슬라우 지역의 학교에서 영어가 모국어가 아닌 학생의 비율은 영국에서 가장 높은 수준인 7%나 증가했다.[10] 심지어 50명의 폴란드계 아동들이 한꺼번에 한 학교에 입학한 경우도 있었다).[11] 하지만 테스코 매장은 지역사회의 변모를 제대로 반영하지 못하고 있었다. 게다가 리모델링한 대형마트가 들어서더라도 과연 30개국으로 구성된[12], 전체 슬라우 인구의 40%를 차지하는[13] 다문화 주민의 요구를 제대로 반영할 수 있을지도 불투명했다. 한마디로 슬라우 지역에 위치한 기존 테스코 매장은 제대로 고객들을 섬기지 못하고 있었고, 계획 중이던 새로운 매장도 그다지 효과가 없을 게 분명했다.

우리는 슬라우 지역사회를 파악하기 위해 심혈을 기울였다. 고객 설문단 모임을 자주 열고, 지역 내 이민자 단체의 수장들과 자주 대화를 하면서 주민들이 무엇을 원하는지 진실을 알아내기 위해 애썼다. 슬라우 주민들은 자신들의 문화에 익숙한 식료품을 쉽게 구하고 싶어 했다(가급적이면 낮은 가격에 대량으로 구매하길 원한다고 덧붙였다). 또한 전통적인 복식이 반영된 의류상품을 원했고, 매장에서 이민자들의 전통적인 축제나 명절을 축하하는 행사가 열리길 원했다. 우리는 주민들의 요구를 반영하기 위해 마케팅 정책을 바꿔야 했을 뿐만 아니라 인도, 파키스탄, 방글라데시와 폴란드를 비롯한 여러 국가에서 1,000여 개에 달하는 다양한 식료품을 들여오기 위해 아예 공급망을 새롭게 구축해야 했다. 매장 구조 또한 대폭 변경해야 했고, 정육점이나 전통 인도 음식을 판매하는 코너를 만들어 지역상인이 직접 운영하게 해야 했다. 우리로서는 첫 시도였다.

리모델링한 매장은 개장과 동시에 대성공을 거뒀다. 매장의 분위기와 느낌, 다양한 인종으로 구성된 고객들과 매장 직원들은 슬라우 지역사회를 제대로 반영했고, 그 결과 매출은 이전 매장에 비해 2배나 뛰었다. 만약 우리가 오로지 인구총조사 자료에만 의존해서 새롭게 매장을 열었다면, 이런 큰 성공을 거두진 못했을 것이다. 즉 성공적인 변화의 원인은 지역주민들과 직접 접촉하면서 그들의 이야기를 적극적으로 들으려는 자세에 있었다. 우리는 또한 중요한 교훈도 배울 수 있었다. 슬라우 매장의 성공 사례는 테스코의 매장 건립 절차를 완전히 바꿔놓았고, 여기서 배운 교훈은 이후 영국 전역에서 매장을 신축하거나 리모델링할 때 활용됐다. 결론적으로 우리는 테스코가 미래에도 변함없이 일반 소비자들이 가장 애용하는 유통업체로 남고 싶다면, 새롭게 등장하는 역동적인 다문화 지역사회의 요구를 수용하기 위해 테스코도 함께 변해야 한다는 교훈을 얻었다.

시간이 지나면서 우리는 고객들이 문제 해결의 열쇠일 뿐만 아니라 테스코의 경쟁우위가 된다는 사실도 깨달았다. 뉴룩 프로그램을 시행하고 몇 해가 지났을 무렵, 우리는 고객들에게 기존 매장의 리모델링과 신규 매장의 설계를 도와달라고 요청했다. 사실 대형마트

매장은 매우 번잡한 공간이다. 상품을 나르는 트럭들이 수시로 오가고, 여기저기서 물건이 깨지거나 바닥에 액체가 쏟아지고, 유모차를 끌며 쇼핑을 하는 주부도 많기에 건물도 빨리 마모된다. 따라서 종종 새로 벽을 칠하는 것보다 훨씬 많은 보수작업이 필요하다. 테스코의 경우 5년마다 한 번씩 매장을 리모델링하고, 10년마다 한 번씩 조명이나 냉난방기, 냉장고와 같은 실내설비를 교체한다. 테스코는 수많은 매장을 보유하고 있기 때문에 리모델링 작업은 연중행사라고 할 수 있다. 영국에서만 연간 100개의 매장에서 리모델링 작업이 진행되고, 투입되는 예산만도 2억 파운드에 달한다. 해외 매장까지 합치면 그 규모는 어마어마하다.

이처럼 리모델링이 여러 곳에서 동시다발적으로 진행되다 보니 본사 입장에서는 개별 매장에 일일이 신경을 쓰지 않는 경향이 있었다. 즉 본사는 개별 매장의 요구에 맞게 리모델링을 하기보다는 모든 매장에 동일한 구조를 적용하려고 했다. 하지만 지속적인 보수와 리모델링은 영업에 방해가 됐고, 나아가 고객들에게도 불편을 끼쳤다. 심지어 고객들은 리모델링한 매장이 전혀 마음에 들지 않는다고 말하곤 했다. 따라서 어떤 면에서는 매장에 대한 투자가 오히려 고객가치를 파괴하고 있는 셈이었다.

물론 우리는 고객의 불만을 무시한 채 지속적으로 리모델링을 진행할 수도 있었다. 왜냐하면 유통업체에 리모델링 작업은 필수적인 절차이기 때문이다. 대형마트는 시설이 낙후되는 속도가 빠른 편이다. 낙후된 매장은 리모델링하지 않으면 고객이 줄고, 매출이 줄어들기에 결국에는 회사의 비용을 축내게 된다. 한마디로 리모델링을 미루면 미룰수록 회사 입장에서는 손해다. 하지만 테스코가 고객과 좀 더 직접적인 관계를 맺어야 한다고 느꼈던 나는 리모델링을 하기 전에 고객설문단을 꾸려 매장 리모델링을 설명한 뒤, 예산이 허락하는 범위 내에서 매장의 어떤 부분부터 손봐야 할지를 직접 물어보는 게 어떻겠냐고 제안했다.

아주 어리석은 생각처럼 보일지도 모르겠다. 고객은 매장 설계 전문가도 아니고, 매장 구조에 대해서도 잘 모르기 때문이다. 그런데 왜 굳이 고객들에게 의견을 묻는단 말인가? 고객들이 매장 마케팅에 대해 아는가? 매장의 최근 동향에 대해 아는가? 무엇보다 고객들이 제공하는 공짜 조언이 과연 도움이 될까?

당연히 직원들도 같은 생각을 했다. 그들은 내 제안에 우려의 시선을 보냈다. 아마 이런 생각도 했으리라. '이번에 테리가 또 무슨 사고를 치려는 거지?' 하지만 마케팅팀과 매장 설계 담당자들은 내 제안대로 고객설문단을 구성함으로써 나에 대한 신뢰를 보여줬다. 그들은 고객설문단에게 리모델링과 관련한 최소한의 지침만 설명한 뒤 마음껏 의견을 제시하게 했다. 고객들의 반응은 기대 이상이었다. 그들은 리모델링에 직접 관여할 수 있는 기회를 매우 기쁘게 받아들였다. 매장 리모델링을 마치 집 안 인테리어를 새로 바꾸는 것처럼 재미나게 여겼다. 게다가 비용은 회사가 모두 부담하니 금상첨화였다. 무엇보다도 그들이 대체로 매장 한 곳을 정해 그곳에서 모든 쇼핑을 한다는 점도 강력한 동기부여가 됐다. 매장 구조가 좋아지면, 그만큼 자신들에게도 득이라고 느꼈던 것이다. 그렇다면 고객의 의견을 반영한 리모델링의 성과는 어땠을까? 매출과 고객만족도 모두 크게 증가했다.

내가 전혀 기대하지 않았던 성과도 있었다. 고객들은 기존에 우리가 쓰던 리모델링 예산의 절반 정도만 지출하자고 제안했다. 비록 자신들의 돈이 아닌 회사 돈이었음에도, 그들은 가정에서 한 푼이라도 절약하는 습관이 몸에 밴 이들답게 현명한 지출을 제안했던 것이다. 고객들은 같은 돈을 상품 가격을 더 낮추는 데 활용할 수 있다면, 쓸데없는 인테리어 장식에 굳이 돈을 들일 필요가 없다고 생각했다. 고급 와인 진열대나 광택이 도는 조명, 디자이너가 설계한 멋들어진 계산대 같은 건 그들에게 필요 없었다. 실제로 매장 설계 담당자들이 보기에 고객들이 좋아할 만한 것들을 고객들은 오히려 필요 없다고 말했다. 우리는 고객들이 들려준 진실한 의견 덕분에 매장마다 리모델링 비용을 약 100만 파운드씩이나 절감할 수 있었다.

고객설문단이 들려준 또 다른 진실은 테스코가 이전에는 취급하지 않던 새로운 식료품을 제공하는 계기가 되기도 했다. 나는 1990년대 중반에 수많은 고객설문단 모임에 참석하면서 고객들이 자주 특수 식단에 대해 언급하는 걸 들었다. 솔직히 그전까지만 하더라도 우리는 알레르기가 있는 고객들에게 관심이 없었다. 시장조사 통계만 보더라도 알레르기가 있는 고객들이 구매하는 제품은 무시해도 될 만큼 그 비중이 낮았다. 하지만 고객의 입장에서 생각하니 전혀 다른 측면이 보였다. 만약 가족 중 한 명에게 글루텐 알레르기가 있는 경우, 글루텐 알레르기를 피할 수 있는 특수 식단은 가족 전체가 어느 매장에서 쇼핑할지를 결정하는 매우 중요한 요소였다.

지금 생각하면 너무나도 당연한 이치다. 어느 부모도 한 매장에서 쇼핑을 한 뒤에 다른 매장을 방문해 알레르기를 앓는 자녀를 위한 식료품을 따로 구매하길 원하지 않는다. 따라서 알레르기가 있는 자녀의 부모는 대체로 알레르기질환용 식품을 판매하는 매장을 방문해 모든 쇼핑을 한꺼번에 해결한다. 다시 말해 알레르기질환용 식품을 구매할 수 있는지가 다른 상품을 구매하는 것보다 훨씬 중요한 고려사항인 셈이다. 따라서 매장은 단지 소량의 알레르기질환용 식료품을 판매함으로써 한 가족이 매주 쇼핑에 지출하는 100파운드를 모두 차지할 수 있었다.

그러나 우리는 이런 가족에 대해 진지하게 고민한 적도 없었고, 특수 식단 시장이 매우 큰 잠재력을 지니고 있다는 사실을 아는 직원도 없었다. 우리는 글루텐 무첨가 식료품 시장이 너무 작다고만 생각했을 뿐, 이 시장을 공략할 경우 거대한 소비시장도 따라온다는 사실은 알지 못했다. 테스코 본사 역시 이 매력적인 기회에 대해 처음에는 긍정적인 반응을 보이지 않았다. 당시 테스코가 특수 식료품을 제공할 준비도, 의지도 부족했기 때문이다. 다양한 알레르기질환용 식료품을 제공하려면 회사는 상품군과 브랜드를 비롯한 많은 부분에서 업무 절차를 조정해야 했다. 반면에 구매 담당자가 일일이 재고를 관리하기에 알레르기질환용 식료품의 판매량은 너무 적었다.

그런 와중에 나는 아주 특별한 고객의 도움을 받게 되었다. 패트리샤 휴웨이는 테스코 매장에서 쇼핑을 하는 고객이었고, 그녀의 아들 조지에게는 글루텐 알레르기가 있었다. 패트리샤는 매우 의지가 강한 어머니였다. 테스코에서 자신이 원하는 알레르기질환용 식료품을 구매할 수 없자, 내 사무실로 직접 찾아왔던 것이다. 패트리샤는 자신의 상황을 설명한 뒤, 내게 자신을 채용하면 자기 아들처럼 알레르기를 겪는 이들을 위한 상품군을 테스코 매장에 배치하겠다고 제안했다. 고객을 무조건 신뢰해야 한다고 믿는 나로서는 도저히 그 제안을 거절할 수 없었다. 그렇게 우리는 패트리샤를 채용한 뒤 회사 차원에서 약간의 지원을 해주었다.

패트리샤는 특수 식단이 필요한 고객들을 위한 상품 개발에 착수했다. 이 새로운 상품군의 명칭은 '프리폼Free Form'으로 지어졌고, 비록 상품 종류가 다양하진 않았지만 당시 기준에서 보면 결코 적은 편도 아니었다. 프리폼 상품군은 최신 트렌드 식단으로 홍보됐고, 노출도를 높이기 위해 모든 테스코 매장의 단독 코너에서 판매됐다. 프리폼은 패트리샤처럼 동네 테스코 매장에서 적정한 가격에 알레르기질환용 식료품을 구매하고 싶어 하는 가족들에겐 하늘이 내린 선물과도 같았다. 매출도 좋아졌다. 한마디로 우리는 새로운 시장을 창출했던 것이다. 이를 뒷받침하는 증거는 경쟁업체들이 뒤이어 특수 식단 시장에 뛰어들면서 전체 시장이 크게 확대됐고, 그 결과 알레르기질환용 식료품의 종류와 양이 크게 늘어났다는 점이다. 이 모든 게 패트리샤 덕분이었다. 그녀는 몸소 우리에게 중요한 교훈을 보여줬고, 이후 테스코에서 성공적인 커리어를 쌓아나갔다.

나는 이 모든 변화를 통해 고객의 목소리를 듣고, 고객이 들려주는 진실을 실천한다면, 놀랄 만한 성과를 거둘 수 있다는 내 신념을 다시 한 번 확인할 수 있었다. 마찬가지로 당신이 속한 조직이 방향을 잃은 채 헤매고 있다면, 그런데도 당신이 고객이나 유권자에게 왜 더 이상 당신의 조직을 신뢰하지 않느냐고 묻지 않는다면, 당신은 결코 실패의 원인을 알 수 없다. 당신은 실패에서 벗어날 '전략'을 찾았다고 착각할 수도 있다. 하지만 고객의 진실을 외면한 전략은 명백한 현실이 아닌, 그저 안이한 가정을 토대로 한 잘못된 전략일 가능성이 높다. 따라서 진실을 파악하지 않는다면 결국 잘못된 실천을 할 수밖에 없고, 옳은 방향으로 나아갈 수도 없다. 하지만 고객의 진실을 토대로 제대로 방향을 잡는다면 적어도 수렁에서 빠져나오기 위한 첫발을 내딛는 셈이다.

아무리 고통스러워도 진실을 직시하는 적극적인 태도는 테스코의 핵심적인 조직문화로 자리했다. 물론 모든 일이 그렇듯 가끔씩 예기치 못한 사고가 발생하곤 했다. 하지만 나는 사고를 무시하거나 문제를 덮어버리면 결국에는 미래에 더 큰 문제를 야기한다고 믿는다. 지속적으로 문제를 인정하고 직면하는 것은 매우 중요하다. 이런 솔직함이야말로 구성원들의 신뢰를 유지하는 유일한 방법이며, 구성원들의 신뢰는 중간관리자나 리더에게 가장 중요한 자산이다. 즉 실수를 인정하는 것은 고통스럽지만 그 고통은 어디까지나 잠시일 뿐이다. 그러나 구성원들이나 고객들에게 당신이 '진실을 직시하지 않는다'라고 보여진다면 신뢰는 약화되고, 그로 인한 고통은 매우 길 것이다.

조직의 목적을
분명하게 정의하라

내가 최고경영자가 된 1997년에 테스코는 이미 반환점을 돌아 최대 라이벌인 세인즈베리를 멀찌감치 따돌린 뒤였다. 하지만 나는 테스코가 1990년대 초반의 암울한 상황을 다시 겪지 않기 위해서는 조직에 새로운 목적의식과 존재가치를 부여해야 한다고 생각했다. 즉 테스코는 하나가 되어 전진해야 했고, 그러려면 모든 구성원들이 '테스코의 목적은 무엇인가?'라는 중대한 질문에 답할 수 있어야 했다.

조직의 규모가 커질수록 조직의 근본적인 진실, 다시 말해 '우리는 매일 어떤 일을 하는가?'라는 질문에 답변하기란 갈수록 어려워진다. 오히려 큰 조직일수록 이런 질문을 하기조차 힘들다. 그 결과 조직, 특히 기업은 생기가 없고, 영혼도 없는, 직원들이 목적의식이 결여된 채 기계처럼 업무만 처리하는 곳이 된다. 직원들은 매일 특정한 업무-때론 아주 지루한-를 처리하기 위해 회사에 출근하고, 일은 단지 가족을 부양하기 위한 수단에 불과할 뿐이다. 물론 나는 생계수단으로서의 노동을 폄하할 생각이 없다. 왜냐하면 사람이라면 누구나 생계를 꾸려가야 하고, 부모라면 당연히 자식을 부양해야 하기 때문이다. 그러나 모든 사람들은 자신의 일에서 소명의식을 느끼길 원한다. 그 소명의식이 지극히 평범한 것일지라도, 사람들은 단지 월급을 받기 위해서가 아닌 더 큰 무엇을 성취하고 있다는 감정을 느끼고 싶어 한다.

육군 원수였던 윌리엄 슬림의 저서 『패배에서 승리로^{Defeat into Victory}』에는 조직의 목적을 분명하게 정의하고, 구성원들에게 단순하지만 진실한 소명의식을 부여하는 것이 왜 중요한지를 매우 잘 묘사한 구절이 나온다.

그의 주장은 무척 단순명료하다. 군대의 강력함은 (기업을 비롯한 모든 조직과 마찬가지로) 결국 구성원들의 사기에 의해 결정된다는 것이다. 그는 '사기는 곧 마음가짐'이라고 썼다.

사기는 모든 구성원들이 자신의 희생을 감수하면서까지 하나가 되어 뭔가를 성취하기 위해 최선을 다하고, 나아가 구성원들로 하여금 더 큰 대의를 위해 나아간다고 느끼게 하는 무형의 힘이다. 구성원들이 이런 감정을 느끼려면, 조직의 사기는 기본적 토대에 바탕을 두고, 기본적 토대를 수용해야 한다.

슬림은 사기의 기본적 토대가 '정신적·지적·물질적'이라고 강조했다.

셋 중에서 가장 중요한 건 정신적 토대다. 왜냐하면 오직 정신적인 토대만이 모든 압박을 견딜 수 있기 때문이다. 그다음으로 지적인 토대가 중요하다. 왜냐하면 사람은 감정만큼이나 이성에 이끌리기 때문이다. 물질적인 토대도 중요하긴 하지만 정신적·지적 토대보다는 덜 중요하다. 왜냐하면 가장 강력한 사기는 오히려 물질적 조건이 가장 열악할 때 형성되기 때문이다.[14]

조직의 사기에서 슬림이 가장 중요하다고 지적한 정신적 토대는 바꿔 말하자면, 조직에는 '위대하고 고귀한 목적의식'이 있어야 한다는 뜻이다. 즉 조직은 '왜 우리가 여기에 모였는가?'에 대해 답할 수 있어야 한다. 따라서 정신적 토대는 쉽게 정량화할 수 없다. 왜냐하면 정신적 토대는 이성뿐만 아니라 감성에도 호소할 수 있어야 하기 때문이다. 나아가 정신적 토대는 지금 당장 조직이 직면한 위기나 다음 분기 실적을 넘어서는, 영속하는 가치를 제공해야 한다.

내가 최고경영자로 부임했을 당시 테스코는 '우리의 목적의식은 무엇인가?'라는 질문에 대해 단 한 번도 고민한 적이 없었다. 따라서 이 질문에 대한 만족스런 답변을 도출하기란 매우 어려웠다. 하지만 나는 기업과 조직의 목적의식이 새롭지는 않아도 적어도 두 가지 조건을 충족해야 한다는 사실은 알고 있었다.

첫째, 조직의 목적의식은 영속적이어야 한다. 즉 조직의 소명의식은 지속적이면서 동시에 상황에 맞게 새로운 의미를 부여할 수 있는

가치여야 한다. 예를 들어 조직의 소명의식이 제품 개발-새로운 컴퓨터나 자동차의 제조-이라면, 소명의식은 제품이 개발되면 소멸되고 말기에, 결국 조직은 소명의식을 상실하게 된다.

둘째, 소명의식은 말 그대로 '고귀'해야 한다. 조직의 소명의식은 이성뿐만 아니라 감성에도 호소해야 하며, 특히나 조직이 가장 중시하는 이들의 감성에 호소할 수 있어야 한다. 예를 들어 기업이 가장 중시하는 이들은 고객, 직원, 주주다. 따라서 기업의 목적의식은 고객, 직원, 주주를 하나로 이끌어낼 수 있어야 한다.

유의해야 할 점은 조직의 소명의식 어디에서도 '수익'이라는 단어를 찾을 수 없다는 점이다. 실제로 수익에만 집중하는 기업은 영속하지 못한다. 수익은 어디까지나 일시적인 목표이며, 수익에만 집중하는 기업들은 단기 실적을 위해 미래가치를 기꺼이 포기한다. 하지만 기업이 수익이 아닌 고객들에게 혜택을 제공하는 데 집중하면 자연스럽게 고객에게 장기적 만족감을 제공할 수 있고, 이런 만족감은 영속적인 수익 기반이 된다.

짐 콜린스는 이 주제에 대해 폭넓고도 자세한 글을 쓴 적이 있다. 그의 저서에서 거대 제약회사인 머크^{Merck}의 조지 머크 2세는 다음과 같이 말했다.

"우리는 약이 환자를 위한 것임을 기억하려 애쓴다…… 우리에게 약은 결코 수익을 창출하기 위한 수단이 아니었다. 다만 수익은 자연스런 결과일 뿐이었다. 약이 환자들을 위한 것임을 기억하는 순간 수익은 자연스런 결과로 나타났다. 오히려 이 사실을 더 잘 명심할수록, 더 큰 수익이 따라왔다."[15]

다른 많은 진실과 마찬가지로 '약은 환자를 위한 것'이라는 진실은 너무나 당연해서 굳이 언급할 필요가 없다고 느껴질 정도다. 하지만 상품과 서비스의 판매 절차가 갈수록 복잡해지면서, 이런 당연한 진실이 쉽게 무시되고 있다. 결국 기업의 경영자—모든 조직의 수장들도 포함된다—는 제품과 서비스를 판매하는 대상인 고객들을 망각하고, 오히려 자신들이 판매하는 제품과 서비스에 더 집중하게 된다.

나는 '테스코의 소명의식은 무엇인가?'를 고민하면서 이 질문에 대한 답을 주변에서 찾을 수 있다는 걸 깨달았다. 테스코는 상품을 판매하는 것이 아니라 고객들을 섬기기 위해 존재했다. 우리는 수익을 창출하기보다는 가치를 창조하길 원했다. 그리고 고객과 감정적 연대감을 형성하여 고객들이 반복적으로 테스코를 방문하길 원했다. 이런 장기적 거래 관계야말로 테스코의 지속적인 성공을 보장할 수 있었다.

나는 이런 여러 관찰을 하나로 취합한 뒤, 테스코의 핵심 목적을 '고객을 평생고객으로 삼기 위해 가치를 창출하는 것'이라고 결론지었다. 이 소명의식에는 우리가 판매하는 제품이나 수익에 대한 언급이 없었다. 고객이 테스코에서 쇼핑하는 것이 당연하다는 자만심도 없었다. 대신 이 소명의식에는 고객에게 집중하겠다는 의지와 이를 통해 고객이 충성도를 확보하겠다는 신념만 포함됐을 뿐이다. 나아가 이 소명의식은 나와 직원들이 믿는 가치를 정확하게 반영하고, 경쟁업체들의 뒤를 쫓기에 급급했던 테스코의 과거에서 탈피했다는 선언이기도 했다.

소명의식은 테스코의 미래에 매우 중대한 영향을 끼쳤다. 다만 이 소명의식을 채택하는 과정은 놀라울 정도로 빠르게 진행됐다. 나는 테스코의 소명의식을 수립했고, 직원들은 그 내용을 논의했다. 그게 전부였다. 소명의식을 수립하기 위한 장시간의 전략 수립 과정도 없었고, 자료를 바탕으로 끝없이 회의를 반복하는 과정도 없었다. 이처럼 신속하게 소명의식을 수립할 수 있었던 까닭은 1990년대 중반에 고객조사 과정을 거치면서 테스코의 존재가치가 고객이며, 테스코의 목표가 고객을 평생고객으로 삼는다는 것임을 직원들 모두가 이미 깨달았기 때문이었다.

테스코의 소명의식은 위대하면서 고귀한 목표였다. 긍정적이고, 원대하면서도 동시에 내가 늘 집중하던 단순한 목표를 반영하고 있었다. 바로 테스코가 평범한 사람들의 삶을 더 나은 삶으로 만들기 위해 노력하고 있다는 것 말이다. 무엇보다 마음에 들었던 건 이 소명의식이 하나의 단순한 진실에서 비롯됐다는 점이다. 그건 바로 모든 조직의 성공은 결국 '충성도'에 의존한다는 진실이다.

고객충성도를
확보하고 유지한다

모든 조직과 기업의 가장 중요한 목표는 고객의 충성도를 확보하고 유지하는 일이다. 충성도를 구축하는 방법의 핵심에는 결국 오래된 원칙이 자리하고 있다. 바로 당신이 원하는 행동에 대해 보상을 제공하는 것이다.

충성도가 높은
조직을 만들어라

매출, 시장점유율, 수익, 직원만족도, 높은 투자수익률, 높은 명성에 이르기까지 기업에는 상호 충돌하는 수많은 목표가 있다. 이런 목표들은 하나같이 중요하다. 하지만 그중에서 가장 중요한 목표를 하나만 꼽는다면 과연 무엇일까? 이건 결코 억지로 짜낸 질문이 아니다. 실제로 기업의 관리자들은 여러 목표를 동시에 추구하지만, 그중에서 더 중요한 목표를 선택해야 하는 상황에 직면할 때가 있다. 게다가 공개된 회의가 아닌 일상 업무를 수행하는 과정에서 이런 결정을 내려야 하는 상황에 직면하기에 허겁지겁 성급한 결정을 내리는 실수를 범하곤 한다. 따라서 실수를 피하기 위해서라도, 기업의 모든 구성원들에게 단 하나의 가장 중요한 목표를 제시하는 것은 매우 중요하다. 이 목표는 구성원들에게 나침반 역할을 한다.

결론부터 말하자면, 모든 조직과 기업에서 가장 중요한 목표는 충성도를 확보하고 유지하는 것이다. 충성도는 모든 의사결정을 내릴 때 다음과 같은 가장 손쉬운 판단 근거를 제공한다.

'이 조치가 우리 조직에 대한 사람들의 충성도를 높일 것인가, 아닌가?'

충성도에 대한 연구는 그동안 매우 폭넓게 진행되어왔다. 그중 특히 주목할 것이 프레더릭 라이히헬드의 연구다. 라이히헬드는 기업의 충성도는 기업과 연관된 모든 사람들의 충성도를 의미하며, 서로 주고받는 연대감이라고 정의했다. 다시 말해 고객과 직원의 충성도를 확보하고자 하는 기업은 먼저 고객과 직원들에게 충성도를 보여야 한다.

충성도를 구축하는 방법의 핵심에는 결국 오래된 원칙이 자리하고 있다. 바로 당신이 원하는 행동에 대해 보상을 제공하는 것이다. 만약 기업이 특정한 행위에 대해 보상을 제공한다면, 긍정적인 반응을 이끌어낼 수 있고, 과정이 반복되면 충성도가 쌓이게 된다. 예를 들어 보상 행위는 직원의 성실성, 열정, 혁신을 낳을 수 있다. 불황에도 지속적인 투자를 하는 주주의 행위도, 당신의 상품과 서비스를 반복적으로 구매하는 고객의 행위도 이끌 수 있다. 학교에는 충성도가 높은 학부모들이 있다. 기업에는 충성도가 높은 주주들이 있다. 자선단체에는 충성도가 높은 기부자가 있고, 유통업체에는 충성도가 높은 단골 고객이 있다. 이런 집단들의 한 가지 공통점은 그들이 하나같이 조직을 후원하며, 조직은 그들의 충성도에 대해 성과급이나 배당금, 또는 더 나은 서비스와 같은 보상을 제공한다는 점이다. 다시 말해 기업은 고객의 충성도에 대한 보상으로 경제가 어려울 때에 오히려 상품 가격을 더 낮추거나, 더 좋은 양질의 서비스를 제공하기 위해 투자를 단행하기도 한다. 경영진은 직원의 충성도를 높이는 데 급여와 복지가 중요하기는 하지만 기업의 사업가치 또한 중요하다는 사실을 간과하지 않는다. 경영진은 또한 주주의 충성도를 높이기 위해 지속가능한 성장을 위한 장기 계획을 제시한다.

충성도의 중요성에도 불구하고 여전히 기업 분석가들은 기업의 미래가치를 평가할 때 수익, 자본수익률, 주당이익과 같은 요소들을 더 중시한다. 하지만 충성도를 간과하는 건 매우 어리석은 짓이다. 실제로 20세기 후반의 서구시장에는 더 많은 제품과 서비스가 쏟아졌고, 그로 인해 고객들이 제품 공급자나 브랜드를 더 자주, 더 쉽게 바꿀 수 있는 상황이 됐다.

21세기가 시작되면서 디지털 혁명으로 촉발된 자유시장의 확대는 결국 더 많은 선택과 정보로 이어졌다. 예를 들어 1980년대에 대형 청바지 브랜드는 6개에 불과했다. 하지만 2010년대에 들어서면서 현재 대형 청바지 브랜드는 800개가 넘는 것으로 추산된다. 1999년부터 2002년까지 인쇄, 필름, 자기·광학 기억매체에 저장된 정보량은 미국 의회도서관의 정보량(약 1,700만 권의 책)과 비교할 때 3만 7,000배 성도였다. 하지만 2002년부터 2010년까지의 정보량은 10배 이상 증가한 것으로 추산되고 있다.[1] 이 모든 정보, 이 모든 선택은 결국 고객들에게 이전에 사용하던 것과 다른 제품이나 서비스를 사용하라고 유혹한다. 한마디로 고객충성도가 시험대에 오른 것이다.

선택과 정보의 폭발적 증가는 당신의 일상생활에도 영향을 끼친다. 오늘날 당신은 자동차를 구매하거나, 주말에 장을 보기 위해 매장을 선택할 때, 또는 어떤 시리얼을 구매할지, 어디로 휴가를 떠날지를 고민할 때 수많은 선택들과 직면한다. 인터넷 덕분에 마우스를 몇 번 클릭하는 것만으로도 수많은 선택을 접할 수 있다. 따라서 오늘날 성장을 꿈꾸는 기업이나 조직은 당신과 밀접한 관계를 형성하고 당신의 충성도를 확보해야 한다. 그래야만 당신이 본능적으로 매장에 재방문하거나, 서비스를 구매하거나, 회사의 주식에 투자하거나, 비영리재단의 경우 사회활동에 기부하게 할 수 있다.

이런 관계는 일정 수준 이성적이라고 볼 수 있다. 예를 들어 고객은 기대하는 효능 때문에 특정 제품을 구매한다. 투자자는 회사의 재무제표를 통해 회사가 적절하게 경영되고 있다는 사실을 확인하기에 특정 기업의 주식을 매수한다. 학부모는 학풍이 좋고 성적이 좋다는 사실을 알기에 자녀를 특정 학교에 보낸다. 이 모든 게 이성적이다. 하지만 이런 관계는 또한 감성적이기도 하다. 예를 들어 제품이나 기업, 조직은 당신이 공감하거나 인정하는 가치를 제공하기에 당신의 공감을 이끌어내기도 한다.

이런 두 가지 애착-이성적이며 또한 감성적인-은 고객충성도를 높인다. 고객이나 사용자들에게 진정한 가치를 제공하는 조직일수록 조직에 대한 고객이나 사용자의 이성적, 감성적 애착은 더 크다. 조직이 창출하는 가치는 정량적인 가치(가격, 투자수익률 등)일 수도 있고, 기능적 가치(고장이 안 나거나, 더 편리하거나)일 수도 있다. 그리고 이런 가치에는 무형적이고 감성적인 요소가 반드시 포함돼 있다. 이런 여러 요소들이 복합적으로 작용하면서 고객충성도가 높아지고, 높아

진 고객충성도는 더 많은 거래와 수익, 투자, 개선된 서비스로 이어
지며, 이는 다시 더 강력한 고객충성도로 이어진다.

따라서 수익은 고객충성도에서 나오는 것이지, 수익에서 고객충성
도가 나오는 게 아니다. 나는 어떤 사업이든 고객충성도에 집중하면
재무적 성과는 자연스럽게 따라온다고 확신한다. 다시 말해 고객충
성도의 차이가 수익적 측면에서 큰 차이를 가져온다. 수익성을 결정
짓는 핵심 요인이 바로 고객충성도이기 때문이다. 예를 들어 기업이
더 오래 고객을 유치할 수 있다면, 그 기업은 발걸음을 돌린 기존 고
객을 대체하기 위한 신규 고객 유치에 더 많은 비용을 쓸 필요가 없
다. 실제로 대다수 기업들, 심지어 뛰어난 기업들조차 장기간에 걸쳐
상당수의 고객을 잃는다. 특히나 유통업처럼 경쟁이 치열한 시장의
고객 이탈은 예상을 뛰어넘을 만큼 높다. 많게는 1개월 만에 몇 퍼센
트씩 고객이 이탈하기도 한다. 통신서비스나 자동차보험과 같은 산
업에서는 2~3년에 한 번씩 아예 고객 기반 전체가 바뀌는 경우도 있
다. 따라서 고객충성도를 약간만 높이더라도 매달 신규 고객을 끌어
들이는 비용을 크게 줄일 수 있다.

신규 고객 유치에는 비용이 많이 든다. 기업 비용 중에서 가장 높
은 게 어쩌면 고객을 확보하는 비용일지도 모른다. 예를 들어 일부
금융서비스 회사는 정기적으로 매출총이익의 절반을 고객 유치에 투
입하기도 한다. 하지만 막상 고객 유치를 위해 투자한 비용이 수익으
로 되돌아오려면, 다시 말해 신규 고객들이 회사 수익에 기여하기까
지는 수년의 기간이 걸린다. 나아가 고객들의 충성도를 확보하고, 이
제 그들로부터 수익을 얻을 수 있다고 생각할 즈음에 막상 그들 중

일부는 쉽게 이탈해버린다. 따라서 회사가 수익을 창출해주는 고객들을 약간이라도 더 오래 붙잡아둘 수 있다면, 회사의 수익성은 크게 개선된다.

그러나 갈수록 고객충성도를 확보하고 유지하기가 어려워지고 있다. 그 원인 중 하나가 디지털 혁명이다. 앞서 언급했듯이 디지털 혁명으로 고객들은 더 많은 선택권을 누리게 되었고, 따라서 힘도 더 막강해졌다. 또 다른 원인은 고객들이 과거와는 달리 까다로워졌다는 것이다. "제 분수를 알아야지" 또는 "마음에 안 들면 딴 데 가보쇼"라는 말은 더 이상 고객들에게 통하지 않는다. 오히려 고객들은 선택권이 자신들에게 있으며, 따라서 더 나은 서비스와 존중을 받아야 마땅하다고 생각한다(기업이든 공공기관이든 마찬가지다). 다시 말해 고객들은 이제 다른 기업과 쉽게 거래를 할 수 있다는 사실을 잘 알고 있다. 또한 경쟁업체들이 자신들을 고객으로 확보하기 위해 혈안이 돼 있다는 것을 알고, 자신들의 충성도에 몸값이 책정돼 있다는 것도 잘 안다. 그리고 그 몸값을 최대한 높이려 한다.

일부 기업들은 이런 문제를 해결하기 위해 매우 어리석은 방식을 활용하기도 한다. 신규 고객을 확보하려면 단지 우대조건을 제공하면 된다고 믿는 것이다. 하지만 이런 기업들은 최초의 신규 고객에게 우대조건을 제공한 이후로는 더 나은 조건을 제공하지 못하기 마련이다. 따라서 안타깝게도 신규 고객 우대정책은 오히려 고객의 이탈을 부추긴다. 더불어 고객의 성향도 변화한다. 신규 고객이 되면 보다 나은 혜택을 누릴 수 있다는 사실을 알게 된 고객들은 지속적으로 더 나은 우대조건을 제공하는 회사를 찾아다니는, 즉 영원한 '최초 고객'으로 남게 되는 것이다. 특히나 이런 관행이 만연한 곳이 자동차보험업계다. 많은 자동차보험회사들이 자신들이 이미 잘 알고 있는 기존 고객보다는 잘 모르는 신규 고객에게 오히려 더 좋은 조건을 제시한다. 그러나 단골 고객들에게 제공해야 할 보상을 신규 고객들에게 제공하는 기업은 충성도가 높은 고객들은 잃고, 충성도가 낮은 고객들을 뒤쫓는 위험한 함정에 빠지게 된다. 따라서 고객충성도를 확보하고 유지하는 올바른 방법은 이와 정반대로 하는 것이다. 물론 기업은 모든 고객들에게 보상을 제공해야 한다. 하지만 반복적으로 제품과 서비스를 구매함으로써 고객충성도가 입증된 고객들에게 더 많은 보상을 제공해야 한다. 또한 기업은 고객에 대해 더 많이 알수록, 그들의 성향을 더 많이 파악할수록 가장 충성스런 고객들에게 더 많은 보상을 제공할 수 있다.

기업은 고객충성도에 보상을 제공함으로써 더 빨리 성장할 수 있다. 예를 들어 기존 고객을 10% 잃는 반면 신규 고객을 12% 유치하는 A기업의 성장률은 2%다. 그러나 A기업과 마찬가지로 신규 고객을 12% 유치하지만 기존 고객은 단지 5%만 잃는 B기업의 경우 성장률은 7%다. 성장률의 차이를 주가로 환산하면, B기업의 주가는 A기업보다 2~3배가 높다. 이때 A기업은 성장률의 열세를 극복하기 위해 더 많은 신규 고객을 유치할 수도 있다. 하지만 신규 고객 유치에 드는 비용은 갈수록 커지기 마련이며, 일정 수준에 도달하면 오히려 그 비용이 신규 고객 유치에 따른 기대수익을 넘어서게 된다. 다시 말해 신규 고객 유치로는 성장률의 열세를 극복하기 힘들어지는 것이다.

고객충성도는 또 다른 측면에서도 회사의 성장을 가속화한다. 충성도가 높은 고객일수록 '더 많이' 지출하기 때문이다. 테스코는 고객의 기능적 충성도(고객의 전체 지출액 중 테스코가 점유하는 비율)와 감성적 충성도(고객이 테스코에 느끼는 애착의 정도)를 측정한 적이 있다. 측정 결과 기능적 충성도와 감성적 충성도 간에는 강력한 상관관계가 있는 것으로 드러났다. 우리는 고객들이 테스코에서 더 많은 상품과 서비스를 구매할수록, 테스코를 더 많이 신뢰한다는 걸 알아냈다. 나아가 고객들이 테스코를 더 많이 신뢰할수록, 그들은 테스코가 제공하는 새로운 상품이나 서비스를 더 쉽게 받아들였다. 한마디로 선순환의 고리가 생겨나면서 테스코는 더 크게 성장할 수 있었다. 한때 우리는 우리가 갈수록 많은 서비스—예를 들어 보험이나 통신서비스—를 제공하면 서비스에 대한 고객만족도가 낮아지고, 그로 인해 고객충성도가 낮아져 심지어 식료품을 구매하는 행위에도 악영향을 끼치지 않을까 걱정한 적이 있었다. 하지만 막상 살펴보니 정반대였다. 더 많은 상품과 서비스를 구매하는 고객일수록 더 많은 돈을 식료품 구매에 지출했던 것이다.

충성고객들은 유지비용도 더 낮다. 그들은 기업의 상품과 서비스에 대해 잘 알고, 이를 만족해한다. 그들은 심지어 직원들과도 친하다. 불평도 덜하고, 반품도 적으며, 직원의 도움도 덜 필요로 한다. 충성고객들은 오히려 직원들로부터 더 나은 서비스를 이끌어낸다. 그들은 직원들을 더 자주 칭찬하고, 그들에게 긍정적인 피드백을 제공한다. 당연히 직원들은 자신들이 존중받는다고 느끼고, 자부심도 커지며, 회사에 대한 충성도도 높아진다.

충성고객들은 또한 회사를 홍보해준다. 실제로 가장 강력한 홍보

수단은 회사와 아무 이해관계가 없는 제삼자인 고객의 칭찬이다. 고객의 입에서 나오는 칭찬은 그 어떤 마케팅이나 광고보다 훨씬 더 효과적이다. 나아가 충성고객들은 기업의 홍보대사를 넘어 기업과 한 가족이 된다. 그들은 기업이 비난받을 때 오히려 앞에 나서서 항변해준다. 기업이 고객과 지역사회에 제공하는 긍정적인 활동을 앞장서서 칭찬한다. 아울러 모든 성공적인 기업에는 어떤 이유에서든 그 기업을 싫어하는 비판세력이 있기 마련이다. 비판세력은 특정 기업에 대한 반감을 공개적으로 드러낸다. 그런데 이런 비판에서 기업의 입장을 항변하고 지켜주는 이들은 충성도가 낮은 고객이 아닌 충성도가 높은 고객들이다.

기업이 충성도를 가장 중요한 목표로 삼는다고 특별히 소득이 더 많거나, 가격에 덜 민감한 고객을 우선적으로 확보하려 애쓰는 것은 아니다. 우리는 고객마다 요구도 지출 수준도 다르다는 걸 알았지만, 어떻게든 모든 고객에게 빠짐없이 가치를 제공할 수 있는 방법을 찾아야 한다고 생각했다. 나아가 고객들이 테스코에서 쇼핑을 할 때마다 아무리 적더라도 반드시 혜택을 얻어야 한다고 믿었다. 그래야만 고객들이 그 보답으로 더 많은 충성도를 보여줄 것이기 때문이다. 물론 상당수의 고객들은 지출 수준이 높지 않았기에 그들의 충성도가 큰 보상이 되지는 않았지만, 우리의 입장에서나 고객의 입장에서나 제아무리 작은 충성도라고 할지라도 도움이 된다는 건 부인할 수 없는 사실이었다. 따라서 우리는 늘 지출 수준과 상관없이 최대한 많은 고객의 충성도를 이끌어낼 수 있는 기법과 서비스를 고안하려 애썼다. 대기업과 중소기업, 다국적 기업과 골목 상점을 막론하고 거의 모든 사업은 모든 고객들의 기대심리를 자극할 필요가 있다. 다시 말해 고객이 지금 당장은 특정 상품을 구매할 만한 충분한 돈이 없다고 하더라도, 성공적인 유통업체라면 절대 그들을 외면하지 않는다. '테스코는 모든 사람을 반깁니다'라는 표어에는 어떤 고객도 배제하지 않고 모든 고객을 섬기겠다는 우리의 강력한 메시지가 포함돼 있다.

우리는 고객충성도뿐만 아니라 직원충성도 역시 매우 중시했다. 충성도가 높은 직원은 기업—다른 형태의 조직에서도 마찬가지다—에 여러 측면에서 도움이 된다. 예를 들어 고객 응대에 익숙한 직원일수록 고객—유권자일 수도 있다—을 유지하고, 요구를 충족시키고, 충성도를 구축하는 데 더 뛰어나기 마련이다. 기업은 고객을 확보하고 유지하는 것처럼 최고의 직원 또한 확보하고 유지해야 한다. 그리고 그 과정에서 직원충성도를 구축해야 한다. 근무 연수가 긴 직원일수록 품질을 유지하면서 더 빨리 업무를 처리할 수 있다. 더 나은 생산성과 효율은 지속적인 수익을 가져오며, 이럴 경우 기업은 회사의 목적의식에 부합하는 주주들을 더 쉽게 유치할 수 있다. 게다가 훌륭한 직원들을 더 잘 유지할수록, 그들의 경험과 통찰력은 신입직원에게 자연스럽게 전파되기 마련이다. 이는 가장 효과적인 교육훈련 과정이다.

그렇다면 어떻게 해야 충성도가 높은 조직을 만들 수 있을까? 한 가지 방법은 올바른 조직문화를 창조하는 것이다. 즉 직원들에게 단지 '일을 더 잘하면 더 많은 급여를 주겠다'를 넘어서, 진정한 동기를 부여하는 목적의식을 제공해야 한다. 또한 모든 직원이 공평한 대우를 받고 존중받는다는 점을 분명히 보여주는 가치를 수립해야 한다.

나아가 직원들에게 업무를 일임하고, 그들이 그 과정에서 때로 저지르는 실수를 용납해야 한다. 충성도가 높은 조직은 파벌주의를 지양하고, 회사의 성공이 특정 집단이 아닌 모든 직원들에게 득이 된다고 생각한다. 따라서 충성도가 높은 조직에서는 모든 직원들에게 스스로 나아가거나, 또는 모두가 함께 나아갈 수 있도록 돕는 기회가 주어진다. 이익공유제도나 스톡옵션, 또는 연금을 통해 기업의 장기적 재무실적 개선이라는 열매를 공유하는 기회도 주어진다. 실제로 내가 테스코를 떠날 당시, 여덟 명의 고위급 임원 중 다섯 명은 회사 내부에서 차근차근 계단을 밟아 올라온 이들이었고, 테스코는 영국에서 가장 많은 직원들이 우리사주를 보유한 회사였다.

충성도가 높은 투자자를 확보하는 것은 좀 더 어렵다. 모든 투자자는 투자에 대한 이득을 얻고 싶어 한다. 하지만 여기서 또다시 강조하고 싶은 건, 단기 수익을 바라는 투자자들은 결국 경영진에게 단기 성과를 강요하게 되고, 자연스레 사업의 영속성을 저해한다는 점이다. 반대로 충성도가 높은 투자자들은 장기 투자를 한다. 따라서 경영진은 투자자를 유치할 때 신중을 기해야 하며, 고위임원을 대하듯 투자자를 사업의 동반자로 대우하면서 함께 문제를 해결해야 한다. 최고의 투자자들은 기업이 고객충성도를 구축하려면 시간이 걸린다는 점을 이해하며, 나아가 고객충성도가 가장 큰 수익을 가져온다는 것도 알고 있다.

이처럼 직원충성도와 주주충성도를 구축하는 것은 무척 중요하다. 그러나 결국 성공의 핵심 열쇠는 고객충성도에 있다. 이 단순한 진실은 테스코의 핵심 목표인 '고객을 평생고객으로 삼기 위해 가치를 창출한다'의 근간이 됐다. 그리고 테스코가 이 핵심 목표를 달성하려면 일단 고객을 철저하게 이해해야 했다.

사장이 아닌,
고객이 사업을 이끌게 하라

고객을 충실하게 섬기는 기업은 고객으로 하여금 사업을 이끌게 한다. 즉 운전대를 쥐고 있는 건 고객이며, 뒷자리에서 반대 방향으로 가라고 소리치는 이도 없다. 기업이 고객과 끈끈한 관계를 구축하려면 일단 고객을 이해해야 한다. 그들이 누구인지, 어떤 생활을 영위하는지, 무엇을 원하는지를 알아야 한다. 기업은 고객데이터가 풍부할수록 그들이 만족할 만한 혁신을 훨씬 더 많이 제공할 수 있다. 이런 식으로 형성한 관계를 유지하면 자연스레 고객충성도가 구축된다.

전통적인 고객조사—예를 들어 포커스집단이나 설문조사—는 도움이 되긴 하지만, 분명 한계가 있다. 전통적인 조사방법은 어떤 고객이 충성고객인지를 정확히 짚어내지 못한다. 고객의 습관과 기호가 어떤

지, 그들의 충성도에 대해 어떻게 보상해야 하는지 정확히 포착하지 못한다. 오로지 고객들이 직접 들려준 욕구와 행동에만 의존하기 때문에, 실제로 고객들이 자신이 말한 대로 행동하는지를 확인할 방법이 없다. 예를 들어 고객이 과연 자신의 말대로 당신의 매장에서 쇼핑을 할 것인지, 나아가 그럴 경우에 자신의 말대로 구매하겠다고 한 상품을 실제로 구매할 것인지 알 수 없다.

일부 고객은 여유자금의 상당 부분을 매년 같은 매장에서 지출할 수도 있다. 하지만 막상 회사는 이런 고객들이 누구인지 전혀 모른다. 과연 그들은 젊은 주부인가, 학생인가, 아니면 연금소득자인가? 그들은 충성스런 고객인가, 아니면 다른 매장에서 쇼핑을 할 의도가 있는 이들인가? 만약 그들이 다른 매장으로 옮겨갈 경우, 과연 회사는 그 사실을 알 수 있는가? 있다면 그 이유를 알 수 있는가? 반대로 만약 그들이 충성고객으로 남을 경우, 회사는 과연 그들에게 어떤 식으로 감사를 표시하고 보상을 해야 하는지 아는가? 기업이 이 정도로 깊게 고객을 파악하려면, 기업의 모든 시스템은 충성고객을 파악하고 보상하는 데 초점을 맞추고 있어야 한다. 테스코의 성공은 바로 이런 고객충성도 시스템에 크게 의존했다. '클럽카드'가 바로 그것이다.

클럽카드는 실패에서 탄생했다. 1993년 영국에서 가장 수익성이 높은 유통업체는 막스앤스펜서였다. 게다가 당시 막스앤스펜서는 월마트에 인수돼 전 세계에서 가장 수익성이 높은 유통업체로 탈바꿈한 후였다. 세인즈베리는 식료품 매장만을 놓고 볼 때 영국뿐만 아니라 전 세계에서 가장 수익성이 높은 기업이었다. 한마디로 영국에는 막스앤스펜서와 세인즈베리라는 최고의 대형마트이자 중산층의 사랑을 받는 유통업체가 두 곳이나 있었다.

한편 테스코는 앞서도 언급했지만, 불황으로 힘겹게 사업을 이어나가고 있었다. 중산층에게 인기를 끌지 못했고, 설상가상으로 당시 영국에 진입하던 독일계 할인점들 때문에 큰 압박을 받고 있었다. 영국 《타임스》는 테스코에 다음과 같은 혹독한 사망선고를 내릴 정도였다.

'품질을 원하면 세인즈베리에서, 낮은 가격을 원하면 할인점에서 쇼핑하면 된다. 테스코는 중간에 끼어 옴짝달싹못하고 있다. 테스코에서 쇼핑하려는 사람은 아무도 없다.'

1993년 세인즈베리의 시가총액은 85억 파운드였고, 막스앤스펜서는 125억 파운드가 넘었다. 반면 정체기에 빠져 있던 테스코의 시가총액은 45억 파운드에 불과했다. 한마디로 테스코의 입장에서 막스앤스펜서와 세인즈베리는 넘을 수 없는 벽과도 같았다.

자, 이쯤에서 1995년으로 빠르게 넘어가보자. 1995년에 테스코는 시장점유율과 주식시장 가치에서 세인즈베리를 추월했고, 영국에서 1등 식료품 매장에 등극했다. 2년 뒤에는 막스앤스펜서를 제치고 영국 1위 유통업체가 됐다. 이후로 막스앤스펜서와 세인즈베리는 테스코의 선두자리를 단 한 번도 넘보지 못했다. 2011년이 되면서 테스코의 규모는 두 회사보다 6배가 더 커졌다. 일부 전문가들이 영국의 산업 역사에서 가장 놀라운 사건이라고 표현한 테스코의 도약은 우리가 추구한 몇 가지 변화가 그 원인이었는데, 내 생각에 그중에서 가장 중요한 원인은 1995년 2월에 출시한 클럽카드였다.

클럽카드는 전 세계 유통업계 최초의 고객충성도 카드로, 그 원리는 단순했다. 클럽카드에 가입한 고객에게 쇼핑 금액의 1%를 깎아주는 것이 전부였다. 테스코는 그 대가로 고객이 계산대에서 계산한 상품에 대한 중요한 데이터를 수집할 수 있었다. 지금 생각하면 너무나 단순한 원리에 불과했다. 그렇다면 왜 그때까지 이런 제도가 전혀 없었을까? 왜 테스코가 최초였을까?

가장 큰 원인은 테크놀로지의 문제였다. 오늘날 인터넷이나 이메일, 페이스북, 온라인 쇼핑은 일상이 됐다. 심지어 컴퓨터가 없는 삶은 상상조차 하기 힘들다. 그러나 1990년대까지만 하더라도 고객데이터의 수집과 분석에서 가장 큰 걸림돌은 너무나 높은 전산비용이었다. 내가 처음 테스코에 입사했던 1979년에 테스코에는 딱 한 대의 컴퓨터가 있었다. 이 컴퓨터는 회사 건물 한 층을 독차지하며 시원한 냉방시설과 특별한 보안 절차를 누렸다. 한마디로 직원들보다 더 나은 대우를 받았던 셈이다. 젊고 패기 넘치는 마케팅 임원이었던 나는 누가 어떤 상품을 언제 어디서 구매하는지에 대한 자세한 데이터를 간절히 원했다. 하지만 회사 컴퓨터에서 이와 관련한 데이터를 뽑아내기란 거의 불가능했다. 데이터를 수집하려면 일단 컴퓨터 부서(마케팅 부서가 아니라 컴퓨터 부서가 따로 있었다)에 매우 한정적인 상품의 (판매데이터가 아닌) 입고데이터를 요청해야 했다. 그마저도 데이터를 입수하기까지 한참을 기다려야 했는데, 컴퓨터가 내 요청 이외에도 수많은 요청을 처리해야 했기 때문이다. 따라서 막상 손에 넣은 데이터는 한 달 전 신문처럼 이미 한물간 정보를 담고 있었다. 한마디로 무용지물이었다.

테크놀로지라는 새로운 가능성이 열리기 시작한 것은 1974년 리글리스 껌의 판매와 함께 바코드가 최초로 도입되면서부터였다. 고객들의 입장에서 조그맣고 까만 선들은 단지 더 빠른 계산과 더 짧은 대기시간을 의미했지만, 매장 입장에서는 더 많은 데이터의 확보를 의미했다. 하지만 여전히 문제는 있었다. 데이터를 저장하는 비용이 너무나 높아 분석을 위한 일부 데이터만을 남겨두고 나머지 데이터를 지속적으로 삭제해야 했던 것이다. 게다가 바코드 데이터는 상품을 구매하는 고객에 대해 정확한 정보를 제공하지 못했다. 예를 들어 샴푸의 매출데이터는 제공했지만, 실제로 샴푸를 사용하는 고객에 대한 정보(그들이 머리카락이 있는 사람들이라는 점을 제외하곤)는 전혀 제공하지 못했다. 고객이 남성인가, 여성인가? 젊은가, 나이가 지긋한가? 독신인가, 결혼했는가? 가족을 위해 대량으로 샴푸를 구매하는가, 아니면 자신이 사용할 것만 구매하는가에 대해 아무것도 알 수 없었다.

내 입장에서 고객데이터의 부족은 실망을 넘어 내가 대학에서 배웠던 모든 지식과도 충돌했다. 마케팅의 핵심 원칙은 단순하다. 바로 고객들이 무엇을 원하는지 파악한 후 그것을 제공하는 것이다. 하지만 고객이 누구인지도, 무엇을 구매하는지도 파악할 수 없는 상황에서 할 수 있는 일은 없었다. 다시 말해 고객조사 기법은 당시에도 이미 있었고, 테스코 역시 다양한 고객조사를 실시했지만, 앞서 언급한 바대로 고작해야 수천 명의 고객을 대상으로 한 설문조사에 불과했고, 그나마 조사 결과 또한 담당자의 손을 거쳐야 했기에 신뢰성이 떨어졌다. 설문조사는 단지 고객들이 과거에 어떤 행위를 했고, 미래에 어떤 행위를 할지를 보여줬을 뿐, 실제로 그들이 지금 당장 어떤 행위를 하는지는 보여주지 않았다. 나아가 설문조사로는 고객충성도에 대해 보상할 방법이 없었다.

나는 1977년 내 사회생활의 첫 시작이었던 맨체스터 협동조합에서도 고객충성도에 대해 보상하지 못하는 안타까운 상황을 똑같이 경험한 적이 있었다. 고객이 곧 지분을 소유한 조합원인 협동조합은 산업혁명이 진행되던 19세기 초에 스코틀랜드와 영국 북부로 확대됐다. 당시 방직 노동자들은 방직공장이 운영하는 가게 대신에 자신들이 힘들게 번 돈을 지출할 가게를 원했고, 그래서 탄생한 것이 협동조합이었다. 협동조합 매장의 수익은 소유주인 조합원, 다시 말해 노동자들에게, 그들이 매장에서 지출한 금액에 따라 분배됐다. 따라서 협동조합은 고객충성도 보상제도의 초기 형태였던 셈이다. 하지만 협동조합 또한 내가 테스코에서 직면한 동일한 문제를 겪이야 했다. 협동조합은 고객데이터를 분석할 수 없었고, 따라서 고객 중에서 누가 가장 충성스런 고객인지, 그들이 언제 어디서 어떤 상품을 구매하는지 파악할 수 없었다.

그러나 다행히 1990년대 초반 이른바 '무어의 법칙'이라 불리는 컴퓨팅 성능의 혁명이 일어나면서 고객충성도 보상제도도 새로운 국면을 맞이하게 된다. 컴퓨터가 바코드를 통해 수집한 상품의 방대한 데이터를 처리할 수 있게 된 것이다. 따라서 이제 개별고객을 인식할 수 있는 방법만 고안한다면 개별고객과 상품 구매데이터를 연동하는 것도 가능했다.

나는 이 문제를 고민하다가 문득 테스코가 최첨단 컴퓨터 테크놀로지를 바탕으로 협동조합의 조합원 제도를 변경해서 도입할 수 있겠다고 생각했다. 만약 개별고객과 구매데이터를 연동할 수만 있다면, 테스코는 고객의 구매 행위를 이해하고, 나아가 그 정보를 바탕으로 고객들에게 더 나은 상품, 예를 들어 더 나은 맥주, 시리얼, 생선 튀김, 기저귀를 제공할 수 있었다. 물론 당시 이런 생각을 한 건 나뿐만이 아니었다. 실제로 1990년에 나는 당시 몇 개의 매장을 운영 중이던 베리 협동조합이 전자식 멤버십 제도를 도입하려 한다는 기사를 우연히 접한 적이 있다. 그들의 계획이 실행되지는 않았지만, 나는 다른 유통업체들도 같은 고민을 하고 있다는 걸 깨달았고, 따라서 경쟁업체보다 빨리 이 제도를 추진해야 한다고 생각했다.

당시 나는 테스코의 신선식품 구매 총괄로 일하면서 상품마케팅 업무도 맡고 있었다. 테스코에는 마케팅이사직이 없었기 때문에 마케팅 총괄은 다른 직책을 지닌 임원이 겸임하고 있었다. 그러던 어느 날 우연히 나는 담당 임원과 함께 열차로 출장을 떠나게 됐고, 이때다 싶어 그에게 내 아이디어를 제안했다. 그러나 제안은 보기 좋게 거절됐다. 이유도 매우 합당했다. 테스코는 1977년에 이미 고객충성도 보상제도의 일환으로 대규모 쿠폰마케팅(그린실드 쿠폰)을 도입한 적이 있었다. 하지만 이 제도는 고객들에게 테스코가 싸구려라는 이미지만 심어줬고, 그로 인해 테스코는 심각한 부진을 겪은 적이 있었다. 게다가 현직 최고경영자인 이안 맥로린은 쿠폰마케팅 정책을 없애기 위해 최선을 다한 인물이었다. 따라서 이안 맥로린에게 괜히 고객충성도 보상제도 얘기를 꺼냈다간 험한 꼴만 당할 거라고 생각하는 게 당연했다.

나는 또다시 좌절했다. 하지만 좌절은 오래가지 않았다. 1990년대에 테스코는 재무실적이 악화돼 새로운 해결책을 찾아야만 했다. 그리고 마케팅이사직을 맡은 내가 바로 해결책을 제안해야 할 책임자였다. 테스코 이사회는 고객충성도 카드를 도입하자는 내 제안에 신중하면서도 비관적인 반응을 보였다. 일부 반대도 있었다. 만약 모든 유통업계가 고객충성도 카드를 도입한다면 테스코에게 유리한 점도 없었다. 게다가 고객충성도 카드를 사용할 경우, 전체 구매 금액의 1%를 깎아준다는 것도 논란이었다. 1%는 언뜻 보기에 큰 액수가 아니지만, 당시 대부분 대형마트의 세전이익률은 약 4%였기에, 장부상으로는 세전이익의 25%를 포기하는 것과 마찬가지였다. 나아가 과연 1%를 깎아준다고 고객들이 회원으로 가입할지도 의문이었다. 대부분 임원들은 실효를 거두려면 1%는 너무 낮고 적어도 2~5%는 돼야 한다고 생각했다. 만약 그들의 예상이 맞다면 테스코의 세전이익은 모두 증발해버리는 셈이었다.

나는 이사회의 비관적인 반응에도 불구하고 고객충성도 카드를 계속 주장했고, 마침내 일부 매장에서 시험서비스를 시행해도 좋다는 허락을 얻어냈다. 일단 3개 매장에서 시험한 뒤에 10개 매장 정도로 확대해서 충분한 데이터를 도출해내기로 했다. 클럽카드 제도를 시행할 결과, 매출은 증가했다. 또한 1%와 2% 할인을 모두 제공한 결과, 클럽카드 가입률에는 그다지 차이가 없다는 걸 확인했다. 결국 우리는 시험서비스를 통해 클럽카드가 매출 신장에 효과적이며, 1%의 할인율이 적정하다는 사실을 확인할 수 있었다.

나아가 수집되는 데이터의 양도 방대했다. 비록 수집 비용이 꽤 높았지만, 데이터는 여러 방식으로 분석될 수 있었다. 따라서 나는 고객데이터의 적절하고 체계적인 분석만 가능하다면, 그를 통해 얻어내는 정보는 수집 비용을 몇 배나 상회하는 값어치가 있다고 확신했다.

특히 내가 클럽카드의 성공을 확신했던 가장 큰 이유는 고객들의 반응 때문이었다. 고객들은 클럽카드를 너무나 좋아했다. 물론 그들은 클럽카드를 제공해줘서 "고맙다"라고 말한 게 전부였다. 그러나 이전까지 단 한 번도 고객에게 고맙다는 말을 들어본 적이 없었기에 우리로선 단순한 고마움의 표현조차 대단한 칭찬으로 들렸다. 결론적으로 고객충성도를 보상하기 위해 실시한 클럽카드 제도가 고객충성도 강화로 이어진 셈이다.

클럽카드를 전체 테스코 매장으로 확대할지에 대한 결정은 1994년 11월에 열린 연간 전략컨퍼런스에서 내려졌다. 전략컨퍼런스는 이사진 전체와 외부이사가 모두 참석하는 자리였다. 이사진을 상대로 이미 수차례 발표를 한 바 있고, 마케팅이사로도 두 번이나 전략컨퍼런스에 참석한 적이 있었지만, 회의실을 가득 메운 상사들을 상대로 발표를 한다는 건 여전히 긴장되는 경험이었다. 나는 이사진이 내가 아닌 내 제안만을 기준으로 의사결정을 내릴 거라고 생각했다. 하지만 다른 한편으로는 그들이 내 제안뿐만 아니라 나에 대해서도 판단할 거라는 사실을 직감—옳은 직감이었다—했다(나는 최고경영자가 된 후 직원들에게 회의에서 발표자가 아닌 발표 내용만을 두고 판단해야 한다고 항상 주장했다. 하지만 막상 쉽지는 않았다. 예를 들어 치열한 논쟁이 오가는 경우, 발표자는 종종 다른 이들의 비판을 내용이 아닌 자신에 대한 비판으로 받아들인다).

대대적인 전략 변화를 논의하는 자리치고 회의는 예상 외로 차분하게 진행됐다. 게다가 과거에 실패했던 고객충성도 보상제도를 재추진하고, 테스코가 이전과 전혀 다른 방향으로 나아가야 한다는 젊은 마케팅이사의 주장에 대해 참석자들은 깜짝 놀랄 만한 지지를 보여 줬다. 만장일치로 클럽카드를 전체 테스코 매장으로 확대하자는 결정이 내려졌다. 이안 맥로린의 입장에서는 대담한 승부수를 던진 셈이었다. 과거에 직접 고객충성도 보상제를 폐지했던 그가 이번에는 새로운 제도를 승인한 것이다. 물론 당시 다른 대형마트들도 고객충성도 카드를 고민하고 있었을 것이다. 하지만 가장 먼저 뛰어든 건 결국 테스코였다.

이제부터는 시간과의 싸움이었다. 고객충성도 카드를 도입하기로 결정한 이상, 그 내용이 알려지면 경쟁업체들도 앞 다투어 뛰어들 게 뻔했다. 이사회는 당시 서른여덟 살이었던 내가 이끌던 평균연령 서른 살의 젊은 직원들로 구성된 마케팅부서에 전폭적인 신뢰를 보여 줬다. 마케팅부서는 독자적으로 의사결정을 내릴 수 있었다. 이사회는 한시라도 빨리 테스코 전체 매장에 클럽카드를 도입하라는 지시만 내린 게 전부였다. 클럽카드 확대를 위해선 일단 신속하게 전체적인 내용을 확정하고, 시스템을 구축하고, 홍보를 해야 했다. 나아가 무수히 많은 세부 사항도 일일이 결정해야 했다. 이 모든 과정을 고객충성도 보상제를 시행해본 적이 없는 마케팅부서가 전담해야 했다. 한마디로 무에서 유를 창조해야만 했던 것이다.

1995년 2월, 테스코는 전국적인 광고와 함께 클럽카드를 출시했다. 영국에서 소비자와 슈퍼마켓의 관계는 약간 특별하다. 왜냐하면 슈퍼마켓이 국민의 의식에 끼치는 영향력이 다른 나라보다 훨씬 크기 때문이다. 이런 성향은 때론 문제가 되지만, 클럽카드 출시의 경우에는 오히려 전국적인 관심을 끄는 데 유리하게 작용했다. 출시 당일 아침부터 테스코의 클럽카드 출시 소식은 영국 전역에 걸쳐 TV 뉴스로 보도됐고, 다음 날 신문에서도 연달아 다뤄졌다.

출시 당일에는 또 다른 큰 행운도 찾아왔다. 바로 당시 대형마트 업계의 선두주자였던 세인즈베리가 우리의 클럽카드를 '전자 그린실드 쿠폰에 불과하다'고 폄하한 것이다. 우리는 너무나 뜻밖의 행운에 입을 다물지 못했다. 세인즈베리의 예상치 못한 반응은 당시 선두업체였던 그들이 서서히 저물어가는 해라는 것을 보여주는 단서였다. 세인즈베리는 고객들이 클럽카드를 좋아할지 싫어할지, 경쟁사의 혁신에 어떻게 대응해야 할지를 깊이 생각하지 않은 채 그저 폄하만 함으로써 고객충성도 카드에 대한 주도권을 우리에게 내준 셈이었다. 세인즈베리의 반응은 고객충성도 제고 전략의 부재를 보여주는 반증이자 경쟁업체를 무시하는 태도였다. 우리는 그들의 반응에서 한 가지 중요한 교훈을 깨달을 수 있었다. 경쟁자의 혁신에서 약점보다 강점을 인식하는 것이 훨씬 중요하다는 점 말이다. 물론 경쟁자를 공격하는 건 신나는 일이다. 하지만 장기적으로 보면 공격보다는 경쟁자로부터 배우는 것이 더욱 중요하다.

세인즈베리의 반응은 현대의 의사소통 방식에 내재된 위험성을 단적으로 보여주는 사례이기도 하다. 오늘날 비즈니스를 비롯한 모든 분야에서 예기치 못한 사건이 일어나면 언론은 즉각적인 논평을 요구한다. 실제로 홍보전문가들은 이런 말을 한다.

"자연이 진공 상태를 그대로 버려두지 않는 것처럼, 언론도 당신이 의견을 제시하지 않으면, 당신을 비난하는 반대편의 목소리로 그 진공 상태를 채운다."

하지만 때로는 침묵이 가장 좋은 방법일 수 있다. 왜냐하면 침묵은 선택의 여지를 남겨두기 때문이다. 따라서 만약 당신에게 즉각적인 의견이 없다면 침묵하거나, 또는 아예 다음처럼 솔직하게 말하는 게 좋다.

"고민해본 후에 의견을 말하겠소."(어찌된 영문인지 이런 솔직한 의견은 현대의 의사소통 방식에서는 오히려 잘못으로 인식된다)

세인즈베리가 즉각 발표한 '전자 그린실드 쿠폰'이라는 표현은 잘 고안된 반격처럼 들렸지만, 아이러니컬하게도 오히려 이를 계기로 그들은 영국 유통업계 1위 자리를 내려놓아야 했다.

세인즈베리의 논평이 나왔을 당시, 우리는 런던 호텔에서 언론을 상대로 기자회견을 열고 있었다. 원래 신중한 성격인 나는 세인즈베리의 비난이 혹시라도 우리에게 나쁜 영향을 끼치지는 않을지 찬찬히 고민했다. 그리고 잠시 뒤 나는 그들의 반응이 우리에게 예상치 못한 행운임을 깨달을 수 있었다. 언론은 세인즈베리의 논평을 지속적으로 반복할 게 분명했다. 따라서 세인즈베리는 자신들의 입장을 계속 고수하게 될 테고, 고객충성도 카드를 반대하는 입장은 그들의 전략으로 고착될 수밖에 없었다. 다시 말해 세인즈베리 임원이 "나는 테스코의 클럽카드가 아주 좋은 시도라고 생각하며, 우리도 그 시도를 따라야 한다"라고 솔직히 말하기가 갈수록 어려워졌던 것이다. 덕분에 테스코는 고객충성도 카드에서 우위를 점할 결정적인 시간적 여유를 가질 수 있었다. 세인즈베리 역시 얼마 뒤부터 고객충성도 카드를 출시하긴 했다. 하지만 그들의 시도는 고객을 위한 순수한 의도가 아닌, 테스코 때문에 어쩔 수 없이 취한 조치로 고객들에게 비춰질 수밖에 없었다.

전국적인 클럽카드 출시는 시험서비스 때보다도 훨씬 더 큰 성공을 거뒀다. 매출은 폭발적으로 증가했다. 클럽카드가 출시되고 얼마 지나지 않아 나는 최신 업계동향 자료를 본 적이 있다. 주간 매출실적을 업계 평균과 비교할 수 있는 자료였다. 유통업처럼 성숙한 산업에서는 대체로 매출변동률이 1~2%에 불과하며, 이보다 높은 변동률은 매우 특이한 경우로 간주된다. 하지만 그날 아침 내가 확인한 자료에 의하면 테스코의 매출은 11%나 증가해 있었다. 그 순간 나는 테스코의 클럽카드가 유통업계를 새롭게 재편했고, 회사에서의 내 장래도 크게 달라졌음을 깨달았다. 예상처럼 테스코는 성장 가도를 달리기 시작했다. 클럽카드가 출시된 해에 테스코는 세인즈베리를 제치고 유통업계 1위로 등극했으며, 이후 2011년 내가 테스코를 떠날 때까지 1위 자리를 단 한 번도 내려놓지 않았다.

클럽카드의 성공은 두 가지 기본 원칙을 지킨 덕분이다. 첫째, 우리는 고객들이 얼마를 구매하든 할인을 해줬다. 다시 말해 클럽카드는 고객들의 지출을 늘리기 위한 미끼가 아니었다. 클럽카드는 고객들에게 단지 테스코에서 쇼핑을 해줘서 고맙다는 순수하고도 단순한 감사의 표시였다. 둘째, 우리는 구매 금액이 증가한다고 더 높은 할인율을 제공하지 않았다. 대량구매 고객과 소량구매 고객을 차별하지도 않았다. 구매 금액이 클수록 할인율을 높여줘야 한다는 의견도 있었지만, 우리는 반대로 모든 고객이 똑같이 소중하다는 메시지가 전달되길 원했다. '테스코는 모든 고객을 환영합니다'라는 가치—이에 대해선 후에 다시 논의하겠다—가 클럽카드에 반영되기를 원했던 것이다. 클럽카드는 계층과 상관없이 모든 고객을 수용했다.

클럽카드의 효과는 점점 커져갔다. 클럽카드는 단기간에 1,000만 회원을 유치(당시 영국의 전체 가구 수는 2,600만이었다[2])했고, 내가 그토록 바라던 방대한 고객데이터를 창출해냈다. 그런데 초기에는 데이터가 너무 방대해 골칫거리였다. 실제로 마케팅부서는 방대한 데이터를 어떻게 가공해서 중요한 정보를 뽑아내야 할지 갈피를 잡을 수 없었다. 우리는 이 문제를 해결하기 위해 젊은 사업가 부부인 클라이브 험비와 에드위나 던을 고용했다. 당시 이들은 데이터마이닝data mining 회사인 던험비를 설립해 운영하고 있었다. 던험비는 우리에게 뛰어난 데이터 분석법을 가르쳐줬다(던험비는 우리의 일을 매우 훌륭히 수행했고, 후에 테스코에 인수됐다. 현재 던험비는 전 세계에서 가장 빠르게 성장하는 데이터 분석 회사로 손꼽히고 있다). 던험비의 데이터 분석 이후 우리는 늘 원하던 정보, 다시 말해 우리의 고객이 누구인지를 파악할 수 있었다. 즉 고객들이 어떤 상품을 구매하는지, 어떤 식으로 쇼핑을 하는지, 언제 쇼핑을 하는지를 정확히 알게 되었다.

데이터 분석 이후 우리는 예를 들어 스미스 씨나 스미스 부인이 어떤 상품을 구매하는지를 자세히 파악할 수 있었다. 한번은 마케팅부서 직원 중 한 명이 당시 경쟁업체의 광고모델이던 유명인이 실제로는 테스코에서 쇼핑을 한다는 사실을 알아내고는 이 사실을 언론에 흘리자고 내게 제안한 적이 있었다. 그럴 경우 경쟁업체의 체면을 구길 수 있었다. 그러나 왠지 마음이 내키지 않았다. 단기적으로는 분명 홍보에 도움이 되겠지만, 장기적으로는 테스코가 고객의 개인정보를 적절히 보호하지 않는다는 비난을 살 수도 있었기 때문이다. 실제로 나는 이 사례를 통해 테스코가 고객데이터를 외부업체, 나아가 내부에서도 함부로 공유하지 않는다는 점을 고객들에게 인식시키고, 안심할 수 있게 해야 한다는 교훈을 배웠다.

따라서 우리는 클럽카드 출시 이후 모든 데이터에서 개인 식별 정보를 삭제했다. 다시 말해 닭과 세제, 커피, 같은 고기와 양파를 구매하는 고객이 스미스 부인이라는 걸 알 수 없게 이름을 삭제한 것이다. 대신 우리는 고객데이터를 구매 시기, 구매 품목, 구매 장소에 따라 공통적인 성향을 지닌 소비집단으로 분류했다(당시는 사생활보호법이 제정되기 훨씬 전이었다. 따라서 우리는 의무라기보다는 자발적으로 개인정보를 보호한 셈이다). 결과적으로 클럽카드를 활용한 16년 동안 테스코는 단 한 번도 개인정보 유출사고를 겪지 않은 반면, 가장 작은 규모의 소비계층에게까지도 맞춤형 정보와 광고를 제공할 수 있었다.

우리는 초기에는 고객들을 생애 주기별로 분류했다. 예를 들어 학생이나 젊은 독신자 등으로 분류하거나, 또는 (우편번호를 토대로 한 주거지 정보를 바탕으로) 상대적 소득 수준을 기준으로 분류해서 각각의 집단에 맞는 쇼핑 정보를 도출했다. 하지만 점차 우리는 이런 방식이 지나치게 인위적이라는 걸 깨달았고, 이후로는 보다 독창적이고 유용한 분류 방식을 고안해냈다. 예를 들어 우리는 구매 상품에 따라 채식주의자, 저렴한 식료품을 구매하는 지출에 민감한 고객, 품질이 높은 식료품을 원하는 고객, 간단한 즉석식품 선호고객 등으로 고객을 분류했다. 이런 분류는 테스코가 활용하는 수많은 분류 방식 중 일부에 불과하며, 보다 자세한 데이터가 축적될수록 분류 방식 또한 지속적으로 변화한다.

이러한 방대한 고객데이터가 제공하는 풍부한 정보는 평생을 유통업에 종사한 고위경영자들에게도 충격이었다. 던험비가 클럽카드 데이터를 통해 발굴한 정보를 처음으로 경영진에게 발표하던 날, 이안 맥로린은 감탄하면서 이렇게 말했다.

"지난 30년 동안 내가 고객에 대해 파악한 것보다 지금 30분 동안 파악한 내용이 더 많다."

물론 고객데이터를 수집하고 소비집단에 대해 더 자세하게 파악한다고 저절로 고객충성도가 구축되는 것은 결코 아니다. 고객충성도는 고객데이터를 통해 파악한 정보에 대해 적절하게 대응할 때에만 확보될 수 있다. 실제로 테스코는 개별적으로는 그다지 의미가 없는 사소한 데이터를 하나로 합치는 과정을 통해 다른 경쟁업체들보다 고객을 더 깊이 이해하고, 그들을 돕기 위한 보다 많은 서비스를 제공할 수 있었다. 고객에게 '맞춤형' 서비스를 제공함으로써 마케팅에 투자하는 비용은 이전보다 몇 배의 효과를 가져왔다. 예를 들어 새로운 매장의 개설, 고객 유치, 상품 홍보, 다른 업체와의 경쟁에서 클럽카드의 마케팅 효과는 3~4배에 달했다.

보다 자세한 예를 들어보자. 근처에 새롭게 오픈한 경쟁업체의 매장을 상대로 방어할 때, 클럽카드는 전단지와 같은 전통적인 홍보수단보다 3배 정도 더 효과적이었다. 우리는 클럽카드의 데이터를 통해 어떤 고객층이 경쟁매장으로 옮겨갔고, 그들이 그런 결정을 한 요인이 무엇인지를 즉시 파악할 수 있었다. 따라서 우리는 특별히 해당 고객층에 마케팅을 집중함으로써 그들이 다시 테스코로 돌아오게 할 수 있었다.

우리는 고객들이 어떤 상품을 원하는지도 자세히 알 수 있었기에, 이런 상품에 집중프로모션을 할 수도 있었다. 고객의 입장에서 잘 구매하지 않는 상품보다는 자주 구매하는 상품에 프로모션이 진행되면 당연히 더 큰 흥미를 느끼기 마련이다. 이처럼 클럽카드 덕분에 맞춤형 집중프로모션은 기존의 무차별적인 프로모션보다 10배나 더 효과가 좋았다. 나아가 특정 고객들에게 아직까지 한 번도 구매한 적이 없지만, 비슷한 유형의 고객들이 선호하는 상품을 프로모션하면 고객충성도는 더욱 높아진다. 우리는 또한 클럽카드 데이터를 바탕으로 고객이 반드시 구매하는 제품, 예를 들어 특별한 잼이나 면도기처럼 대체재가 없는 상품의 경우에는 재고를 항상 넉넉히 확보해둘 수 있었다. 사실 이런 상품들은 베스트셀러는 아니어도, 일부 고객들에게는 매우 중요한 상품이다. 따라서 매장에 이런 상품을 늘 비치해두면 당연히 고객충성도도 높아진다.

고객에 대한 깊은 이해 덕분에 우리는 개별 고객과도 직접적인 관계를 형성할 수 있었다. 테스코와 고객의 의사소통에서 핵심 매개체는 분기별로 발송하는 클럽카드 우편물이다. 우편물에는 고객의 관심을 끄는 상품 정보와 쿠폰, 클럽카드 혜택이 들어가 있다. 우편물은 개별 고객의 입맛에 맞게 맞춤형으로 보내지기 때문에 버전만 해도 수천만 개에 이르며, 따라서 우편물에는 수억 파운드에 달하는 금액의 보상과 상품을 제안하는 내용이 담겨 있다. 당연히 고객들은 클럽카드 우편물을 손꼽아 기다린다. 비용 청구서가 아닌 돈이 담겨 있는, 아주 드문 우편물이기 때문이다. 나아가 클럽카드 우편물은 상품 프로모션 관행을 완전히 바꿔놓았다. 명확한 대상 고객층이 정해져 있지 않은 홍보 우편물에 대한 고객반응률은 약 1%에 불과하다. 이에 반해 고객층이 명확한 클럽카드 우편물의 고객반응률은 10~30%에 이른다. 한마디로 과거의 홍보 우편물에 비해 효과가 10~30배나 높은 셈이다.

또 다른 고객충성도 제도인 '클럽카드 리워즈^{Clubcard Rewards}'는 고객충성도를 구축한다는 목적은 같지만, 방식은 전혀 다르다. 우리는 고객들이 테스코의 상품뿐만 아니라 다른 상품이나 서비스도 구매한다는 걸 잘 알고 있었기에 이런 경우에도 고객들에게 혜택을 제공하는 방법을 고안해냈다. 예를 들어 클럽카드 리워즈는 고객들이 영화관에 가거나, 십대 자녀에게 운전학원 교습증을 끊어주거나, 외식을 하는 경우에도 할인 혜택을 제공했다. 이게 가능한 이유는 클럽카드 고객의 약 30%는 이런 서비스를 자주 이용하는 편이었기에 테스코가 직접 서비스를 할인된 가격으로 대량구매한 뒤에 할인 혜택을 고객에게 되돌려줬기 때문이다.

클럽카드는 이후에도 지속적으로 변화했다. 현재 클럽카드는 온라인과 모바일에서 모두 제공된다. 특히 모바일 클럽카드는 상품을 직접 스캔하고 계산할 때 매우 유용하다. 한마디로 전 세계 테스코 매장이 있는 곳에는 무조건 클럽카드가 있다. 덕분에 테스코는 이제 전 세계 고객들의 차이점도 파악할 수 있고, 더 빠른 속도로 고객들에게 더 많은 혜택을 제공할 수 있다. 예를 들어 중국의 경우에는 670만 명의 고객들이 클럽카드를 소지하고 있으며, 태국의 경우에는 520만 명의 클럽카드 회원이 있다. 모두 합치면 전 세계에 걸쳐 4,300만 명이 테스코의 고객충성도 카드를 소지하고 있는 것이다.

테스코의 클럽카드를 모방하려는 경쟁업체의 시도는 그동안 수없이 많았다. 하지만 그중 어떤 것도 클럽카드만큼 오래 지속되지 못했고, 나아가 클럽카드처럼 회사의 명운을 바꿔놓을 만큼 효과가 좋지도 못했다.

클럽카드가 우리에게 엄청난 성공을 안겨준 이유는 클럽카드가 업무 절차를 완전히 바꿔놓았기 때문이다. 클럽카드 덕분에 우리는 고객충성도와 고객데이터를 모든 업무의 핵심으로 삼을 수 있었고, 고객을 이해하기 위한 끝없는 열정을 품게 됐으며, 고객에 대한 깊은 이해를 바탕으로 모든 주요 의사결정을 내리게 되었다. 데이터를 수집하고 분석한 뒤 유용한 정보를 이끌어내는 건 사실 절반에 불과하다. 나머지 절반, 어쩌면 더 중요한 절반은 고객에 대한 이해를 의사결정 절차에 반영하는 것이다.

클럽카드의 성공 사례는 유통업에 국한된 것처럼 보이지만, 그 교훈은 거의 모든 조직에 해당된다. 실제로 클럽카드 사례는 새로운 시각이 어떻게 기존 질서를 뒤엎고, 오래된 선두업체를 1위 자리에서 끌어내릴 수 있는지를 잘 보여준다.

모든 조직에는 고객이 존재한다. 유통업체는 쇼핑을 하는 고객이, 학교는 학부모가 곧 고객이다. 나아가 오늘날 모든 조직에는 고객데이터가 있다. 고객데이터는 조직에게 사업에 대한 새로운 관점을 제시하고, 작은 규모와 열악한 브랜드, 적은 수익을 극복하고 새로운 방식으로 경쟁할 수 있는 방법을 제시한다. 하지만 클럽카드가 출시된 후 15년이 지나도록 내가 접한 수많은 기업들 중 고객데이터의 잠재적 위력을 인식한 기업은 소수에 불과하다. 여전히 대부분의 기업들은 표류하고 있다.

무엇보다 나는 클럽카드에서 한 가지 단순한 진리를 배울 수 있었다. 고객들은 감사의 인사를 받는 것을 좋아하고, 따라서 고객들에게 감사를 표현하는 것이 곧 고객충성도를 구축하는 첫걸음이라는 점이다. 너무나도 당연한 진리이지만, 세인즈베리의 경우에서 볼 수 있듯, 그 위력은 매우 막강하다.

거대 트렌드의
변화에 주목하라

클럽카드는 테스코의 핵심적인 성공 기반이 됐고, 이를 통해 수집된 데이터는 방향성을 제시했다. 한편으로 나는 테스코 관리자들이 방대한 고객데이터에 파묻혀 오히려 장기간에 걸쳐 일어나는 거대 트렌드를 놓칠 수도 있다는 점 역시 간과하지 않았다. 왜냐하면 거대 트렌드는 사업과는 상관없이 광범위하게 진행되는 변화이기 때문이다. 나아가 매우 서서히 일어나는 변화이기에 잘 인식하지도 못한다. 오히려 사람들은 시간이 지나고 나서야 자신들이 모르는 사이에 언제 이렇듯 거대한 변화가 일어났는지 의아해한다. 거대 트렌드를 포착하려면, 무엇보다 조직 내부가 아닌 외부로 일부러 시선을 돌리는 노력이 필요하다. 예를 들어 당신의 주변 일상에서 벌어지는 일들—지구 반대편의 뉴스나 술집에서 나누는 친구와의 대화—은 당신의 업무와는 전혀 상관이 없겠지만, 당신이 사는 세상을 통째로 바꿔놓을 거대 트렌드를 반영할 수도 있다.

이런 거대한 사회적 변화를 보여주는 트렌드 중 하나가 오늘날 거의 모든 선진국에서 나타나고 있는 여성근로자, 특히 자녀가 있는 여성근로자의 급증이다. 미국의 경우 기혼여성의 노동비율은 1960~1990년까지 25%가 증가했다[3](이보다 더 놀라운 사실은 6세 이하의 자녀를 둔 기혼여성의 노동비율이 1960~1995년 사이에 65%나 증가했다는 점이다[4]). 영국에서도 마찬가지 현상이 벌어졌다. 1950년대 초에는 기혼여성의 25%만이 일을 했다면, 1991년에는 기혼여성의 50%가 일을 했다.[5]

기업을 비롯해 특히나 정치권은 이런 트렌드가 삶의 전반에 가져올 거대한 변화를 빠르게 인식하지 못했다. 오히려 이 거대 트렌드가 가져올 사회적 변화를 인식하기보다는 여성이 가정주부로서 직장보다는 집에서 아이를 돌보는 것이 옳은지를 두고 논쟁만 벌일 뿐이었다. 하지만 맞벌이의 증가, 일하는 싱글맘이나 싱글대디의 증가는 소비 형태와 가정의 측면에서 볼 때 한 가지를 의미했다. 바로 소득은 증가하되 여유시간은 줄어든다는 것이었다. 나아가 교대근무가 많아지고, 과거에는 일정했던 근로시간이 불규칙하게 변화하면서 더 많은 가정들이 쇼핑할 시간적 여유를 갖지 못하게 된다는 뜻이었다. 오늘날 '직장생활과 가정생활의 조화'는 매우 일상적인 표현이지만, 직장과 가정의 균형에 대해 논쟁이 시작된 건 비교적 최근의 일이다. 유통업체들이 이런 거대 트렌드를 인식하고 그에 맞게 영업 방식을 바꾼 것도 최근이다. 특히 유통업체들이 이에 맞춰 영업시간을 연장하기까지는 너무나 오랜 시간이 걸렸다.

과거 영국 유통업체들은 대체로 아침 8시에 문을 열고, 저녁 6시에 문을 닫았다. 일요일에는 영업을 하지 않았고, 주중에 하루를 골라 반나절 동안 휴점을 하는 것도 관행이었다(실제로 영국에서 가장 큰 백화점 체인이었던 존 루이스John Lewis는 월요일에도 하루 종일 휴점을 했다). 대형매장 중에는 목요일이나 금요일에 저녁 8시까지 영업을 하는 경우도 있었지만, 그 숫자는 많지 않았다(영업시간 제한이 특히나 엄격했던 독일의 경우에는 토요일 오후에도 영업을 하지 않았다).

이런 관행은 한 세기가 지나도록 바뀌지 않았다. 그러나 당시의 영업시간은 아버지는 밖에서 일을 하고, 어머니는 집에서 살림을 하는 핵가족 시대에 맞춰져 있었다. 가정주부들은 유통업체의 영업시간에 맞춰 쇼핑할 시간적 여유가 있었다. 나아가 짧은 영업시간은 소비수요가 고정돼 있다는 경제이론에 기초한 측면도 있다. 이 이론에 의하면 소비수요는 정해져 있기에 영업시간을 연장해도 매출이 증가하기보다는 비용만 증가한다는 것이다. 그러나 테스코는 거대한 사회적 트렌드에 가장 먼저 반응했다. 우리는 1980년대부터 주중 영업시간을 저녁 10시로 연장했고, 토요일에도 영업시간을 늘렸다. 고객들의 호응은 매우 좋았고, 특히 토요일 연장영업에 대한 반응이 뜨거웠다. 자연스럽게 매출도 증가했다. 우리는 고객들에게 진정한 혜택을 제공했고, 덕분에 고객충성도도 높일 수 있었다.

하지만 지방정부는 우리의 주장을 받아들이지 않았다. 오히려 많은 지방정부들이 소비자와 일반 가정의 요구는 자신들이 더 잘 안다며 테스코의 영업시간을 규제했다. 나는 지방정부들이 이런 확신을 하게 된 '근거 자료'가 무엇인지 늘 궁금했지만, 단 한 번도 그 답을 듣지 못했다. 내가 보기에 영업시간 규제는 목소리가 큰 소수의 불만에 근거한 결정에 불과하며, 수많은 소비자의 의견은 반영되지 않은 처사였다.

테스코는 개별적으로 지방정부와 영업시간을 협의해야 했는데, 일요일 영업만큼은 협상의 여지가 없었다. 일요일 영업은 1950년에 제정된 대형유통점규제법에 의해 불법이었기 때문이다.[6] 하지만 늘 시간이 부족한 소비자나 유통업체의 입장에서 일요일 영업 허용은 매우 당연한 주장이었다. 일요일 영업에 대한 부정적인 의견에는 두 가지가 있었다. 첫째, 일요일은 종교적 의미를 지닌 특별한 날이었다. 둘째, 일요일은 가족이 함께 휴식을 하는 날이기에 가족, 특히 여성에게 쇼핑이나 매장 근무를 강요해선 안 됐다. 한마디로 쇼핑이 오래된 전통에 대한 도전이라는 주장이었는데, 실제 대부분의 사람들은 이를 받아들이지 않는 반면, 오로지 영국 의회와 정부기관들만이 주장을 확신했다.

우리에게는 일요일 영업을 주장할 확실한 근거가 있었다. 예를 들어 영국과는 독립된 법체계를 지닌 스코틀랜드에서는 일요일 영업을 허용하고 있었다. 따라서 테스코는 영국의 바로 북쪽에 인접한 스코틀랜드에서는 오히려 쇼핑이 여가를 즐기는 방식임을 입증할 수 있었다. 다시 말해 쇼핑은 사람들이 휴식을 취해야 하는 일요일에 가장 하고 싶어 하는 행위였다. 매장 직원들 역시 일요일 근무를 환영했다. 우리는 일요일 근무는 오직 자원하는 직원들에게만 맡겼는데, 자원자는 늘 넘쳐났다. 일요일에는 추가수당도 주어졌다. 한 여성 고객은 일요일 영업이 가족이나 남편과의 시간을 방해하는지 묻자 이렇게 일축했다.

"남편은 술집에서 죽치고 앉아 놀고 있는데 나더러 집에서 요리나 하라고요? 그럴 바엔 차라리 쇼핑하면서 돈이라도 쓰는 게 훨씬 나아요."

즉 우리가 일요일 영업을 적극적으로 주장한 까닭은 고객과 직원들이 일요일 영업을 원한다는 걸 알았기 때문이다. 따라서 일요일 영업은 고객과 직원의 충성도를 구축하는 방법이었던 셈이다. 다만 우리의 주장을 관철하려면 일단 유통업체 노동자들을 대변하는 영국 유통업노조USDAW: Union of Shop, Distributive and Allied Workers의 지지부터 이끌어 내야 했다. 이전부터 유통업노조는 일요일 영업을 반대해왔고, 이를 위해 영국 정부를 상대로 적극적인 로비를 펼쳐왔다. 사실 그들의 의도는 매우 순수했다. 일요일 영업 반대가 노조원들의 입장을 대변한다고 믿었던 것이다. 하지만 우리는 스코틀랜드의 일요일 영업을 통해 그들의 생각이 틀렸다는 걸 입증할 수 있었다. 나아가 매장 근로자들 또한 일요일에 근무할 수 있는 기회를 오히려 원한다는 의견을 유통업노조에 전달했다.

그 결과 영국 전역이 일요일 영업 허용을 둘러싸고 치열한 정치적 논쟁을 벌일 때, 고맙게도 유통업노조가 일요일 영업을 지지한다며 입장으로 선회했다. '내가 잘못 알았다'라고 인정하기란 매우 어려운 일이다. 특히나 언론의 관심이 쏠린 상황에서, 나아가 입장 번복이 약점을 인정하는 것으로 여겨지는 정치적 논쟁 속에서 자신의 실수를 인정한다는 건 너무나 어렵다. 아무튼 유통업노조가 입장을 바꾸자 일요일 영업을 허용하는 법안이 통과됐고, 대형마트들은 일요일에도 매장을 열 수 있게 됐다. 일요일 영업은 엄청난 성공을 가져왔다. 시간당 매출 규모 면에서 일요일은 쇼핑객이 가장 많은 날이 됐다. 이후 일요일 영업은 전 세계 유통업계로 확산됐다.

테스코는 여기서 멈추지 않고 매장을 24시간 오픈하는 방법을 고안해냈다. 사실 어떤 면에서 테스코는 이전부터 24시간 매장을 운영해오고 있었다. 왜냐하면 매장 문을 닫은 후에도 매장 안에서는 청소와 재고 비축이 계속되기 때문이다. 따라서 우리는 고객들이 쇼핑을 하는 동안 매장 영업을 준비하는 과정을 병행하는 방법을 찾아야만 했다. 우리는 24시간 영업 이전에는 한꺼번에 모든 진열대의 상품을 채웠다. 하지만 이런 관행은 한 번에 1개 구획의 진열대만 채우는 방식으로 바뀌었고, 그 결과 고객에게 큰 불편을 야기하지 않으면서 전체 매장의 진열대를 순차적으로 채울 수 있게 됐다. 24시간 영업은 고객들에게 큰 혜택을 제공했다. 예를 들어 열이 나서 우는 아기에게 먹일 감기약이 필요하거나, 밤에 깨서 우는 아이를 데리고 잠시 시간을 보낼 장소가 필요할 경우 24시간 매장은 매우 큰 도움이 됐다. 야간 교대근무를 마친 근로자는 24시간 매장에서 먹을 것을 살 수도 있고, 늦은 밤 출장을 마치고 공항에 도착한 사람도 24시간 매장에 들러 필요한 식료품을 구매하거나, 라마단 금식 중인 사람은 해가 떨어진 후에 음식을 사러 매장에 들를 수도 있다.

오늘날 사람들은 24시간 매장을 매우 당연하게 여긴다. 언제 어디서든 온라인 쇼핑과 온라인 뱅킹이 가능하다고 생각하는 것과 마찬가지로 말이다. 하지만 내 생각에 소비자들이 언제 어디서든 원하는 것을 구매할 수 있는 온라인 상거래의 토대가 된 게 바로 유통업계의 24시간 매장이다. 다시 말해 만약 대형마트가 24시간 영업의 중요성을 인식하고 대응하지 않았다면, 과연 온라인 상거래가 이토록 빠른 속도로 발전했을지 의심스럽다. 이처럼 24시간 영업에는 한 가지 중요한 교훈이 담겨 있다. 바로 소비자들의 요구에 기업이 맞추는 것이지, 기업의 요구에 소비자들이 맞추는 것이 아니라는 점이다.

영업시간 연장에 담긴 교훈은 단지 '고객의 요구를 반영하기 위해 변해야 한다'는 것이 아니다. 오히려 영업시간 연장에는 이보다 더 심오한 교훈이 담겨 있다. 그건 바로 '고객처럼 생각하고, 고객의 입장에서 느껴야 고객충성도를 높일 수 있다'는 점이다. 다시 말해 고객충성도 구축은 고객으로부터 더 많은 거래를 이끌어내기 위한 것이 아니라 고객과의 감성적인 관계를 강화함으로써 영속적인 가치를 제공하는 것이다. 그러려면 철저하게 고객의 입장에서 고객의 행동을 관찰해야 한다.

오늘날 거의 모든 관리자들은 자신들의 상품이나 서비스를 구매하는 고객들의 의견에 귀를 기울이고 있다고 말한다. 귀를 기울이는 건 맞다. 하지만 과연 그에 맞게 실천에 옮기는지, 아니면 그저 한 귀로 듣고 한 귀로 흘리는지는 잘 모르겠다. 나는 테스코가 고객의 목소리를 듣고 그에 맞게 실천하는 가장 뛰어난 기업 사례라고 주장할 생각이 없다. 왜냐하면 나 또한 테스코 직원들에게 고객의 관점과 고객의 행동을 토대로 의사결정을 해야 한다는 점을 끊임없이 반복적으로 주장해야만 했기 때문이다. 내 생각에 제아무리 '고객중심'을 부르짖는 기업이라 하더라도 상황은 마찬가지일 것이다. 그나마 다행인 건 이제 대부분의 기업들이 고객중심을 실천하려 적어도 애를 쓰고 있다는 점이다.

하지만 시민들의 세금으로 운영되는 공공 분야의 경우 여전히 고객중심이 정착되지 못하고 있다. 물론 공공 분야는 민간 분야와는 크게 다르다. 공공기관은 종종 책임의 한계가 분명치 않다. 공무원들은 정치인, 노조, 언론과 절충하고 시민들을 위해 우선순위가 상충하는 여러 사안을 조절해야 한다. 게다가 정기적으로 돌아오는 선거 때문에 장기 계획 수립도 쉽지 않다. 새로운 주지사가 선출되거나 새로운 의회가 구성되면 기존의 전략은 언제든 폐기될 수 있기 때문이다. 민간기업은 새로운 투자를 위해 주식시장에서 자금을 유치하거나, 한 분야에 대한 투자를 줄이고 다른 분야에 대신 투자할 수 있다. 반면에 공공기관이 '추가예산'을 확보하려면 장기간에 걸친 정치적 술책이 필요하다. 민간기업의 경우 고객이 늘어나면 투자를 늘리고 성장을 꾀할 수 있는 데 반해, 공립학교나 공공병원 같은 공공기관은 더 많은 학생이나 환자를 유치한다고 그에 합당한 보상이 주어지지도 않는다(물론 오늘날 이런 상황은 약간씩 바뀌고 있다). 게다가 공공기관은 고객인 학부모나 환자가 자식들과 자신들에게 무엇이 필요한지를 잘 모른다고 생각한다. 이런 경우 공공기관이 민간기업처럼 고객의 요구에 맞게 자원을 배정하기란 사실상 불가능하다.

분명한 시장이 존재하지 않는 공공 분야의 관리자들은 시민들이 어떤 서비스를 원하는지를 파악하는 데 어려움을 겪는다. 많은 공공기관들이 '외부자문'이나 '설문조사' 방법을 활용하긴 하지만, 대부분의 경우에는 '일방통행'일 뿐이다. 다시 말해 공공서비스를 사용하는 시민들의 진정한 요구를 무시한 채 일방적으로 공무원들에게 정책이 하달되는 식이다. 물론 예외도 있다. 예를 들어 영국 지방정부는 지역민들의 시각, 요구, 행동 양식을 갈수록 잘 파악하고 있다. 어쩌면 그 이유는 지방정부가 중앙정부보다 상대적으로 더 작은 지역에 사는 유권자들을 위해 더 적은 숫자의 서비스를 집중적으로 제공할 수 있기 때문일 것이다. 하지만 일상적인 업무에서 시민을 최우선으로 고려하는 공공기관이 과연 얼마나 되겠는가.

예를 들어 새로운 학교나 공공병원을 세운다고 가정해보자. 만약 테스코가 매장을 설계할 때처럼 교사와 학부모, 간호사나 환자에게 설계를 맡기고 예산을 절감할 아이디어를 요청한다면 어떨까? 시의 의료정책을 새롭게 수립해야 할 때, 환자들에게 가장 중요한 게 무엇인지를 물어본다면 어떨까? 시민들에게 가장 편리한 시간이 언제인지를 물어본 후에 업무시간을 그에 맞게 연장한다면 어떨까? 결국 공공 분야에 필요한 것도 고객중심의 태도와 마음가짐이다. 만약 공공기관들이 자신들이 집행하는 예산이 시민들의 세금에서 나온다는 사실을 주지해 시민들의 요구에 더욱 귀를 기울이고, 예산 집행에 시민들의 의견을 더 많이 반영한다면 예산 대비 효과는 높아질 수밖에 없다.

결론적으로 공공기관 또한 시민을 중심에 둠으로써 조직문화와 구조를 바꾸고, 시민들에게 운전대를 맡겨야 한다. 나는 시민들이 제대로 된 정보와 선택권만 주어진다면 자식에게 적합한 학교, 또는 자신에게 적합한 공공병원을 충분히 결정할 능력이 있다고 확신한다. 물론 공공 분야에서 시민중심의 문화가 뿌리를 내리려면, 그에 맞게 새로운 절차가 도입되고 조직구조 또한 변화해야 할 것이다. 시민이 'X'를 원한다고 말하면, 'X'를 제공할지를 두고 설왕설래하기보다는 무조건 시민의 요구에 맞추려는 자세가 필요하다.

나는 때로 지나칠 정도로 고객에 집중한다는, 나쁘게 말하면 집착한다는 비난을 받았다. 만약 고객에 집중하는 것이 죄라면 나는 명백한 유죄다. 하지만 고객충성도를 확보하는 유일한 방법은 고객을 철저하게 파악하고, 아무리 사소한 부분이라도 고객에게 혜택을 제공함으로써 당신이 고객의 목소리에 귀를 기울인다는 것을 보여주는 것밖에 없다. 그리고 고객에게 믿고 운전대를 맡기면, 원대한 목표를 추구할 수 있는 '용기'도 생겨난다.

새로운 영역에 진입할
용기를 갖는다

좋은 목표는 용감하고 대담해야 한다. 사람들의 기대치보다 더 원대해야 한다. 사람들로부터 흥분을 이끌어내야 하며, 약간의 두려움도 야기해야 한다. 무엇보다도 좋은 목표는 조직에 영감을 줘야 하며, 선택의 여지를 던져줘야 한다. 위대하고도 원대한 목표를 달성하든지, 아니면 지금처럼 그저 그런 상태로 머물든지 둘 중 하나를 선택하게 해야 한다.

용감하고 대담한
목표를 세워라

용기라는 단어를 말하면 사람들은 대체로 전쟁에서의 영웅적인 행위나 질병과의 사투를 떠올린다. 이런 경우, 용기라는 단어에는 죽음의 그림자가 가까이 드리워져 있다.

따라서 용기라는 표현은 비즈니스나 조직 운영과는 큰 연관성이 없는 것처럼 보인다. 예를 들어 회의를 하거나, 영업을 하거나, 상품을 제조하는 직원들을 두고 용감하다고 말하는 경우는 드물다.

이처럼 용기라는 단어는 용맹한 물리적 행위를 연상시키지만, 나는 오히려 용기가 정신적·관념적 용맹을 표현하는 단어라고 생각한다. 즉 용기란 불확실성과 위험, 반대에 직면한 경우에도 당신이 알고 있는 사실과 당신이 지닌 가치가 옳다는 걸 확신하는 것이다. 머리와 가슴 모두에서 이성적이면서 동시에 감성적으로도 자신이 옳은 일을 하고 있음을 아는 것이 바로 용기라는 뜻이다. 이런 확신이 있을 때, 당신의 가능성은 무한대가 된다. 반대로 이런 용기가 없다면 당신이 지닌 조직에 대한 원대한 꿈도, 사람들의 삶을 바꿔놓겠다는 순수한 의도도 모두 물거품이 된다.

윌리엄 슬림은 '관념적 용기'에 대해 의미 있는 글을 남겼는데, 그는 관념적 용기란 타고나는 것이 아니라 배워서 익히는 것이라고 믿었다. 그리고 대부분은 어린 시절 부모나 선생님, 또는 교회에서 관념적 용기를 습득하게 되는데, 어린 시절에 관념적 용기를 익히지 못해도 성인이 된 후에 '충격적인 감정적 경험이나 갑작스런 감정을 통해' 관념적 용기를 얻을 수 있다고 믿었다.

나 또한 천성적으로 용감한 사람이 아니다. 오히려 용기와는 거리가 먼, 숫기가 없는 신중한 성격이며, 위험을 먼저 평가한 후 결과를 확신할 때에만 행동에 옮기는 편이다.

다른 한편으로 나는 실패를 매우 싫어하며, 단지 몇몇 목표만 달성하는 데 만족하고 안주하기보다는 지속적인 성공을 추구한다. 즉 실패를 겪으면서도 계속해서 원대한 목표를 추구하는 것도 용기의 한 형태라고 생각한다.

내가 1997년 2월 테스코의 최고경영자가 됐을 때, 테스코에는 장기적 사업을 추구하는 데 필요한 명확하고도 광범위한 목표가 없었다. 그러나 클럽카드를 통해 수집한 방대한 데이터와 고객조사 결과는 고객들이 무엇을 원하는지를 명확히 보여줬다. 그것은 바로 식료품과 기타 상품(이른바 유통업계가 '비식품'으로 분류하는 도서, 전자제품, 의류 등)을 제공하는 편리한 매장이었다. 따라서 우리는 고객의 요구를 충족해야 했고, 나아가 영국과 전 세계에서 서서히 진행 중이던 거대 트렌드에도 적절히 대응해야 했다.

당시에도 테크놀로지의 융화는 진행되고 있었다. 휴대전화와 인터넷은 아직 초창기였지만, 향후 사람들의 생활방식을 바꿔놓으리란 점은 분명했다(이 부분은 뒤에서 다시 설명하겠다). 영국 유통업계의 상황을 살펴보면, 우리가 장기적 성공을 거두기 위해서는 일단 본거지인 영국에서 미국의 거대 유통업체인 월마트(1996년부터 영국 시장을 호시탐탐 노려왔다)를 이겨야 했고, 덩치도 더 키워야 했다. 그러려면 테스코와 같은 체인형 대형마트의 사업 영역으로 여겨지지 않았던 새로운 분야–예를 들어 금융이나 통신서비스–에 진입해야 했다. 나아가 경쟁자들이 실패한 해외 진출도 성공적으로 수행해야 했다.

이런 거대 트렌드와 문제점들 때문에 최고경영자로 부임하기 수개월 전부터 내 머릿속은 무척 복잡했다. 그러던 어느 날 나는 아일랜드로 향하는 비행기를 기다리다가 머릿속이 환해지는 경험을 하게 되었다. 나는 한순간 테스코의 전략을 명확하게 떠올렸고, 그 내용을 곧바로 수첩에 적었다. 내가 선정한 목표를 '용감하다'라고 표현한다면 지나친 자화자찬처럼 들릴지도 모르겠다. 왜냐하면 내가 선정한 목표들은 지나치게 순진한 생각처럼 비춰질 수도 있었기 때문이다. 당시 나는 클럽카드를 통해 큰 성공을 거둔 후였다. 하지만 나는 테스코를 한 단계 더 큰 목표로 이끌고 싶었다. 내가 테스코의 새로운 목표를 발표하자 사람들은 모두 충격에 휩싸였다. 왜 그랬을까? 당시 나는 다음과 같은 목표를 제시했다.

첫째, 나는 영국에서 테스코가 소비자들이 가장 먼저 선택하는 대형마트가 되길 원했다. 당시 우리는 소비자선호도에서 막스앤스펜서에 이어 2위를 차지하고 있었고, 3위인 세인즈베리와도 큰 차이가 나지 않았다. 게다가 전문가들은 월마트라는 공룡이 영국 시장에 진입하는 상황에서 테스코의 2위 자리가 매우 불안하다고 진단하고 있었다.

둘째, 나는 테스코가 식품뿐만 아니라 비식품 분야에서도 강자가 되길 원했다. 하지만 당시 테스코의 비식품 분야의 매출은 전체 매출 규모의 3%에 불과했다. 따라서 이는 매우 야심 찬 목표였다.

셋째, 나는 테스코가 상품 판매를 넘어 서비스 분야에서도 (금융이나 통신서비스처럼) 수익성이 높은 사업을 개발하길 원했다. 1996년 당시에 테스코는 서비스 상품을 전혀 판매하지 않고 있었다.

마지막으로 나는 테스코가 영국뿐만 아니라 전 세계에서도 강력한 기업으로 발돋움하길 원했다. 나아가 영국과 비슷한 규모의 매장 면적을 해외시장에서도 보유하길 원했다. 당시 테스코의 해외 매장 면적은 영국 전체 매장 면적의 1%에도 못 미쳤다(그나마 이 코딱지만한 해외 매장도 이듬해에 매각할 계획이었다).

유명한 TV 시트콤 〈예, 총리님Yes Minister〉에서 험프리 경은 장관들의 정책이 허황된 것임을 납득시키기에 가장 좋은 방법이 그들의 정책에 '용감하다'라고 묘사하는 것이라고 말한 적이 있는데, 험프리 경이 내 목표를 들었다면 아마도 같은 말을 했을 것이다. 그만큼 내 목표는 용감했고, 뒤집어 말하면 허황되게 보인 것도 사실이다.

하지만 좋은 목표는 용감하고 대담해야 한다. 사람들의 기대치보다 더 원대해야 한다. 사람들로부터 흥분을 이끌어내야 하며, 약간의 두려움도 야기해야 한다. 무엇보다도 좋은 목표는 조직에 영감을 쥐야 하며, 선택의 여지를 던져줘야 한다. 위대하고도 원대한 목표를 달성하든지, 아니면 지금처럼 그저 그런 상태로 머물든지 둘 중 하나를 선택하게 해야 한다. 전진하든지, 아니면 제자리에 머물든지 둘 중 하나를 선택하라. 역사를 직접 창조하든지, 역사의 일부로 남든지 둘 중 하나를 선택하라. 사람들의 삶을 바꾸든지, 남들과 똑같은 삶을 살든지 둘 중 하나를 선택하라.

대체로 용감한 목표는 큰 변화를 요구한다. 당연히 변화에 대한 저항이 뒤따를 수밖에 없고, 그로 인해 리더의 열정과 의지도 시험대에 오르게 된다.

'잭키'라는 애칭으로 불렸던 존 피셔 경은 영국 해군사에서 가장 위대한 개혁가 중 한 명이다. 수많은 업적 중에서도 특히 그는 제1차 세계대전 이전 해전의 개념을 완전히 바꿔놓은 '드레드노트^{Dreadnought}' 전함을 건조한 것으로 가장 유명하다. 피셔의 원대한 목표에는 실행을 중시하는 급한 성격과 꺾이지 않는 열정도 한몫했다. 피셔는 "전투를 수행하는 해군을 만들려면 무자비하고, 집요하면서, 앞만 보고 달려가는 개혁이 필요하다"라고 말했으며 "침체는 피할 수 없는 삶의 일부분이다", "미친 생각이 현실이 된다", "위험이 클수록 성공도 크다"라고 말했다.

한마디로 피셔는 목표를 세우면 달성하기 위해 매진하는 사람이었다. 일례로 그는 일요일에도 일하다가 국왕의 지시를 받고서야 비로소 일을 멈췄다. 그가 가장 좋아하는 성경 구절은 빌립보서에 나오는 문구였다.

'나는 뒤에 있는 것은 잊어버리고 앞에 있는 것을 잡으려고 푯대를

향해 달려가노라.'[1][*]

이런 지칠 줄 모르는 열정, 만족을 모르는 추진력을 지니고 있다는 건 결코 다른 사람들의 노고를 인정하거나 감사할 줄 모른다는 의미가 아니다. 오히려 지속적으로 전진하려면 사람들에게 계속해서 더 높은 목표를 제시해야 한다는 뜻이다. 다시 말해 정상에 다다랐다고 "다 왔으니 이제 한숨 돌리고 경치나 구경하자"라고 말하는 게 아니라 더 높은 정상을 찾아 그곳으로 향하는 것이다. 실제로 테스코가 영국에서 가장 성공적인 대형마트가 됐을 때, 우리는 막스앤스펜서나 세인즈베리처럼 이제 충분하니 그만 쉬자고 말할 수도 있었다. 하지만 우리는 멈추지 않았다. 마찬가지로 1950년대 말에 도쿄동신공업이 일본 최고의 전자회사로 등극했을 때, 공동설립자 모리타 아키오는 더 큰 목표를 세웠고, 이를 공표하기 위해 회사명을 소니Sony로 바꿨다. 그는 다음과 같이 말했다.

"해외시장으로 눈을 돌리지 않았다면, 우리는 절대로 이부카 마사루와 내가 처음에 꿈꿨던 회사로 성장할 수 없었다."[2]

내가 최고경영자가 됐을 때, 테스코가 선택할 수 있는 유일한 방법도 전진뿐이었다. 나는 우리가 현재에 머무른다면, 결국에는 영국에서만 경쟁하다가 사라져버리게 될 것이라고 생각했다. 따라서 유일한 대안은 더 큰 목표에 도전하고, 해외시장이나 신규 시장에 진출하는

---

* 빌립보서 3장 13~14절. '형제들아 나는 아직 내가 잡은 줄로 여기지 아니하고 오직 한 일, 즉 뒤에 잇는 것은 잊어버리고 앞에 있는 것을 잡으려고 푯대를 향하여 그리스도 예수 안에서 하나님이 위에서 부르신 부름의 상을 위하여 달려가노라'라는 구절이다 ─ 옮긴이

것뿐이었다. 그러나 인간은 더 큰 목표에 도전하다 보면 항상 걱정과 두려움을 느끼기 마련이다. 나아가 기업이 현재의 안락한 수준을 영위하려는 유혹은 상행위가 시작된 이후부터 늘 존재했다. 예를 들어 14세기에 토스카나의 프라토에 거주하던 이탈리아 상인 프란체스코 다티니는 조바심 가득한 동업자로부터 이런 편지를 받았다.

프란체스코, 자네가 새로운 사업을 시작하려 한다는 말을 들었네. 신께 애원컨대, 제발 눈을 크게 뜨고 자네가 어떤 짓을 하려고 하는지 다시 생각해보게. 자네는 이미 부유하고 안락한 삶을 누리고 있네. 게다가 자네는 더 이상 혈기왕성한 젊은이가 아닐세. 따라서 굳이 사업을 확장해야 할 필요가 있는가? 게다가 자네나 나나 모두 언젠가는 죽을 운명이네. 그리고 일을 많이 벌이는 사람일수록 더 많은 재앙을 초래하는 게 당연하네…… 이미 일흔 살이 넘은 도나토 디니를 생각해보게. 그는 너무나 많은 일을 벌이다가 끝내 파산했고, 전 재산이 20분의 1로 줄어들지 않았던가![3]

이런 비관적인 관점은 매우 흔하다. 위의 편지를 전문 용어를 사용해 현대적으로 바꾼다면, 증권분석가가 내놓은 보고서와 크게 다르지 않을 것이다. 예를 들어 이 기업의 고위경영진은 나이가 너무 많아서 새로운 사업을 시작하기에 적절치 않다. 그건 무리한 욕심이다. 지금도 잘하고 있다. 사업을 확장한 다른 기업의 사례를 보라. 따라서 본인은 '매도 의견'을 내놓을 수밖에 없다……(참고로 다티니는 친구의 조언을 무시했다. 피사에 새로운 회사를 차렸고 플로렌스, 제노바, 스페인,

발레아레스 제도까지 사업을 확장했다. 아비뇽에도 회사를 세웠고, 흑해와 발칸 반도에서도 무역을 했다. 다티니에게 해외사업은 일상이었다).

아무튼 나는 야심 찬 목표를 수립했고, 모두가 내 새로운 목표에 동의했기에 목표를 수정할 필요도 없었다. 우리는 우리가 원하는 것이 무엇인지 정확히 알고 있었다. 실제로 우리는 목표를 확신했기에 전략팀도 축소했다. 모든 조직에서 전략은 상층부에서 나오며, 일단 조직의 전략이 정해지면 더 이상의 논쟁은 무의미하다. 따라서 리더가 전략 수립을 전략팀에 맡기는 것은 책임 회피에 불과하며, '전략기획자'가 많은 기업은 회사가 어디로 가고 있는지를 모른다는 걸 외부에 공개적으로 인정하는 셈이다.

우리는 전략 수립에 에너지를 쏟는 대신 직원들에게 우리의 목표가 무엇이며, 목표를 달성하기 위해 직원들이 해야 할 역할이 무엇인지를 전파하는 데 힘썼다. 우리는 모든 직원이 전략을 이해하고, 자신의 역할을 이해함으로써 회사의 더 빠른 성장에 기여하길 원했다. 이후 수년 동안 테스코는 치열한 변화와 혁신을 겪게 되었다. 그 과정에서 테스코는 실수 또한 겪었다. 그러나 우리는 야심 찬 목표를 달성하려면 당연히 위험을 감수해야 하고, 일부 목표에서는 실패를 겪게 될 것이라는 점도 잘 알고 있었다.

실패라는 단어는 사람들의 마음에 공포를 불러일으킨다. 하지만 아무리 실패가 두려워도, 결국에는 극복해야 한다. 실패의 가능성을 인정하지 않고는 성공을 기대할 수 없다. 물론 실패를 죽기보다 싫어하는 사람도 있겠지만, 진정한 용기란 실패할지도 모른다는 두려움 속에서도 지속적으로 전진하는 것이다.

나 또한 다른 사람들처럼 때로는 실패할지도 모른다는 두려움에 사로잡히곤 했다. 특히 테스코에 몸담던 초창기 시절에는 실직할 수 있다는 생각에 실패를 두려워했다. 하지만 이런 두려움은 곧 다른 감정에 의해 밀려나곤 했다. 처음에는 더 나은 변화를 위한 열망이, 이후로는 테스코를 일류기업으로 만들겠다는 소망이 두려움을 대신했다. 그러기 위해서는 위험을 감수하고 일시적인 좌절을 겪을 수밖에 없다는 자각도 들었다. 만약 실패해서 최악의 상황이 닥친다 해도 그게 뭐가 대수란 말인가? 테스코의 노력과 투자가 물거품이 되고, 일부 사람들이 체면을 구기겠지만, 그보다 더한 일이 일어날 가능성은 희박했다. 그와 반대로 테스코가 혁신을 추구하지 않거나, 불확실성을 감수하지 않거나, 또는 새로운 시도를 하지 않는다면? 아무것도 변하지 않을 게 분명했다. 사업 절차를 보다 생산적으로 변화시키려는 시도도, 더 많은 가치를 창출하려는 새로운 시도도 없을 것이었다.

여기서 내가 제안하는 건 불확실성 속으로 무조건 뛰어들라는 말이 아니다. 위험을 감수할 때에는 먼저 계획을 세우고 예방조치를 마련해야 한다. 감수해야 할 위험이 클수록 더 많은 사전 준비가 필요하다. 하지만 가장 큰 위험은 바로 '아무것도 하지 않는 것'이다.

많은 현자들은 실패에서 교훈—이게 실패의 가장 중요한 요소다—을 배울 수만 있다면, 실패는 오히려 도움이 된다고 봤다. 그중 한 명인 이탈리아의 경제학자이자 철학자인 빌프레도 파레토는 실패에 대해 이렇게 말했다.

"나는 유용한 실수를 언제나 환영한다. 왜냐하면 이런 실수에는 그것을 바로잡을 수 있는 해결책 또한 가득 담겨 있기 때문이다.”

또 다른 예는 유명한 투자자 워렌 버핏이다. 그는 파레토만큼 유려한 문장은 아니지만, 실패에 대해 이렇게 말한 적이 있다.

“실패에서 출발하고, 이후에는 실패를 제거하기 위해 노력하라.”[4]

도요타 자동차(나중에 더 자세히 살펴보자)는 제2차 세계대전 이후 이 메시지를 받아들였다. 과거에는 큰 실수를 피하기 위해(또는 노동자가 심각한 부상을 입는 걸 막기 위해) 자동차 생산라인을 멈출 수 있는 사람은 오로지 현장감독뿐이었다. 하지만 타이치 오노(‘도요타 생산방식Toyota Production System’의 창시자)는 기존의 관행을 완전히 바꿔 실수가 발생하거나 불량이 있을 경우, 누구든 언제라도 생산라인을 멈출 수 있게 했다. 그리고 생산라인이 멈추면 모든 직원들이 모여서 해결책을 강구했다. 도요타 공장에서는 어떤 문제나 실수, 불량도 무작위로 발생하는 일회성 사건으로 간주하지 않았다. 오히려 모든 문제는 생산공정에서 제거되어야 할 중대한 결함으로 간주됐다. 오노는 ‘5가지 왜?’를 고안했고, 이를 통해 근본적인 원인을 파악하고 수정할 때까지 모든 실수를 검토했다.[5] 당연히 초창기에는 생산라인이 자주 멈춰섰고, 따라서 생산성도 떨어질 수밖에 없었다. 하지만 시간이 지나면서 도요타는 실수에서 교훈을 배울 수 있었고, 생산라인 중단은 갈수록 줄어들었으며, 자동차의 품질도 크게 개선됐다.

도요타의 사례는 실수에서 교훈을 배우는 게 얼마나 막강한 위력을 발휘하는지를 잘 보여준다. 개개인에게 책임과 권한을 부여하는 게 얼마나 중요한지도 잘 보여준다. 다시 말해 어렵고 힘든 목표가 요구될 경우, 조직은 모든 구성원들에게 힘든 과제를 수행하는 데 필요한 권한과 책임을 부여하고, 위험을 감수하거나, 때로는 실수를 저지르는 걸 허용해야 한다.

원대한 목표를 수립하고, 실수에서 배우려는 용기는 대기업만의 특권이 아니며, 민간 분야만의 전유물도 아니다. 이런 용기는 모든 규모의 조직과 기업에서 목표의 종류와 상관없이 가능하다. 나 또한 대담한 목표를 여러 다른 영역에서 추진한 적이 있다. 민간 분야에서는 테스코를 미국에 새로운 형태의 매장으로 오픈했고, 테스코가 서비스 판매시장에 진입하는 과정을 진두지휘했다. 공공 분야에서는 내 고향 리버풀의 재건에 참여했다. 목표도 달랐고 조직과 문제점도 크게 달랐지만, 두 경우 모두에 필요했던 건 결국 용기였다.

새로운 시장을
두려워하지 마라

대담한 목표와 용기는 현실 안주에서 벗어나 이전에는 가보지 않았던 새로운 곳으로 나아가게 한다. 즉 기업의 최고경영자는 조직이 정한 경계를 벗어나 더 멀리 나아갈 수 있다고 베팅을 하는 셈이다. 조직이 지금보다 더 많은 것을 해낼 수 있다고 믿고, 그 한계가 어디까지인지 파악해, 한계 내에서 조직의 역량을 최대한 이끌어내는 것이다.

나 또한 미국에서 '프레시앤이지Fresh and Easy'라는 새로운 테스코 매장을 설립하면서 이런 결정을 내려야 했다. 심지어 지금까지도 당시의 내 결정이 매우 성급했다고 생각하는 사람들이 있는데, 그들은 당시 테스코가 비식품과 금융서비스로 사업을 확대하고, 유럽과 아시아로 사업을 확장하는 것만으로도 한계에 부딪힐 거라고 봤기 때문이다. 특히 미국 시장은 영국 기업의 무덤으로 악명이 높았다. 게다가 프레시앤이지가 추구하는 매장 형태는 이전에는 단 한 번도 시도되지 않았던 전혀 새로운 형태였다.

사실 영국 기업-특히나 영국 유통업체-이 미국 시장 진입을 꺼리는 이유는 꽤 많다. 하지만 다른 한편으로 영국 기업에게 미국 시장은 결코 지나칠 수 없는 매우 매력적인 시장이다. 일단 언어가 같다. 나아가 영국인들은 자신들이 미국 문화에 매우 익숙하다고 생각한다. 그도 그럴 것이 이미 영국에는 수많은 미국 브랜드가 들어와 있다. 포드, 맥도날드, 코카콜라, 애플, 마스, 켈로그, 보잉, 질레트처럼 영국 시장에 진출한 미국 기업은 수없이 많다. 따라서 영국인들은 자신들이 미국 문화에 익숙하니, 마찬가지로 반대편에 있는 미국도 영국 문화에 익숙하리라 착각한다. 문화가 유사하기에 미국 시장에서의 경쟁도 쉬울 거라고 생각한다. 이게 문제다. 영국 기업들은 영국 문화와 미국 문화의 공통점 때문에 오히려 수많은 차이점을 간과한다. 미들랜드 뱅크의 미국 캘리포니아에 위치한 크로커 내셔널 뱅크 인수와 세인즈베리의 쇼우스Shaw's 슈퍼마켓 인수처럼, 영국 기업이 미국 시장 진출의 교두보로 미국 기업을 사들였다가 막상 영국과 미국의 조직 문화와 시장이 전혀 다르다는 걸 뒤늦게 깨달은 경우는 수없이 많다.

그러나 영국 기업이 미국 시장 진입에 실패한 까닭은 미국 시장에 대한 조사가 부족해서가 아니다. 오히려 영국의 유통업체들은 오랫동안 전 세계 소비문화의 중심인 미국을 꾸준히 방문했다. 오늘날의 셀프서비스 슈퍼마켓 또한 '피글리위글리Piggly Wiggly'라는 이상한 회사명을 지닌 미국 기업이 가장 먼저 선보였다.[6] 고객들이 직접 카트를 끌고 다니면서 상품을 선택하는 셀프서비스 쇼핑은 제2차 세계대전 이후 유통업계의 생산성에서 가장 중요한 혁신으로 간주된다(피글리위 글리는 매우 창조적인 기업이었던 게 분명하다. 왜냐하면 피글리위글리는 셀 프서비스 모델을 1개가 아닌 2개씩이나 선보였기 때문이다. 또 다른 셀프서비 스 모델은 고객들이 앉아 있으면 상품을 실은 컨베이어 벨트가 고객 앞으로 지나가는 방식이었다). 즉 영국 유통업체의 성공 원인은 미국에서 배운 교훈을 영국 시장에 선보였기 때문이지, 그 반대가 아니었다. 예를 들 어 1940년대에 테스코 창업자 잭 코헨은 미국의 으리으리한 대형 슈 퍼마켓을 방문한 적이 있었다. 당연히 전쟁으로 폐허가 된 영국에서 온 코헨의 눈에는 그 광경이 마치 천국의 모습처럼 보였다.

조명이 환한 내부는 번쩍였고, 넓고 깨끗했다. 가장 인상적인 건 상품 포 장이었다. 상품 용기는 새로운 재질로 만든 참신한 형태를 지니고 있었 고, 선명한 상표와 눈에 잘 띄는 가격표가 부착돼 있었다. 게다가 주부 들은 장바구니뿐만 아니라 카트를 끌고 다녔다. 한마디로 유통업자인 나 에겐 이곳이 곧 천국이었다…… 계산대에서 울려 퍼지는 소리가 마치 음 악처럼 황홀했다.[7]

코헨이 셀프서비스 슈퍼마켓을 영국 시장에 소개한 건 당연한 일 이었다.

"소비의 혁명이 일어났다고 해도 과언이 아니다."

코헨은 당시 상황에 대해 훗날 이렇게 말했다.

"테스코는 셀프서비스 쇼핑을 적극적으로 추진했다. 하지만 다 른 유통업체들은 소비자들에게 쇼핑의 주도권을 넘겨주는 걸 주저

했다."[8]

　내가 마케팅 직원으로 테스코에 입사한 지 4년째에 미국으로 유통업체 순회를 떠난 것만 보더라도 영국 유통업체들이 미국 유통업체를 얼마나 우러러보는지 알 수 있다. 당시 나는 미국 전역을 돌면서 미국 유통업체의 위대함을 직접 눈으로 확인했다. 1주일에 걸친 미국 출장에 든 비용은 내 연봉보다 훨씬 높았고, 따라서 나는 미국 전역의 일류 유통업체들을 방문하면서 최대한 많은 것을 배워야 한다는 압박감을 느꼈다. 실제로 미국 유통업체들은 내게 깊은 인상을 남겼다. 1980년대 초반의 미국은 불황에 시달리는 영국과 비교할 때 모든 것이 풍족한 축복받은 땅처럼 보였다(나는 반나절 동안 캘리포니아 라호야 해변에서 윈드서핑을 한 뒤 미국 이민을 심각하게 고민하기도 했다). 내가 미국 출장에서 돌아오고 얼마 지나지 않아, 테스코는 미국의 체인형 슈퍼마켓들과 교류견학단을 꾸렸고, 이후로 오랫동안 서로 견학단을 파견했다. 덕분에 테스코는 미국 시장을 영국 유통업체의 시각이 아닌 미국 유통업체의 시각으로 바라볼 수 있었고, 미국 유통업체들은 테스코에 영국 시장에 대한 다양한 조언을 제공했다.

　다른 많은 영국 기업들과 마찬가지로, 테스코가 미국 시장에 관심을 둔 이유는 해외시장으로 진출할 때 첫 번째 지역이 반드시 미국이어야 한다는 생각 때문이었다. 실제로 테스코의 미국 유통업체 견학도 시간이 지나면서 인수 대상 물색에 더 초점이 맞춰졌다. 우리는 수많은 인수 대상을 살폈고, 테스코의 규모가 커지자 인수가 가능한 유통업체의 범위도 더욱 커졌다. 하지만 우리는 끝내 미국 유통업체를 인수하지 않았다. 대신 한국, 말레이시아, 터키처럼 경쟁이 덜한 시장에 진출하는 방식으로 해외 확장을 추진했다. 비록 이런 시장에서 영국식 슈퍼마켓은 생소한 개념이었지만, 우리는 경쟁이 치열한 미국보다 신흥시장에서 우리의 전문성이 더 잘 통할 거라고 생각했다.

우리는 신흥시장 진출 과정에서 중요한 교훈도 배울 수 있었다. 바로 해외시장에 진출할 때는 문화적 공통점보다 차이점을 찾아야 하고, 문화적 차이점에 입각한 사업 전략을 수립해야 한다는 것이다(사실 문화적 공통점을 찾으려고 해봤자 별로 없다). 신흥시장에서 배운 교훈은 미국 시장에 대한 우리의 시각도 바꿔놓았다. 즉 우리는 미국 시장이 영국 시장과 꽤 유사하다는 안이한 생각을 버렸다. 대신 미국 시장을 우리가 잘 알지 못하는 외국시장으로 간주했고, 이후로 미국 시장의 문화적 차이점을 찾기 시작했다.

1990년대 중반 미국의 슈퍼마켓업계는 쇠락하고 있었다. 미국은 더 이상 식료품 유통업 분야에서 가장 혁신적인 시장이 아니었다(월마트는 식료품 유통업이 아닌 종합유통 분야의 최강자였다). 나는 다른 기업을 검토할 때면 그 기업을 소유하고 싶은지 아니면 경쟁하고 싶은지를 고민하는데, 내가 테스코의 최고경영자가 됐을 때 테스코는 미국 슈퍼마켓을 인수하기보다는 오히려 경쟁하는 것이 더 나을 정도로 크게 성장한 후였다.

우리는 경쟁이 치열한 미국 시장에 서둘러 진입하지 않고, 시간을 두고 천천히 기회를 노렸다. 그러자 미국 시장에서 우리가 공략할 수 있는 틈새시장이 보이기 시작했다. 첫째, 월마트의 부상은 저가정책을 강화했지만, 그로 인해 품질이 낮아지는 문제도 생겼다. 이 틈새시장을 홀푸즈^{Whole Foods} 마켓과 같은 유통업체들이 공략했지만, 이들이 상대하는 고객은 상류층이기 때문에 가격이 높은 게 문제였다. 둘째, 미국은 방대한 땅덩어리 때문에 신선식품 물류가 매우 어려웠다. 미국에 가공식품과 방부제 첨가식품이 많은 이유도 어쩌면 배송거리가 너무 멀고, 수많은 매장으로 배송을 해야 하기 때문이다. 셋째, 저렴한 땅값과 낮은 유가, 낮은 운영비용을 기반으로 한 '거대 포장' 판매 방식(창고형 슈퍼마켓이나 교외에 위치한 초대형 매장)이 큰 성공을 거두면서, 오히려 오랫동안 주택가에 위치해 있던 동네 매장은 낙후되고 있었다. 하지만 대조적으로 우리가 슈퍼마켓을 운영하던 다른 국가에서는 편의점 형태가 가장 빨리 성장하는 시장이었다.

우리는 미국 시장에 새로운 형태의 매장을 제공하는 데 집중하기로 했다. 미국 시장에는 더 이상 기존의 체인형 슈퍼마켓이 진입할 여지가 없었다. 실제로 조사결과에 의하면, 미국의 인구 1인당 매장 면적은 영국의 8배에 달했다(영국과 달리 미국은 땅덩어리도 넓고, 건축 규제도 훨씬 덜하기에 매장을 세우기가 훨씬 쉽다). 한마디로 미국 시장은 포화상태였다. 그렇지만 우리는 차별화된 상품을 제공하는 새로운 매장이라면 충분히 진입할 수 있다고 믿었다. 사실 어떤 유통업체든 경쟁업체보다 더 나은 서비스와 만족감을 제공하면 고객을 유치하기가 어렵지 않다. 고객들은 쉽게 변심한다. 따라서 고객의 마음을 제대로 사로잡을 수 있다면 승산이 있다. 실제로 미국 유통업체의 역사가 이를 반증한다. 코스트코, 트레이더 조, 월마트, 홀푸즈는 하나같이 기존의 슈퍼마켓에 맞서 빠르게 성장한 기업들이다.

중요한 점은, 가격과 품질 면에서 차별화된 매장을 개발할 수 있느냐였다. 다시 말해 테스코는 과연 월마트의 가격과 홀푸즈의 품질을 모두 만족하는 매장을 제공할 수 있는가? 인공첨가제나 인공향료, 방부제가 들어가지 않은, 보다 신선하고 보다 건강한 식품을 제공할 수 있는가? 이런 상품들을 고객들이 쉽게 방문할 수 있는 동네 매장 형태로 제공할 수 있는가?

조건을 모두 충족하기란 쉽지 않았다. 하지만 우리는 이런 조건을 만족하는 새로운 매장 형태가 고객을 끌어오기에 매우 효과적이며, 식품 판매 방식에서 이전에는 없던 전혀 새롭고 차별화된 혁신이라고 확신했다.

나아가 우리는 틈새시장을 노려야 했다. 매장이 편의점 크기만하다는 것은 곧 온갖 상품을 진열해 고객의 모든 요구를 충족할 수 없다는 의미다. 하지만 품질과 가격 모두를 적절하게 맞출 수만 있다면, 그리고 소득과 연령, 인종과 상관없이 모든 고객들이 필요로 하는 상품을 제공한다면, 그 시장은 작은 시장이 아닌 꽤 큰 틈새시장이 될 수 있었다. 미국과 같이 거대한 시장이라면, 틈새시장이라 할지라도 충분히 큰 사업이 될 수 있었다.

테스코가 다른 지역에서 쌓아온 경험도 미국 시장에 진출하는 데 큰 용기가 됐다. 비록 우리가 생각했던 매장 형태는 미국 시장에 특화된 형태이긴 했지만, 우리는 이미 새로운 매장 형태를 제공하는 데 필요한 강점을 확보하고 있다고 확신했다. 인공첨가제가 없는 신선하고 건강한 식품은 빠른 배송이 필요하다. 그러려면 적시 배송이 가능한 독자적인 물류망을 확보해야 한다. 이런 면에서 우리는 인구 밀도가 훨씬 높은 영국에서 독자적인 물류망을 구축한 경험이 있었다. 우리는 또한 자체적으로 테스코 브랜드를 달고 신선식품을 제공한 경험도 있었다. 게다가 작은 매장을 운영한 경험도 있었다. 예를 들어 테스코의 메트로 매장이나 익스프레스 매장은 전 세계에 걸쳐 빠른 속도로 성장하고 있었고, 수익성도 매우 높았다.

물론 미국 시장에 선보일 유통업체 모델은 농장부터 가공장, 집결센터, 매장에 이르기까지 유통의 전 과정에서 매우 효율적이어야 했다. 그러려면 모든 정보가 신속하게 처리되는 통합 물류시스템이 필요했다. 상품은 수요에 따라 적시에 제조 및 운반돼야 했고, 늦지 않게 진열대에 올라와야 했다. 또한 매장 규모가 작다는 말은 부대시설, 즉 커피전문점, 푸드코트, 브랜드 매장도 없다는 의미다. 또한 소규모 매장이 효율적으로 운영되기 위해서는 그에 맞는 업무 절차와 시스템이 필요했다. 물류센터, 자체 물류망, 고유의 재고시스템이 있어야 했고, 물류센터 옆에는 별도의 식품가공장을 마련해 매장에서 판매하는 제품의 30%를 차지하는 주스, 즉석식품, 샐러드, 육류, 청과류 등을 가공해야 했다. 이런 모든 것들을 고려할 때, 초기 투자비용만 수억 달러가 소요될 수 있었다. 우리는 일단 매우 밀접한 거리를 두고 400개의 소규모 매장을 세운 뒤, 손익분기점에 다다를 때까지 지속적으로 매장을 늘리기로 계획을 세웠다.

우선 주택가의 중심부에 위치하려면 매장 규모(대체로 1,400제곱미터 정도)는 작아야 했다. 매장이 작기에 제공하는 상품 수도 4,000여 개 정도로 줄여야 했다. 유명 브랜드 상품도 있지만 대부분 테스코의 자체 브랜드 상품을 고객들이 주말 쇼핑을 하기에 충분할 만큼 제공해야 했다. 매장에는 셀프계산대가 놓이고, 안내직원이 배치돼야 했다. 셀프계산대의 목적은 비용 절감이었지만, 우리는 셀프계산대를 이용하는 고객들이 즉각적인 도움을 받을 수 있는 안내직원이 함께 배치돼 있다면 만족도가 매우 높아진다는 것도 알고 있었다. 왜냐하면 고객들은 이를 매장의 세심한 배려로 여기기 때문이다.

이전에는 없었던 새로운 형태의 매장을 설계하는 것은 무에서 유를 창조하는 것과 같았다. 우리는 모든 설계 과정에서 일일이 고객에게 의견을 물었고, 그 내용을 설계에 반영했다. 심지어 직원들을 미국 가정에 거주시키면서 미국인들이 어떤 식으로 쇼핑을 하고, 어떤 요구를 하는지를 파악하게 했다. 다행히 너그럽게도 사생활 침해를 허락해준 미국 가정들 덕분에 우리는 매우 소중한 정보를 파악할 수 있었다. 그런 뒤 우리는 시험용 매장을 개장하고 고객들이 직접 매장을 둘러보면서 좋은 점과 나쁜 점을 지적하게 했다. 이 모든 과정이 우리가 공식적으로 미국 시장 진입을 결정하기 전에 비밀리에 진행되어야 했다. 우리는 LA 공장지역에 위치한 창고를 빌려서 그 안에 매장을 세웠다. 창고로 수많은 장비와 상품이 배송되자 지역주민들도 당연히 호기심을 품게 됐다.

"도대체 안에서 뭐 하는 겁니까?"

우리는 자주 질문을 받아야 했고, 그럴 때마다 이렇게 답했다.

"영화를 찍고 있습니다."

LA라서 그런지 지역주민들은 우리의 답변을 큰 의심 없이 받아들였다.

시험용 매장에 대한 반응은 매우 좋았다. 고객들은 낮은 가격에 만족해했고, 깨끗하고 단순한 매장 배치도 마음에 들어 했다. 한편으로 우리는 통계자료를 바탕으로 수많은 분석을 통해 최대한 객관적인 시각에서 매장을 설계했다.

당연히 매장의 브랜드 명칭은 여러 소형매장을 통합하는 의미를 넘어 고객들의 감성에 호소할 수 있는 특성도 지녀야 했다. 당시 마케팅이사였던 팀 메이슨은 미국으로 이주해서 프레시앤이지 프로젝트의 수장을 맡았다. 그는 여러 면에서 프레시앤이지 브랜드를 론칭하는 데 적임자였다. 그는 직원과 고객을 상대로 강력한 브랜드 가치를 구축했다. 프레시앤이지가 추구한 가치는 한마디로 '신선한 자연식품을 좋은 가격에 제공하는 것'이었다. 프레시앤이지는 지역사회의 일부였기 때문에 환경 친화적인 가치도 추구했다. '프레시앤이지'라는 명칭은 원래 프로젝트 명칭이었지만, 고객조사 결과 고객들이 가장 선호하는 명칭이기도 했다. 이유는 이 명칭에 매장이 추구하는 건강한 식품과 편리한 쇼핑이라는 가치가 고스란히 담겨 있었기 때문이다. 결국 프레시앤이지는 매장의 공식 브랜드가 됐다.

마침내 모든 준비가 끝났고, 미국 시장 진출이 결정됐다. 물론 준비가 끝났다고 우리가 감수해야 할 위험이 사라진 건 아니었다. 프레시앤이지는 경쟁이 매우 치열한 미국 시장에 선보이는 새로운 형태의 매장이었기 때문이다. 하지만 우리가 감수해야 할 위험은 다른 한편으로는 계산된 위험이었다. 매장 설계에 대한 초기투자는 끝났고, 따라서 더 이상의 추가비용은 발생하지 않아도 됐다. 비록 신규 매장 오픈에 투자비용이 들어가야 했지만, 이 또한 사업 실적에 따라 어느 정도 규모를 조절할 수 있었기에 큰 위험은 아니었다. 무엇보다 만약 프레시앤이지가 실패해서 모든 투자비용이 손실로 기록된다고 할지라도 그 규모가 테스코의 전체 실적을 위협할 정도는 아니었다. 오히려 100억 달러를 들여 미국의 대형마트 체인을 인수하는 것에 비하면 훨씬 안전하고 저렴한 선택이었다. 반대로 성공할 경우에 얻는 보상은 매우 컸다. 미국 시장은 규모가 매우 크기에 아무리 틈새시장이라도 성공할 경우 테스코의 영국 내 사업만큼 크게 성장할 수 있었다. 나아가 미국 시장에서 프레시앤이지가 성공한다면 당시 테스코가 진입하던 아시아 신흥시장에서의 경제적·정치적 위험을 어느 정도 상쇄하는 효과도 있었다. 한마디로 우리는 용기를 내어 푯대를 향해 앞으로 전진했지만, 그 과정에서 우리가 해야 할 것을 준비했고, 우리가 직면한 위험이 무엇인지를 알았으며, 우리가 가진 모든 것을 걸고 모험하는 어리석음을 범하지는 않았다.

우리는 미국 시장 진출을 발표한 후 시스템과 물류망, 제조설비 구축에 착수했고, 매장 부지를 매입하기 시작했다. 우리는 일단 미국 서부지역에서부터 매장을 선보이기로 했다. 샌디에이고, 센트럴밸리, 라스베이거스와 피닉스 지역에 상품을 공급하기 위해 LA 동부에 물류센터와 식품가공장을 건립했다. 특히 센트럴밸리와 라스베이거스, 피닉스는 합리적인 가격의 주택공급률과 취업률이 가장 빠르게 성장하는 지역이었다. 따라서 우리의 물류망은 이런 증가세에 맞춰 해당 지역들에서 형성되고 있는 새로운 지역사회의 수요를 겨냥했다.

2007년 가을, 프레시앤이지의 첫 매장이 개장했다. 사실 시기적으로는 최악이었다. 당시 서구세계는 70년 만에 사상 최악의 불황기에 돌입하고 있었다. 우리가 목표로 했던 고객층도 경기 불황의 영향에 직격탄을 맞았다. 미국 시장 진출을 결정했을 당시만 하더라도 서부 지역은 호황을 누리고 있었지만, 서브프라임 모기지 사태로 가장 큰 타격을 입으면서 호황은 불황으로 변해 있었다. 우리가 프레시앤이지에 대한 투자를 결정한 2005년만 하더라도 아무도 예측하지 못했던 상황이 닥친 셈이다. 새로운 지역사회는 인구가 유입되기는커녕 주택 가격이 담보 가격을 하회하고 실업률이 증가하자 오히려 공동화가 진행되고 있었다. 하지만 이런 악조건 속에서도 우리의 목표는 흔들리지 않았다. 우리는 계속해서 제조설비와 물류센터를 건립했고, 더 많은 매장을 세웠으며, 더 많은 매장 부지를 임차했다.

유통업계에서 신규 업체는 경기 불황의 영향을 특히 많이 받는다. 사람들은 경제가 어려워지면 새로운 매장을 찾지 않는다. 몸을 웅크리고 지출을 최대한 줄이기 때문에 새로운 매장이나 상품을 찾지 않게 된다. 당연히 프레시앤이지는 타격을 입을 수밖에 없었고, 심각한 상황에 직면해야 했다. 다만 한 가지 다행스런 점이 있었다. 그리고 이건 우리 입장에서 가장 중요한 점이었다. 바로 프레시앤이지 매장을 경험한 고객들은 하나같이 우리 매장을 좋아했다는 점이다. 그들은 프레시앤이지가 추구하는 고객가치를 즉각 인식했다. 고객들은 낮은 가격, 품질 좋은 식료품, 편리한 쇼핑 경험을 좋아했으며, 무엇보다도 친절한 서비스와 직원들을 좋아했다. 이런 결과는 프레시앤이지의 브랜드와 고객가치에 집중한 팀 메이슨의 노고 덕분이다.

초기의 어려운 상황 속에서 프레시앤이지의 가장 충실한 후원자들은 ('프레시앤이지 프렌드'라고 할 수 있는) 고객과 직원들이었다. 특히 직원들에게 프레시앤이지는 최고의 직장이었다. 직원들은 프레시앤이지의 매장 설계와 고객가치를 확신했고, 한마음으로 성공에 전념했다. 한편 새롭게 형성되던 지역사회와 달리 LA나 샌디에이고처럼 오래된 지역에 입점한 매장은 상대적으로 경기 불황의 타격을 덜 입었다. 이런 매장들은 실적이 꽤 좋은 편이었고, 이는 경기가 회복될 경우 직원들과 고객들의 충성도 덕분에 프레시앤이지가 충분히 성공할 수 있다는 증거이기도 했다.

우리는 지속적으로 프레시앤이지 사업을 밀어붙였다. 다만 확장 속도는 늦췄다. 무엇보다도 우리는 중요한 교훈을 배우고 있었다. 즉 이상과 현실이 만날 때 모든 것이 계획대로 성공하지는 않는다는 교훈이었다. 우리는 상품군을 가다듬었고, 매장 인테리어를 보다 안락하고 활기차게 바꿨다. 원래 2010년을 목표로 했던 손익분기점 도달을 2013년이나 2014년으로 늦췄다.

지금도 많은 전문가들은 프레시앤이지가 손익분기점 도달은커녕 살아남을 수 있을지조차 불확실하다고 비관적으로 본다. 그들은 프레시앤이지는 대담한 도전이었지만, 동시에 미국 시장과 테스코의 역량에 대한 계산 착오에서 비롯된 잘못된 시도였다고 생각한다. 만약 그들의 말이 맞는 것으로 입증된다면, 실패는 전적으로 당시 최고경영자였던 내 책임이다. 프레시앤이지가 실패한다면, 목표를 수립하긴 쉽지만, 달성하기는 너무나 어렵다는 걸 보여주는 사례가 될 것이다. 그러나 이런 비관적인 시각과는 달리, 나는 여전히 프레시앤이지의 성공을 확신한다. 내 확신을 뒷받침하는 것이 프레시앤이지의 2011년 실적이다. 매출은 빠르게 증가하고 있고, 브랜드에 대한 신뢰도 커지고 있다. 즉 최악의 경기 불황이 서서히 지나가면서 현재 프레시앤이지는 큰 수혜를 입을 수 있는 상황에 놓여 있다. 그리고 이 모든 게 대담한 목표를 현실로 만들기 위해 큰 걸음을 내딛은 사람들의 용기 덕분이다.

고정관념을 부정하면
아이디어가 생긴다

모든 조직에서 해외시장 진출은 매우 도전적인 시도다. 해외시장에 진출하려면 새로운 문화, 기호, 법률과 규제, 나아가 전혀 다른 경제 구조에 이르기까지 수많은 문제를 해결해야 한다. 해외시장 진출과 함께 기업이 직면하는 가장 큰 도전은 바로 신규 영역 진출이다. 신규 영역 진출은 기업의 근간을 바꿔놓기 때문이다. 다시 말해 사업 다각화를 시도하는 기업은 기존의 사업에서 경험도 없고 잘 알지도 못하는 새로운 사업으로 진입해야 한다. 또한 이미 시장과 기술, 규제에 대해 잘 알고 있고, 탄탄한 고객기반을 갖춘 경쟁자들과 정면으로 맞부딪힐 수밖에 없다. 만약 경쟁에서 패할 경우, 기업의 명성과 브랜드, 고객의 신뢰는 모두 타격을 입게 된다.

유통업계의 사업 다각화는 1990년대 중반부터 시작됐다. 그전까지만 하더라도 유통업은 물건을 판매할 뿐, 서비스는 판매하지 않는다는 생각이 지배적이었다. 고객이 힘들게 번 돈을 들고 매장에 들러서 진열대에 놓인 상품을 집어든 후 돈을 지불하고 매장을 떠나면 그걸로 끝이었다. 이 말은 테스코의 입장에서 보면, 고객에게 판매할 수 있는 상품은 식품과 음료로 국한된다는 의미다. 여기에 기껏해야 화장품과 약품이 추가되는 정도다. 다시 말해 테스코는 고객이 자신과 가족이 먹을 식품을 구입하는 매장일 뿐, 그 이상은 될 수 없었다.

이런 소극적이고 보수적인 관점은 수세기에 걸쳐 사람들이 같은 생각과 행동을 반복하면서 생겨나는 산물이다. 획일적인 사고와 행동은 기존에는 생각하지 못한 전혀 다른 방식도 있다는 생각을 아예 가로막는다. 또한 획일성에 빠진 조직은 등잔 밑이 어둡다고, 바로 코 앞에 있는 사업 기회를 인식하지 못한다.

테스코와 같은 유통업체에 이런 고정관념은 큰 걸림돌이다. 당시 테스코는 갈수록 경쟁이 심화되는 시장에 속한 전통적인 유통업체였고, 영국 시장에서 한층 더 성장할 수 있는 방법을 심각하게 고민하고 있었다. 식료품 판매를 위주로 하는 전통적인 슈퍼마켓의 사업 기회는 규제 강화와 심화된 경쟁으로 갈수록 줄어들고 있었다. 모든 최고경영자들과 마찬가지로, 나 또한 매일 눈을 뜨면 하루 종일 머릿속에 고민을 달고 살았다. 심지어 실적이 좋은 날에도 나는 이런 생각을 했다.

'이번 주 매출은 괜찮았지만, 당장 내일은 어떻게 성장하지?'

그럼에도 나는 고객을 따르고, 그들의 삶이 어떻게 변화하는지, 그들의 요구가 무엇인지를 파악할 수 있다면, 그로부터 테스코의 성장

기회가 저절로 드러날 것이라고 확신했다. 그 말은 고객의 요구를 충족하기 위해서라면, 테스코가 사업 모델 자체까지 바꿀 준비가 돼 있어야 한다는 뜻이었다.

내가 최고경영자로 부임했을 때, 다른 나라와 마찬가지로 영국의 경제 구조도 빠르게 변화하고 있었다. 특히 서비스산업의 중요성이 갈수록 커지고 있었다. 1960년대에 소비자들은 소득의 40%를 식료품 구매에 지출했지만, 1990년대가 되자 비중은 10%까지 떨어졌다. 유통업체들이 의류와 일반상품을 판매하기 시작했지만, 여전히 고객의 전체 지출 규모에서 유통업체가 차지하는 비중은 줄어들고 있었다. 실제로 선진국일수록 소비자들은 제품보다는 서비스 구매에 더 많은 돈을 지출한다. 따라서 소비자들의 지출에서 유통업체가 차지하는 비중을 늘리려면 소비자들의 기대치, 꿈, 욕구에 호소해야 했다. 나는 모바일 혁명을 겪으면서 이 점을 분명하게 깨달았다. 소비자들이 1주일치 식료품 구매 비용보다 더 많은 돈을 휴대전화 서비스에 가입하는 데 지출하는 광경을 목격했기 때문이다.

물론 유통업체들도 은행, 보험, 또는 당시 등장한 휴대전화와 같은 서비스산업의 중요성에 대해 무지하지는 않았다. 하지만 유통업체들은 서비스산업을 '비사업 영역'으로 단정했다. 다시 말해 서비스산업은 유통업과는 하등 연관이 없는 사업 영역이었다. 내게 이런 고정관념은 갈수록 어리석어 보였고, 심지어 사업 전략의 오류로까지 여겨졌다. 왜냐하면 제품을 판매하는 유통업체도 결국에는 서비스를 제품처럼 판매할 방법을 찾아야 한다고 생각했기 때문이다. 그러지 않을 경우 성장을 지속하기란 어렵거나 아예 불가능했다. 다시 말해 고객에게 서비스를 판매하지 않는다면, 테스코와 같은 유통업체들은 새로 형성된 시장을 서비스업체들이 전부 차지하는 상황에서 그저 식료품이나 음료 같은 작은 시장에만 의존하면서 연명할 게 뻔했다.

일부 전문가들은 선진국 시장이 아닌 개발도상국 시장에서 성장 동력을 찾아야 한다고 주장했다. 물론 틀린 말은 아니다. 개발도상국의 가정들은 여전히 소득의 상당 부분을 식료품 및 생필품 구매에 지출한다. 우리가 동유럽과 아시아 지역 진출을 결정할 때도 이런 사실을 충분히 고려했다. 하지만 개발도상국이 지속적으로 개발도상국으로만 머물 거라고는 기대할 수 없다. 개발도상국의 소비자 또한 경제가 더욱 번영하면 서비스 구매에 더 많은 돈을 지출할 게 뻔했다. 따라서 서비스산업 진입은 선택의 여지가 없었다.

나로서는 서비스산업의 또 다른 특성도 매우 흥미로웠다. 유통업은 제품 마케팅이 매우 세분화돼 있고, 전문 분야로 잘게 나뉘어져 있다. 제조업체가 자신들이 생산한 제품을 직접 판매하는 경우는 매우 드물고, 판매업체가 제조까지 맡는 경우도 찾기 힘들었다. 일부 명품 브랜드가 제조와 판매를 병행하긴 했지만 그건 어디까지나 예외적인 경우였다.

이와 달리 서비스산업은 여전히 통합된 경우가 많았다. 예를 들어 은행과 보험사는 방대한 지점망을 통해 자신들이 개발한 서비스(부동산 담보대출, 보험 등)를 직접 홍보해 판매하고, 기존 고객을 섬기고 신규 고객을 유치한다. 그리고 수익의 절반을 고객 확보와 판매에 투자하는 경우도 꽤 많다.

나는 서비스의 개발(제조)과 판매 및 고객 확보를 분리한다면 더

효과적이고 효율적인 사업 모델이 나올 수 있지 않을까 생각했다. 왜
냐하면 토마토케첩부터 칫솔, 도요타 자동차에 이르기까지 서비스
를 제외한 거의 모든 제품에서 제조와 판매의 분리는 실제로 더 나
은 성과를 가져왔기 때문이다. 만약 그렇다면 제품을 판매하는 대
형유통점처럼 서비스를 판매하는 대형유통점이 등장하지 못할 이유
가 뭐란 말인가?

한마디로 내 머릿속 레이더망에 테스코가 진입할 수 있는 거대한
서비스산업들이 포착됐다. 그것은 은행, 보험, 통신, 엔터테인먼트
등이었다. 교육과 의료 분야도 고려했지만, 불분명한 규제와 정치적
환경으로 인한 지나친 복잡성 때문에 쉽지 않을 거라고 결론지었다.
실제로 테스코는 처방약을 조제하는 서비스를 제공한 적이 있었지
만, 생각보다 훨씬 많은 문제를 겪어야 했다. 고객들이 테스코가 약
국 서비스를 제공하길 원한 까닭은 무엇보다 테스코 매장이 일반 약
국보다 훨씬 늦게까지 영업을 했기 때문이었다. 하지만 규제기관은
슈퍼마켓에 약국 면허를 내주지 않았다. 그 이유도 제멋대로였다. 일
단 규제기관은 약국 간의 경쟁을 허용하지 않았다(경쟁이 없으니 당연
히 의약품 가격은 지나치게 높을 수밖에 없었다). 심지어 더 많은 의약품
을 구매할수록 구매 단가를 더 높게 책정함으로써 성공적인 약국에
오히려 불이익을 줬다. 더 많은 재고를 구매할수록 구매 단가가 높
아진다는 건 규모의 경제가 오히려 반대로 작용한다는 의미다. 결국
테스코는 의약품 판매서비스 시장에 진입하려는 생각을 포기해야만
했다. 따라서 나는 다른 서비스 분야의 경우, 일단 해당 산업에 속한
기존 업체와의 경쟁에서 이길 수 있는 테스코의 경쟁우위부터 찾아

내야 한다고 믿었다.

우리는 경쟁우위를 고객충성도 프로그램인 클럽카드로부터 찾아 낼 수 있었다. 우리는 클럽카드를 활용해 가장 충성도가 높은 고객들로 구성된 집단을 조직했고, 이들은 우리에게 매우 특별한 경쟁우위를 제공했다. 즉 우리는 우리가 이해하지 못하는 서비스 분야에 진입해 우리가 모르는 고객을 확보하려 하기보다는, 반대로 우리가 이미 잘 아는 고객들에 집중함으로써 그들이 필요로 하는 서비스 상품을 그들과 함께 설계하고 제공할 수 있었다.

우리는 클럽카드를 출시한 1995년부터 클럽카드가 서비스산업 진출에 도움이 될 방법을 지속적으로 고민했다. 그리고 언제나처럼 해답은 컨설턴트가 아닌 고객이 쥐고 있었다. 클럽카드를 출시한 지 수 개월이 지났을 무렵, 우리는 고객데이터에서 매우 놀라운 고객의 요구를 찾아냈다.

"신용카드처럼 클럽카드로 계산대에서 돈을 지불할 수는 없을까요?"

문자 그대로 머릿속이 환해지는 순간이었다.

사실 이것은 고객의 위대함을 단적으로 보여주는 하나의 사례에 불과하다. 고객들은 이와 같은 단순한 요구를 충족하기 위해 회사가 고민해야 할 방대한 경제적 효과나 업무 절차상의 어려움 따위를 고민하지도 않고, 심지어 알지도 못한다. 다시 말해 고객들은 자신들의 요구가 테스코의 입장에서는 금융업에 진출해야 하는 매우 힘든 결정이라는 사실을 전혀 개의치 않고, 아예 관심도 없다. 아무튼 고객들은 매우 단순하고 솔직한 요구를 했고, 우리에게는 요구를 들어줄

지 아니면 무시할지, 요구가 우리에게 큰 득이 될지 아니면 큰 짐이 될지를 결정하는 일만 남아 있었다.

테스코가 은행이 된다? 1990년대에 이런 말을 들었다면 대부분의 사람들은 "당신 돌았군"이라고 말했을 것이다. 실제로 우리가 금융업 진출을 고민할 때도 많은 사람들이 똑같은 말을 했다. 고객이 테스코에서 식료품을 구매한다는 건 테스코를 어느 정도 신뢰한다는 말이었다. 하지만 고객들이 우리에게 자신들의 돈을 맡긴다는 건 전혀 다른 문제였다. 훨씬 높은 수준의 신뢰가 필요했기 때문이다. 금융서비스를 제공하면서 만약 약간의 실수라도 한다면, 고객과의 관계는 완전히 산산조각이 나고, 우리의 브랜드도 하루아침에 큰 타격을 입을 수 있었다. 한마디로 금융업 진출은 그저 '막연한 확신을 지니고 무작정 뛰어들기에는' 너무나 큰 위험이 뒤따랐다. 따라서 우리는 가슴 깊은 곳에 위치한 용기를 끌어내고, 우리가 옳은 일을 하고 있다는 신념에 전적으로 기대야 했다.

금융업에 진출하려면 전략적 위험 요인 이외에도 수많은 유통과 규제의 문제를 해결해야 했다. 고객이 클럽카드로 물건 값을 지불하기 위해서는 일단 금융업 허가부터 취득해야 했다. 법과 규제도 파악해야 했다. 오로지 고객데이터만 취합하도록 설계돼 있는 계산대를 클럽카드를 통한 대금 지불이 가능하도록 모두 변경해야 했다. 장벽은 매우 높았지만, 금융업 진출이라는 아이디어는 너무나 매력적이었기에 우리는 그 장벽을 넘어서야 한다고 생각했다. 마침내 우리는 금융업 진출을 결정했다. 충분한 숫자의 고객들이 원하고 있었고, 이후 파생되는 장기적 사업 기회도 매우 풍부했기 때문이다.

우리는 신속하게 서비스를 개발한 후 1996년에 '클럽카드 플러스
Clubcard Plus'를 출시했다. 클럽카드 플러스는 클럽카드와 동일하게 고
객에게 포인트를 제공해 고객데이터를 취합하면서, 동시에 상품 금액
을 결제할 수 있는 부가기능을 제공했다. 고객들은 쇼핑에 지출하는
대략적인 비용을 토대로 매월 은행계좌에서 클럽카드 플러스 계좌로
일정 금액을 이체할 수 있었다. 고객들에게는 추가 포인트가 부여됐
고, 잔고에 따라 이자도 지급됐다. 한마디로 클럽카드 플러스는 고객
들에게 시중은행보다 훨씬 나은 혜택을 제공했다.

클럽카드 플러스는 오로지 테스코 매장에서만 사용할 수 있었지
만 반응이 매우 좋았다. 따라서 우리는 클럽카드 플러스를 더 강력하
게 추진했고, 더 많은 상품과 서비스를 추가했다. 로열 뱅크 오브 스
코틀랜드와 제휴도 맺었다(당시 로열 뱅크 오브 스코틀랜드는 스코틀랜드
내에서 매우 신뢰받는 금융기관이었지만, 영국에서는 사업이 미진했다). 로
열 뱅크 오브 스코틀랜드는 우리에게 부족한 전문성을 제공했고, 새
롭게 설립한 합자회사가 은행업 허가를 취득하는 데에도 도움이 됐
다. 이후 우리는 신용카드, 저축상품, 대출상품, 자동차 및 주택보험
에 이르기까지 더 많은 서비스 상품을 추가했다.

유통업체가 금융업에 진출한 사례는 테스코가 처음이었다. 전 세
계 슈퍼마켓 매장에 은행이 입점하는 경우는 흔했지만, 반대로 슈퍼
마켓이 금융업과 보험업에 진출한 사례는 이전까지 없었다. 당연히
일부 언론들은 슈퍼마켓에 돈을 맡기라고 하는 건 고객들에게 지나
친 요구라는 비판적인 기사를 쏟아냈다. 이는 소위 '정상적 사업 범
주'에 대한 고정관념이 얼마나 강한지를 보여주는 사례이기도 하다.

하지만 비판적인 이들이 간과했던 사실은 테스코의 금융업 진출이 테스코의 결정이 아닌, 고객들의 결정이라는 점이었다. 따라서 나는 우리가 금융업에서도 양질의 서비스와 편의성, 가치를 제공할 거라는 신뢰를 고객들에게 제공한다면 그걸로 성공 가능성은 충분하다고 믿었다.

그리고 실제로 우리는 고객의 기대에 부합하는 좋은 서비스를 제공했다. 일반 은행보다 더 매력적인 이자율을 제공했고, 금융업의 서비스 수준을 훨씬 높였다. 우리가 제공하는 금융상품은 이해하기가 매우 쉬웠고, 아주 작은 글자로 수수료나 조건을 숨기듯 붙이는 금융서비스의 악명 높은 관행도 없었다. 성공적인 금융상품 출시가 이어지면서 우리는 몇 년 만에 일부 금융상품 분야에서 10%의 시장점유율을 확보할 수 있었다. 금융업처럼 거대한 시장에서 신규 기업이 10%의 시장점유율을 확보한다는 건 대단한 성과였다. 특히 우리가 테스코 고객만을 상대로 금융서비스를 제공했다는 점을 감안한다면 매우 뛰어난 성공이었다. 덕분에 테스코 고객에게는 테스코가 최고의 금융서비스 브랜드로 자리매김할 수 있었다.

우리가 금융업에서 성공할 수 있었던 원인은 우리의 접근 방식이 과거 은행의 접근 방식과 유사했기 때문이다. 과거 은행의 역할은 고객을 잘 파악해 고객들이 돈을 저축하거나 보험을 가입하게 하고, 돈이 필요할 경우 대출을 제공하는 것이었다. 우리 역시 클럽카드를 통해 고객을 파악할 수 있었고, 덕분에 은행업 진출에 따르는 위험을 줄일 수 있었다. 하루아침에 거대한 은행 지점망을 구축할 필요도 없었고, 따라서 그에 수반되는 위험도 피할 수 있었다. 오히려 우리는 서서히 금융업에 진입하면서 인내심을 지니고 장기적인 관점을 유지했다. 실제로 우리의 금융서비스는 출시 이후로 꾸준히 성장했고, 심지어 2008년 글로벌 금융위기도 극복할 수 있었다. 2009년에 우리는 로열 뱅크 오브 스코틀랜드를 인수했고, 특별히 테스코 고객들을 겨냥한 금융상품과 서비스를 지속적으로 확대하고 있다. 550만 고객 계좌를 보유한 테스코 금융서비스에서 가장 고무적인 점은 금융서비스가 고객충성도를 더욱 강화하고 있다는 점이다. 그리고 한때는 지나치게 무모하고, 심지어 어리석어 보이기까지 했던 금융서비스가 이제는 매우 상식적인 서비스가 됐다는 점이다.

'작은 꿈'은
아예 꾸지도 마라

'작은 꿈은 아예 꾸지도 마라. 작은 꿈은 사람들의 피를 들끓게 하는 기적을 만들지 못하며, 따라서 실현되지도 못한다.'

미국의 건축가이자 도시계획가인 다니엘 버넘이 남긴 글이다. 그는 수많은 업적을 남겼지만, 그중에서도 시카고와 워싱턴 DC의 경관을 바꿔놓은 원대한 도시계획으로 특히 유명하다.[9]

모든 계획 수립 과정에서 우리는 버넘의 말을 반드시 기억해야 한다. 모든 계획은 곤란한 문제나 변화에 대한 사람들의 태생적인 두려움과 맞서 싸워야 한다. 작은 계획은 문제나 두려움 앞에서 더 작게 조각날 수밖에 없다. 따라서 진정한 변화는 오직 크게 꿈꾸고, 원대한 계획을 세울 때에만 가능하다.

내 고향 리버풀의 역사는 커다란 용기와 원대한 계획의 중요성을 아주 잘 보여준다. 나는 영국 북서부에 위치한 이 도시를 너무나 사랑하지만, 리버풀은 위치나 기후 측면에서 결코 축복받은 도시는 아니다. 수세기에 걸쳐 리버풀은 전 세계는 고사하고 영국에서조차 그다지 유명한 지역이 아니었다. 1207년에 영국 국왕 존이 리버풀에 아일랜드와 교역을 할 수 있는 허가권을 부여한 이후에도,[10] 리버풀은 오랫동안 큰 변화가 없었다. 실제로 1700년의 리버풀은 고작 5,000명이 거주하는 조용한 시골마을에 불과했다.[11]

그러나 18세기 후반과 19세기 초반이 되면서 리버풀을 비롯한 주변 지역에서 동력기관과 제조기술의 혁신이 수없이 일어났고, 그와 함께 제1차 산업시대가 시작됐다. 제1차 산업시대의 여파는 전 세계로 퍼졌다. 그전까지 수백 년 동안 전 세계의 부와 생산량의 3분의 2는 중국과 인도를 중심으로 한 동양에 편중돼 있었다. 하지만 유럽의 모퉁이에 위치한 조그만 섬나라 영국의 촌구석에서 시작된 산업혁명 이후로 상황은 반전됐다. 리버풀은 산업혁명 시기의 대표적인 항구도시가 됐고, 19세기에는 한때 전 세계 선박운송의 40%를 차지하기도 했다.[12]

리버풀은 오늘날의 중국과 유사한 폭발적인 성장세를 경험했다. 1800년이 되자 인구는 8만 명으로 늘었고, 1900년에는 9배가 넘는 70만 명으로 증가하면서 대영제국의 도시 중에서 런던 다음으로 인구가 많은 대도시가 됐다.[13] 부유해진 리버풀 상인들은 도시 곳곳에 빅토리아 양식의 으리으리한 건물과 갤러리, 박물관을 세웠다.

하지만 리버풀의 쇠락은 성장만큼이나 빨랐다. 19세기에 리버풀의 위대한 가문들은 런던으로 이주하기 시작했다. 20세기가 되자 리버풀의 선박운송업계는 비용이 더 낮고 규제가 덜한 지역으로 옮겨갔다. 나아가 영국이 유럽연합에 가입하면서, 영국의 무역산업도 동부 지역으로 옮겨갔다. 산업혁명의 여파가 전 세계로 확대되면서 리버풀의 지배적 위치는 오히려 약화됐던 것이다. 20세기 말이 되자 리버풀은 역사상 가장 암울한 상황에 놓이게 되었다. 2001년 리버풀의 인구는 1931년에 비해 절반으로 줄어들었다.[14] 1961년부터 1985년까지 리버풀의 일자리는 43%나 급감했고, 실업률은 6%에서 26%로 급증했다.[15] 당시 리버풀은 유럽에서 가장 가난한 도시였다.

2000년대가 도래하면서 리버풀이 직면한 문제는 더욱 심각해졌다. 가뜩이나 높은 실업률에 이혼율과 범죄율 증가가 더해지면서 여기저기서 폭동이 일어났고, 극좌파 사회주의자들로 구성된 시의회는 도시의 예산을 바닥냈으며, 영국 노동당을 분열시켰다. 과거 영국의 산업을 대표하던 리버풀은 도심 슬럼화의 단적인 사례로 전락한 지 오래였다.

리버풀이 처한 문제는 해결 불가능한 것처럼 보였기에 사람들은 오히려 이런 문제들을 당연한 것으로 받아들였다. 리버풀을 변화시킬 수 있다는 주장은 어리석은 주장으로 간주됐다. 따라서 이런 비관적인 태도에 맞서려면 진정한 용기가 필요했다. 리버풀의 정치환경을 극복하려는 용기, 나아가 리버풀의 쇠락은 필연적인 결과이기에 문제의 해결보다는 문제를 적절히 관리하는 게 최선이라는 비관적인 인식을 바꿔놓으려는 용기가 필요했다. 그리고 놀랍게도 실제로 이런 용기를 지닌 이들이 있었다. 그들은 '리버풀 비전'이라는 조직을 구성했다. 리버풀 비전은 민간 분야와 공공 분야를 모두 아우르는 조직이었고, 도심센터를 재건하여 경제성장을 이끌어내겠다는 목표를 세웠다. 그리고 2001년, 나는 리버풀 비전의 이사직을 맡게 되었다.

당시 나는 25년 동안 리버풀을 떠나 있었기에, 나 자신이 이방인처럼 느껴졌다. 하지만 이 점이 오히려 도움이 됐는데, 리버풀에 대한 외부의 시각을 제대로 들려줄 수 있었기 때문이다. 도시를 위해 일하는 것은 기업이나 기관을 위해 일하는 것과 비슷하다. 다시 말해 내부적인 문제에만 집착하다 보면 오히려 진실을 찾지 못하거나, 외부의 시각에 무감각해질 수 있다. 특히 내부인일수록 특정한 비판에 대해 핑계거리를 찾거나, 문제를 이미 해결 중이라는 그럴싸한 변명을 늘어놓는 데 훨씬 능숙하다.

당시 리버풀은 온갖 종류의 악명 때문에 리버풀만의 강점을 놓치고 있었다. 거의 한 세기에 걸친 쇠락을 경험한 리버풀 시민들은 갈수록 상황이 나빠질 것이며, 이를 해결하려는 계획을 수립하기는커녕 현재의 상황에서 벗어나지 못할 거라는 패배감에 사로잡혀 있었다. 정부 정책도 그다지 도움이 되지 못했다. 역대 총리들은 리버풀이 필요로 하는 지원책을 제공하긴 했지만, 대부분의 지원책은 문제를 해결하기보다는 쇠락의 속도를 늦추려는 시도에 불과했다. 리버풀은 갈수록 정부 지원에 더욱 의존하게 됐고, 시민들의 사기는 꺾였으며, 자신감과 열정도 사라졌다. 반면 나는 훨씬 낙관적이었다. 나는 테스코에서 일하면서 전 세계로 출장을 다녔고, 따라서 리버풀이 문화와 역사적 전통에서 강점이 있다는 사실을 잘 알고 있었다.

리버풀 비전의 용감한 목표를 현실로 만드는 데에는 두 명의 역할이 가장 컸다. 리버풀 비전의 수장을 맡았던 말수가 적은 리버풀 토박이 조 드와이어는 건축업계에서 잔뼈가 굵은 사람이었다. 그리고 당시 리버풀은 매우 역동적인 행정 전문가인 데이비드 헨쇼를 영입한 후였다. 리버풀 비전은 그 이름에 걸맞은 일을 시작했다. 도심 전체를 새롭게 설계하고 재건축하는 야심 찬 비전에 착수한 것이다. 나아가 계획을 현실로 바꿔줄 자금을 유치하겠다는 강력한 의지도 드러냈다.

당시 리버풀이 직면한 문제 중에서 어떤 면은 리버풀 비전에 도움이 됐다. 리버풀은 너무나 오랫동안 불황을 겪었기에 과거에 세워진 건물들이 그대로 보존되고 있었다. 불황이 너무나 오래 지속되다 보니 다른 도시처럼 낡은 건물을 허물고 새로운 건물을 지을 여유가 없었던 것이다. 심지어 리버풀에는 제2차 세계대전 당시에 폭탄이 떨어진 자리도 그대로 남아 있었다. 60년이 지나도록 아무도 그곳을 재건하지 않았던 것이다. 이처럼 재건축이 진행되지 않은 지역 중에는 도심 한가운데에 위치한 약 16만 제곱미터에 달하는 땅도 있었다.

도심 한가운데에 위치한 이 부지는 도심재건종합계획의 핵심이 됐다. 시의회는 이전에도 이곳에 새로운 쇼핑센터를 건립할 경우의 수요조사를 전문가들에게 맡긴 적이 있었다. 전문가들은 리버풀의 악화된 경제와 상대적 빈곤을 고려할 때, 적정 수준의 쇼핑센터 면적이 약 2만 3,000제곱미터라는 결론을 내렸다. 실제로 당시 리버풀은 이 정도 규모의 쇼핑센터를 개발 중이었다. 하지만 우리의 의견은 달랐다. 우리는 계획만 제대로 세운다면 신규 수요를 창출할 수 있고, 리버풀을 다시 영향력 있는 쇼핑명소로 변모시킬 수 있다고 믿었다. 다행히도 영국 최고의 부호 중 한 명이 우리의 관점에 동의했다. 웨스트민스터 공작은 리버풀이 원대한 꿈을 다시 꿀 필요가 있다고 믿었고, 그의 회사는 도심 한가운데에 위치한 16만 제곱미터에 달하는 부지를 모두 재건하는 계획을 수립했다. 낙후된 도시를 새롭게 바꾸기 위해 자그마치 20명의 건축가가 투입되는 원대한 계획이었다. 도심재건종합계획에는 14만 제곱미터에 달하는 쇼핑지구를 건축하고 호텔과 레스토랑, 극장과 아파트 건축 계획도 포함됐다.

전문가들이 제안한 면적보다 6배나 더 큰 계획에 합의하려면 큰 용기가 필요했다. 그러나 일단 큰 원칙에 합의하고 나자 나머지 계획을 수립하는 과정은 훨씬 용이했다. 호텔이 딸린 부둣가에 위치한 새로운 컨벤션센터, 새로운 박물관, 거대한 고층아파트, 새로운 상업지구까지 약 40억 파운드의 투자자금이 1,600제곱미터의 면적에 집중됐다. 대부분의 투자금은 민간자금이었고, 일부 대형 사회간접시설을 위한 공적자금도 투입됐다.[16] 리버풀 비전은 전체 도심센터의 4분의 1에 해당하는 면적을 재건하기로 계획했고, 그 규모는 호황기를 포함해 리버풀의 역사에서 가장 큰 규모의 재건계획이었다. 수십 년만에 처음으로, 리버풀의 미래는 과거보다 훨씬 원대하고 밝아 보였다. 도시와 시민들은 자신감과 자부심을 회복했다.

대담한 비전과 야심 찬 목표, 그리고 계획이 세워졌으니, 이제 남은 것은 단 한 가지뿐이었다. 바로 이 모든 계획을 달성하는 것이었다. 사실 도시뿐만 아니라 기업, 기관, 정부는 거창한 팡파르와 함께 '위대한 계획'을 무수히 쏟아낸다. 그러고는 위대한 계획은 달성하기가 너무 어렵다는 생각에 계획안을 책상 서랍에 처박아버린다. 따라서 계획을 달성하려면 반드시 해내야 한다는 긴박함이 필요하다. 다시 말해 어느 시점이 지나면 계획을 달성하기 전까지 다시는 후퇴할 수 없다는 일종의 계기가 필요하다. 그래야만 명백한 의사결정과 실행이 뒤따를 수 있기 때문이다.

리버풀은 이 부분에서 절묘한 한 수를 던졌다. 2008년에 예정된 유럽 문화중심지 대회에서 우승을 거머쥐기로 결심한 것이다. 리버풀은 대회 우승이라는 목표를 통해 모든 이들에게 도심재건계획을 달성해야만 하는 의무감을 부여했다. 만약 대회에서 우승한다면 1년 내내 리버풀의 풍성한 문화를 축하할 계획이었고, 그럴 경우 전 세계에서 여행객을 끌어모을 수 있었다.

리버풀은 재건계획을 실행했다. 모든 건물이 제때 예산 내에서 건축됐다. 새로운 도시계획으로 리버풀의 유서 깊은 건물은 번쩍이는 장신구를 달았다. 문화중심지 대회도 대성공을 거뒀다. 리버풀은 목표대로 대회에서 우승을 차지했고, 그해에 영국에서 가장 인기 있는 관광지 중 4위를 차지했다.[17] 영국에서 가장 매력적인 쇼핑지역 순위에서도 15위에서 5위로 껑충 뛰어올랐다.[18] 나아가 경제도 큰 혜택을 입었다. 한때 경제력에서 바닥을 기었던 리버풀이 영국에서 가장 빠르게 성장하는 대도시로 환골탈태한 것이다.

물론 도시 재건 이후에도 리버풀이 해결해야 할 문제는 여전히 많았다. 하지만 적어도 리버풀은 자신감을 회복했다. 야심 찬 목표를 달성하고 나자, 앞으로 더욱 전진할 수 있는 동력을 확보한 것이다. 리버풀은 기업과 투자가 몰리는 도시라는 명성을 얻으면서 변모하기 시작했고, 도시에 대한 투자도 늘어났다. 리버풀이 다양한 방식으로 서서히 외부 세계와 소통하기 시작한 것이다.

지금 회상해보면, 한때 전 세계를 호령하던 경제도시이자 세계 무역의 중심지였고, 상하이가 따라 할 정도로 멋들어진 부두가 있었던 리버풀이 전 세계와 단절된 채 고립된 도시로 전락했다는 사실이 믿어지지 않는다. 리버풀의 사례에서 볼 수 있듯이, 실패는 모든 조직과 지역사회, 나아가 개인에게 이처럼 심각한 폐해를 가져온다. 따라서 리버풀의 재도약은 절대 과거에 사로잡혀 미래마저 포기해선 안 된다는 교훈을 제시한다. 나아가 리버풀의 재건은 대담한 계획, 적절한 타이밍, 위험 감수, 무엇보다도 용기의 위력을 보여준다.

대체로 조직은 원대한 계획과 용기를 요구하면 늘 비슷한 변명을 내놓는다. '지금 다른 일을 할 시간이 없다'거나 '지금보다 더 많은 일을 하는 건 불가능하다'고 말이다. 하지만 실제로 조직과 구성원들은 생각보다 더 많은 일을 해낼 역량을 가지고 있다. 어떻게 이 역량을 끌어내는지는 이후 다시 설명하겠다. 다만 한 가지 사실은 분명하다. 야심 찬 계획을 달성하려면 강력한 의지와 포기를 모르는 끈기가 필요하다. 빅토리아 시대의 작가이자 사상가인 새뮤얼 스마일스에 의하면 나폴레옹이 가장 좋아한 격언은 '가장 진실한 지혜는 확고한 결심'이었다.

나폴레옹은 알프스가 프랑스 군대의 진로를 가로막고 있다는 말에 이렇게 말했다. "알프스가 우리를 가로막을 수는 없다." 그런 뒤 알프스를 넘기 위해 이전에는 없었던 생플롱 고갯길을 냈다. 나폴레옹은 이렇게 말했다. "불가능이란 단어는 멍청이들의 사전에만 있을 뿐, 내 사전에는 없다."[19]

확고한 결심과 의지는 용감한 목표를 현실로 만드는 가장 중요한 요소다. 다만 목표를 달성하는 과정에서 주의할 점은 당신의 '가치'를 잊지 않는 것이다.

기업의 **핵심가치**를 심어준다

강력한 가치는 성공적인 기업의 버팀목이다. 관리자들에게 가치는 닻과도 같아서 그들이 암초에 부딪히거나 성난 폭풍에 휩쓸리는 것을 막아준다. 가치는 기업의 행동 양식을 지배한다. 기업이 무엇을 중시해야 하는지, 문제에 직면했을 때 어떻게 대응할지를 결정하는 것도 결국 가치다.

직원들 스스로
성취감을 느끼게 하라

사람들은 종종 미니스커트와 반전운동의 열풍이 몰아치기 이전인 1950년대와 1960년대 초반을 황금시대라고 말한다. 그러나 나는 생각이 다르다. 나는 그 시기를 능력보다는 타고난 배경이 더 중요했던, 야망이 부족했던 시기로 기억한다.

다만 그 시기에도 한 가지 좋았던 점은 있었으니, 바로 좋은 행동규범을 관장했던 일련의 가치들이다. 그러나 안타깝게도 1960년대에 사라져버렸다. 실제로 가톨릭 교육을 받았던 나는 타인에 대한 존중, 진실성, 불굴의 의지, 선악에 대한 명확한 개념 등을 배우며 성장했다. 하지만 이런 가치들은 계층 간 장벽을 허물고, 억압적인 전통을 철폐하는 과정에서 함께 사라졌다. 그 빈자리를 모든 것이 다 허용되는 도덕적 상대주의가 대신했다. 다시 말해 우리는 차별을 없애는 과정에서 모든 행동을 다 용납하게 된 것이다.

　가치는 사회 전반뿐만 아니라 기업에도 매우 중요하다. 강력한 가치는 성공적인 기업의 버팀목이다. 관리자들에게 가치는 닻과도 같아서 그들이 암초에 부딪히거나 성난 폭풍에 휩쓸리는 것을 막아준다. 예를 들어 경쟁업체의 예상치 못한 전략에 어떻게 대응할지, 직원을 해고해야 할지, 특정 중소기업에 투자를 해야 할지를 고민할 때, 일련의 명확하고도 영속적인 가치는 어려운 질문과 고민에 명확한 답을 제시한다. 나아가 명확하고 영속적인 가치를 충실히 지키다 보면 자연스레 조직에 신뢰와 자신감이 뿌리를 내리면서 직원과 직원, 직원과 고용주, 고객과 기업을 하나로 엮어준다. 가치는 직원들이 경영진을 믿고 따르게 하며, 회사에 더 헌신하고, 동료 직원들을 돕고, 고객충성도를 높이게 한다.

　사람들의 행동은 이성보다 감정이나 직감에 더 큰 영향을 받는다. 그리고 이런 감정을 움직이는 것이 바로 가치다. 예를 들어 옳은 일을 하거나, 타인을 존중하거나, 곤경에 처한 사람을 이타적으로 돕는 이들에게 보상을 하는 건 사람의 감정을 움직이고, 따라서 행동에 더 큰 영향을 끼친다. 물론 왜 이런 가치가 중요하냐고 '이성적인' 반론을 제기할 수도 있다. 하지만 그럴 경우 대부분의 사람들은 이렇게 답할 것이다.

　"왜냐하면 내 직감으로는 내가 하는 일이 옳거든."

　드루 웨스턴은 자신의 책 『감성의 정치학』에서 '이성에 비이성적으로 집착하는' 정치인들을 따끔하게 질책하고 있다.[1]

　'당신이 유권자들을 모든 사안에 대한 효용성을 일일이 따져서 판단하는 계산적인 인간으로 간주한다면, 유권자들의 지지를 얻기가 매우 힘들 것이다. 또한 당신이 유권자들의 감성적 의견, 특히 도덕적 감성에 귀 기울이기보다는 그들의 이성적 의견만 중시한다면, 유권자들은 당신을 허약하고, 우유부단하며, 인기에 영합하는, 원칙이 없는 정치인으로 낙인찍을 것이다. 그리고 유권자들의 이런 판단은 틀리는 법이 없다.'[2]

웨스턴은 유권자들이 자신이나 자신의 가족에게 '감성적 영향'을 끼치지 못하는 정책에는 관심이 없다고 주장한다.

'신경과학의 관점에서 볼 때, 이성적인 호소일수록 유권자의 행동을 이끌어내는 감성적 회로를 자극하지 못한다.'

결국 '이성으로 설득하되, 감성으로 호소하라'는 정치 격언이 옳은 셈이다.

성공한 정치가들은 이 사실을 잘 알고 있다. 반면에 기업의 수장들은 이를 잘 인식하지 못한다. 하지만 직원과 고객은 이성만큼이나 감성에 의해 움직이며, 그들의 행동 양식은 브랜드나 서비스에 대한 경험, 다시 말해 감정에 의해 형성된다. 가치가 중요한 까닭도 이 때문이다. 가치는 기업의 행동 양식을 관장한다. 기업이 무엇을 중시해야 하는지, 문제에 직면했을 때 어떻게 대응할지를 결정하는 것도 결국 가치다. 예를 들어 비용 절감과 같은 중대한 사안부터 "케첩은 어디 있어요?"라는 고객의 질문에 매장 직원이 어떻게 반응해야 하는지에 대한 사소한 사안에 이르기까지 기업의 모든 행동은 결국 가치에 의해 결정된다.

이런 점을 감안할 때, 기업의 성과에 집착하는 기업분석가들과 전문가들이 기업의 핵심가치를 간과하는 것은 매우 이상한 현상이다. 물론 '좋은 기업가치'는 정량화해서 평가하기가 어렵다. 기업이 기업가치를 얼마나 잘 지키는지를 평가하기란 더욱 어렵다. 하지만 기업이 직원들을 존중하고, 고객의 신뢰를 얻기 위한 기업가치를 지니고 있는지는 기업의 로비나 매장, 전시장에 한 발만 들여놓아도 쉽게 알 수 있다.

일부 관리자들은 조직의 핵심가치를 굳이 글로 작성하는 것에 대해 그 효과를 의심한다. 모든 구성원들이 이미 동일한 기업가치를 공유하고 있는 상황에서 굳이 글로 적어야 할 필요가 있냐는 것이다. 그러나 구성원들이 이미 기업가치를 공유하고 있는 경우에도, 실제로 기업가치를 문서화하다 보면 조직의 고유한 가치를 재발견할 가능성이 매우 높다(존 레논은 어떻게 매번 전혀 다른 색깔의 음반을 내놓느냐는 질문에 자신은 매번 새로운 음반을 준비할 때 이전과 똑같은 음반을 내놓으려 하기에 자신도 그 이유를 잘 모르겠다고 답했다).

많은 경우, 기업이 실패하는 이유는 핵심가치를 망각하고 단기 성과와 수익에만 입각해 의사결정을 내리기 때문이다. 핵심가치를 망각한 기업들은 지나치게 쉽게 큰 위험을 감수하고, 심지어 단 하나의 의사결정에 직원들의 일자리, 연금, 생계, 운명에 이르는 모든 것을 걸고 베팅을 한다. 하지만 기업이 절체절명의 위기에 처해 있지 않는 한, 이런 무모한 도박을 해야 할 이유는 전혀 없다. 핵심가치를 지닌 기업, 다시 말해 옳고 그름을 알고 직원을 존중하는 기업은 절대로 이런 도박을 하지 않는다.

나 또한 과거에는 '기업'과 '가치'가 관련이 없다고 생각했다. 사회주의 성향이 강한 가풍에서 자란 나는 어린 시절부터 '기업'을 떠올리면 무자비한 고용주가 경영하는 참혹하고도 폭압적인 공장을 떠올렸고, 당연히 그런 기업에는 어떠한 가치도 존재하지 않는다고 생각했다. 심지어 경영학 학위를 받을 무렵까지도 내게는 여전히 수익과 시장에 대한 사회주의적 반감이 있었고, 실제로 기업이 어떤 활동을 하는지 잘 몰랐다. 어쩌면 내가 첫 직장으로 협동조합을 선택한 까닭도 그 때문일 수 있다.

협동조합은 원래 사회주의 이전 시절의 노동자 운동에 뿌리를 두고 있다. 협동조합 설립자들, 그리고 내가 합류했을 당시에 협동조합에서 일하던 직원들은 민주주의와 사회정의에 대해 강한 신념을 지니고 있었다. 조합원에 의해 소유되고 경영되는 협동조합의 고객들은 협동조합의 취지에 공감하고, 사회에서 상대적으로 혜택을 덜 받는 이들을 도우려는 순수한 의도를 지닌 사람들이었다. 한마디로 협동조합의 의도는 매우 좋았다.

문제는 결과(민주주의와 사회정의)가 수단을 지배하는 상황이 벌어졌다는 것이다. 협동조합은 민주적 절차로 운영됐다. 모든 조합원에게 의결권이 있었기에 의사결정은 너무나 오랜 시간이 걸린 반면, 주도적으로 조합을 이끌 책임자는 없었다. 나아가 계층과 상관없이 모든 고객들에게 도움이 되겠다는 고귀한 의도와는 다르게, 실제 고객의 목소리는 상충하는 시각과 논쟁 속에 파묻혔다. 한마디로 협동조합이 나아가야 할 방향이 무엇인지를 아는 사람이 아무도 없었다. 협동조합의 목적은 사람들에게 일자리를 제공하는 것인가, 아니면 사회를 개혁하는 것인가? 고객을 확보하는 것인가, 아니면 수익을 창출하는 것인가? 이런 기본적인 질문조차 아무도 답하지 못했다.

나는 이런 혼란을 목격하면서 가치가 목표를 결정하는 것뿐만 아니라 목표를 달성하기 위한 방법을 결정하는 데에도 중요하다는 것을 깨달았다. 또한 명확한 의사결정체계(후에 다시 논의하겠다)가 없다면 강력한 가치와 고귀한 목표도 그저 구호에 불과하다는 걸 배울 수 있었다.

협동조합이 전통을 중시하는 예의 바르고 느려터진 조직이었다면, 1979년에 내가 합류한 테스코는 마치 거친 서부 개척시대와 같았다. 런던의 이스트엔드에서 노점상으로 출발한 테스코는 당시 설립자 잭 코헨이 이끌고 있었다. 잭 코헨은 독재자처럼 자신의 직감과 성향에 맞게 절대적인 영향력을 행사하면서 테스코를 이끌었고, 이런 분위기는 회사 어디에서든 피부로 느껴졌다. 직원들은 치열한 경쟁을 벌였고, 매우 호전적이었으며, 지나치게 권위적이었다(실제로 테스코 관리자들 중 상당수는 전직 군인 출신이었다). 대부분의 직원들은 출신 배경이 나와 비슷했다. 테스코에서 살아남으려면 오로지 자신의 노력, 열정, 의지에만 의존해야 했다. 모든 직원들―대부분 남자였다―은 오로지 자기 자신만을 믿어야 했다. 이런 엄격하고 치열한 조직문화는 조직구조와 행동 규범이 명확한 조직에서는 통할 수도 있다. 하지만 당시 테스코에는 둘 다 전혀 없었다.

경영진이 되려면 동료 직원(서로를 과연 동료로 인식했는지는 의문이다)과의 권력 다툼에서 승리해야만 했다. 권력 다툼은 매우 잔인하고 거친 투쟁이었지만, 어떤 면에서는 놀라운 열정과 에너지가 발산되는 기회이기도 했다. 여기에 회사의 실적 악화가 더해지면서 긴장감은 더욱 커졌다. 직원들은 압박에 시달렸지만, 어느 누구에게도 압박감을 털어놓을 수가 없었다. 직원들의 스트레스 배출구는 오직 그들의 목소리뿐이었다. 직원들 사이에 고성이 오가는 경우가 매일같이 벌어졌다. 예의범절에 대한 인식이 부족한 상황에서, 회사에는 늘 일촉즉발의 긴장감이 맴돌았다. 관리자들과 함께 점잖고 성인다운 논의를 하는 경우도 있었지만, 때로는 걸음걸이나 말투를 가지고 놀려대는 초등학교 놀이터 같은 분위기도 공존했다.

물론 당시에는 다른 기업들 중에도 비슷한 곳이 많았다. 하지만 이런 분위기를 처음 접한 나로서는 당혹감을 느낄 수밖에 없었고, 심지어 무섭기까지 했다. 대학을 졸업한 나는 기업이라면 보다 지적이고 성숙한, 이성적인 문화를 가져야 한다고 기대했다. 특히 정중한 예의를 기대했다. 그러나 테스코에서는 조심하지 않으면 통째로 잡아먹힐 수도 있다는 경고를 받았고, 실제로 근무 2일째부터 여기저기서 호시탐탐 나를 노리는 맹수들의 눈빛을 느꼈다. 나로서는 잡아먹든지 잡아먹히든지 둘 중 하나를 선택해야 했다.

결국 나도 바뀌었다. 더욱 호전적이고 강압적으로 변했고, 더 이상 다른 직원들을 배려하지 않았다. 기분이 좋은 날에는 다른 직원들에게 이런저런 요청을 하는 재미난 북부 출신 청년이었고, 기분이 나쁜 날에는 여전히 다른 직원들에게 이런저런 요청을 하는, 하지만 짜증나는 북부 출신 청년이었다. 문제는 기분이 좋은 날보다는 기분이 나쁜 날이 더 많았다는 것이다. 모든 게 내 기분에 의해 좌우됐다.

스물세 살 때, 나는 임원들에게 건강 및 미용상품군에 대한 개선방안을 발표한 적이 있었다. 그 과제는 내가 테스코에서 처음 맡은 대형 프로젝트였고, 내용을 60명에 달하는 전체 경영진 앞에서 발표해야 했다. 당시 나는 정치적 환경 따위는 전혀 고려하지 않았다. 하지만 발표를 마치자 여기저기서 모욕적인 발언이 쏟아져 나왔다.

"리히, 이 일은 자네 능력으로는 역부족이야."

"자네 도대체 뭐가 뭔지 알고나 떠드는 건가? 나는 이 일을 15년이나 해왔네. 그런데 자네가 감히 내게 이래라저래라 하다니. 분수나 알고 까불어야지."

"지금 나한테 내 업무에 대해 지시를 하는 건가?"

나는 "그렇게 잘 알면서 왜 실행하지 않는 겁니까?"라고 맞받아칠 용기가 없었다.

4년 뒤인 1983년에는 회사 컨퍼런스에서 뛰어난 고객서비스에 대해 발표할 기회가 있었다. 그때 나는 많은 사람들이 당시 내가 맡았던 마케팅 업무를 중요한 업무가 아닌 데이터나 분석하는 쓸모없는 업무로 생각한다는 걸 깨달았다. 또다시 여기저기서 비아냥거림이 들려왔던 것이다.

"자네가 무슨 자격으로 감히 고객만족을 입에 담는 건가?"

"지금 우리를 가르치려 드는 건가?"

하지만 내가 최고경영자가 된 1997년에는 테스코도 이미 변화하고 있었다. 일단 여성직원의 수가 늘어났고, 회사의 성공 덕분에 기존의 차갑기만 하던 직원들 간의 관계도 개선되고 있었다. 하지만 여전히 영역 다툼이 계속됐고, 직원들은 그로 인해 지쳐가고 있었다. 지나친 남성 중심적 문화, 약육강식의 분위기는 새로운 아이디어를 말살하고 있었다. 내가 보기에 테스코에는 보다 직원들을 존중하고 소중히 여기는 문화가 반드시 필요했다.

나는 테스코의 가치를 새롭게 성문화해야 한다고 결론지었다. 사실 내 전임자는 매우 영향력이 막강한 거물이었고 인기도 많았다. 하지만 나는 이제 내가 최고경영자를 맡은 이상, 테스코에 내가 믿는 가치를 전파해야 한다고 생각했다. 나는 또한 직원들이 자발적으로 기업가치를 도출해내고, 고객에 대한 헌신을 고취해야 한다고 믿었다. 사실 위에서 결정해 아래로 지시하는, 상명하달식 가치는 실제 매장에서는 그다지 효과가 없다. 따라서 테스코의 기업가치는 직원들이 직접 창조한 가치여야 했다.

나는 수만 명의 직원들을 30~40명의 집단으로 나눈 뒤, 1년에 걸쳐 두 가지 간단한 질문에 대한 답을 찾게 했다.

'테스코가 지향하는 가치는 무엇인가?'

'당신이 지향하는 가치는 무엇인가?'

우리는 직원들의 답변을 취합해서 분석했고, 그런 뒤 경영진이 아닌 직원들이 직접 가치를 고민하고 가다듬게 했다. 직원들은 일부 단어와 표현, 예를 들어 '위험 감수'라는 표현은 불안감을 준다는 이유로 삭제하는 방식으로 마침내 두 개의 핵심가치를 도출할 수 있었다.

첫 번째 핵심가치인 '누구보다도 더 고객을 위해 노력한다'는 직원들이 생각하는 테스코가 지향해야 할 가치였다. 두 번째 핵심가치인 '자신이 대접받고 싶은 것처럼 직원을 대접하라'는 직원들이 원하는 직장으로서 테스코의 모습이었다. 직원들은 각각의 핵심가치에 세부적인 내용을 추가했다.

'누구보다도 더 고객을 위해 노력한다' 밑에는 이런 세부 사항을 적었다.

- 누구보다도 더 고객을 이해한다.
- 고객을 위해 열정, 혁신, 최초를 지향한다.
- 테스코의 강점을 바탕으로 고객에게 최선의 가치를 제공한다.
- 직원들이 고객을 아낄 수 있도록 직원들을 아낀다.

'자신이 대접받고 싶은 것처럼 직원을 대접하라' 밑에는 이런 세부 사항이 추가됐다.

- 우리는 모두 유통업체 직원이며, 우리에겐 하나의 팀만이 존재한다. 바로 테스코 팀이다.
- 서로를 신뢰하고 존중한다.
- 모든 일에 최선을 다한다.
- 서로를 돕고, 비판하기보다는 칭찬한다.
- 지식을 공유하는 것을 넘어 공유된 지식을 활용한다.
- 일을 즐기고, 성공을 축하하며, 경험으로부터 배운다.

단순하지만 강력한 이 문장들은 직원들에게 행동 규범을 제시했을 뿐만 아니라 모두가 평등하다는 생각과 자신감을 심어줬다. 한마디로 직원들은 이제 동료 직원들에게 어떤 행동을 기대해야 하는지를 알 수 있었다. 게다가 이 가치들은 테스코의 가치이기도 했다. 다시 말해 세인즈베리나 막스앤스펜서의 운명에 처하지 않기 위해 오랜 기간 노력한 테스코는 이제 "이게 우리의 모습이고, 이게 우리가 행동하는 방식이다"라고 말할 수 있는 자신감을 얻게 된 셈이다. 특히 테스코의 핵심가치는 실력을 토대로 한 공평한 처우—이건 내가 믿는 신념이기도 하다—를 적절하게 반영했다. 즉 출신 배경과는 상관없이 모든 직원을 평등하게 대우한다는 것이다.

우리는 핵심가치를 발표하면 일부 직원들이 반대는 하겠지만, 대부분은 그저 어깨를 으쓱한 후 구호에 불과하다며 넘어갈 거라고 생각했다. 하지만 일부 직원들의 반응은 예상보다 훨씬 거셌다. 오래된 직원들 몇몇은 핵심가치에 크게 반발하면서, 이를 일종의 문화혁명으로 간주했다. 어떤 면에서 그건 맞는 생각이었다. 핵심가치가 생긴 이후 과거 테스코에 만연했던 남성 중심적 사고방식은 사라졌고, 고성이 오가는 관행도 사라졌으며, 대신 그 자리를 공유하는 문화, 어떤 면에서는 보다 여성적인 문화가 차지했기 때문이다. 그리고 이런 문화를 받아들일 수 없는 직원들은 결국 회사를 떠나야 했다.

핵심가치를 창조하는 게 쉬웠다면, 핵심가치를 실제로 지키는 것은 훨씬 힘들었다. '기업가치를 실천한다'는 말은 어떤 면에서는 회사를 추종하는 세력을 규합한다는 뉘앙스가 풍긴다. 하지만 나는 기업가치 실천이 추종 세력을 모으는 게 아니라 고객을 중심으로, 기본 예의와 상식에 기반을 둔 문화를 창조하는 것이라고 봤다. 예를 들어 기업가치는 결코 동료 직원들과 여러 차례 골프를 친다고 구축되는 것이 아니다(게다가 나는 아예 골프를 못 친다). 오히려 나는 기업가치를 실천하려면 주변 동료들에 대한 나 자신의 행동부터 바꾸어야 한다고 믿었다. 이런 새로운 조직문화를 구축하려면, 무엇보다 중요한 것이 바로 리더십이다. 즉 리더는 직원들에게 분명한 어조로 "이건 매우 중요한 가치"라고 말할 수 있어야 한다. 나아가 그저 말로만 떠드는 것이 아닌, 가치를 몸소 실천하고, 의사결정에 반영하는 모습을 보여줘야 한다.

핵심가치를 토대로 조직문화를 창조하는 과정은 단 하루에 끝나는 일이 아니다. 오히려 끝이 보이지 않는 고단한 과정이다. 실제로 나는 어디를 방문하든 늘 핵심가치에 대해 말한다. 14년 동안 강연, 발표, 연설, 출장, 컨퍼런스에서 핵심가치에 대해 이야기했고, 50분에 걸친 연설이든 2분 만에 끝나는 촌평이든 간에 무조건 핵심가치를 언급했다. 그러니 얼마나 지루하기 짝이 없겠는가? 하지만 메시지를 명확하게 심어주는 유일한 방법은 메시지를 지속적으로 반복해서 들려주는 것뿐이다. "이건 아주 중요한 얘기"라고 반복적으로 강조하는 것이다. 핵심가치는 전략을 수행하는 모든 직원들의 머리와 가슴에 깊게 자리해야만 한다. 남성과 여성을 막론하고, 어떤 업무를 수행하든 간에 모든 직원들은 핵심가치를 가슴 깊이 새겨야만 한다. 지금 회상해보면, 내가 최고경영자가 된 첫해에 가장 잘했던 일은 매장과 사무실을 돌면서 직원들에게 테스코의 핵심가치와 전략을 전파한 것이었다.

어떤 조직에서든 조직이 무엇을 기대하는지를 직원들에게 명확히 이해시키려면, 다시 말해 조직이 어떤 행동 양식을 원하고, 목적의식이 무엇이며, 그 안에서 직원 개개인들이 어떤 역할을 해야 하는지를 명확하게 전달하려면 공문이나 이메일에 의존해선 안 된다. 최고경영자의 연설이 녹화된 동영상을 나눠주는 것도 절대 금물이다. 얼굴을 맞대고 애기를 나누는 것보다 더 효과적인 방법은 없다. 특히 내가 강조하고 싶은 건 바로 '애기를 나눈다'는 표현이다. 다시 말해 거창한 수식어나 과장된 표현 따위는 필요 없다. 그저 대화를 하면 된다. 회사가 어떤 목표를 달성하고자 하는지, 어떻게 목표를 달성할 것인지, 그리고 대화에 참석한 직원들이 목표 달성에 어떤 중요한 역할을 하는지를 논의하면 된다.

첨단기술로 인해 다양한 의사소통 매체가 존재하는 오늘날이지만, 얼굴을 맞대고 애기를 나누는 방식은 이메일과 페이스북이 없었던 과거보다 그 중요성이 오히려 더욱 증대하고 있다. TV, 트위터, 블로그, 이메일, 라디오, 심지어 신문에 이르기까지 수많은 정보매체의 홍수 속에서 오히려 의사소통은 더욱 어려워졌기 때문이다. 다양한 정보매체를 통해 상대방의 관심을 잠시나마 잡아놓을 수 있다고 하더라도, 막상 당신의 메시지가 제대로 전달되기란 여간 어려운 일이 아니다. 따라서 이런 복잡한 정보 속에서, 당신의 메시지를 전달하려면 감정이나 진실함이 담긴 호소가 필요하다. 얼굴을 맞대고 나누는 대화가 중요한 까닭도 이 때문이다.

리더는 또한 의사소통의 임무를 다른 사람에게 맡겨서도 안 된다. 직원들이 원하는 건 그 누구도 아닌 바로 당신, 리더이기 때문이다. 그들은 당신이 어떻게 행동하는지, 당신의 행동이 당신의 말과 부합하는지 실제로 보기를 원한다. 직원들은 자신들 앞에 서 있는 리더가 자신들이 직면한 문제를 알고 있는지, 문제를 해결할 계획이 있는지, 문제를 해결할 수 있다고 확신하고 있는지를 즉각 간파한다.

그들은 당신이 신뢰할 수 있는 리더인지를 단숨에 알아챈다(이 부분은 후에 다시 논의하자). 따라서 리더가 직접 직원들을 만나고, 그들 앞에 선다는 것은 자신이 신뢰할 만한 리더임을 보여주는 자신감의 표출이기도 하다. 나아가 직원들을 소중히 여긴다는 걸 보여주는 증표이기도 하다.

윌리엄 슬림 역시 최전방 전투병뿐만 아니라 모든 병사들이 자신의 역할을 이해하는 것이 매우 중요하다는 사실을 잘 알고 있었다.

후방에서 길을 내는 공병, 군수품 창고를 지키는 보급병, 본대에서 전화를 연결하는 통신병, 잡일을 도맡아 하는 청소병, 군화끈을 지급하는 잡역병을 비롯해 많은 병사들은 자신들의 역할이 중요하다는 걸 잘 알지 못한다. 하지만 지휘관은 50만 병사 중에서 단 한 명의 열외 없이, 자신이 맡은 임무가 군대 전체의 임무 중에서 어떤 역할을 하는지, 왜 중요한지를 깨닫게 해야 한다. 나아가 그 임무를 잘 수행하도록 자부심과 만족감을 느끼게 해야 한다.[3]

그는 14군단을 맡은 후 첫 몇 달 동안 하루에 서너 번씩 사병들의 사기 진작을 위한 연설을 했다. 그는 군인이라기보다는 '국회의원 후보'처럼 행동했다.

플래시맨이 등장하는 소설과 007영화 〈옥토퍼시〉의 각본을 쓴 조지 맥도널드 프레이저는 슬림 휘하의 보병으로 미얀마에서 복무한 적이 있었다(그는 네 번이나 일병으로 승진했지만, 사소한 문제 때문에 세 번이나 강등됐다. 그가 일으킨 문제 중에는 찻주전자 분실도 있었다). 그는 자신의 회고록에서 윌리엄 슬림에 대해 다음과 같이 썼다.

병사의 사기를 진작시키는 가장 좋은 방법은 열병한 병사들 앞에서 이 건장한 사내가 연설을 하는 것이었다…… 그 광경은 잊을 수 없을 만큼 인상 깊었다. 슬림은 그 정도로 대단했다. 그는 내가 본 사람들 중에서 유일하게 자신의 깊은 곳에 자리하고 있는 강인함을 외부로 드러내어 표출할 수 있는 사람이었다. 나는 이후로 그의 강인한 성격이 어디서 나오는지를 늘 곱씹어봤지만 도무지 영문을 알 수 없었다…… 그는 입장과 동시에 병사들의 주목을 끄는 방법을 알았다. 아니, 어쩌면 그냥 자연스럽게 사람들의 이목이 집중된 건지도 모른다…… 거창한 음악이나 소개도 없었다. 그저 슬림은 연단으로 올라왔다…… 그의 연설에는 장황한 훈계나 화려한 미사여구, 또는 껄렁한 농담이나 군대에서 통용되는 비속어 따위도 없었다…… 그는 그저 지나친 격식을 배제한 채, 매우 긴밀한 대화를 하는 것처럼, 향후 어떤 일이 있을지에 대해 말했다. 그러면 병사들은 그의 말을 전적으로 신뢰했고, 실제로 그의 말대로 됐다…… 한마디로 슬림은 머리는 장성이었지만, 가슴은 사병이었다…… 그는 일반 사병들의 심정을 헤아리려 노력했고, 실제로 잘 알았다. 14군단은 사병들에 대한 슬림의 세심한 배려, 그리고 그에게서 풍기는 확신 덕분에 늘 사기가 높았다. 왜냐하면 슬림은 한 번 약속한 건 반드시 지켰기 때문이다.[4]

프레이저의 묘사는 윌리엄 슬림이 인간의 사고방식에 대해 천부적인 통찰력을 지니고 있었음을 잘 보여준다. 실제로 슬림은 이런 글도 남겼다.

'모든 사람들은 주인의식을 느끼고, 자신의 일이 중요하다고 믿고 싶어 한다. 그리고 나는 이런 인간의 본성을 적절하게 활용했다.'

사병들과 직접 의사소통을 하려는 그의 노력 덕분에 모든 병사들은 '자신들이 승리에 기여하고 있으며, 승리의 열매와 영광도 공평하게 모두에게 돌아갈 것'이라고 믿었다.[5]

테스코는 수만 명의 직원들과 수천 명의 관리자들이 공존하는 대기업이다. 슬림이 공동의 목표를 달성하기 위해 여러 임무를 수행하는 전투병, 항공병, 공병, 운전병, 취사병에게 의존했던 것처럼, 나 또한 고객충성도 확보라는 목표를 달성하려면 상품 진열, 마케팅, 매장 부지 확보, 매장 청소에 이르기까지 온갖 업무를 수행하는 수천 명의 직원에 의존해야 했다. 물론 번지르르한 광고나 질 좋은 상품, 최첨단 매장을 통해 고객충성도를 높일 수도 있을 것이다. 하지만 고객들이 매장을 방문했을 때 직원들로부터 친절한 서비스를 받지 못한다면, 결국 이 모든 효과는 반감될 수밖에 없다. 실제로 고객이 브랜드에 대해 각별한 애착을 지니게 되는 계기는 예기치 못한 자그만 친절에 감동을 받을 때다.

나는 아무리 원대한 계획이나 야심 찬 목표도 모든 직원들이 하나가 되지 않으면 결국 실패할 수밖에 없다고 생각했다. 또한 원대한 계획을 추진하는 과정에서 언젠가는 거대한 풍랑에 부딪힐 수밖에 없다는 것도 알고 있었다. 따라서 나는 모든 직원들이 몸뿐만 아니라 마음도 테스코라는 한배를 타길 원했다. 그러기 위해 내가 취할 수 있는 유일한 방법은 직접 직원들을 찾아, 테스코가 어떤 목표를 달성하려고 하는지, 나아가 목표를 달성하기 위한 근간이 되는 기업가치가 무엇인지에 대해 대화를 하는 것이었다. 이른바 '타운미팅'이라는 대화의 장을 마련해 직원들에게 메시지를 전달하기로 결심했던 것이다.

나는 먼저 매장관리자들과 타운미팅을 진행했다. 유통업계에서 매장관리자들은 사업의 근간이자 다른 조직으로 치면 고위관리자에 해당된다. 당시 테스코에는 약 3,000명의 매장관리자가 있었다. 우리는 매장관리자들을 200명씩 그룹으로 나눈 후 그들을 만나기 위해 출장을 떠났다. 미팅 분위기도 가급적 친밀하고 허물없게 조성했다. 매장관리자들은 한 테이블에 열 명씩 둥그렇게 둘러앉았다. 발표는 일부러 짧게 즉흥적으로 진행했는데, 참석자들에게 철저히 준비된 모임이라기보다는 진솔한 모임이라는 느낌을 주기 위해서였다. 대부분의 시간은 질의응답 시간으로 채워졌다. 연설자가 아무리 뛰어나도 일방적인 강연은 사람들을 지루하게 한다. 처음에는 재미있어도 일방적인 대화가 이어질 거라고 눈치채는 순간 청중들은 흥미를 잃기 마련이다. 나는 대화를 하고 싶었지, 결코 연설을 하고 싶진 않았다. 만약 매장관리자들이 모임을 마친 후에 자신들이 강연을 들었다는 느낌을 받는다거나, 나와 경영진이 자신들의 생각을 별로 중시하지 않는다는 인상을 받게 되면, 타운미팅은 실패로 돌아갈 수밖에 없었고, 심지어 경영진과의 관계마저 훼손될 수 있었다. 또한 질문에는 최대한 진지하게 답변해야 했다. 왜냐하면 진지한 답변을 들려줄 때에만 경영진이 자신들의 의견과 역할을 중시한다는 사실을 알고, 무엇보다 직접 느낄 수 있기 때문이다.

타운미팅에는 또 다른 목적도 있었다. 타운미팅은 직원들이 나를 평가하고 나를 꿰뚫어볼 수 있는 기회였다. 나는 가급적 직원들이 언론을 통해 나를 접하기보다는 사전에 나를 직접 만날 수 있기를 원했다. 내가 일부 언론들의 불평에도 불구하고 가급적 언론 노출을 자제한 까닭도 이 때문이다(흥미롭게도 슬림 또한 홍보부를 따로 두지 않았다. 그는 이에 대해 다음과 같이 말했다. "현명한 지휘관은 병사들이 언론을 통해 지휘관을 접하기 전에 먼저 병사들과 직접 대면한다. 왜냐하면 언론 홍보는 병사들과 직접 대면한 후에 하더라도 충분히 효과적이기 때문이다"[6]).

첫 번째 타운미팅이 끝났을 때, 나는 진이 다 빠지고 말았다. 매장관리자들이 호기심 어린 눈빛으로 내가 취하는 몸짓, 말하는 단어 하나하나에 집중하며 내가 어떤 사람인지를 평가하고 있다는 게 느껴졌기 때문이다. 나는 내가 청중을 휘어잡을 만한 뛰어난 웅변가가 아니라는 점에 대해서는 그다지 걱정하지 않았다. 단지 내가 테스코에 기대하는 포부가 무엇인지, 내가 어떤 사람인지를 솔직하게 보여줄 수 있느냐는 점이 더 걱정스러웠다. 만약 수천 명의 매장관리자들이 내가 보여준 모습에 실망한다면, 또는 내가 따를 만한 리더가 아니라고 판단한다면, 나로선 크게 낙담할 수밖에 없는 일이었다. 두려웠지만, 직원들 앞에 솔직하게 나서는 것 말고는 방법이 없었다. 실제로 리더라면 자신을 솔직하게 드러냄으로써 직원들이 직접 신뢰할 만한 사람인지를 결정하게 해야 한다. 슬림은 병사들과의 대화에서 중요한 건 딱 두 가지라고 썼다.

'첫째, 당신이 무엇을 말하는지를 알아야 한다. 둘째, 이보다 더 중요한 건 당신이 말하는 것을 스스로가 확신하는 것이다.'[7]

다행히도 나는 두 가지 모두를 할 수 있었다.

우리는 타운미팅을 마친 뒤 매장관리자들에게 직접 직원들에게 미팅 내용을 전하고, 회사가 무엇을 하려고 하는지를 전해 달라고 요청했다. 중요한 건 우리가 어떤 말을 들려줘야 한다고 정해주지 않았다는 점이다. 직원들에게 어떤 말을 전달할지는 매장관리자가 직접 결정해야 했다. 이런 시도는 수천 명의 직원들에게 동일한 메시지를 전파해야 한다는 관점에서 보면 부적합한 것처럼 보일 수도 있다. 보통 이런 경우, 본사의 '내부 홍보'를 담당하는 부서가 직접 발표 자료를 작성해 관리자들에게 전달하기 마련이다. 하지만 이런 방법은 타운미팅의 취지와 철저하게 위배됐다. 따라서 우리는 관리자들이 직접 자신의 표현으로 회사의 목표가 무엇인지를 직원들에게 전파하길 원했다. 그리고 그 효과는 매우 좋았다. 테스코를 방문한 사람들은 늘 어떤 직원들과 얘기를 나누든 간에 직원들이 하나같이 회사의 전체 그림을 잘 알고, 자신도 그중 일부라는 소속감을 느낀다고 말한다. 내 생각에 이 그림을 그리는 데 사용된 붓이 바로 타운미팅이었다.

타운미팅은 본사와 매장관리자 간의 의사소통을 개선했을 뿐만 아니라 매장 직원 간의 의사소통도 개선했다. 매장 직원들과의 의사소통이 매장 운영에 효과적이라는 걸 깨달은 관리자들은 직원들과 더 자주 대화를 했고, 그 결과 테스코 내에서 대면 접촉 의사소통이 보다 확대되고 리더십이 강화되는 효과가 나타났다. 매장, 창고, 사무실을 막론하고 관리자들은 매일 팀장들과, 팀장들은 다시 팀원들과 의사소통을 했다. 우리는 이런 미팅을 '팀파이브^{Team Five}' 미팅이라고 불렀다. 팀파이브 미팅은 길어야 5분이면 끝났고, 따라서 언제든 잠시 모여 선 채로 의사소통을 할 수 있었다. 5분은 매우 짧은 시간이지만 효과는 매우 뛰어났다. 5분간의 의사소통을 통해 모든 직원들이 현재 상황을 파악하고, 자신들이 어떤 역할을 수행해야 하는지를 알 수 있었기 때문이다. 이와는 대조적으로, 즉각적인 의사소통이 가능한 현재의 디지털 시대에도 관리자가 효과적인 이메일을 작성하는 데만도 5분이 넘게 걸린다.

테스코가 성장하면서 타운미팅은 버밍엄에서 부다페스트, 다시 방콕과 전 세계로 확대됐다. 타운미팅의 형식 또한 개별 국가의 문화에 맞게 변형됐다. 예를 들어 예절이나 존경, 상호 존중이 중요한 아시아 국가에서는 직원들이 직급에 개의치 않고 허물없는 타운미팅을 하기란 힘들었다. 따라서 아시아 국가에서는 타운미팅을 보다 격식이 있는 자리로 바꿈으로써 직원들의 부담을 덜어줬다.

나는 최고경영자로 14년의 임기를 마칠 때까지 타운미팅을 통해 테스코의 모든 관리자들을 일일이 대면할 수 있었다. 그 숫자는 자그마치 1만 명에 달한다. 그들 중 상당수는 첫 타운미팅부터 참석했던 직원들로, 14년의 시간을 거치는 동안 우리 모두는 마치 긴 여정을 함께한 것처럼 동질감을 느꼈다. 실제로 초기부터 타운미팅에 참석했던 이들은 좋은 시절 나쁜 시절을 회사와 함께한, 위험을 같이 감수하면서 나아갔던 이들이었다. 이런 경험은 회사가 나아가야 할 올바른 방향성을 제시했을 뿐만 아니라 모두에게 소속감과 주인의식을 심어줬다. 다시 말해 역할을 막론하고 모두가 열심히 한 결과 특별한 무언가를 성취했다는 느낌을 얻을 수 있었다. 그리고 이런 느낌은 개개인들에게 자신 또한 그 과정에 기여했다는 만족감을 선사했다. 첫 타운미팅에서 공유했던 원대한 목표는 수년이 지난 후에 현실이 됐고, 회사뿐만 아니라 고객의 삶도 크게 바꿔놓았다. 익스프레스 매장이든 아시아 시장으로의 진출이든 모든 직원들은 테스코가 이룩한 성과에 '나도 그때 함께했다'라는 자부심을 느낄 수 있었다.

금전적 이익보다
핵심가치를 우선시하라

앞서 말했듯 테스코의 기업가치 중 하나는 '자신이 대접받고 싶은 것처럼 직원을 대접하라'다. 이 말은 타인을 존중하라는 일종의 황금률로서 여러 종교와 문화에서 공통적으로 중시하는 가치다. 따라서 일상에서 이를 지키기 위한 방법도 널리 알려져 있다(다만 말과 행동의 일치는 결코 쉬운 일이 아니다). 타인에 대한 존중에는 올바른 예의범절, 평등한 대우, 비판과 칭찬의 균형, 말하는 것만큼 경청을 중시하는 태도 등이 포함된다. 이런 태도들은 직원의 자신감과 자존감을 높이기 마련이며, 따라서 새로운 아이디어나 문제점, 성공을 모두가 공유하는 조직문화가 형성된다.

나는 '자신이 대접받고 싶은 것처럼 직원을 대접하라'는 가치가 다른 가치와 마찬가지로 타인을 어떻게 대할지에 대한 것에서 끝나서는 안 된다고 생각했다. 오히려 이 가치가 사업에 의미 있게 적용되려면, 이를 토대로 모든 의사결정을 내려야 하며, 가치에 맞게 사업이 영위되어야 한다고 믿었다. 나아가 경영진이 실제로 가치를 몸소 실천할 때에만 직원들 또한 귀담아듣고, 행동도 변화할 것임을 알았다. 사실 주장한 바를 몸소 실천하기란 결코 쉬운 일이 아니다. 경쟁이 치열한 상행위에서 중대한 사안에 대해 기업가치에 입각한 의사결정을, 특히나 기업가치와 상충한다는 이유로 손해를 감수하면서까지 결단을 내리기란 매우 어렵다. 정치가처럼 관리자 역시 좋은 의도를 지니고 있지만, 막상 금전적으로나 다른 식으로 압박에 처하면 처음의 의도를 망각하기 마련이다. 기업은 장기적 의사결정을 내릴 때 금전적인 요소들은 충분히 고려하는 반면, 핵심가치는 잘 고려하지 않기 때문이다. 사실 이건 매우 안타까운 일인데, 왜냐하면 보다 폭넓게 핵심가치를 고려해서 내리는 의사결정이야말로 장기적으로 더 나은 재무적 성과를 가져오기 때문이다.

나는 이러한 교훈을 서서히 진행됐지만 너무나도 비극적으로 몰락한 퇴직연금제도를 통해 분명히 깨달을 수 있었다. 사람들은 연금이란 단어를 들으면 눈을 게슴츠레 뜨면서 하품을 할 만큼 지루하게 생각한다. 35세 이하 직장인에게 은퇴란 아주 먼 훗날의 이야기이며, 따라서 연금은 내일 또는 10년 후에나 고민할 주제이기 때문이다. 그러나 은퇴가 가까운 이들에게는 연금과 같은 폭넓은 주제는 주요 관심사가 될 수밖에 없다. 아무튼 지금 막 사회생활을 시작했든 퇴직 환송회를 눈앞에 두고 있든 간에, 회사가 직원의 퇴직 후를 위해 어떤 준비를 하고 있는지를 보면 그 회사가 직원을 얼마나 소중히 여기는지를 알 수 있다. 노령자들에 대한 대우 수준을 보면 그 사회의 핵심가치가 무엇인지를 알 수 있는 것처럼, 퇴직 뒤의 삶에 대한 회사의 준비 상황을 보면 그 회사의 핵심가치를 알 수 있다.

테스코의 핵심가치 중 하나가 '자신이 대접받고 싶은 것처럼 직원을 대접하라'라는 점에 입각할 때, 우리의 연금제도 또한 적절한 '대접'에 대한 직원들의 기대를 당연히 충족해야 했다. 하지만 2000년에 테스코의 퇴직연금제도는 다른 기업들과 마찬가지로 심각한 문제에 봉착했다. 1970년대에 시작된 테스코 퇴직연금제도는 '확정급여형 defined benefit' 제도였다. 이는 수령자들이 퇴직 시에 테스코로부터 최종급여 수준의 일정 비율을 퇴직금으로 받는다는 뜻이다. 다른 많은 영국 기업들과 마찬가지로 갈수록 증가하는 투자수익률에 비해 퇴직금에서 직원이 부담하는 금액은 낮은 편이었기에 확정급여형 제도는 혜택도 좋았을 뿐만 아니라 직원들이 은퇴 자금을 저축하는 데에도 매우 유리했다. 따라서 확정급여형 제도는 일반적인 퇴직연금제도가 됐고 '자신이 대접받고 싶은 것처럼 직원을 대접하라'는 말처럼 테스코의 모든 직원들이 기대하는 수준을 충족할 수 있었다.

하지만 확정급여형 제도의 성공은 오히려 이 제도의 쇠락을 불러왔다. 많은 확정급여형 제도가 부채보다 자산이 더 많아졌고, 이에 정부는 지속적으로 감세 혜택을 제한함으로써 확정급여형 제도의 흑자 규모를 제한했다. 그러자 놀랍게도 흑자 규모를 제한하는 게 오히려 세금 면에서 유리해지면서 당연히 회사가 확정급여형 제도에 대한 부담금을 줄이는 현상이 발생했다.

그러다가 확정급여형 제도가 한창 인기를 끌면서 기업과 가입자가 부담금을 줄이던 1990년대에 수많은 문제들이 생겨나기 시작했다. 일단 평균수명이 늘어났다. 그 말은 공인회계사들이 예상했던 것보다 이제 더 많은 사람들이 퇴직연금을 수령해야 한다는 의미였다(테스코가 확정급여형 제도를 시작했던 1970년대만 하더라도 가입자들은 퇴직 후 11년을 더 생존했다. 오늘날 그 기간은 20년으로 늘어났다). 낮은 물가상승률 때문에 확정급여형 제도가 부채-향후 지급해야 할 연금액-를 조달하는 비용이 높아졌다. 동시에 주식시장 수익률은 거의 10년 동안이나 장기수익률을 밑돌고 있었고, 당연히 퇴직연금의 투자수익률도 떨어졌다. 설상가상으로 정부가 확정급여형 제도에 대한 세금 체계를 바꾸면서 감세 혜택도 훨씬 낮아졌다. 정부는 또한 (일련의 연금 비리가 일어나자) 연금을 보호하기 위한 법을 강화했고, 그러자 종업원들에게 확정급여형 제도를 제공하는 비용은 오히려 높아졌다. 사실 이런 문제들이 개별적으로 터졌더라도 확정급여형 제도에는 큰 타격이 되지 않았을 것이다. 하지만 이 모든 문제들이 한꺼번에 터지자 과연 확정급여형 제도가 기업이 직원들에게 제공하는 복지 혜택으로 적합한지에 대한 근본적인 의구심이 생겨났다.

나는 퇴직금 제도를 둘러싼 여러 문제에 대해 일단은 장기저축의 관점에서 논의가 필요하다고 생각했고, 실제로 그런 논의가 일어나리라고 기대했다. 하지만 내 예상과 달리, 오랫동안 각광받던 확정급여형 제도는 갑자기 모든 지지를 잃었다. 몇몇 기업들이 확정급여형 제도를 중단하고 대신 '확정기여형^{defined contribution}' 제도를 제공하겠다고 발표했고, 일부는 아예 퇴직금 제도를 없앤다고 발표했다. 처음에는 일부 기업에서만 시작된 이 현상은 마치 봇물 터지듯 수많은 기업으로 확산됐다.

확정기여형 제도는 연금 운용의 책임을 (대체로 노련한 투자자이자 관리자인) 회사에서 투자 경험이나 운용 경험이 적은 직원들에게 전가했다. 즉 개인이 직접 연금을 납입해야 하는 확정기여형 제도는 수익성도 불확실했을 뿐만 아니라 연금 운용 수수료로만 수익의 30~50%를 손해 봐야 했다. 한마디로 확정기여형 제도로의 전환은 연금자산의 감소를 가져왔다. 나아가 더 이상 회사가 자신들의 은퇴 후 삶을 배려하지 않는다는 사실을 알게 된 직원들은 당연히 회사에 대한 충성도가 낮아질 수밖에 없었다.

영국에서 가장 많은 종업원을 고용하는 테스코 또한 다른 기업들처럼 퇴직금 문제에 직면했다. 투자전문가들은 테스코도 다른 기업들처럼 확정급여형 제도에서 한시라도 빨리 손을 빼야 한다고 조언했다. 하지만 우리는 그 의견에 동의하지 않았다. 우리는 확정급여형 제도를 유지하되, 대신 직원의 최종급여 수준에 따라 퇴직금을 지급하던 기존의 방식에서 직원이 근속기간 동안 받은 급여 수준에 따라 퇴직금을 지급하는 방식으로 바꾸기로 결정했다. 이럴 경우, 퇴직금 제도에 가입한 직원들은 여전히 퇴직 시에 정해진 액수의 퇴직금을 수령할 수 있는 반면, 확정급여형 제도를 제공하는 고용주는 비용을 더 잘 예측할 수 있고, 일부 경우에는 비용을 낮출 수도 있었다.

우리가 다른 기업들과 전혀 다른 선택을 한 데에는 여러 이유가 있다. 일단 모든 테스코 직원은 입사와 동시에 퇴직연금제도에 자동으로 가입된다. 따라서 테스코의 직원 중 거의 대부분이 확정급여형 제도의 가입자였다. 다시 말해 우리의 퇴직연금제도는 모든 직원들의 이해관계가 걸려 있고, 모든 직원들이 관심을 두는 사안이었다. 나아가 테스코 이사회에는 사외이사들 뿐만 아니라 오랫동안 테스코에서 근무했던 임원들이 포함돼 있었다. 그들은 회사와 희로애락을 함께한 이들이었고, 직원들에게 깊은 동질감을 느꼈다. 그들은 테스코의 퇴직연금제도가 상대적으로 임금이 적은 직원들이 회사의 성공을 공유하는 일련의 장기적 복지 혜택 중 하나로 인식한다는 점을 잘 알고 있었다. 결론적으로 이사회는 퇴직연금제도가 직원충성도를 보상하는 조직문화의 일부이자 직원들의 사기와 헌신을 고취하는 수단이기에 테스코의 성공에 매우 중요하다는 점을 늘 인식했던 것이다.

무엇보다도 우리는 확정급여형 제도를 확정기여형 제도로 바꿀 경우 우리의 핵심가치와 상충한다고 봤다. 그건 경영진의 책임을 장기자금을 운용한 경험이 일천한 직원들에게 전가하는 것이었다. 하지만 우리는 기존의 확정급여형 제도를 그대로 유지할 수는 없다는 사실도 잘 알고 있었다. 따라서 우리는 퇴직금 문제를 매우 중대한 문제로 인정하고 접근했다. 또한 다른 사업상의 문제와 마찬가지로 회피하지 않고 정면으로 돌파한다면 충분히 해결할 수 있다고 믿었다.

일단 우리는 직원들과 퇴직연금제도가 직면한 문제를 공유했다. 매년 퇴직연금을 제공하는 데 드는 비용을 공개했고, 직원들에게 상승된 비용의 일부를 함께 부담하기를 요청했다. 일부 고위직원들은 더 많은 금액을 부담했다. 왜냐하면 회사가 최선을 다하고 있다는 것을, 여전히 테스코의 퇴직연금제도보다 더 나은 대안이 없다는 걸 잘 알고 있었기 때문이다.

다른 기업들이 퇴직연금제도를 아예 없애거나, 문제가 많은 확정기여형 제도로 전환한 것도 우리에겐 오히려 도움이 됐다. 이전까지 테스코 직원들은 퇴직연금제도를 당연한 혜택으로 받아들였던 반면, 이제는 테스코의 퇴직연금제도가 매우 좋은 제도라는 사실을 깨닫고 경영진만큼이나 제도가 당면한 문제를 해결하는 데 열성적으로 매달렸기 때문이다. 나아가 좋은 퇴직연금제도는 직원 고용 측면에서 테스코의 경쟁우위가 됐다. 퇴직연금제도를 유지함으로써 테스코가 남들처럼 쉬운 길을 선택하기보다는 약속한 가치를 반드시 지킨다는 점을 직원들에게 입증할 수 있었기 때문이다.

우리는 퇴직연금을 훨씬 더 잘 운용했고, 덕분에 관리비용도 점차 낮아졌다. 나아가 우리는 퇴직연금제도에 보다 많은 신경을 썼다. 퇴직연금 운용 인력으로 더 나은 전문가들을 고용했고, 덕분에 수익률도 높아졌다(반대로 관리비용은 업계에서 가장 낮은 수준이 됐다). 우리는 또한 주식투자 비중을 유지했다. 주식은 위험성은 컸지만 그만큼 수익률도 높았기 때문이다. 모든 사업에는 반드시 위험이 뒤따르기에 연금 운용에서 발생하는 위험도 어떤 면에서는 사업 위험의 하나에 불과하다. 따라서 위험을 없애기 위해 무위험자산에 투자한다는 건 매우 어리석은 짓이다. 왜냐하면 최대한 '위험을 회피하는' 퇴직연금 펀드는 수익률이 낮을 수밖에 없고, 이럴 경우 결국에는 가장 큰 위험인 '펀드 해지'가 현실이 되기 때문이다.

오늘날 영국 민간 분야에서 제공하는 확정급여형 퇴직연금 가입자 중 20%는 테스코 직원들이다. 테스코 직원들이 영국 민간기업 근로자 중 고작 1%를 차지한다는 점을 고려할 때, 매우 놀라운 수치가 아닐 수 없다. 현재 테스코 직원들은 동일한 금액을 확정기여형 제도에 투입한 사람들보다 거의 2.5배나 많은 퇴직금을 수령한다. 만약 우리가 과거에 확정급여형을 포기하고 확정기여형 제도를 선택했더라면, 과연 지금 직원들을 똑바로 쳐다보며 "우리는 핵심가치를 지켰다"라고 당당하게 말할 수 있을까? 물론 그 결정은 쉽지 않았다. 왜냐하면 테스코는 수억 파운드에 달하는 단기 손실 비용을 감수해야 했기 때문이다. 하지만 우리가 한 일은 옳은 일이었다.

문화가 달라도
가치는 공유하라

우리의 핵심가치는 테스코의 조직문화를 바꿔놓았을 뿐만 아니라 고객과의 관계도 크게 개선시켰다. 해미쉬 프링글과 윌리엄 고든은 『브랜드 매너스Brand Manners』에서 기업의 핵심가치가 고객과의 관계에 미치는 영향을 잘 설명한 바 있다. 두 저자의 주장에 의하면, 기업과 고객과의 거래에는 크게 네 가지 서로 다른 차원이 존재한다. 일단 이성적 경험은 머리로 이해하는 것이다. 예를 들어 '이 거래는 내가 기대했던 것보다 훨씬 좋은데'가 이성적 차원이다. 두 번째로 감성적 경험은 가슴으로 느끼는 것이다. '이 거래를 또다시 했으면 좋겠는데'가 감성적 차원이다. 세 번째로 정치적 경험은 자신에게 맞는지를 따지는 것이다. '이 거래가 나한테 좋은 거래인가?'가 정치적 차원이다. 마지막으로 정신적 경험이 있다. 정신적 경험은 거래로 인해 우리가 어떤 상태로 나아갈지를 묻는다. 즉 '나는 이 거래를 통해 인격적으로 더 나은 사람이 되고, 세상에도 더 큰 혜택이 된다고 느낀다'가 정신적 차원이다.[8]

강력한 브랜드는 네 가지 차원 모두에 호소하는 가치를 지니고 있다. 그리고 이런 가치는 고객이 브랜드를 경험하는 과정에 실제로 반영되어야 한다. 당연히 우리의 브랜드는 테스코였다. 따라서 우리가 일하는 방식, 우리가 경영하는 방식에서 순수하고 단순하게 테스코의 가치가 드러나야 했다. 나아가 가치에 동의하는 것을 넘어, 가치를 실천하고, 수많은 직원들이 가치를 일상에서 지키도록 동기를 부여해야 했다. 그래야만 고객이 테스코 브랜드를 접할 때마다 테스코가 제공하는 경험으로부터 이성과 감성 모두에 호소하는 긍정적인 반응을 이끌어낼 수 있었다.

사실 직원들에게서 특정한 행동 양식을 이끌어내는 것은 직원들에게 더 많은 권한을 부여해 스스로 자신감을 지니고 자발적으로 변화를 추구하도록 하는 것과 일정 부분 충돌한다. 따라서 성공적인 조직은 대체로 양자 간에 균형을 맞춘다. 성공적인 조직은 고객과의 관계, 직원과의 관계에서 회사가 허용하는 행동 양식과 허용하지 않는 행동 양식에 대해 명확한 기준을 제시한다. 하지만 고객 응대에 있어서는 직원들에게 자유재량을 부여함으로써 고객의 요구에 신속하게 반응하게 한다. 그리고 경영진은 직원들이 성과를 낼 수 있도록 필요한 교육훈련을 제공하고, 직원들의 역량을 개발한다.

그렇다면 이런 모든 것들은 실제 테스코 매장에서 어떤 식으로 발현될까? 그것은 '무엇이든 도와드립니다Every Little Helps'로 요약할 수 있다. 나는 고객들에게 테스코의 가치를 설명할 때 늘 이 표현을 사용한다. '무엇이든 도와드립니다'라는 표현에는 '누구보다도 더 고객을 위해 노력한다'는 테스코의 핵심가치가 함축돼 있다. 이 말은 테스코가 수많은 사소한 일들, 하지만 중요한 일들을 해냄으로써 가격, 품질, 혁신 측면에서 고객에게 더 편리한 쇼핑 경험을 제공하려 노력한다는 의미다. 이런 사소한 것들은 고객의 이성뿐만 아니라 감성적 측면에서 중요하다. '편리한' 쇼핑은 시간이 절약되는 쇼핑을 넘어, 고객의 피로감, 혼란스러움, '기분 나쁜 경험'을 최소화한다는 의미다.

'무엇이든 도와드립니다'라는 표어가 널리 알려지면서, 직원들도 테스코의 핵심가치인 '누구보다도 더 고객을 위해 노력한다'를 더 잘 인식하게 됐다. 실제로 이 단순한 문장에는 직원들이 취해야 할 행동과 의사결정의 원칙이 되는 테스코의 핵심가치가 너무나 잘 드러나 있다. 다시 말해 이 한 문장이면 세세한 규칙이나 정책이 없어도 된다는 말이다. 예를 들어 헝가리 매장의 관리자는 매장 배치를 바꾸거나 새로운 샴푸를 구매하기 위해 굳이 본사에 전화를 걸어 승인을 얻을 필요가 없다. 그저 핵심가치에 입각해서 고객이 원한다면, 제공하면 그만이다. 만약 한국 매장의 직원이 동료 직원에게 공격적인 언사를 했다면, 매장관리자는 굳이 왜 그런 행동이 잘못된 것인지를 두고 일장연설을 늘어놓지 않아도 된다. 왜냐하면 우리의 핵심가치에 그런 행위가 잘못이라는 점이 이미 명시돼 있기 때문이다.

한마디로 핵심가치는 모든 직원을 하나로 만드는 보편적인 가치다. 인종이나 개인의 신념과는 상관없이 모든 직원이 동의한 가치다.

물론 보편적인 가치라고 해서 개별 문화와 상관없이 일괄적으로 통용되는 건 아니다. 예를 들어 외국의 매장관리자들이 직원들에게 "테스코의 핵심가치가 이러하니, 지금부터 무조건 따라야 한다"라고 말한다고 그렇게 되는 건 아니다. 다시 말해 보편적인 가치라고 문화적 차이를 고려하지 않고 맹목적으로 적용해서는 안 된다는 뜻이다. 실제로 기업의 문화와 가치가 뿌리 내리는 방식은 지역별로 다르다. 자국 시장에서는 잘 통하는 강점을 타국 시장에서는 굳이 강제로 이식하지 않는 기업들도 많다. 왜냐하면 문화적 차이—문화적 차이는 사업 계획이나 해외 진출 계획에 잘 반영되지 않는다—가 매우 중요하기 때문이다. 전 세계 수많은 테스코 직원들은 수백만 명의 고객들에게 상품과 서비스를 판매한다. 그리고 그 고객들은 지역 문화와 배경에 의해 형성된 고유한 경험, 기호, 가치관을 지니고 있다.

특히나 식료품 판매는 모든 산업 중에서도 지역의 기호와 문화에 가장 민감하다. 음식이 곧 그 사람의 정체성이라는 말도 있지 않은가. 한마디로 사람의 기호, 문화, 배경은 일정 부분 그 사람이 먹는 음식의 종류와 요리법에서 드러난다. 예를 들어 온가족이 모여서 먹는 일요일 점심식사, 전자레인지에 돌려 먹는 즉석식품, 한상 가득 차린 저녁 만찬에 이르기까지 식료품 유통은 지역의 취향을 고려해야 한다. 어쩌면 다국적 식품회사가 기껏해야 10여 개 정도인 이유도 그 때문일 것이다. 실제로 까르푸, 메트로, 아홀드, 알디, 리들 앤 슈워츠, 자스코(일본), 델하이즈, 카지노, 월마트, 코스트코, 테스코에 이르기까지 여러 국가에서 지속적으로 사업을 펼치는 식료품 유통회사는 소수에 불과하다.

테스코는 이들 중에서도 해외시장 진출이 특히 늦은 편이었다.

1970년대부터 프랑스 이외 지역으로 진출했던 까르푸와 달리, 테스코는 1990년대 중반까지도 해외사업에 대한 경험이 거의 없었다. 그나마 1980년대에 진출했던 아일랜드 시장에서는 실패했고, 프랑스에 있던 조그만 매장은 1997년에 매각했다.

하지만 영국의 국내총생산 규모는 전 세계 국내총생산 규모의 고작 3%를 차지한다.[9] 따라서 영국 시장에서 아무리 성공해도 해외시장으로 진출하지 않고는 세계 1위 유통기업이 되기란 불가능했다. 나는 최고경영자가 된 후 테스코를 다국적 유통기업으로 이끌어야 한다는 의무감을 느꼈다. 경쟁업체들에 비해 해외 진출이 한 발 늦었다는 점을 충분히 고려한 우리는 1996년에 아직 대형마트가 활성화되진 않았지만 성장 가능성이 높은 국가들을 선정했다. 즉각 두 지역이 눈에 띄었다. 한 지역은 공산주의 체제에서 벗어나 소비시장으로 진입하고 있던 중부 유럽이었고, 또 다른 지역은 제조업과 수출을 통해 경제 개발을 이뤘지만 서서히 소비시장으로 발전하고 있는 아시아의 신흥경제국가들이었다. 일단 우리는 한국, 태국, 말레이시아, 대만을 겨냥했다. 중국, 인도, 일본과 같은 더 큰 시장은 그보다 훨씬 뒤에 진입했다.

초기에 겨냥한 아시아 4개국 중에서 가장 큰 시장은 한국이었다. 해외 진출 경험이 거의 없는 영국계 슈퍼마켓 유통업체가 한국 시장에 투자한다는 건 아마도 전혀 다른 문화권으로 진출한 가장 극단적인 사례일 것이다.

한국은 길고도 자랑스러운 역사를 지니고 있는 나라다. 훨씬 큰 중국과 일본에 둘러싸여 자주 위협을 받았던 한국은 독립성과 고유문화를 지키기 위해 때로는 고립정책을 고수했다. 특히나 한국의 근대사는 매우 놀랍다. 한국전쟁으로 인해 분단된 후, 한국은 폐허와 굶주림으로 고통 받았다. 일부 자료에 의하면 당시 한국은 전 세계에서 두 번째로 가난한 나라였다. 하지만 초인적인 힘을 발휘한 한국인들은 주변국 일본의 경제성장 모델을 따라 하나의 가문이 소유한 기업들*을 중심으로 한 제조업과 수출을 통해 경제를 재건했다.

1990년대 후반, 한국은 이미 성공적인 자유민주주의가 자리한 선진국으로 급부상했지만, 여전히 서구에는 잘 알려져 있지 않았다. 실제로 급성장한 소비시장에 비해 한국에 대한 외국 자본의 투자는 미미했다. 심지어 네슬레나 유니레버처럼 해외 진출 경험이 많은 다국적 기업들조차 한국 시장에서는 그다지 두각을 나타내지 못했다. 당시 한국에는 자국 기업이 다국적 기업에 맞설 수 있는 힘을 키우기 위한 유무형의 보호장벽이 존재했다. 심지어 이런 보호장벽을 넘어선다고 하더라도, 외국 기업은 시장에서 한국 기업들과 치열한 경쟁을 벌여야 했고, 한국의 사회적 분위기도 외국 기업보다는 자국 기업을 더 지지했다. 따라서 우리는 한국이 진입하기에 매우 힘드니 다른 시장을 겨냥하라는 조언을 여러 차례 들어야 했다.

1997년의 아시아 금융위기는 특히 한국에 큰 타격을 입혔다. 당시 한국의 거대 재벌기업들은 지나치게 부채가 많았고, 너무나 많은 산업으로 확장을 하고 있었다. 결국 국제통화기금IMF이 개입했고, 한국인들은 자신들에게 닥친 상황을 국가적 수치로 여겼다. 한국 정부는

* '재벌'을 말한다 — 옮긴이

문어발식 확장을 한 재벌기업들에게 핵심 시장에만 집중하고 나머지 시장에서 철수하라는 지시를 내렸다. 한국 재벌기업들이 내놓은 매물들은 외국 투자자에게 매각됐다.

한국의 재벌기업 중에서도 최고는 단연 삼성이다. 당시 삼성은 섬유, 건설, 가전, 자동차, 금융에 이르기까지 거의 모든 산업에 진출해 있었다. 그리고 그들은 자국에서 새롭게 급부상하는 소비계층을 보며 현대식 대형유통업이 차세대 성장산업으로 적합하다고 인식해, 유통업에 대한 기반이 전혀 없는 상태에서도 유통업에 진출하기로 결정을 내렸다. 삼성의 유통업 진출은 조짐이 매우 좋았다. 한국인들은 단 20년 만에 작은 어촌을 전 세계에서 가장 큰 조선소로 바꿔놓은 국민이다. 따라서 삼성의 야심 찬 계획에는 한국인 특유의 열정도 뒷받침됐다. 일단 삼성은 전 세계를 돌면서 인재를 끌어들였다. 미국, 유럽, 일본에서 최고의 인재들을 영입한 뒤 최고급 백화점 매장을 비롯해 대형마트를 개발했으니, 바로 '홈플러스'다. 삼성은 1997년 금융위기가 닥쳤을 때 이미 백화점 한 곳과 대형마트 한 곳을 개장한 후였다. 그런 뒤 자신들의 주력사업인 가전, 건설, 금융에 집중하기 위해 유통업에서는 외국 제휴기업을 찾고 있는 상황이었다.

삼성 유통부문 CEO였던 이승한 사장이 한창 세계 최고의 유통회사들을 대상으로 파트너를 물색할 때, 막상 세인즈베리는 후보군에 오른 반면 테스코는 아예 후보군에 끼지도 못했다. 하지만 우리는 삼성이 외국계 파트너를 물색한다는 소식을 듣고 즉각 이승한 사장과 접촉했다. 테스코는 불리한 입장에서 출발했던 셈이다. 그러나 우리는 한국 시장 진출을 망설이던 다른 유통업체들과는 달리 위험을 감수할 준비가 돼 있다는 점을 명확하게 보여줬고, 이후 여러 차례 논의 과정을 거친 후에 마침내 삼성과 제휴하여 한국에서 유통사업을 시작하게 되었다. 이 사례는 가장 어려울 때 오히려 가장 좋은 기회가 생길 뿐만 아니라 어려운 시기에 맺은 우정이 더 오래간다는 점을 잘 보여준다. 왜냐하면 어려운 시기에 손을 잡았다는 건 서로에 대한 신뢰를 확인한 것이기 때문이다.

회사는 테스코가 81%의 지분을 가진 합작투자회사로 운영됐다. 삼성의 참여는 우리에게 매우 중요했다. 당시 테스코는 합작투자에 대한 경험이 거의 없었고, 당연히 한국 기업과의 합작투자도 그때가 처음이었다. 합작투자 전문가들은 삼성과의 협력이 매우 어리석으며, 이후 회사의 통제권을 둘러싼 갈등이 야기될 것이라고 지적했다. 하지만 전문가들의 지적은 전혀 틀린 것으로 판명됐다. 오히려 삼성과의 합작투자는 한국 시장 진출에 완벽한 사업 구조였는데, 합작투자는 테스코로 하여금 서구의 사업 관행을 강요하기보다는 한국의 기업 문화와 협력하도록 했기 때문이다. 우리는 또한 합작투자 전문가들을 고용해서 합작투자를 성공으로 이끌 수 있는 방법을 빠짐없이 배우기까지 했다.

우리는 삼성과의 합작투자 과정에서 매우 기본적인 교훈을 배울 수 있었다. 바로 신뢰를 주고, 상대방을 존중하며, 공동의 목적에 합의하고, 서로 간의 상호 보완적인 강점을 찾아낸 후 이를 합작투자회사에 적용하는 것이다. 그중에서도 가장 중요한 건 신뢰였다. 서구 기업들은 자신들이 잘 모르는 지역, 특히 아시아 지역의 기업들을 못 미더워하는 경향이 있다. 하지만 신뢰 부족은 관계를 훼손하는 요인이 되며, 특히나 상호 신뢰를 매우 중시하는 아시아에서는 상대방이 자신을 못 믿으면 응당 그 보답으로 자신도 상대방을 신뢰하지 않는다. 아시아에서는 또한 남의 말을 경청하고 그로부터 배우려는 존중심, 그리고 겸손한 태도도 매우 중요하다.

한국의 홈플러스 경영진은 우리가 보여준 신뢰와 존중에 마찬가지로 신뢰와 존중으로 화답했다. 홈플러스 경영진은 전 세계 최고 수준의 유통사업을 창조해 한국에서 현대식 유통업의 대표주자가 되길 원했다. 따라서 우리가 해야 할 일은 그 목표에 동의하고, 그들을 후원하고 돕는 것이었다. 한마디로 우리는 그들을 우리 뜻대로 움직이기보다는 멘토의 역할을 수행했다. 물론 함께 길을 가다 보니 당연히 걸림돌도 있었다. 예를 들어 우리가 홈플러스가 구축한 새로운 전산 시스템을 우리 시스템으로 전면 교체했을 때, 홈플러스 측은 체면을 구겼다고 느꼈다. 하지만 이후 새로 교체된 시스템을 홈플러스가 자유롭게 개선하는 걸 허용하자, 홈플러스는 자신들이 사업에 기여한다는 자부심을 회복했고, 신뢰도 다시 회복됐다.

우리가 한국에서 고용한 많은 홈플러스 관리자들은 서구에서 고용할 수 있는 관리자들에 비하면 훨씬 우수한 인재들이었다. 다만 그들은 유통업 경험이 없었고, 따라서 우리는 그들이 고객조사를 더 적극적으로 활용하고 고객에게 집중하도록 권장했다. 나아가 최대한 빨리 클럽카드를 출시해서 고객데이터를 확보하는 데 도움을 줬다. 고객에게 집중하자 더 나은 상품과 서비스를 한국 고객들에게 제공할 수 있었고, 당연히 홈플러스 브랜드도 생겨나기 시작했다. 훌륭한 유통사업 절차를 도입하면서 생산성도 개선됐다. 매장과 물류기반을 연결하고, 규모의 경제를 개선하기 위해 중앙물류센터도 건립됐다.

홈플러스 측에서 설계한 매장 형태는 3층에 걸쳐 슈퍼마켓과 푸드코트, 소규모 양품점이 혼합된 작은 쇼핑센터와 유사했다. 여기에 3~4층의 주차장이 지하나 옥상에 배치됐다. 작은 대지에 고층으로 건립된 매장 형태는 산이 많고, 인구 절반이 광역도시에 위치한 고층아파트에 거주하는 한국의 특성을 적절하게 반영한 모델이었다[10](서울특별시는 2,500만 명-남한 인구의 절반이 넘는다-이 거주하는 세계 2위의 거대도시다. 나아가 남한 면적의 0.6%에 불과한 서울은 한국 국내총생산의 21%를 차지한다[11]).

우리는 잘 설계된 매장 형태에 크게 손을 대지 않았다. 단지 매장 통로를 좀 더 직선으로 길게 배치하고, 상품 진열 방식과 매장 부지 조사과정을 개선하는 데 도움을 줬을 뿐이다. 우리는 또한 한국의 고밀도 거주 형태에 걸맞게 영국에서 인기를 끌던 익스프레스 편의점 형태를 한국 시장에 소개했다. 마지막으로 우리는 전 세계 매장 운영을 위한 글로벌 시스템을 통합했다.

물론 이런 변화들은 쉽지 않았다. 나아가 상대방에게 강요할 수도 없는 노릇이었다. 이 때 우리의 가치, 특히 '자신이 대접받고 싶은 것처럼 직원을 대접하라'는 핵심가치는 우리를 인도하는 등대가 됐다. 일단 우리는 파트너들과 정보를 공유하고, 하나의 팀으로 움직이며, 일방적으로 말하기보다는 파트너의 말을 경청했다. 특히 해외 지역 직원들에게 리더십과 권한을 부여하면서, 동시에 모든 부분에서 자신의 시각을 강요해 충돌을 야기하는 어리석은 짓을 삼갔다. 대신 우리는 우리가 원하는 변화가 해당 지역에서 더 나은 성과를 가져올 수 있다는 점을 매번 설득해야 했다.

점차 신뢰가 쌓이면서, 자부심 강한 홈플러스 직원들도 테스코가 유통업계에서 뛰어난 전문성을 지니고 있고, 특히 상품 조달과 전산 시스템 분야에서 훌륭한 자문을 제공할 수 있다는 걸 인식했다. 홈플러스 직원들은 우리로부터 배운 것을 개선하는 것도 좋아했다. 다만 우리는 특정 사안이나 문제에 대해 테스코의 접근 방식이 더 낫다는 점을 홈플러스 직원들이 직접 결정할 수 있도록 신중하게 행동해야 했다. 나아가 테스코의 해결책이 전 세계에서 가장 뛰어나다는 점도 우리 입으로 주장하기보다는 홈플러스 직원들이 직접 인식하도록 노력했다(실제로 홈플러스 직원들은 전 세계 최고가 아니면 만족해하지 않았다). 당연히 테스코 본사의 방식이 늘 옳은 것도 아니었고, 영국의 유통업이 늘 세계 최고인 것도 아니었다. 테스코의 모든 부서들은 테스코의 방식이 세계 일류라는 사실을 홈플러스 직원들에게 입증하기 위해 최선을 다해야 했다. 그러지 못할 경우, 홈플러스 직원들에게 테스코의 방식을 채택하라고 요구하는 건 불가능했기 때문이다. 홈플러스 직원들은 테스코와 삼성의 관계를 부모 자식 간의 일방적 관계가 아닌 형과 아우의 동반자 관계로 인식했다.

우리 역시 고객의 삶에 대한 홈플러스 직원들의 접근 방식에서 많은 교훈을 배울 수 있었다. 그 차이를 간단하게 말하자면, 영국 경영진은 고객을 고객으로서 존중한다. '누구보다도 더 고객을 위해 노력한다'는 핵심가치가 이를 보여준다. 하지만 한국 경영진은 고객을 고객이자 지역주민으로 인식한다. 한국에서 개인과 집단을 구분하는 경계는 매우 모호하다. 개인과 집단을 동일시하는 이런 자세는 한국 경제를 재건하는 과정에서 요구된 집단주의, 그리고 개인보다는 집단의 이익을 중시하는 관행에서 비롯됐다.

고객을 시민으로 인식하는 시각은 매장에도 반영됐다. 모든 홈플러스 매장에는 한 층이 더 추가되었는데, 이 공간은 문화센터로 운영됐다. 문화센터는 홈플러스가 운영하는 지역사회를 위한 평생교육 스쿨 역할을 수행했다.

홈플러스 매장이 오픈하면 지역주민들은 문화센터 회원으로 초청된다. 수천 명의 지역주민들이 문화센터에서 제공하는 성인 및 아동을 위한 교육 프로그램에 참여한다. 문화센터는 영어, 컴퓨터, 발레, 미술, 양육, 공예와 같은 수업을 제공한다. 대체로 홈플러스 매장마다 분기별로 400개의 수업이 제공되고 홈플러스 전체로는 1년에 약 100만 명의 고객이 수업에 참여한다. 2011년에 홈플러스 문화센터는 110곳에 달했다.

홈플러스는 자신들의 역할이 소비자의 모든 욕구, 다시 말해 고객, 시민, 지역주민으로서의 욕구를 충족하는 것이라고 인식했다. 홈플러스 경영진은 이런 활동들이 사업 측면에서 어떤 도움이 되냐는 우리의 질문에 딱히 답을 내놓지 않았다. 그들은 고객에게 다양한 서비스를 제공하는 것이 너무나 당연하다고 생각했고, 이런 활동들에 대한 고객들의 요구도 인간의 본성이라고 믿었다.

물론 우리는 홈플러스의 문화센터가 영국이나 미국에서는 통하지 않으리라는 걸 알았다. 한국인들은 교육과 자기계발에 대한 욕구가 매우 강해 일반 가계지출에서 교육이 차지하는 비중이 15% 정도로 식료품 지출과 맞먹는다.[12] 입시 경쟁도 매우 치열해서 정부가 직접 국민들에게 자녀를 지나치게 교육시키지 말고, 교육비 지출을 줄이라고 호소하는 것도 전 세계에서 한국이 유일하다.[13]

문화센터는 또한 노동력 구조와도 연관이 있다. 한국은 선진국이자 자유민주주의 국가이긴 하지만, 여전히 일부 분야에서는 매우 보수적이다. 그중 한 분야가 바로 직장에서 여성 인력의 지위다. 한국 사회는 여성들이 결혼 후에 직장을 그만두는 것을 당연하게 여긴다. 물론 이런 관습은 서서히 변화하고 있지만 여전히 한국 여성들 중에는 시간이 있고 교육에 대한 갈증이 있는 여성들이 많다. 이 교육에 대한 열망은 자신들뿐만 아니라 자녀들에게도 발현된다.

한편으로 우리는 홈플러스가 추구하는 가치들이 반드시 한국에서만 통하는 건 아니라는 점도 깨달았다. 개인주의 성향이 강한 서구에서도 사람들은 테스코가 소비자 개인뿐만 아니라 지역사회에서도 어떤 기여를 하는지 알고 싶어 한다. 지역사회에 대한 기여가 중요하다는 사실을 인식한 후, 우리는 회사 전략과 사업 관행에 근본적인 변화를 단행했다. 이전까지만 해도 테스코의 스티어링 휠Steering Wheel—우리가 목표를 수립하고 목표를 향해 전진하는 방법론('위대한 조직을 만드는 절대법칙 6' 참조)—에는 고객, 운영, 직원, 재무의 네 가지 요소만 존재했다. 하지만 이제는 여기에 지역사회라는 요소가 추가됐고, 이를 기반으로 지역사회에 보다 폭넓은 기여를 하기 위한 전략도 수립됐다. 우리는 지역사회를 사업의 핵심 요소 중 하나로 삼고, 다른 핵심 요소와 마찬가지로 엄격한 원칙과 평가 기준을 적용했다. 지속가능성, 교육, 건강한 식단, 지역사회 후원은 우리의 우선순위가 됐다. 이런 목표들은 그 내용에서는 세부적인 차이가 있을지언정 전 세계 모든 테스코 매장에서 공히 추구하는 목표가 됐다.

한국의 홈플러스는 성장을 거듭했다. 초기에 두 곳뿐이던 매장은 시간이 지나면서 450개로 늘어났다. 시장점유율도 꾸준히 증가했다. 현재 홈플러스는 한국 유통업계 2위 업체이며, 2012년에는 1위를 넘보고 있다. 홈플러스의 폭발적인 성장은 문화이식이 결코 쉽지 않지만, 매우 중요하다는 점을 보여준다. 즉 기업은 해외에 투자할 때 반드시 기업의 핵심가치도 함께 이식해야 한다. 기업의 핵심가치는 사업의 가장 중요한 요소이며, 따라서 해외시장에 진입할 때에도 결코 떼어놓을 수 없는 것이다. 다만 기업의 핵심가치를 해외시장에 적용할 때에는 신중한 접근이 필요하다. 지역의 문화를 반영하는 조직문화를 구축해야 한다. 무엇보다 중요한 건 기업의 조직문화가 유기적으로 성장하고, 새로운 지역의 문화를 흡수한 뒤 더 강화될 수 있을만큼 유연하되, 동시에 핵심가치를 고수해야 한다는 점이다.

핵심가치로
조직을 개혁하라

오늘날 모든 기업에서 핵심가치는 마치 벽지처럼 일상에서 늘 접하는 요소가 됐다. 기업들은 컨설턴트를 고용하는 데 큰돈을 지불하고 핵심가치를 고안하게 한다. 하지만 핵심가치를 조직 내부에 '이양하는' 역할은 전적으로 경영진의 몫이다. 핵심가치를 소홀히 다루는 기업들은 하나같이 핵심가치가 성공에 핵심적인 요소라는 점을 인식하지 못한다. 그러나 핵심가치가 없는 기업은 영혼이 없고, 나침반도 없는 셈이다. 명확한 핵심가치는 좋은 행동 양식의 틀을 제공하고, 원칙을 제시하며, 직원들이 자신감과 안정감을 느끼는 분위기를 조성하기 때문이다.

핵심가치는 민간영역뿐만 아니라 공공영역에서도 중요하다. 오히려 공공 분야는 가치가 넘쳐나는 분야다. 그도 그럴 것이 공공영역에 몸담는 이들 중 상당수는 자신의 일을 직업이 아닌 소명으로 인식하기 때문이다. 하지만 막상 이런 사람들 중에서 자신이 속한 조직이 소중한 가치에 의해 움직이고 있다는 느낌을 받는 경우는 매우 드물다. 오히려 거대한 관료주의에 의한 강권, 성과물에 대한 강요와 상부의 지시로 인해 소중한 가치들이 질식하는 경우가 대부분이다.

교육을 예로 들어보자. 학교는 기업과 마찬가지로 정량화된 성과지표로 평가된다. 시험 성적, 결석률, 대학진학률 등이 그 예라고 할 수 있다. 하지만 이런 수치들이 학교의 핵심가치와 교육정신을 제대로 반영할 수는 없다. 가치들은 오로지 직접 경험해야만 알 수 있다. 실제로 개혁에 크게 성공한 학교들을 살펴보면, 대부분은 새로운 가치를 추구해서 성공한 경우이다.

모스번 아카데미는 런던에서도 가장 열악한 지역인 해크니에 위치한 공립학교로 한때 영국 최악의 학교로 불리던 곳에 새롭게 세워진 학교이기도 하다. 모스번 아카데미의 학생들 중 상당수는 불우한 가정 출신이며, 대부분은 소수 인종 출신이다. 많은 학생들이 영어가 모국어가 아닌 부모들을 두고 있다. 학교는 갱단, 흉기 범죄, 마약 범죄가 만연한 매우 위험한 지역에 위치해 있다. 하지만 이런 모든 악조건에도 불구하고, 모스번 아카데미의 학업 성적은 매우 우수하며, 재학생들은 종종 영국 일류대학에 진학한다.

모스번 아카데미가 우수한 성과를 올릴 수 있었던 까닭은 뛰어난 전직 교장이었던 마이클 윌쇼 경과 좋은 교사들이 있었기 때문일 것이다. 하지만 모스번 아카데미의 가장 놀라운 특징은 명백한 핵심가치와 엄격한 규율에 있다. 학생들은 수업 시간 전에 언제나 목적의식과 행동 양식이 담긴 다음의 구호를 암송한다.

"나는 내 진정한 잠재력을 실현하기 위해 이 수업과 모든 수업에서 지식을 추구하는 마음가짐과 차분한 태도, 경청하는 자세를 유지하려 노력한다."[14]

태도가 불량한 학생은 방과 후 한 시간 동안 학교에 남아 반성을 한다. 더 큰 잘못을 저지른 학생들은 토요일에 세 시간 동안 벌을 받는다. 모든 학생들은 교복과 넥타이를 착용해야 한다. 두발이 너무 짧거나 긴 학생들, 또는 허용되지 않은 신발을 신은 학생들은 집으로 되돌려 보낸다. 학생들은 교사들에게 경칭을 사용해야 하며, 교사가 교실에 들어서면 자리에서 일어나 교사를 맞이해야 한다.

엄격한 규율—이 주제는 후에 논의하겠다—에는 교사뿐만이 아닌 동료 학생들에 대한 존중도 포함된다. 이런 엄격한 분위기는 학생들이 교육을 받기에 안전하고 차분한 분위기를 조성한다. 마이클 월쇼경은 말한다.

"우리 학생들 중 상당수는 체계가 잡혀 있지 않은, 혼란스런 가정 환경에서 자라왔다. 따라서 그들에게 필요한 건 자유롭게 풀어주는 것이 아닌 삶의 질서를 잡아주는 것이다. 규율에 대해 분명한 원칙이 없는 학교는 결국에는 혼란에 빠지게 된다. 또한 용납되는 행위와 용납되지 않는 행위에 대한 기준이 교사마다 달라지게 된다."

이 지적은 내가 앞서 말했던 내용과 일맥상통한다. 바로 명백한 핵심가치는 직원들에게 질서를 제공한다는 점이다. 이는 학교든 기업이든 동일하다. 핵심가치가 세워질 때, 사람들은 자신이 추구하는 가치가 무엇인지, 동료나 동급생, 고객에게 어떤 행동을 기대할 수 있는지를 알 수 있다. 이런 인식이 생겨나면 자연스레 안정적인 환경이 조성되고, 여기서 다시 신뢰가 싹튼다. 그리고 신뢰는 다음 장에서 살펴볼 주제인 '실행'을 더 쉽게 만든다.

계획대로
실행한다

좋은 계획을 세우는 것만으로는 부족하다. 계획은 효과적으로 실행하지 않는 한 무용 지물에 불과하다.

실행에
집중하라

"도무지 계획대로 실천이 되지 않는다."

정치가들은 종종 이렇게 불평을 한다. 연설을 하고, 선거에서 승리하고, 정책보고서를 내놓는 일은 어렵지 않지만, 달콤한 주장을 현실로 만드는 건 전혀 다른 문제이기 때문이다. 많은 기업의 관리자들 또한 정치가들처럼 연설을 하거나, 선거에 출마하지는 않아도 비슷한 걱정을 한다.

'이 프로젝트를 추진하기로 결정한 게 벌써 한 달 전인데, 왜 아무런 조치가 이뤄지지 않는가?'

관리자들은 무언가를 하거나 바꾸기 위해 의사결정을 내리는 과정—불편한 논의와 논쟁이 뒤따르기 마련이다—이 힘들다고 생각한다. 어느 정도 맞는 말이다. 하지만 의사결정보다 더 어려운 건 실행하는 과정 그 자체다.

혼란에 빠져 있는 기업들은 대체로 여러 가지 질병을 겪게 된다. 그중 가장 심각한 질병은 분명한 목적의식과 전략의 부재다. 이런 상황이 지속되면 직원들은 단순히 '뭔가를 한다'는 것이 진전이라는 착각에 빠져, 명확한 목표와 전략이 없는 상황에서도 마구잡이로 일을 처리하게 된다. 또 다른 심각한 질병은 잘못된 목적의식을 지니는 것이다. '사공이 너무 많은' 기업도 문제인데, 이럴 경우 책임자가 너무 많아서 결국에는 아무도 책임을 지지 않는 상황이 벌어진다. 마지막 질병은 경영진이 오로지 제품이나 서비스 개발을 위한 업무 절차와 조직구조 구축에만 집중하는 경우다. 다시 말해 이런 기업의 경영진은 위대한 제품이나 서비스가 위대한 기업을 창출하는 경우는 매우 드물다는 사실을 망각한다. 위대한 기업이 위대한 제품이나 서비스를 창출하는 것임을 잊는 것이다.

따라서 좋은 계획을 세우는 것만으로는 부족하다. 계획은 효과적으로 실행하지 않는 한 무용지물에 불과하다. 1920년대에 오스틴 모터 컴퍼니의 설립자인 허버트 오스틴은 헨리 포드의 조립라인을 활용한 제조공정을 모방하려고 했다. 문제는 오스틴 모터가 종업원들에게 제조한 자동차 대수에 따라 임금을 지급하는 '실적임금제'를 고수했다는 점이다. 당연히 종업원들은 조립라인의 속도와는 무관하게 최대한 많은 자동차를 조립하는 것에만 집중했는데, 한 종업원은 당시 상황에 대해 이렇게 회상했다.

작업할 시간은 늘 넘쳐났다. 평상시대로 작업을 하면 주에 2파운드를 벌

수 있었다. 따라서 더 많은 임금을 받으려면 더 빨리 작업을 해야 했다. 작업 속도가 빨라지면서 초과 임금을 받게 됐고, 임금은 1.25배, 이후 1.5배로 인상되면서 주당 3파운드를 벌 수 있었다. 경영진은 종업원들이 조립라인의 속도에 익숙해지면 속도를 더 높였다. 결국 임금도 2배로 늘어났다. 하지만 막상 임금이 2배로 늘어나자 경영진은 더 이상 조립라인의 속도를 높이지 않았다. 더 이상 빨리 조립해서도, 더 많은 임금을 벌어도 안 된다는 의미였다. 하지만 우리는 더 빨리 자동차를 조립할 수 있었기에, 직접 차체를 말뚝 위에 올려놓고 굴려가면서(조립라인보다 더 빨리 움직이게 하기 위해) 자동차를 조립했다. 결국 임금은 2.5배로 늘어나 주당 5파운드로 올랐다. 당시에는 매우 큰 돈이었다.[1]

한마디로 오스틴 모터의 계획은 좋았지만, 실행 방법에 문제가 있었던 것이다. 나는 이에 대한 월마트의 설립자 샘 월튼의 주장에 공감한다. 그는 언젠가 이렇게 말했다.

"내게는 운영자의 영혼이 있었다. 일을 더 잘하고, 다시 개선하고, 가능한 한 최고 수준까지 도달하길 원하는 욕구가 있었다."[2]

실행에 집중하다 보면 서비스 품질은 자연스레 높아지기 마련이다. 그리고 성공적인 실행에는 다섯 가지 핵심 요소가 있다. 분명한 의사결정, 단순한 업무 절차, 역할 정의, 탄탄한 시스템, 그리고 엄격한 규율이다.

실행 절차를
문서화하라

나는 의사결정에 매우 큰 중요성을 부여한다. 그리고 일단 의사결정이 내려지면 직원들이 결정을 존중하고 따르게 한다. 조직의 규모와 상관없이 직원들이 이미 내려진 결정에 회의를 품기 시작하고 "동의 못해, 절대 따르지 않을 거야"라고 말한다면 혼란은 피할 수 없다. 따라서 적절한 과정을 거친 의사결정과 원칙에 입각한 실행은 매우 중요하다. 이는 곧 좋은 경영의 근간일 뿐만 아니라 조직 내 신뢰를 구축하기 때문이다. 간호사든 호텔 직원이든 대부분의 직원들은 사실 자신들의 업무 환경에 영향을 미치는 조직 내 의사결정에 직접 참여하지 못한다. 그렇기에 더욱더 기업은 직원들에게 의사결정 과정이 공정하고 합리적이며, 서로의 이해관계를 제대로 반영한다는 확신을 심어줄 수 있어야 한다.

또한 기업은 직원들에게 명확한 역할을 제시해야 한다. 직원들이 불투명한 의사결정 과정에 의해 피해를 입게 되면 당연히 사기가 꺾일 수밖에 없다. 직원들이 어떤 방식으로 의사결정이 이뤄지는지를 모른다면, 자신들이 과연 결과에 영향을 끼칠 수 있는지, 자신들이 어떤 역할을 해야 하는지를 확신하지 못하게 된다.

의사결정에는 고통스런 논쟁이 뒤따르기도 하지만, 사실 좋은 결정을 내리기 위한 요소들은 매우 단순하다. 일단 사안에 대한 사실 확인과 분석이 필요하다. 그런 뒤 계획을 실행할 책임이 있는 핵심 관련자들을 모아서 함께 논의하는 것이다. 여기에는 여러 가지 이유가 있다. 일단 핵심 관련자들은 의사결정에 매우 중요한 기여를 할 수 있다. 또한 논의 과정을 거친다는 건 직원들이 의사결정을 존중하는 데 도움이 된다. "결정에 동의하진 않지만, 적어도 내 의견을 제시했다"라는 입장만으로도 결정에 대한 헌신을 이끌어낼 수 있다. 논의 과정은 직원들이 결정을 실행하지 않을 경우 어떤 처벌이 있을지에 대해서도 이해하는 데 도움이 된다. 다만 의사결정을 내릴 때 논의를 무한히 지속할 수는 없다. 즉 경영진은 일정 시점에서 "이제 논의는 충분히 했으니, 이렇게 시행합시다"라고 선언함으로써 논의를 중단하고 결정을 내려야 한다.

의사결정은 또한 공개적이고 투명하게, 공식적으로 이뤄져야 한다. 암암리에 또는 암호화된 이메일을 통해 의사결정이 내려져선 안 된다. 실제로 참석자들이 어떤 결정도 내리지 못한 채 소득 없이 회의를 마치는 경우는 놀랄 정도로 많다. 의사결정 과정을 통해 내려진 결정은 조직 내부에 폭넓게 전달되어야 하고, 실행 과정을 점검하기 위한 절차도 마련되어야 한다. 그래야만 조직 내부에 책임감이 생기고, 목표를 달성할 경우 그에 합당한 보상이 기다린다는 점을 직원들에게 이해시킬 수 있다.

이 시점에서 기업은 계획이나 프로젝트를 추진하는 과정에서 실수는 피할 수 없다는 점을 직원들에게 명백하게 알려줄 필요가 있다. 리더는 만약 실수가 생길 경우 프로젝트를 잠정 중단하고, 실수로부터 교훈을 배운 뒤 다시 프로젝트를 재가동할 것임을 분명히 천명해야 한다. 즉 실수로 인한 처벌이나 비난이 없을 것임을 명확히 밝혀야 한다. 실수로 인한 처벌이나 비난은 직원들이 주도적으로 프로젝트를 추진하고, 새로운 아이디어를 제시하는 의욕을 말살하기 때문이다.

여기까지가 의사결정 과정이다. 의사결정이 끝난 후 해야 할 일은 계획을 현실로 만들기 위한 일련의 과정과 실행 계획을 성문화하는 것이다. 이게 바로 실행 절차다. 실행 절차를 문서로 규정하는 작업은 어떤 면에서는 지나치게 세세한 부분에 얽매이는 것처럼 보일 수도 있다. 실제로 실행 절차를 문서화하는 과정은 매우 세밀한 과정이기 때문이다. 하지만 이 과정을 무시할 경우, 관리자들과 직원들은 "뭘 해야 할지 안다"라고 말은 하면서도 막상 어떤 일을 해야 할지에 대해서 공감대를 형성하지 못하는 경우가 많다. 그 결과 많은 이들이 같은 업무를 반복하거나, 계획과는 전혀 상관없는 업무를 수행하는 혼란이 벌어진다.

많은 조직들이 실행 절차를 명확히 규정하는 데 필요한 원칙을 여전히 잘 알지 못하고 있다. 그 과정은 지루하게 보이고, 실제로도 그렇다. 실행 절차 규정은 또한 '지극히 당연한' 과정으로 간주되어 언뜻 보기에 '보다 중요한' 것처럼 보이는 일에 우선순위가 밀려 무시되기 일쑤다. 여기에 관료주의까지 더해지면 상황은 더욱더 복잡해진다. 모든 직원들은 각자의 역할과 전문성을 지니고 있다. 그 말은 모든 실행 절차를 처음부터 끝까지 단 한 명의 직원이 처리할 수 없다는 뜻이다. 그럼에도 관리자들은 전체 그림을 모른다는 사실을 인정하길 꺼려한다. 그랬다간 회사에서 자신의 영향력이 줄어들까봐 두려운 것이다.

이런 문제는 실행 절차를 문서화함으로써 해결할 수 있다. 중요한 것은 실행 절차 자체에 집중해야 한다는 점이다. 다시 말해 목표를 달성하기 위한 단계에 포커스를 맞춰야 한다. 실행 절차를 고민하면서 '어느 부서나 팀의 협조를 이끌어내야 하나?'를 고민하는 건 결코 단순한 문제가 아니다. 예를 들어 우유를 매장 진열대에 비치하고 고객의 장바구니에 담기게 하려면 전산부서, 운송부서, 운영부서가 모두 협력해야 한다. 하지만 '어떻게 해야 전산부서의 협조를 이끌어낼 것인가?'를 고민한다면 실행 절차는 매우 복잡해진다. 이런 식의 사고는 우유를 농장에서 매장 계산대로 이동하기까지의 과정에서 그다지 중요치 않은 문제나 고민거리를 만들어낼 뿐이다. 따라서 우유가 원산지부터 최종 소비자까지 어떤 식으로 이동하는지를 고민하고, 그 과정에서 어떤 실행 절차가 필요한지를 파악하는 것이 훨씬 효과적이다. 어떤 부서의 협조가 필요한지는 먼저 이 과정을 파악하고 난 뒤에 고민해도 늦지 않다.

실행 절차를 작성할 때는 사소한 디테일도 중요하다. 새뮤얼 스마일스가 들려준 일화에 의하면, 미켈란젤로 또한 디테일의 중요성을 잘 알고 있었다. 한번은 미켈란젤로가 자신의 작업실에 들른 방문자에게 지난번 방문 이후로 조각상에 어떤 변화가 있었는지를 자세하게 설명했다.

"이 부분을 손봤고, 저 부분도 약간 다듬었고, 여기는 약간 부드럽게 만들어서 근육이 잘 드러나게 했죠. 입 모양에 약간 표정을 살렸고, 갈빗대는 약간 더 힘이 느껴지게 바꿨습니다."

미켈란젤로의 설명을 듣고 있던 방문자가 물었다.

"하지만 이건 어디까지나 사소한 부분이잖소."

그러자 미켈란젤로가 말했다.

"그럴지도 모르죠. 하지만 완벽함은 결국 사소한 부분에서 나옵니다. 그리고 완벽함은 결코 사소한 문제가 아니죠."[3]

물론 리더나 관리자에게 디테일은 골칫거리일 수 있다. 속담에도 있듯, 리더는 나무가 아닌 숲 전체를 봐야 한다. 하지만 실행 절차를 수립할 때, 리더는 계획 중인 프로젝트의 몸통뿐만 아니라 잔가지, 잎사귀까지 모두 파악하고 책임지는 사람이 있는지, 그리고 이런 사람이 프로젝트의 수장을 맡고 있는지를 반드시 확인해야 한다.

나는 또한 계획 수립 단계부터 모든 디테일을 완벽하게 고민할 필요는 없다는 사실도 힘들게 깨달을 수 있었다. 새로운 실행 절차를 고안하면서 처음부터 완벽을 추구한다면, 계획은 결코 실현되지 않는다. 즉 시행착오의 가능성을 인정해야만 한다는 것이다. 시행착오를 인정한다는 건 너무나 많은 것을 한꺼번에 처리하려고 무리하지 않는다는 의미이기도 하다. 그건 마치 파이프에 물을 붓는 것과 같다. 만약 한꺼번에 너무 많은 양의 물을 파이프에 쏟아 붓는다면 물은 넘칠 수밖에 없다(반대로 조금씩 물을 붓는다면 파이프에 물을 채우기까지 너무 긴 시간이 걸릴 것이다). 실행 절차도 마찬가지다. 회사는 직원들의 능력을 최대한 이끌어내야 하지만, 의욕이 지나칠 경우에는 오히려 많은 시행착오를 겪게 돼 직원들이 자신감을 상실하고 계획이 실현 불가능하다고 느낄 수도 있다. 아무튼 어떤 경우든 시행착오는 피할 수 없다.

실행 절차를 다 작성했다면, 다음에 할 일은 역할을 정하는 것이다. 이 직원은 어떤 역할을 해야 하는가? 실행 절차에서 어떤 식으로 다른 직원들과 협력해야 하는가? 각각의 역할에서 수행해야 할 업무는 무엇인가? 역할을 정해주지 않으면 직원들은 쓸모없는 업무에 헛힘을 쏟거나, 정반대로 "지금 할 일이 산더미라서 그 일은 못 맡겠습니다"라는 핑계를 늘어놓게 된다.

매년 기업들은 직무설계와 직무평가에 엄청난 시간과 돈을 쓴다. 하지만 막상 직원들이 날마다 어떤 업무를 수행하는지에 대해서는 그다지 관심을 기울이지 않는다. 관리자들은 잘 짜여진 '조직도'를 손에 들고 직원들이 수행하는 업무에 대해 떠들어대지만, 막상 직원들이 실제 수행하는 업무가 '직무기술서'에 기재된 업무와는 거의 상관이 없다는 사실을 인식하지 못한다. 그 이유는 직원들이 수행해야 하는 업무를 상세하게 정의하려는 노력이 부족하기 때문이다. 이럴 경우 직원들은 자신들의 업무가 조직 전체의 발전에 어떤 식으로 기여하는지를 깨닫지 못한다. 다시 말해 자신들이 조직 전체와 어떻게 '조화를 이루는지'를 알 수가 없다. 결국 직원들은 자신이 수행하는 업무에 대해 쉽게 지루해하고, 흥미 있는 업무가 있으면 그에 맞게 자신의 직무를 임의로 바꾸게 된다. 이런 상황은 조직의 구조, 사기를 훼손한다.

이런 조직들은 '인사업무'를 직원들을 이런저런 직무로 순환배치하는 일종의 배려로 착각한다. 그 이유는 관리자들이 해고를 꺼려하기 때문이기도 하고, 또는 회사 내 지위에 대한 직원들의 불안감을 누그러뜨리기 위해서이기도 하다. 예를 들어 직원들은 '내 직무가 저 친구보다 더 중요한가?' 또는 '내가 저 친구보다 회사에서 더 중요한가?'를 우려하기 때문이다.

또한 이런 조직들은 직원들과 원만한 관계를 유지하기 위한 솔직한 대화를 회피한다. 하지만 이런 태도는 직원과 조직 모두에게 도움이 되지 않는다. 따라서 직원들이 업무에서 만족감을 느끼려면, 자신들이 회사의 발전에 어떤 식으로 기여하고 있는지를 잘 알고 있어야 한다.

전 세계 수많은 조직들이 이와 같은 실수를 범하고 있는데, 영국 기업들이 특히 그렇다. 원래 영국인들은 타인과 터놓고 솔직한 대화를 나누는 데 익숙하지 못하다. 영국인들은 대화를 할 때 "미안하지만"이나 "기분 나쁠지 모르겠지만"이라는 말을 앞에 붙이곤 한다. 그러나 나는 이런 태도를 가지고 있지 않다. 오히려 늘 직설적이고자 노력한다. 솔직함과 개방적인 태도가 오히려 효과적이라고 믿기 때문이다. 나는 돌려서 말하기보다 직원들에게 대놓고 그들의 역할에 대해 이해하기 쉽게 말한다. 직원들의 고민에 대해서도 최대한 솔직하게 말하려고 노력한다. 예를 들어 이런 식이다.

"자네가 프레드의 업무를 더 부러워한다는 건 알고 있네. 물론 미래에 자네가 프레드와 같은 업무를 할 수도 있겠지만, 아무튼 지금 해야 할 업무는 이것이라네. 프레드의 업무를 수행하려면 몇 가지 익혀야 할 기술이 있는데, 지금의 업무가 그중 하나지. 때로는 지루한 반복 업무처럼 느껴지겠지만, 테스코가 목표를 달성하기 위해서는 자네의 지금 업무 역시 매우 중요하네.”

나는 이런 직설적인 태도가 회사 전체로 전파되도록 하기 위해 인사부서를 완전히 뜯어고쳐 기존의 배타적이고 고고한 자세를 버리고 테스코의 사업에 깊이 관여하게 했다. 몇몇 사람들은 인사부서의 역할 축소가 오히려 회사가 직원들을 덜 중요시한다는 신호로 비춰질 수도 있다며 우려했다. 하지만 결과는 정반대였다. 직원들을 경영하는 업무는 한 부서에만 맡기기에는 너무나 중요한 업무다. 인력관리는 기업의 핵심이며, 모든 관리자들의 책임이다. 관리자들은 인력관리를 마치 하청을 주듯 인사부서에 맡겨선 절대로 안 된다. 결론적으로 인력관리는 기업의 생명과도 같기에 인력관리가 사업과 고립되어 별도로 운영될 경우, 기업의 생명도 위험에 처하게 된다. 나아가 이러한 변화는 경영진이 직원들을 무형의 구조물로 여기기보다는, 수행하는 업무와 역할을 중심으로 직원들을 바라본다는 의미이기도 하다.

직원들이 역할을 명확히 이해하고, 자신들의 업무가 회사의 목표에 어떤 식으로 기여하는지를 알게 되면, 권한은 관리자층을 거쳐 일선으로 더 잘 위임된다. 다시 말해 모든 직원들이 자신이 맡은 목표와 책임, 그리고 이를 달성하기 위한 방법을 더 잘 이해하게 된다. 나아가 더 많은 권한이 일선으로 위임될수록 관리자층 또한 덜 필요해진다. 너무나도 당연한 구조이지만, 놀랍게도 이렇게 운영되는 기업은 손에 꼽을 정도다.

실제로 일반 기업들은 대규모의 중앙집중형 조직구조를 지니고 있다. 이들 기업에는 수많은 관리자층이 존재하며, 지시는 상명하달식으로 전달되는 반면, 일선의 정보 요청이나 업무에 대한 승인은 반대로 중첩된 관리자층을 뚫고 올라가야 한다. 그러나 은행부터 공공기관에 이르기까지 이런 전통적인 구조를 지닌 조직에는 여러 단점이 있다.

가장 큰 단점은 고객(또는 지역민)과 직접 대면하는 일선 직원에게서 자발성과 책임감을 박탈한다는 것이다. 고객을 직접 접하는 직원들은 어쩌면 특정한 문제를 경험하는 유일한 이들일 수도 있다. 문제에 대한 해결책을 아는 사람도 오직 그들밖에 없을 수 있다. 문제는 그들에게 문제를 해결할 권한이 없기에 그들이 취할 수 있는 유일한 행동이 문제를 직접 경험한 적이 없는 상부로 보고할 수밖에 없다는 점이다.

이런 상황은 그 자체로도 문제지만, 또 다른 부정적인 결과를 가져오기도 한다. 일단 회사가 성장할 경우 찬사는 오로지 경영진에게 쏟아지며, 그 결과 일선 직원들은 성공에 대한 자부심도, 실패에 대한 책임감도 느끼지 않게 된다. 그야말로 최악의 상황이다. 프레더릭 라이히헬드가 지적한 것처럼 '지속가능한 가치 창출을 위한 가장 성공적인 방법은 결국 자발적인 직원들과 생산성 향상의 혜택을 공유하는 소수 직원들을 토대로 한다.'[4] 하지만 모든 것을 통제하려 드는 거대 관료조직에서 직원들이 성공에 대한 책임을 느끼기란 불가능하다.

수많은 관리자층을 지닌 조직의 또 다른 문제점은 인재의 적재적소 배치를 오히려 방해하는 승진 구조를 야기한다는 점이다. 본사에서 근무한다는 그럴듯한 직함과 지위는 만족감을 줄지는 몰라도, 오히려 인재를 고객들과 직접 대면하는 일선이 아닌 사무실에만 처박아 둔다는 단점이 있다. 나아가 전략을 수립하는 머리 좋은 직원들이 가득한 본사에서 안락하게 근무하다 보면 파벌에 휩쓸리거나 권력 투쟁에만 몰두하기 쉽다. 결국 훌륭한 인재들이 고객에 대한 현장 감각을 잃게 되는 것이다. 그 결과 조직 내부의 문제에만 몰두하게 된다.

테스코는 최고경영자인 나와 일선 직원인 계산대 보조직원 간에 단 여섯 단계의 명확하고 평등한 관리자층만을 유지했다. 덕분에 이사회를 비롯해 회사 전체가 실제로 가치가 창출되는 일선 현장, 다시 말해 매장에 대한 감을 유지할 수 있었다. 우리는 중간관리자층이 고위경영진과 일선 직원들 간에 장벽이 되지 않게 했다. 이사회는 가급적 매장에서 많은 시간을 보내려 노력했다. 한마디로 테스코 경영진과 이사회는 중간관리자들이 전달하는 정보만을 받아먹는, 새장 안에 갇힌 새처럼 되길 거부했다.

테스코의 본사 또한 고립된 성이 아니었다. 그다지 화려하지 않은 명칭을 지닌 뉴 테스코 하우스^{New Tesco House}—사실 이 건물은 1970년대에 세워졌기에 '뉴'라는 단어는 지나친 감이 있다—는 런던에서 약 32킬로미터 떨어진 체스헌트의 공업지대에 위치해 있는데, 나는 본사에서 근무하는 직원 수를 엄격하게 관리했다. 결국 직원 수가 적다 보니, 본사 직원들은 언제나 집중적으로 업무를 처리해야만 했다. 즉 우선순위에서 벗어난 문제에 대해서는 고민할 시간조차 없었다.

테스코가 성장하면서 나는 새로운 관리자층을 만들기보다는 오히려 직무 ‘부문을 줄이고 대신 운영 총괄 관리자들의 권한을 더 확대했다. 나는 늘 왜 지원직(매장이나 창고에서 근무하지 않는 새로운 직원들)을 추가해야 하냐고 의문을 제기했고, 특히나 ‘기획자’라는 직함을 지닌 지원직을 추가하는 것을 강력히 반대했다. 왜냐하면 ‘기획’이란 단어에는 실행에 집중하지 않는다는 의미가 포함돼 있기 때문이다. 대신 나는 문제나 과제가 있으면 작은 임무나 팀으로 잘게 쪼개라고 권했다. 그리고 정기적으로 스스로에게 문제나 과제를 다른 방식으로 처리할 수는 없었는지를 반문하라고 말했다. 나는 직무나 부서가 적을수록 서로의 발목을 잡는 일도 더 적을 것이라고 생각했다.

기업의 규모가 커지면 더 많은 자원이 필요하고, 더 많은 전문성과 더 많은 복잡성이 요구된다. 예를 들어 의류사업에 진출했을 때 우리는 디자인, 구매, 상품 진열과 관련된 수백 명의 패션전문가들을 고용해야만 했다. 하지만 우리는 패션전문가 채용을 일시에 진행하기보다 시간을 두고 천천히 진행했다. 어떤 기업도 재무적 측면에서 정당화되지 않는 한, 그리고 현 직원들 중에서 역할을 수행할 사람이 있는 한, 무작정 신규 직원을 채용해선 안 된다.

나는 직원들에게 스스로 결정을 내리고 자발적으로 업무를 추진할 수 있는 권한을 부여했다. 사소한 사안이 본사로 올라오면 오히려 보고한 이에게 사안을 돌려보내며 직접 고민해서 가장 좋은 방법으로 처리하라고 지시하곤 했다.

내 경험상 복잡한 조직구조는 문제를 해결하기보다는 오히려 더 많은 문제를 야기한다. 최고의 조직구조는 단순하면서 유연한, 직원들을 통제하기보다는 일선 직원들을 지원하도록 설계된 조직이다. 이런 조직구조는 명백하고 간단한 업무 절차를 빠르고 효과적으로 처리한다. 그리고 업무 절차가 제대로 돌아가면 직원들은 깊은 만족감을 느끼게 된다. 나는 재고가 충분하고 바쁘게 돌아가는 조화로운 매장을 방문할 때마다 직원들의 만족감과 자부심을 늘 느낀다. 반대로 업무 절차를 간과하면 빠르게 패배감이 밀려오면서 결국 직원들은 좌절감에 빠지게 된다. 예를 들어 상품 입하가 지연되거나 배달이 늦어져서 매장에 세면도구 재고가 모자란 상황이 발생했다고 가정을 해보자. 이건 업무 절차가 제대로 돌아가지 않은 대표적인 사례다. 이런 상황은 경영자와 직원들의 마음속에 각자가 정확히 어떤 역할을 해야 하는지에 대한 생각이 확고하게 자리하고 있을 때 해결될 수 있다.

두려움과 사랑을
모두 받는 리더가 되라

규율^{discipline}이라는 단어는 가혹하고 무자비하며 배려심이 부족하다는 어감 때문에, 또한 자유를 제한한다는 의미가 내포돼 있기 때문에, 사람들이 입에 올리기를 꺼린다. 하지만 사회 전체와 마찬가지로 규율은 모든 조직에서 중요하다.

조직에 규율과 질서가 없으면 자연스레 혼란이 생긴다. 업무 절차는 처리되지 않거나 지연된다. 직원들은 남이 해야 할 일을 하고 있거나 아무 일도 하지 않는다. 아무도 업무를 챙기지 않는 상황이 지속되면 조직은 조금씩 쇠퇴하게 된다. 목소리가 큰 직원들은 자신의 생각을 다른 직원들에게 강요하기 시작한다. 공통의 목표와 가치는 권력을 뒤쫓는 파벌에 자리를 내어준다. 조직은 분열되면서 고객에게 더 이상 가치를 제공하지 못하게 된다. 뛰어난 인재들이 떠나가고 실패가 거듭되면서 결국 조직은 쇠락의 악순환에 빠지게 된다.

규율의 중요성을 가장 잘 아는 이들이 바로 군대의 지휘관들이다. 왜냐하면 군인들은 규율에 목숨이 달려 있기 때문이다. 윌리엄 슬림도 규율에 대해 함축적인 글을 남겼다.

규율은 누군가가 다른 사람에게 큰 소리로 뭔가를 지시하는 것이 아니다. 그건 규율이 아닌 독재다. 자발적이고 합리적인 규율, 자유롭고 이성적인 사람들에게 수용되는 규율은 독재와는 전혀 다르다…… 군대에서도 단지 명령을 내리는 것이 규율은 아니다. 맹목적인 충성과 규율은 전혀 다르다. 규율을 통해 신뢰할 수 있는 병사를 양성하는 건 오래전부터 이어져 내려온 기법이다.[5]

그는 또한 모든 구성원들이 조직의 목적을 이해하는 것이 매우 중요하다고 지적했다. 이는 앞에서 이미 살펴본 내용인데, 그는 이에 대해 다음과 같이 썼다.

'기업에서 규율이란 결국 구성원들이 자신이 무엇을 위해 일하는지를 알고, 자신이 아는 것을 소중히 여기는 것이다.'[6]

다만 아무리 규율을 강조해도 여전히 지각을 일삼거나, 업무를 대충 처리하거나, "다음부터는 잘하겠다"고 말한 뒤 실천하지 않는 다루기 힘든 직원들은 있기 마련이다. 이런 직원들은 슬림이 주장하는 '자발적이고 합리적인 규율'을 철저히 무시한다. 따라서 중요한 질문은 이런 직원들을 어떻게 다뤄야 할지다.

한 성격 하는 아일랜드 사람의 피가 흐르는 나로서는 '애당초 그런 행위를 아예 용납해선 안 된다'라고 주장하고 싶다. 작은 잘못이 큰 잘못으로 이어지기 전에, '그냥 넘어가는군'이라는 문화가 조직에 만연하기 전에, 먼저 손을 써야 한다는 뜻이다. 물론 말이 쉽지 실제로는 어려운 일이다. 하지만 사소한 잘못이나 행위라도 절대 그냥 넘어가선 안 된다. '효율적인 분위기'는 저절로 얻어지지 않는다. 더러운 바닥, 비워지지 않은 쓰레기통, 불결한 창고와 같은 비효율적인 환경에서는 절대로 직원들에게 효율성을 주장할 수 없다. 이미 오래 전부터 현인들은 이 점을 강조해왔나. 새뮤얼 스마일스는 다음과 같이 말했다.

세심한 주의와 적용, 정확성과 방법론, 시간 준수와 적절한 배송은 효율적인 기업이라면 반드시 필요한 원칙이다. 언뜻 보기에 이런 원칙들은 그다지 중요하지 않은 것처럼 보일 수도 있지만, 사실은 인간의 행복과 복지, 유용성 측면에서 가장 중요한 요소들이다. 물론 사소한 것들임에는 분명하다. 하지만 원래 인간의 삶은 상대적으로 사소한 것들로 이뤄진다. 실제로 인격, 나아가 국가의 특성은 이런 사소한 것들을 반복하는 과정에 의해 규정된다.[7]

업무를 제대로 처리하지 않거나, 일 처리를 잘못하거나 태만한 직원들을 상대할 때 가장 좋은 방법은 해당 직원과 직접 대면해서 얘기를 나누는 것이다. 직원에게 어떤 잘못을 했고, 문제가 무엇인지를 이해시키는 것이다. 나중에 다시 설명하겠지만, 이런 직원들을 대할 때 고함을 치거나, 협박을 하거나, 지나치게 남성적인 면모를 과시하는 건 오히려 역효과를 가져온다. 나아가 이런 식으로 행동하는 리더는 리더로서 자신의 약점을 드러내는 것과 같다.

행동을 취해야 할 가장 좋은 시기는 무언가가 잘못 돌아가고 있다는 점을 우려하기 시작할 때다. 다만 의사결정에는 불편한 논쟁이 뒤따르기 마련이기에 당신의 뇌는 저절로 행동을 취하지 않아도 될 핑계거리를 찾기도 한다. 하지만 우물쭈물하다가는 더 큰 문제가 발생할 수 있다. 단순한 개입—예를 들어 잠깐 낯을 붉히는 대화—만으로 끝날 수 있는 상황이 결국 인사이동이나 해고와 같은 처벌이 필요한 상황으로 확대되고 마는 것이다.

직원의 잘못을 고쳐야 하는 상황에서 원칙은 매우 단순하다. 당신의 결정이 공평하고, 합리적이고, 정의롭길 원한다면, 당신은 핵심가치를 고수해야 한다. 물론 부서를 구조조정하거나 누군가를 해임하는 결정은 지나치게 엄격하다는 인상을 심어줄 수도 있다. 하지만 적어도 그 결정이 진실을 토대로 한 결정이라면, 나아가 당신이 주장하는 핵심가치에 맞게 행동한다는 점을 직원들에게 보여줄 수 있다면, 관리자로서 엄격한 사람이라는 명성은 그다지 나쁘지 않다. 왜냐하면 오히려 이런 엄격한 결정은 당신의 진실성을 더 잘 보여주기 때문이다.

그렇다면 관리자는 얼마나 엄격해야 할까? 마키아벨리는『군주론』에서 메디치 가문의 로렌초에게 만약 군주가 사랑과 두려움 둘 중에 하나를 선택해야 한다면, 아예 두려움의 대상이 되는 것이 '훨씬 낫다'라고 조언한다. 나아가 군주는 증오의 대상이 되어선 안 된다고 말한다.

두려움은 증오가 없다는 것과 일맥상통한다. 군주는 신하들의 재산을 함부로 취하거나, 시민들의 아내를 탐하지 않는 한 증오를 피할 수 있다. 다만 누군가를 사형에 처해야 할 경우, 군주는 적절한 당위성과 분명한 사유를 제시할 수 있어야 한다.[8]

물론 15세기의 피렌체 공화국과 21세기의 테스코를 직접 비교하기란 무리다. 예를 들어 테스코에는 사형제도가 없고, 최고경영자는 직원들의 '아내는커녕' 재산조차 압류할 수 없다. TV에서는 최고경영자가 직원들에게 고함을 치는 모습이 유행할지 몰라도, 현대 사회에서 두려움 하나만으로 조직을 경영할 수 있다는 생각 자체가 더 무서운 생각이다. 오히려 두려움은 아이디어를 숨 막히게 하고, 분노를 야기한다. 두려움은 업무 절차가 제대로 준수되거나, 업무가 완료되는 걸 절대 보장하지 못한다. 두려움은 직원들로 하여금 옳은 일보다는 관리자가 좋아할 일을 하게 함으로써 결국 의사결정의 오류를 가져온다.

한마디로 리더는 두려움과 사랑을 모두 받는 대상이 되어야 한다. 이런 사랑은 '엄격한 애정'이라고 부를 수 있다. 예를 들어 마키아벨리의 주장처럼 엄격한 결정에는 반드시 '적절한 당위성과 분명한 사유'가 있어야 한다. 대부분의 경우 엄격한 결정은 직원들에게 "자네 해고야!"라고 소리치는 것이 아니라 단지 특정 행위에 동의하지 않음을 표현하는 것을 의미한다. 다시 말해 그저 엄중한 표정을 짓는 것으로 충분하다.

관리자들이 자주 겪는 문제 중 하나는 직원이 연락 없이 며칠간 무단결근을 하는 경우다. 나는 2000년대 초에 테스코 매장을 순회하면서 새로운 사실을 눈치챘는데, 바로 무단결근이 서서히 증가하고 있다는 점이었다. 알아보니 무단결근이 테스코만의 문제도 아니었다. 오히려 테스코의 무단결근율은 다른 기업들에 비하면 낮은 편이었다. 특히나 공공기관에 비하면 훨씬 낮았다. 나는 무단결근율이 높아지는 이유를 자세히 조사했고, 그 결과 무단결근이 별다른 잡음 없이 도입된 고용법 때문이라는 사실을 알아냈다. 고용법이 개정되기 전까지만 하더라도 병가를 내려면 병원을 방문해서 진단서를 끊어 회사에 제출해야만 했다. 그래야 급여가 지급됐기 때문이다. 하지만 고용법이 개정돼 3일 동안 진단서 없이 '병가'를 내도 급여를 받을 수 있게 된 것이다.

조사결과 이전에는 4%에 불과하던 무단결근율이 갑자기 7%로 증가했고, 일부 매장과 창고에서는 10%에 달하기도 했다. 그 말은 일부 직원들이 연간 1개월 이상을 결근한다는 뜻이었다. 만약 직원이 결근하면 고객들은 계산대 앞에서 더 오래 기다려야 하고, 진열대 위의 상품 비치도 늦어질 수밖에 없었다. 따라서 최악의 경우 무단결근은 매장의 운영을 위협할 수 있었다. 무단결근율이 너무나 빨리 늘어나면서 테스코는 악순환에 빠질 위기에 처했던 것이다. 무단결근한 직원들 때문에 출근한 직원들은 더 많은 업무를 처리해야 하는 압박에 시달렸고, 무단결근한 동료들은 '회사가 무단결근을 눈감아준다'고 생각하기 시작했다. 당연히 성실한 직원들조차 '거짓 병가를 내고' 하루쯤 결근해도 그만이라는 생각을 품기 시작했다.

나는 언론에서 마치 최신 유행을 소개하듯 '거짓 병가 내기'라고 표현하는 것을 듣고는 내 귀를 의심했다. 언론은 마치 전날 밤에 진탕 퍼마시고 다음 날 거짓 병가를 내지 않으면 유행에 뒤처지는 것처럼 떠들어댔다. 나는 급여노동이 계약이며, 따라서 계약을 준수해야 한다는 생각을 품으며 자랐다. 따라서 내가 보기에 유급 병가라는 법적 미비점을 교묘히 활용하는 건 종업원들이 고용주의 신뢰를 악용하는 것과 마찬가지였다. 또한 내 세대는 직업을 당연한 것으로 여기지 않았다. 왜냐하면 우리는 직업이 없다는 게 얼마나 비참한지를 잘 알고 있기 때문이다. 내가 사회생활을 시작하던 1970년대 말, 영국은 제조업이 쇠락하면서 실업자 수도 역사상 유례없는 수준인 300만 명으로 빠르게 증가하고 있었다. 당시에 직업이 있다는 건 행운이었기에 직업을 소중히 여길 수밖에 없었다.

그러나 1990년대 초반부터 장기 호황이 시작되자, 고용시장 상황도 크게 나아졌다. 서비스산업은 발전을 거듭하면서 전체 경제에서 차지하는 비중을 5분의 4까지 늘렸다. 심지어 21세기가 시작되자 노동력 부족 현상이 발생했다. 당연히 기쁜 소식이었지만, 한 가지 문제는 일부 사람들이 과거처럼 직업을 소중히 여기지 않게 되었다는 점이다. 직업은 널려 있었고, 따라서 직업을 잃더라도 언제든 다른 직업을 얻을 수 있었다. 이런 상황에서 직업에 대한 심드렁한 태도가 점차 확산된 건 어찌 보면 당연한 결과다.

자신의 직업을 소중히 여기지 않는 경향이 테스코의 사업에도 악영향을 끼치고 있었다. 당연히 우리는 이 문제를 해결해야만 했다. 다만 접근 방식은 신중해야 했다. 사실 몇몇을 제외하고 당시 대부분의 직원들은 큰 문제를 일으키지 않고 있었다. 따라서 지나치게 엄격한 조치를 취했다가는 도리어 회사와 직원들 간의 신뢰에 금이 갈 수도 있었다. 이런 신뢰는 더 좋고, 더 만족스런 작업 환경을 제공해야 하는 경영진의 몫이었다.

직원들이 자신의 직업에서 요구하는 것들은 대부분 합리적이다. 내 경험상 직원들이 요구하는 건 크게 네 가지다. 흥미로운 업무, 자신을 존중하는 처우, 직장에서 성공할 수 있는 기회, 그리고 도움을 주는 상사다. 테스코는 직원들에게 급여와 복지 이외에도 이런 요소들을 제공하기 위해 경영 방식도 그에 맞게 설계해왔다.

우리는 무단결근 증가라는 문제가 닥쳤을 때에도 경영진이 더욱 노력해야 한다고 생각했다. 일단 무단결근율이 높은 매장에 더 많은 인력을 배치했고, 인사관리와 고용에도 힘썼다. 특히 야간근무에 더 많은 관리자를 배치했다. 하지만 그것만으로는 부족했다. 결국 우리는 인사문제와 관련해 명쾌한 해답이 없을 때 항상 해왔던 일을 했다. 바로 직원들과 대화하는 것이었다.

간단한 의사소통을 시작한 이후로 해결책도 고개를 들기 시작했다. 직원들은 경영진에게 매우 유용한 조언을 해줬다. 일단 높은 무단결근율을 좋아하지 않는 건 직원들도 마찬가지였다. 왜냐하면 무단결근이 자신들에게 직접적인 피해를 줬기 때문이다. 누군가가 무단결근을 하면 그 일을 대신해야 하는 건 결국 다른 직원들이었다. 따라서 직원들은 무단결근율 상승이 문제라는 경영진의 생각에 공감했다. 이 문제를 반드시 해결해야 한다는 점에도 동의했다. 직원들은 경영진과의 대화에서 자신들의 생활에 대해 털어놓았다. 알고 보니 고객들과 마찬가지로, 직원들도 직장과 가정생활을 병행하면서 많은 스트레스를 겪고 있었다. 양육 문제나 가정사 때문에 때로는 출근이 힘든 때도 있었다.

이런 상황은 진정으로 회사의 도움이 필요한 경우였다. '개인의 일이니 알아서 해결하라'는 식의 관료주의적이고 유연하지 못한 접근 방식은 해결책이 될 수 없다. 경영진은 직원들이 필요할 경우 개인적인 일을 잠시 보고, 나중에 부족한 근무시간을 보충할 수 있게 하기로 결정했다. 또한 많은 직원들의 근무시간을 그들의 요구에 맞게 완전히 바꿔줬다.

우리는 이른바 '사전통보 결근' 제도를 마련했다. 직원들이 근무시간에 자리를 비우고 싶다고 회사에 미리 통보하면, 회사는 그에 맞게 인력배치를 조정하는 제도였다. 우리는 또한 직원들에게 무단결근을 할 경우, 상사에게 전화를 걸어 사유를 말해 달라고 요청했다. 그리고 회사는 결근한 직원이 출근하면 면담을 진행해서 결근 사유를 파악했다. 우리는 이유 없는 무단결근이 정말 아파서 회사에 출근하지 못하는 것과는 전혀 다른 의미임을 직원들에게 신중하게 납득시켰다. 대신에 장기간 병가를 내는 직원들에게는 더 많은 도움을 제공했다. 일부러 지속적으로 연락을 취하면서 도움이 필요한 부분을 살폈다. 장기간 병가를 마치고 다시 출근할 준비가 된 직원들에게는 그들의 몸 상태로 수행 가능한 업무를 맡겼고, 원할 경우에는 파트타임 근무를 제공했다. 장기간 회사를 떠나 있는 직원들은 자신감을 잃기 마련이고, 결국에는 회사에 복귀하지 못하는 경우가 많다. 따라서 유연한 근무시간과 지원책은 큰 도움이 됐다.

요약하면, 우리는 진정한 사유 때문에 결근을 해야 하는 직원들에게는 회사가 오히려 도움을 준다는 점을 인식시키기 위해 많은 노력을 했다. 사실 쉬운 일은 아니었다. 관리자들은 직원들의 근무시간을 최대한 공평하게 조정하기 위해 항상 고심해야 했다. 하지만 이런 노력은 신뢰를 구축했고, 회사가 무단결근을 악용하는 일부 직원들에게 엄격한 조치를 취하는 것에 대해 직원들의 지지를 이끌어낼 수 있었다. 다시 말해 우리는 일부 직원들에게는 실제로 엄격한 처벌을 가했다. 결국 출근에 대한 책임감이 부족한 직원들은 종종 회사가 처벌하기 전에 먼저 사직을 했다.

이런 접근 방식을 요약해서 표현하면 '엄격한 애정'이라고 할 수 있다. 우리는 열심히 일하고 책임감을 지닌 직원들에게는 도움을 제공한 반면, 책임감을 거부하는 직원들에게는 엄격한 조치를 가했다. 우리는 회사의 조치가 공평하고 공정하며, 직원들이 회사의 입장이 되더라도 마찬가지 조치를 취할 수밖에 없다는 점을 공유함으로써 직원들과 공감대를 형성했다. 결론적으로 우리는 우리가 대접받고 싶은 대로 직원들을 대접함으로써 더 강력한 조직을 만들 수 있었다.

아이디어가
현실이 되게 하라

자신의 혁신적인 아이디어가 하루빨리 현실이 되길 학수고대하는 이들에게 업무 절차, 역할, 규율은 그저 귀찮은 고민거리에 불과하다. 아이디어가 넘쳐나는 이런 사람들은 하루라도 빨리 세상을 바꾸고 싶다는 생각 때문에 목표를 달성하기 위해 반드시 실행해야 할 일을 제쳐두는 경향이 크다. 물론 이해할 수 있는 단점이긴 하지만, 아무튼 단점은 단점이다.

테스코의 경우는 위대한 새로운 아이디어가 있거나, 대규모 조치를 단행해야 할 때, 목표가 무엇인지뿐만 아니라 실제로 목표를 달성하기 위해 필요한 세부적인 실행사항이 무엇인지 철저하게 고민한다. 테스코가 추진한 야심 차면서도 잘 실행된 계획 중에서 가장 뛰어난 사례는 아마 테스코닷컴^{Tesco.com}일 것이다. 테스코닷컴은 현재 전 세계에서 가장 큰 온라인 식품판매사업이다.

테스코닷컴은 1995년에 뜻밖의 계기로 시작됐다. 당시는 인터넷이 막 등장하던 시기였다. 닷컴 거품이 꺼지기 전이었고, 구글이나 아이튠스, 페이스북과 트위터가 등장하기 훨씬 전이었으며, 심지어 소비자들에게 인터넷이 그다지 유용한 혜택을 제공하기도 전이었다. 당시 나는 '스마트 스토어'라는 전시회에 초대를 받았는데, 앤더슨 컨설팅(현 액센츄어)이 주최한 전시회는 '미래의 유통매장'을 보여주는 행사였다. 처음 초대를 받았을 때 나는 다른 많은 유통업체 임원들과 똑같은 반응을 보였다. 나는 매우 바빴고, 이전에도 여러 차례 비슷한 전시회를 방문해서 매번 실망감을 느꼈던 터라 참석할 생각이 없었던 것이다. 다만 앤더슨 컨설팅에는 내가 아는 지인들이 근무했고, 마침 전시회도 회사에서 가까운 곳에서 열렸기에, 나는 어느 하루 퇴근 후에 팀 메이슨을 데리고 전시회에 참석했다.

앤더슨 컨설팅이 준비한 전시회는 매우 멋졌다. 팀과 나는 미래 유통매장의 형태를 제시하는 여러 '우주시대' 유통매장 모델하우스를 돌면서 꽤 유용한 시간을 보냈다. 하지만 다른 모든 유통업계 임원들과 마찬가지로, 당시 우리의 머릿속에는 어제의 매상에 대한 걱정, 내일의 매상에 대한 우려만이 가득했다. 사실 유통업계에서 장기는 다음 달을 의미하며, 초장기는 크리스마스를 의미한다. 그보다 더 먼 미래는 아무도 관심을 가지지 않는다.

마지막 전시부스에는 가상의 가정집 주방이 설치돼 있었다. 그리고 주방 싱크대 위에는 컴퓨터가 한 대 놓여 있었다. 당시만 해도 오직 25%의 가정만이 컴퓨터를 보유하고 있었고, 그나마 컴퓨터도 매

우 크고 흉측한 모습이었기에 그 광경은 매우 생소했다.[9]

"싱크대 위에 컴퓨터가 왜 있는 겁니까?"

내 질문에 컨설턴트가 자신만만한 목소리로 답했다.

"언젠가는 주부들이 부엌에서 컴퓨터로 식료품을 주문할 날이 올 겁니다."

그 말이 끝나자마자 전시회에 참석했던 모든 유통업자들이 큰 소리로 웃으며 살면서 그런 날이 절대 올 수 없는 이유를 늘어놓기 시작했다. 어떻게 개인의 상품 주문을 '송신'한단 말인가(당시 이메일은 보편화되지 않은 단어였다)? 어떤 상품을 주문할 수 있는지를 고객이 어떻게 안다는 말인가? 고객이 주문을 하더라도 막상 그 주문을 어떻게 처리한다는 말인가? 그러려면 고객이 필요로 하는 상품을 일일이 골라 집까지 배달해줘야 하는데 평균 가정의 식료품 주문량이 약 45킬로그램에 달하니 편지처럼 우표를 붙여 발송할 수도 없는 노릇이지 않은가? 신선식품은 또 어떤가? 예를 들어 신선도가 고작해야 몇 시간 동안만 유지되는 상품을 어떻게 고객에게 배송한단 말인가? 이 지적들도 옳긴 했다. 왜냐하면 유사 이래로 부자들은 다른 사람을 부려 쇼핑을 했지만, 이런 방식이 과연 '평범한' 사람들에게도 통할지는 의문이었기 때문이다. 나아가 모든 문제를 해결한다고 하더라도 소요되는 비용이 턱없이 높을 게 뻔했다.

참석자들은 다양한 반론을 제시했고, 내 기억에 나와 팀도 함께 비아냥댔던 것 같다. 하지만 전시회를 빠져나와 다른 참석자들과 헤어진 뒤, 팀과 나는 서로를 바라보며 거의 동시에 이런 말을 했다.

"터무니없긴 하지만, 만약 가능하다면 고객들이 정말 좋아하겠는

데!"

진담 반 농담 반이었지만 아무튼 홈쇼핑 아이디어는 그렇게 우리의 가슴속에 싹을 틔웠다. 장담컨대 그날 저녁 다른 모든 참석자들은 전시회를 빠져나와 집으로 향하면서 홈쇼핑의 시대가 절대 오지 않을 거라고 확신했으리라. 그도 그럴 것이 모든 참석자들은 홈쇼핑이 불가능하다는 데 의견을 모았으니까. 하지만 그로부터 1년이 채 지나기 전에 테스코닷컴이 출범하게 된다.

홈쇼핑 아이디어는 너무나 매력적이었다. 우리는 고객들이 아이디어의 참신함, 무엇보다도 편의성 때문에 홈쇼핑을 아주 좋아할 거라고 확신했다. 따라서 고객이 좋아하기만 한다면, 테스코가 해야 할 일은 모든 걸림돌을 해결해 서비스를 제공하고, 그런 뒤 수익이 나는 사업으로 일구는 것이었다. 물론 당시의 테스코가 첨단기술에 특별한 전문성이 있었던 것도 아니다. 그저 사고방식이 다른 기업들과 달랐을 뿐이다. 테스코는 고객의 삶을 더 편리하게 하기 위해 존재하는 기업이었다. 그게 우리가 정의한 우리의 모습이었다. 우리가 바라본 테스코는 컴퓨터가 사업에 도움이 되지 않는, 또는 위협이 될 수 있는 유통업체의 모습이 결코 아니었다. 오히려 만약 이 새로운 첨단기술이 약간이라도 고객들의 삶에 시간을 절약할 수 있는 혜택을 제공한다면, 우리는 무조건 관심이 있었다.

내 생각에 당시의 많은 유통업체들은 인터넷을 위협으로 간주하고 두려워했다. 유통업체들이 인터넷의 성공 가능성을 의심한 까닭도 자신들의 두려움을 숨기기 위해서였다. 그들은 인터넷의 잠재력에 대해서 자세히 살펴보지도 않았는데, 아마도 인터넷이란 첨단기

술이 자신들의 사업 모델을 무용지물로 만들 수도 있다는 두려움 때
문이었을 것이다. 사실 새로운 혁신의 등장으로 기존의 사업 모델이
사라질 수도 있다는 두려움은 최고경영자라면 늘 달고 사는 고민거
리다. 당연히 홈쇼핑이 오프라인 매장의 고객을 빼앗아갈 수 있다는
논란도 매우 많았다.

우리도 이런 걱정을 하지 않은 건 아니다. 하지만 우리는 어찌됐든
홈쇼핑 서비스를 추진하기로 결정했다. 그 이유는 이런 고민들이 그
저 추측일 뿐 사실로 입증된 것은 아니었으며, 따라서 홈쇼핑 서비스
에 진출하면 실제로 사실인지 아닌지를 우리 눈으로 직접 확인할 수
있었기 때문이다. 나아가 홈쇼핑 서비스 진출은 우리가 인터넷이란
신세계에 가장 먼저 발을 내딛을 수 있는 기회이기도 했다.

우리는 또한 고객들을 신뢰했다. 만약 인터넷이 고객들의 쇼핑 방
식을 이전과 전혀 다른 형태로 바꿔놓는다면, 우리가 쇼핑 방식을 바
꿨다고 감히 고객을 비난할 수는 없었다. 오히려 우리는 현실을 있는
그대로 인정하고, 고객을 따라서 함께 변화해야 했다. 비록 그 변화
가 아주 힘들고 고통스런 변화라고 할지라도 말이다. 실제로 우리에
게 홈쇼핑 서비스 진출은 매우 큰 도전이었다. 인터넷 서비스를 제공
하려면 일단 모든 업무 절차를 완전히 새롭게 구축해야 했다. 재고를
공급하고, 고객들에게 인터넷으로 상품을 주문할 수 있는 방법을 제
공하고, 주문한 상품을 배송하는 과정을 마련하는 것은 무에서 유
를 창조하는 것과도 같았다.

홈쇼핑 진출을 결정한 이상, 다음으로 결정해야 할 사안은 어떻게
시작할지였다. 큰 계획을 세우고 시작해야 할까, 아니면 조그만 벤처

로 먼저 시험해보는 것이 좋을까? 나는 가급적 빨리 홈쇼핑 서비스에 진출하려면 이사회의 승인이 필요 없는 소규모 벤처로 시작하는 게 좋겠다고 결론지었다.

우리는 홈쇼핑 사업을 일단 작게 시작한 뒤 차츰 크게 키우기로 결정했다. 우리에게 인터넷은 미지의 영역이었기에 이 방식이 오히려 더 적합하다고 판단했다. 미지의 영역을 탐사한다는 건 매우 흥분되는 경험이다. 실제로 우리는 기존과는 완전히 다른 새로운 형태의 유통업을 창조하고 있었고, 그건 천금의 기회이기도 했다. 우리는 기존의 방식에서 여러 가지를 바꿔야 한다는 걸 알았고, 초기에 업무 절차를 단순하고 느슨하게 설계할수록 더 빠르고 쉽게 변화를 이룰 수 있다고 믿었다. 업무 절차를 가다듬는 것은 어떤 방식이 가장 효과적인지를 파악하고 난 뒤에 해도 늦지 않다고 생각했다.

또한 우리가 이미 보유한 자산을 활용하는 것도 매우 상식적인 방안이었다. 테스코 브랜드는 이미 잘 알려져 있었기에 굳이 홈쇼핑 서비스에 다른 명칭을 사용할 까닭이 없었다. 나아가 홈쇼핑 서비스를 우리가 이미 잘 아는 고객들, 또는 아주 적은 비용으로 확보할 수 있는 고객들을 상대로 우선적으로 제공하는 것도 좋은 방안이었다. 또한 테스코 매장들은 대체로 거주지에 근접해 있었기에 고객들이 인터넷으로 주문한 상품을 직접 찾아가기에 적합한 장소이기도 했다. 무엇보다도 경험 많은 직원들이 가장 큰 강점이었다. 그들은 상품과 고객, 시스템에 대해 잘 알고 있었다. 따라서 약간의 훈련만 받으면 홈쇼핑 서비스도 충분히 제공할 수 있었다. 사실 어떤 면에서는 회사가 직원들에게 교육훈련을 제공했다기보다, 반대로 직원들이 회사에 교육훈련을 제공했다는 게 맞는 말일 것이다. 직원들은 우리가 홈쇼핑에 진출하려고 한다는 사실을 알게 되자 자신들의 상식과 경험을 토대로 회사에 수많은 개선책과 해결책을 제공했기 때문이다.

일단 우리는 열정적인 매장관리자인 게리 사전트가 이끄는 작은 팀을 구성한 뒤, 기존의 매장, 시스템, 직원들을 활용해서 새로운 온라인 서비스 구축에 착수했다. 과정은 매우 간단했다. 우리는 고객들의 컴퓨터 모니터에 테스코의 상품 목록을 띄워줬고, 고객들은 전화나 팩스, 또는 컴퓨터로 상품을 주문했다. 주문은 지정된 몇몇 매장으로 전송됐고, 진열대에서 꺼낸 상품은 승합차에 실려 고객의 가정으로 직접 배송됐다. 사실 이 과정에서 특별한 혁신은 없었다. 하지만 적어도 테스코가 홈쇼핑 서비스를 시작하고 운영한다는 것은 의미가 있었다. 다시 말해 우리는 홈쇼핑 서비스에 필요한 것들을 배우고 있었고, 이를 수익성 있는 사업으로 만들기 위한 개선점을 깨달아가고 있었다.

초기의 사업 상황은 이후 사업이 손익분기점에 도달할 수 있는지를 보여주는 매우 중요한 척도인데, 홈쇼핑 서비스의 초기 상황은 우리에게 충분한 기대감을 안겨줬다. 클럽카드 덕분에 우리는 홈쇼핑 서비스의 구매 금액 중에서 새로운 고객이 차지하는 비중과 기존의 매장 고객이 차지하는 비중이 얼마인지를 파악할 수 있었다. 분석 결과, 홈쇼핑 서비스의 구매 금액 중 66%가 새로운 구매—새로운 고객의 구매이거나, 기존 고객이 새롭게 구매하는 경우—로 드러났다. 따라서 홈쇼핑 서비스는 충분한 수익성이 있었다.

하지만 우리의 접근 방식은 얼마 지나지 않아 난관에 부딪히게 되었다. 인터넷의 무궁무진한 가능성이 마치 열풍처럼 전 세계를 휩쓸었던 것이다. 닷컴 거품이 불자 회사를 설립한 후 회사명에 '닷컴^{.com}'만 붙이면 하루아침에 기업가치가 2~3배로 무한정 증가하는 기이한 상황도 벌어졌다.

웹밴^{Webvan}도 이런 신생 닷컴업체 중 하나였다. 웹밴의 사업 아이디어는 완전히 새로운 홈쇼핑 서비스를 제공하는 것이었다. 웹밴의 모든 업무 절차는 오프라인 매장을 전혀 두지 않고 사업을 영위하는 데 맞춰졌다. 대신 고객들의 주문은 특별히 건립된 물류창고로 직접 전달됐고, 주문한 상품들이 창고에서 자동으로 선별 배송되는 방식이었다. 흥미롭게도 스마트 스토어 전시회를 개최한 앤더슨 컨설팅의 수장 조지 섀힌이 웹밴의 최고경영자로 자리를 옮겼다. 닷컴 열풍 속에서 웹밴은 주식공개를 통해 3억 7,500만 달러의 자금을 유치했고, 주식거래 첫날 웹밴의 시가총액은 60억 달러까지 치솟았다(당시 테스코 기업가치의 35%에 달했다).[10] 놀라운 점은 당시 웹밴이 샌프란시스코 지역에서만 고작 5개월 정도 사업을 진행했을 뿐이며, 서비스 가입자도 고작 1만 명에 불과했다는 점이다.[11] 막대한 자금을 유치한 웹밴은 새로운 사업 모델을 위한 간접설비에 투자하면서, 투자자들에게 웹밴이 오프라인 유통업체의 사업 모델을 무용지물로 만들 거라고 호언장담했다.

명성 높은 투자은행들이 보증한 웹밴의 투자설명서를 읽으며 나는 너무나 황당해서 입을 다물 수가 없었다. 나는 웹밴이 어떻게 투자자들에게 이런 허황된 약속을 하는지 이해할 수가 없었다. 하지만 웹밴의 '새로운 모델'은 대중의 환상을 자극했고, 테스코의 투자자들조차 점차 테스코의 홈쇼핑 접근 방식에 의구심을 품기 시작했다. 테스코의 홈쇼핑 업무 절차가 웹밴보다 훨씬 덜 복잡하고, 고객 기반도 웹밴보다 훨씬 넓었는데도 불구하고, 투자자들은 우리의 접근 방식에 비판적인 시선을 던졌다. 우리는 온라인 서비스에 대해 언급할 때마다 매번 우리 방식이 틀렸고, 절대 성공할 수 없으며, 웹밴의 방식이 훨씬 좋다는 비난을 들어야 했다. 그러나 우리의 홈쇼핑 서비스는 갈수록 발전한 반면, 웹밴은 갈수록 많은 돈을 잃고 있었다. 즉 우리의 상식적인 접근이 옳았음이 입증된 것이다. 다시 말해 웹밴이 모든 것을 걸고 도박을 하는 무모한 접근을 택했다면, 우리는 잃어도 큰 손해가 되지 않을 정도만 걸고 도박을 하는 신중한 접근을 택했던 것이다.

웹밴과 우리의 접근 방식을 둘러싼 논쟁은 얼마 지나지 않아 결론이 나게 된다. 웹밴이 파산한 것이다. 웹밴의 접근 방식을 모방했던 세인즈베리도 홈쇼핑 서비스에서 철수해야만 했다. 고객 기반이 없는 상황에서 식료품 유통망을 새롭게 구축하려는 웹밴의 방식은 지나치게 큰 비용이 든다는 게 입증된 셈이다. 실제로 어마어마한 초기 투자비용과 막대한 자본소요에 비해 유통업의 수익은 매우 낮은 편이기에, 웹밴의 사업 모델이 처음에 의도했던 업계의 판도를 뒤엎는 사업 모델로 발전할 가능성은 애당초 없었다는 게 내 생각이다. 그러기엔 웹밴의 자본수익률은 턱없이 낮았다.

웹밴의 실패는 매우 중대한 교훈을 제시한다. 새로운 서비스나 상품을 만들 때 핵심적인 목표, 다시 말해 성공의 토대는 완벽한 업무 절차를 구축하는 것이 아닌 고객의 거래를 유도하는 것이라는 점이다. 완벽을 추구하는 건 결코 끝이 없다. 처음부터 완벽을 추구하는 기업은 결국 그 과정에서 흔적도 없이 사라지고 만다. 따라서 완벽을 추구하기보다는 현재 상황에서 실행 가능한 단순한 업무 절차를 우선 수립하고, 이후 이를 완벽하게 가다듬는 것이 훨씬 좋은 방법이다.

테스코닷컴은 출시 후 2년 만에 빠르게 성장했고, 더 많은 사람들이 인터넷에 접속하게 되면서 팩스나 전화주문도 없앴다. 우리는 홈쇼핑에 대한 수요가 얼마나 될지 예상하지 못했지만, 고객들의 반응은 우리의 기대치를 훌쩍 뛰어넘었다. 고객들은 홈쇼핑이 제공하는 편의성에 매우 만족했기에 테스코닷컴의 실수도 웃어넘겼다. 실제로 테스코닷컴은 많은 실수를 저질렀다. 예를 들어 신선한 계란 대신 부활절 계란을 배송한다든지, 버섯 대신 버섯수프 크림을 보낸다든지, 개 사료 대신 고양이 사료를 배송하기도 했다.

그러나 우리는 고객들이 테스코닷컴이 사소한 문제를 해결할 때까지 약간의 시간은 허락하겠지만 결코 오래 기다려주지는 않을 것임을 잘 알고 있었다. 고객들은 지금 당장은 아무리 뛰어난 혁신도 내일이 되면 '평범한 서비스'로 여기기 때문이다. 따라서 우리는 테스코닷컴의 업무 절차를 완벽하게 가다듬어야 했다. 업무 절차를 완벽하게 가다듬어야 하는 이유는 산술적으로 따져보면 단순하다. 5개의 업무 절차로 구성된 서비스에서 개별 업무 절차가 100% 완벽하다면 전체 서비스도 100% 완벽하다. 하지만 만약 개별 업무 절차의 정확도가 98%라면 부정확성은 매 단계마다 2%씩 늘어나고, 결국 다섯 단계를 거치는 동안 88%로 하락하게 되면서 서비스도 저하된다.

테스코닷컴이 자리를 잡으면서 우리는 '일반적 통념'이 완전히 틀릴 수도 있다는 점도 깨달았다. 사실 처음 우리는 테스코닷컴의 고객층이 돈은 많은데 시간은 부족한 전형적인 전문직 종사자들일 거라고 예상했다. 하지만 실제로 테스코닷컴의 고객 기반은 그보다 훨씬 광범위한 것으로 드러났다. 소득 수준과 무관하게 모든 이들이 테스코닷컴을 이용했다. 특히 집 밖으로 잘 나가지 못하는 고객들, 예를 들어 일시적 질병이나 만성질환을 겪는 노인들, 지속적으로 보살펴야 할 유아나 어린아이가 있는 주부들이 테스코닷컴을 즐겨 이용했다. 새로운 쇼핑 행태도 나타났다. 먼 곳에 사는 부모님을 위해 자식이 테스코닷컴에서 대신 쇼핑을 해주는 경우도 있었고, 놀이방과 같은 소기업들과 작은 숙박업소들도 테스코닷컴을 자주 이용했다.

고객들은 테스코닷컴에서 두 번째로 주문을 마치고 나면 이용방법을 완벽하게 익혔다. 1주일치의 상품을 쇼핑하는 데 매장을 방문하는 기존의 방식이 두 시간 정도(매장을 오고가는 시간도 포함해) 걸렸다면, 테스코닷컴에서는 15분이면 끝났다. 또한 클럽카드 데이터에 의하면 매장에는 약 4만 개의 상품이 진열돼 있지만, 실제로 고객들은 연간 약 300~500개 정도의 상품만 쇼핑을 하고 있었다. 따라서 테스코닷컴은 고객들이 즐겨 구매하는 '선호상품 목록'을 제공해 고객들이 쇼핑에 소요하는 시간을 대폭 단축했다. 게다가 5파운드의 일괄 배송료가 부과됐기에 고객들은 배송료가 아까워서라도 가급적이면 한꺼번에 많은 양의 상품을 주문했다. 고객들은 매장까지 차를 몰고 와서 쇼핑하는 데 긴 시간을 할애해야 하는 비용을 고려한다면 5파운드의 배송료가 절대 손해가 아니라는 걸 잘 알고 있었다.

또 다른 일반적 통념은 고객들이 홈쇼핑을 오로지 부패하지 않는 상품-기저귀, 세재, 치약 등-을 구매하는 데에만 이용할 뿐, 신선식품을 구매하지는 않을 거라는 생각이었다. 그전까지만 해도 고객들은 과일이나 야채 같은 유통기간이 매우 짧은 상품을 구매할 때는 직접 눈으로 확인하기를 원한다는 게 일반적인 통념이었다. 하지만 이 역시 틀린 것으로 판명됐다. 온라인 쇼핑카트에 담기는 상품은 매장 쇼핑카트에 담기는 상품과 별반 차이가 없었다. 그 말은 테스코 직원들이 진열대에서 가급적 신선한 상품을 골라 배송할 것이라고 고객들이 믿고 맡겼다는 뜻이다. 실제로 우리는 테스코닷컴을 전담하는 직원들에게 온라인 고객에게 배송할 신선식품을 선별하는 방법을 교육했다. 온라인에서 신선식품을 판매하기 위해 업무 절차도 바꿨다. 예를 들어 우리는 온라인 고객들에게 최대한 신선한 빵을 제공하기 위해 일부러 배송 시간에 맞춰 빵을 구웠다.

다양한 시행착오를 겪었던 테스코닷컴의 초기 몇 년은 대형 프로젝트를 추진할 때 시작은 작아도 신중한 것이 훨씬 좋다는 점을 명백하게 보여주는 전형적인 사례라고 할 수 있다. 우리는 고객들의 온라인 쇼핑 행태에 대한 데이터를 기반으로 신속하게 테스코닷컴의 업무 절차를 세세하게 가다듬고, 안정적인 업무시스템을 구축했다.

테스코닷컴은 또한 기존의 오프라인 매장사업에도 여러 가지 교훈을 제시했다. 테스코닷컴의 데이터는 온라인 고객이 주문한 상품이 어느 매장의 어느 진열대에서 언제 선택되는지를 정확하게 보여줬다. 덕분에 우리는 전 세계 최초로 컴퓨터로 계산된 예측 재고량이 아닌 실시간 재고량을 파악할 수 있었다. 실시간 재고량 현황은 우리가 생각했던 것보다 심각했다. 우리는 이미 주문시스템과 물류에 상당한 투자를 한 후였고, 당시 우리가 보유한 시스템은 유통업계에서도 가장 정교한 것으로 정평이 나 있었다(실제로 정교한 시스템이어야만 했는데, 영국 유통매장은 미국 유통매장에 비해 4배나 더 분주하기 때문이다). 우리의 전산시스템이 예측한 상품재고량은 98%였다. 이는 매장에 고객이 많이 몰린다는 점을 감안할 때 꽤 높은 수치였다. 하지만 테스코닷컴이 성장하고 실시간 데이터가 입수되면서, 우리는 실제 상품재고량이 92%에 채 못 미친다는 걸 알게 되었다.

우리는 이 놀라운 결과에 큰 충격을 받았고, 결국 물류망과 창고, 주문과 재고보충시스템을 새롭게 구축했다. 비록 몇 년이 걸렸지만 재구축이 끝나자 테스코의 실제 상품재고량은 98%로 증가했다. 우리는 이 과정에서 업무 절차를 재구축하는 방법을 배웠고, 새로운 업무 절차에서 직원들이 담당하는 역할에 맞게 교육훈련을 제공했으며, 업무 절차를 적절히 반영하고 이후 확장이 용이한 전산시스템도 개발했다. 신뢰할 만한 데이터 덕분에 적시에 진열대에 상품이 비치될 수 있는 세계 일류의 재고보충시스템이 구축된 것이다. 결과적으로 테스코 매장들은 더 쉽게 재고를 보충할 수 있게 됐다. 이 말은 부패하기 쉬운 상품이 더 빨리 매장으로 운반되고, 따라서 더 신선한 상품이 진열되며, 고객들이 구매한 후에도 더 오래 신선도가 유지된다는 의미다. 나아가 전산시스템은 모든 매장의 진열대에 어떤 상품이 있는지를 정확히 추적할 수 있었기에, 온라인 주문 시에도 더 빨리 상품을 골라 배송할 수 있었다. 또한 우리는 재고보충시스템을 앱으로 만들었다. 덕분에 매장을 방문한 고객들은 앱을 활용해 어떤 상품이든 정확한 위치를 빠르게 파악할 수 있었다.

테스코닷컴은 우리가 전혀 예상치 못했던 뛰어난 결과도 가져왔다. 테스코닷컴이 인재 양성소가 된 것이다. 캐롤린 브래들리, 켄 토울, 존 브라웻, 로라 웨이드게리는 하나같이 테스코닷컴에서 유통사업 운영에 대한 경험을 쌓았고, 강력한 업무 절차 구축, 변화와 혁신을 추구하는 자발성이 매우 중요하다는 것을 몸소 경험한 이들이다. 이들은 후에 테스코를 비롯한 여러 기업에서 중책을 맡게 되었다.

테스코닷컴 덕분에 매장에도 새로운 직책이 생겨났다. 배송기사, 온라인 주문 전담직원, 온라인 주문 관리직원 등이 그 예다. 이런 직책에는 많은 책임이 뒤따랐다. 왜냐하면 그들 중 일부는 직접 고객의 집을 방문하는 이들이었기에, 어떤 면에서 테스코의 홍보대사나 마찬가지였기 때문이다. 고객과 직접 접촉하는 직원들은 테스코에 대한 고객의 충성도에 큰 영향을 끼쳤다.

아이러니한 점은 테스코닷컴이 최근에 웹밴이 시도했던 온라인 쇼핑 전용매장을 개설하고 있다는 점이다. 만약 웹밴이 완벽한 배송시스템 구축보다 고객 확보에 더 집중해서 지금까지 살아남았다면 아마도 웹밴의 배송센터와 우리의 계산대나 주차장이 없는 온라인 전용매장은 매우 비슷한 형태였을 것이다. 다행히도 웹밴과 달리, 테스코의 온라인 전용매장은 이미 확보된 고객 기반 덕분에 개설과 동시에 즉각 수익을 낼 수 있었다.

오늘날 테스코닷컴은 전 세계에서 가장 큰 온라인 식품매장이자 빠르게 성장하는 수익사업이다. 현재 테스코닷컴은 한국, 체코, 아일랜드와 같은 여러 국가로 확장 중이다. 사업을 시작한 지 17년 만에 매출액은 30억 파운드에 달한다. 영국 전체 가구의 14%에 달하는

350만 가정이 지난 3개월 동안 한 번이라도 온라인에서 식료품을 구매했는데, 테스코닷컴이 주도했던 혁신도 여기에 일조했다.

테스코닷컴의 사례는 소수의 사람들이 뛰어난 아이디어를 생각해내고, 아이디어를 현실로 바꾸기로 결심하고, 이를 위해 단순한 시스템과 업무 절차를 구축할 경우, 어떤 놀라운 결과가 나오는지를 잘 보여준다. 또한 완벽한 배송시스템을 구축하겠다는 한 개인의 야심보다는 지속적인 변화와 개선이 훨씬 효과적이라는 점도 잘 보여준다. 무엇보다도 테스코닷컴 사례는 비록 시작은 미약하고 속도는 느리더라도 업무 절차에 집중하는 것이 매우 중요하다는 점을 분명히 보여준다.

•

•

시행착오로부터
성공 요소를 찾아내라

테스코닷컴 사례가 보여주듯 단순한 아이디어를 현실로 만들려면 명확한 비전, 단순한 업무 절차, 명확한 역할 정의, 시행착오에서 배우려는 의지가 필요하다. 사실 모든 조직은 업무 절차를 바꿀 때 값비싼 시행착오를 겪기 마련이다. 따라서 성공적인 조직은 이런 시행착오로부터 교훈을 배운다. 기업의 경우 시행착오에서 배우지 못하는 회사는 결국 망할 수밖에 없다. 주주들은 기업이 실수를 반복하면 이를 눈치채고 주저 없이 떠난다. 결국 회사는 파산하게 되고, 경영학 교재에 비참한 실패 사례로 소개가 된다.

하지만 이러한 시장 원리는 어찌된 영문인지 (거대 은행이나 국영기업처럼) 이른바 '대마불사' 기업과 공공기관들에는 제대로 적용되고 있지 않는 것 같다. 특히 정부 조직의 경우, 최악의 상황이 닥친다고 하더라도 고작해야 감사나 언론의 집중 포화, 장관의 사임으로 끝나는 경우가 대부분이다. 손실은 그저 장부에만 남을 뿐, 정부는 아무 문제가 없다는 듯 평상시 모습으로 돌아간다. 이는 매우 잘못된 경우인데, 아무튼 어리석은 아이디어를 멍청하게 실행하는 대표적인 사례는 공공 분야에서 가장 많이 찾을 수 있다.

영국에서도 터무니없는 공공프로젝트에 혈세를 낭비한 사례는 무수히 많다. 그중 하나가 2004년에 영국 지역사회부가 추진한 '파이어컨트롤FiReControl'이다. 이 프로젝트의 목표는 46개의 지역별 소방 및 구급서비스 통제기능을 국가전산망을 활용해 9개의 권역별 통제센터로 통합함으로써 국가의 위기대처 능력을 효율적으로 개선하는 것이었다. 처음에 이 프로젝트의 예산은 1억 2,000만 파운드로 추정됐다.[12] 하지만 수차례 지연과 복잡한 상황을 거치면서 프로젝트는 2010년 12월에 폐기됐는데, 그때까지 낭비된 혈세만 4억 6,900만 파운드에 달했다.[13] 지역사회부는 실제로 프로젝트를 완료하는 데 드는 비용이 초기 예상치의 5배가 넘는 6억 3,500만 파운드로 예상했다.[14] 프로젝트의 총책임자는 이후 국회에 출두해 이렇게 진술했다.

"지금에 와서 생각하면, 가장 바람직한 방안은 애당초 프로젝트를 시작하지 않는 것이었다."[15]

아마도 세금을 납부하는 국민들은 그의 말에 주저 없이 "지당한 말"이라고 맞장구를 쳤을 것이다. 결과를 두고 비판을 하기란 쉽기 때문이다. 하지만 막상 프로젝트를 진행하는 과정에서는 아직 결과가 드러나지 않았기 때문에 프로젝트를 계속 진행하는 게 옳은지 그른지를 판단하기란 무척 어렵다. 기업가들 또한 공공기관을 상대로 비난을 할 때 공공기관들이 기업과는 다른 우선순위, 보상 정책, 책임이 있다는 점을 반드시 염두에 두어야 한다. 예를 들어 화재통제센터는 매우 중요하고도 구체적인 역할을 수행해야 한다. 또한 그들이 다루는 위기상황은 기업이 일상적으로 겪는 위기상황과는 성격이 전혀 다르다.

나는 파이어컨트롤 프로젝트의 실패에 대한 기사를 읽으면서 이 사례가 새로운 업무 절차의 수립에 매우 참신한 시각을 제공한다고 생각했다. 내가 말하는 참신하다는 의미는 파이어컨트롤 프로젝트의 모든 과정을 정반대로 하면 오히려 가장 이상적인 방법이 도출될 수도 있다는 뜻이다.

변화를 요구하는 프로젝트에 착수하려면 가장 먼저 해결하고자 하는 문제가 무엇인지를 정확히 정의해야 한다. 파이어컨트롤 프로젝트가 다루려던 문제는 46개의 지역통제센터가 제각각으로 돌아간다는 점이었다. 즉 지역통제센터들은 서로 간에 대화가 없었다. 이론적으로 보면 이건 문제이긴 했다. 하지만 현실적인 측면에서 보면 실제로 문제라는 증거가 있었을까? 다시 말해 여러 지역통제센터들이 현실에서 서로 의사소통을 해야 하는 경우가 자주 발생하는가? 의사소통의 부재가 해결해야 할 문제라고 하더라도 애당초 파이어컨트롤 프로젝트는 닭 잡는 데 소 잡는 칼을 쓰는 지나치게 방대한 계획이었다. 당시 통제센터의 인력은 모두 합쳐서 1,400명이었다. 따라서 파이어컨트롤 프로젝트는 통제센터 인력의 원활한 의사소통을 위해 1인당 약 8만 5,000파운드의 예산을 투입하려고 한 셈이다. 이 사실만으로도 충분히 비상벨이 울렸어야 했다(웃자고 하는 얘기가 아니다).

설상가상으로 프로젝트 자체도 잘못 관리됐다. 또한 과연 실행이 가능할지도 의문스러웠다. 앞에서 말했듯 업무 절차를 수립할 때 가장 좋은 방법은 실제로 업무를 수행하는 직원이나 관리자들에게 직접 업무 절차를 수립하게 하는 것이다. 그래야만 업무 절차에서 오류가 발생할 경우, 문제의 원인만을 분리해서 파악하고, 필요한 수정사항을 적용하고, 반응을 확인할 수 있다. 또한 변화된 업무 절차에 따라 직원들의 역할도 함께 변화해야 한다. 왜냐하면 직원들이야말로 업무 절차를 이어주는 연결고리이기 때문이다. 만약 직원들이 새로운 업무 절차에서 자신들의 역할을 명확하게 인식하지 못한다면 모든 게 헛수고일 뿐이다.

하지만 파이어컨트롤 프로젝트를 진행하는 과정에서는 직원들이 기존에 수행하던 업무를 파악하려는 시도도, 나아가 새로운 업무 절차에서 수행해야 할 역할에 맞춰 직원들을 교육하려는 시도도 전혀 없었다.[16] 실제로 46개 지역통제센터의 직원들은 똑같은 업무를 각기 다른 방식으로 수행하고 있었다. 새로운 업무 절차를 도출하려면 기존의 업무 절차를 문서화해서 이를 토대로 개선할 부분을 찾아내야 하는데, 막상 이런 시도는 아예 없었다.[17] 한마디로 모든 과정이 혼란 속에 진행됐던 것이다. 그나마 분명한 점은 통제센터 직원들이 파이어컨트롤 프로젝트 과정에 전혀 참여하지 않았다는 점이다.

명확한 책임 소재의 부재도 문제를 악화시켰다. 실제로 업무 절차를 책임지는 건 운영자, 다시 말해 관리를 맡은 사람이다.[18] 물론 외부전문가의 도움을 받을 수도 있지만, 결국 역할을 수행하고, 관리하고, 시스템을 활용하는 건 운영자다. 하지만 파이어컨트롤 프로젝트에서는 어느 누구도 책임지려 하지 않았고, 새로운 시스템을 운영해야 하는 통제센터 직원들은 더더구나 책임이 없었다. 오히려 프로젝트는 외부전문가와 컨설턴트에 더 크게 의존했다.

파이어컨트롤 프로젝트가 '이전에는 없었던 새로운 도전'이라는 인식에 갇힌 것도 패착이었다. 모든 리더들은 자신의 조직이 특별하다고 생각한다. 따라서 자신의 조직이 직면한 문제 또한 이전에는 없었던 문제이며, 이를 해결하기 위해 새롭게 구축하는 시스템이 매우 혁신적이라고 착각한다. 소위 '외부전문가'들의 도움을 많이 받는 이유도 이 때문이다. 그러나 당신의 조직이 다른 조직과 차별성이 있다고 생각하는 것은 나쁘지 않지만, 현실에서 진정으로 새로운 문제를 찾기란 어렵고, 그에 대한 해결책으로 이전에는 없었던 전혀 다른 시스템을 요구하는 문제를 찾기란 더더욱 어렵다. 한마디로 대부분의 문제들은 이미 이전에 누군가가 다뤄본 문제들이다. 특히 동종업계에서 이미 다뤄졌던 문제인 경우가 대부분이다. 즉 조직의 업무 절차와 관련한 문제의 해결책은 하나같이 '기성품'이다. 다시 말해 필요할 경우 약간만 수정하면 완벽한 해결책을 제공할 수 있는 시스템이 이미 존재한다. 물론 이런 시스템이 없을 경우에는 '외부전문가'들의 도움이 요긴하긴 하다. 하지만 외부전문가들의 도움을 받는다고 책임도 그들이 지는 건 아니다. 책임은 여전히 업무 절차를 관리하는 운영자에게 있다.

물론 경영진이 추진하는 프로젝트 중에는 진정 혁신적인 것도 있다. 예를 들어 경영진이 조직에 경쟁우위를 가져다주는 고유한 시스템을 원할 수도 있다. 하지만 이런 경우도 매우 드물긴 마찬가지다.

모든 것을 자체 개발하려는 전산팀, 업무 방식을 바꾸기보다는 시스템을 바꾸려고 하는 관리자들, 회사로부터 더 많은 컨설팅 비용을 뜯어내려 하는 컨설턴트들, 표준화되고 정형화되지 않은 지나치게 복잡한 시스템은 하나같이 경계 대상이다.

만약 조직이 진정으로 이전에는 없었던 새로운 것을 추진해야 한다면, 가장 좋은 방법은 작은 단계부터 점진적으로 변화를 추구함으로써 그 과정에서 발생하는 실수가 조직 전체에 피해를 입히지 않도록 하는 것이다(민간영역과 공공영역 모두에 해당된다). 그리고 프로젝트에 투입하는 비용이 높을수록 더욱 신중한 접근이 필요하다. 예를 들어 이전에는 경험한 적이 없는 1억 2,000만 파운드짜리 프로젝트에 착수하려는 조직은 조심하고 또 조심해야 한다.

테스코는 종종 새로운 영역에 진입했지만 매번 신중에 신중을 기했고, 한 번에 하나의 영역에만 진입했다. 새로운 프로젝트, 특히 복잡한 프로젝트를 추진할 때면 명확한 중간점검 단계를 정해서 진행과정과 결과물을 지속적으로 평가했다. 대규모 프로젝트는 가급적 쉽게 소화할 수 있도록 작게 세분화했고, 목표가 무엇인지를 명확하게 정의했으며, 데드라인과 소요예산도 못 박았다. 중간점검 단계는 다 이유가 있기 때문에 필요하다. 사람들은 실패를 두려워하기에 중간점검 단계에서 일정이나 목표를 못 맞출 경우 이를 무시하는 경향이 있다. 하지만 프로젝트에 문제가 생길 경우(이건 피할 수 없다)에 프로젝트는 반드시 중단되어야 하고, 문제의 원인을 파악해서 해결하기 전에는 다시 재개해선 안 된다. 여기서 가장 중요한 원칙은 누군가가 처음에 프로젝트 예산을 제시한 후 아무런 성과도 내지 못한 상태에서 2년 후에 갑자기 불쑥 나타나 예산을 3배나 높게 요구한다면(파이어컨트롤 프로젝트가 그랬다),[19] 그들은 애초부터 자신들이 맡은 프로젝트를 제대로 파악하지도 못한, 따라서 책임을 맡을 만한 이들이 아니라는 점이다.

마지막으로 새로운 업무 절차의 적용은 새로운 업무 절차를 설계하는 것만큼 많은 노력이 필요하고 중요하다. 새로운 업무 절차의 적용에서 가장 중요한 요소가 바로 의사소통이다. 즉 모든 사람들은 자신들이 어떤 역할을 해야 하며, 왜 그 역할을 해야 하는지를 알아야한다. 물론 파이어컨트롤 프로젝트의 적용 과정에 대해서는 딱히 지적할 것이 없는데, 애당초 적용 단계까지 이르지도 못했기 때문이다.

내가 파이어컨트롤 프로젝트의 속사정을 속속들이 다 아는 것은 물론 아니다. 따라서 나는 영국 정부를 마냥 비난하기보다는 영국 정부를 비롯한 프로젝트에 관련된 여러 조직들이 시행착오로부터 뭔가를 배웠을 거라고 생각하고 싶다. 여기까지 얘기했으니 이제 나도 고백할 것이 있다. 나는 파이어컨트롤 프로젝트에서 발생한 실수를 보며, 나 또한 비슷한 실수를 여러 차례 저질렀다는 생각을 떠올렸다. 나 또한 데드라인을 놓친 적이 있고, 아무런 성과도 남기지 못한 채 장부에 손실로 기재된 프로젝트를 추진한 적도 있다. 대체로 프로젝트가 실패하는 원인은 프로젝트를 승인하는 사람들이 프로젝트의 분명한 결과물을 고민하지 않거나, 명백한 업무 절차를 문서화하지 않기 때문이다. 나 또한 이런 실수를 저지른 게 사실이다.

파이어컨트롤 사례에서 가장 안타까운 점은 실수로 인한 손실비용이다. 테스코가 매년 전 세계 전산시스템에 투자하는 금액보다 더 많은 4억 6,900만 파운드가 손실로 기록됐기 때문이다. 더욱 슬픈 사실은 파이어컨트롤의 손실비용이 영국건강보험이 환자들의 의료기록을 전산화하려는 어리석은 시도로 손해 본 금액에 비하면 새 발의 피라는 점이다. 처음 62억 파운드가 예산으로 책정된 의료기록 전산화 프로젝트는 9년이 지난 후에 끝내 폐지됐는데, 당시까지 투입된 예산만 자그마치 127억 파운드에 달했다.[20]

업무 절차를 통해
더 큰 자유를 부여하라

영국의 기업문화는 제대로 돌아가는 업무 절차와 시스템, 역할을 설계하는 과정을 그다지 흥미롭게 여기지 않는다. 영국은 사상가들의 국가다. 그래서인지 '실행'을 따분하고 덜 고상한, 지저분한 일로 여긴다. 영국의 기업들은 의사결정을 실제로 실천하는 방법을 고민하는 데 충분한 역량을 투입하지 않는다. 이와 달리 실행이 중요하다는 사실을 아는 기업들—테스코도 그중 하나라고 자부한다—은 수많은 혜택을 얻는다.

성공적으로 실행하는 기업은 더 빨리 성장한다. 실제로 성공적인 업무 절차는 더 폭넓은 확대가 가능하다. 왜냐하면 일단 업무 절차가 정의되면 그에 맞게 전산시스템을 구축함으로써 업무 절차의 일부, 또는 전부를 자동화할 수 있기 때문이다. 당연히 업무 절차는 더 빨라지고, 더 안정되며, 비용 또한 낮아진다. 업무 절차에서 막히는 부분이나 원활하지 못한 부분을 없애면 성과 또한 극적으로 향상된다. 즉 낭비를 최소화함으로써 더 적은 자원으로 더 많은 일을 해낼 수 있다. 나아가 한 국가에서 활용되는 업무 절차는 다른 국가에서도 활용될 수 있다. 예를 들어 테스코는 북미 지역에 관리 기능을 따로 두지 않는다. 미국의 프레시앤이지 매장들은 인도에 위치한 표준 전산플랫폼에 토대를 둔 업무 절차에 의해 운영되고 있다.

업무 절차는 또한 한 국가에서 다른 국가로 이전되는 과정에서 더욱 개선될 수도 있다. 국가에서 국가로 업무 절차가 이전된다는 건 모든 국가에서 동일한 상품을 판매한다는 의미가 아니다. 오히려 그 반대다. 사실 효과적인 표준 업무 절차의 묘미는 전 세계에서 다른 상품을 판매하지만, 그럼에도 판매 과정이 똑같이 효율적이라는 점이다.

수십 년 전 포드 자동차는 전 세계에서 모양이 똑같은 이른바 '월드카'를 개발하려 했다. 하지만 포드 자동차가 사용하는 부품은 개별 국가에서 생산된 것들이었고, 따라서 월드카는 겉모양은 같지만 내부 부품이 제각각이었다. 포드는 오랜 시간이 흐른 후에야 비로소 국가마다 모양은 다르지만 내부 부품은 동일한 공통플랫폼을 개발할 수 있다는 사실―폭스바겐은 이 부분에 매우 능숙하다―을 깨달을 수 있었다. 이럴 경우 자동차 디자인은 개별 국가의 요구와 문화에 맞게 다양하지만, 보닛 밑에 있는 부품은 동일하다. 즉 고객들이 중시하는 겉모양은 국가마다 제각각이어도, 고객이 보지 못하는 부품은 어디에서나 똑같은 것이다.

이런 전략은 유통업계에서도 통용된다. 예를 들어 토이저러스Toys R Us와 같은 초창기 다국적 유통기업들은 브랜드, 매장 설계, 상품군을 비롯한 모든 것들을 전 세계에 동일하게 적용하려고 했다. 하지만 얼마 지나지 않아 유통업은 반드시 지역 고객들의 입맛에 맞춰야 한다는 것을 깨달았다.

테스코의 원칙은 단순하다. 지역적이면서도 세계적인 것을 추구하는 것이다. 테스코는 국가별로 전혀 다른 매장 형태를 제공한다. 하지만 업무 절차는 전 세계 매장이 모두 활용하는 공통시스템을 따른다. 테스코의 공통플랫폼은 '테스코 박스Tesco in a box'라고 불린다. 테스코 박스는 고객들의 눈에는 보이지 않지만, 시스템화 되어 공통적으로 활용되는 주요 업무 절차를 모아둔 것이다. 예를 들어 주문이나 재무, 재고 보충, 상품 진열, 고객데이터 처리 등이 테스코 박스에 담겨 있다. 지역의 관리자들은 테스코 박스에 담긴 시스템들을 지역 고객들의 입맛에 맞게 가공해 활용하면서, 동시에 테스코의 전 세계적인 규모의 경제에 따른 혜택도 함께 누릴 수 있다.

어떤 조직에서든 좋은 업무 절차는 여러 지역과 다양한 분야에 보편적으로 적용될 수 있다. 좋은 업무 절차가 보편적으로 활용될 경우, 조직은 생산성 증가라는 혜택을 누리게 된다. 그밖에 무형적인 혜택도 있다. 직원들이 똘똘 뭉쳐 효율적으로 업무 절차를 실행할 경우, 모두가 만족감을 느끼게 돼 조직의 사기도 높아진다. 또한 보편적인 절차가 자리 잡으면, 관리자들은 비효율과 일정 지연으로 불평하는 직원들을 달래는 데 시간을 쏟기보다는 미리 시행착오를 예상하고, 시행착오가 더 큰 문제로 커지는 것을 방지하고, 새로운 사업 기회에 집중할 수 있다. 좋은 업무 절차와 시스템은 절대로 직원들의 자율성을 제약하는 구속이 아니다. 오히려 직원들이 만족스럽게 업무를 처리하도록 함으로써 새로운 시도를 할 수 있는 더 큰 자율성과 시간적 여유를 부여한다.

다시 한 번 강조하지만, 좋은 업무 절차가 더 큰 자유를 부여한다는 주장은 이미 오래전부터 있었다. 새뮤얼 스마일스는 그에 대해 다음과 같이 썼다.

'시간을 경제적으로 활용하는 것이 여가 시간을 확보하는 가장 좋은 방법이다. 경제적인 시간 활용은 우리가 맡은 일을 무사히 처리하고, 일에 치여 끌려다니기보다는 주도적으로 일을 처리할 수 있게 하기 때문이다. 반대로 시간을 잘못 활용하면 지속적으로 서두르고, 혼란스러워하고, 문제를 겪는다. 결국 인생은 매시간 임시방편만으로 채워지고, 끝내 재앙을 맞이하게 된다.'[21]

안타깝게도 말과 행동이 일치하는 사람은 찾기가 힘들다. 업무 절차, 직무 역할, 시스템, 규율은 하나같이 겉보기에 화려한 활동이 아니지만, 성공적인 실행에 가장 중요한 요소들이자 자유를 제공하며 성장의 기회를 제공하는 요인들이다. 그리고 성장에는 반드시 어려운 도전이 뒤따르기 마련이다. 이때 필요한 것이 바로 다음 장에서 소개할 '균형'이다.

균형 잡힌 안목을 기른다

균형 잡힌 조직의 모든 구성원들은 관료주의의 폐해에서 벗어나 옳은 방향을 향해 함께 나아간다.

고객의 요구가 반영된
성과지표를 도입하라

효과적인 실행을 위해서는 직원들이 자신의 역할을 정확히 알고 있는 것도 중요하지만, 목표를 달성하기 위해서는 서로 다른 부서와 집단이 협동하는 것도 중요하다. 그렇다면 회사의 중요한 의사결정이 수많은 업무에, 다시 말해 수천 명의 직원들이 일상에서 수행하는 세부 업무에까지 반영되게 하려면 어떻게 해야 할까? 어떻게 해야 모든 직원들의 참여를 이끌어내고, 수많은 팀들을 하나의 목표 아래 결속할 수 있을까? 경영진은 어떻게 해야 조직을 목표로 이끌 수 있을까?

윌리엄 슬림의 사례를 살펴보자. 슬림은 적군 섬멸이라는 목표를 향한 병사들의 충성도를 이끌어내기 위해 공군과 육군을 하나의 체계로 통합해 군대 간에 존재하는 '배타적 성향'을 없앴다. 슬림은 14군단의 이라와디 강 도하작전을 묘사하면서 다리를 건설하는 공병, 다리를 이용하는 운전병, 차량을 점검하는 정비병 들이 하나의 유기적인 팀으로 협동하는 과정의 중요성에 대해 이렇게 적었다.

'그들은 전방에 배치된 전투병들과 하나라고 느꼈다. 그들은 자신들이 전체의 일부이며, 중요한 역할을 수행하고 있다고 느꼈다. 자부심도 있었으며, 전투병들과 하나라고 여겼기에 실전에 임하는 것처럼 행동했다.'[1]

대규모 조직들은 하나같이 조직 내에서 동료애를 이끌어내고, 구성원들을 결속하고, 나아가 직원과 팀이 적절하게 맡은 역할을 수행할 수 있는 정신 자세를 갖추는 데 어려움을 겪는다. 그러나 정신 자세는 자발적인 시도와 혁신을 부추기며, 직원들이 자신의 행위에 대해 책임감을 느끼게 할 뿐만 아니라 무엇보다도 한 부서의 우선순위가 다른 부서의 우선순위와 충돌하지 않으면서도 공동의 목표를 향해 나아가도록 한다. 이런 조직이 균형 잡힌 조직이다. 균형 잡힌 조직의 모든 구성원들은 관료주의의 폐해에서 벗어나 옳은 방향을 향해 함께 나아간다.

'관료주의적'이라는 말은 가장 심한 비난 중 하나다. 그 말은 행동이 느리고, 어지간해선 꿈쩍도 안 하며, 지나치게 규칙에 얽매여 있다는 의미다. 관료주의적인 조직에 속한 구성원들은 다른 동료들과 분리되고 고립되어 배타적으로 업무를 수행한다. 그들은 업무에서 혼란을 느끼고, 만족감을 얻지 못한다. 결국 개별 부서는 목표에 업무를 맞추기보다, 자신도 모르는 사이에 서서히 자신의 업무 방식에 맞춰 목표를 바꾸게 된다. 시간이 지나면서 조직의 성과지표는 무용지물이 되며, 조직 전체의 성과를 측정하는 것도 어려워지며, 조직 내 협력도 힘들어진다. 구성원들은 자신들이 무엇을 하는지, 자신들이 과연 조직에 기여하고 있는지조차 알 수 없게 된다. 심지어 자신이 없어도 조직이 그 사실을 눈치채지 못할 거라고 생각하게 된다. 결국에는 다른 부서를 신뢰하지 않게 된다. 정신병과 비슷한 불안한 감정이 생겨나면서 직원들은 더 이상 혁신이나 자발적인 변화를 추구하지 않고, 옳다고 생각하는 일을 하지 않는다.

그러던 어느 날 우연히 회의에 참석했다가 참석자들이 하나같이 논의하는 문제에 대해 서로 다른 생각을 지니고 있다는 사실을 깨닫게 된다. 직원들이 조직과 너무나 동떨어진 나머지 조직의 성과를 측정하는 방법도, 현실 인식도 서로 다르게 된 것이다. 이런 상황까지 갔다면, 그 조직은 정말 큰 위기에 봉착한 것이다. 조직은 분열돼 균형을 잃었으며, 따라서 더 이상 앞으로 나아갈 수 없다.

이미 그전부터 관료조직의 폐해를 수없이 목격했던 나는 최고경영자가 되며 테스코를 하나로 묶어 큰 의사결정이 사소한 실천에까지 반영되며, 목표 달성을 위해 전체 조직을 빠르게 움직일 수 있는 리더십을 구축할 수단이 필요하다고 생각했다. 테스코의 성장은 결코 나와 이사회, 또는 본사 직원들에 의존해선 이루어질 수 없는 목표였다. 물론 나와 이사회, 본사 직원들은 전략과 목표를 수립할 수 있지만, 결국 목표 달성은 영국 전역─이후에는 전 세계─의 직원들에게 맡겨야 했다. 다시 말해 경영진이 숲에 집중한다면, 나무를 가꾸는 건 전 세계 테스코 직원들의 몫이었다. 그러려면 직원들이 자신들의 행동에 대해 책임지고, 무사안일하기보다는 용감하게 새로운 시도를 하는 조직문화를 만들어야 했다. 즉 직원들에게 자율성을 부여하고,

실수의 가능성을 인정하며, 일선 직원들이 결정해야 하는 사소한 사안에까지 지나치게 간여해선 안 됐다.

나는 최고경영자로 부임할 무렵 로버트 캐플란과 데이비드 노튼이 쓴 『균형성과지표The Balanced Scorecard』*라는 책을 읽었다. 두 저자는 많은 기업들-테스코도 포함된다-이 회사의 성과를 저비용, 품질, 대응시간과 같은 지표로 측정한다는 걸 알았다. 문제는 이런 성과지표들이 기존 업무 절차의 성과를 측정하기엔 적합했지만, 전략적 목표의 달성도를 평가하는 지표로는 적합하지 않았다는 점이다. 또한 기존의 성과지표들은 혁신이나 고객충성도, 직원숙련도 같은 무형자산의 성과를 측정하지도 못했다. 설상가상으로 기업들의 단기 성과 추구는 목표 달성에는 도움이 될지 몰라도, 장기적으로는 기업을 파괴할 수 있었다. 예를 들어 기업은 가격을 높이거나 품질을 낮춤으로써 단기 수익을 끌어올릴 수 있다. 하지만 장기적으로 이런 행위는 고객충성도의 약화로 이어진다. 단기 성과를 추구하는 기업들은 '전략적으로 중요한 업무 절차, 다시 말해 조직이 성공하려면 완벽하게 수행해야 하는 업무 절차'를 파악하는 데 소홀하게 된다.[2] 다시 말해 실행과 전략 간에 불균형이 생겨나는 것이다.

캐플란과 노튼이 이런 문제점을 해결하기 위해 고안한 게 바로 『균형성과지표』다. 두 저자의 말에 의하면 『균형성과지표』는 '단기 목표와 장기 목표 간의 균형, 재무적 목표와 비재무적 목표 간의 균형, 과거지표와 미래지표 간의 균형, 내부성과지표와 외부성과지표 간의

---

* 한국에서는 『가치실현을 위한 통합경영지표 BSC』로 출간되었다 - 옮긴이

균형'을 제공한다.[3] 다시 말해『균형성과지표』는 과거의 성과를 측정할 뿐만 아니라 미래의 성과를 예측하는 지표도 함께 제시한다.『균형성과지표』의 또 다른 중요한 목적은 '기업의 전략을 분명하게 표현함으로써 직원들이 전략을 보다 쉽게 이해하고, 나아가 개인과 부서, 전사적 목표를 전략이라는 하나의 목표에 맞춰 정렬'하는 것이다.[4] 이럴 경우 직원들은 전략 달성을 위해 자신이 어떤 일을 해야 하는지, 그리고 자신의 역할이 조직 전체의 활동과 어떤 식으로 연계되는지를 파악할 수 있다.

오늘날『균형성과지표』는 기업에서 널리 통용되는 용어다. 하지만 1997년에 내가『균형성과지표』얘기를 꺼내면 사람들은 크리켓 경기를 얘기하는 걸로 착각했다.* 아무튼 나는『균형성과지표』가 마음에 들었고, 경영컨설턴트인 빌 고든에게 테스코에『균형성과지표』를 적용할 방법을 고안하게 했다. 나는 그에게 일을 맡기면서 한 가지를 더 지시했다. 테스코의 모든 부서가 사업을 올바른 방향으로 이끌 수 있는 운전대 역할을 하면서, 동시에 모든 부서가 하나의 목표 아래 서로 연동될 수 있는 방안을 마련하라는 요구였다. 그래야만 테스코 전체가 균형 잡힌 상태로 나아갈 수 있었기 때문이다.

빌 고든은 내 말을 깊이 새겨들었는지 문자 그대로 '테스코 스티어링 휠Steering Wheel'을 고안해냈다. 테스코 스티어링 휠은 크게 네 가지 요소, 즉 고객, 운영, 직원, 재무로 구성됐다. 후에 우리는 여기에 지역사회를 추가했다. 개별 요소마다 여러 개의 성과지표가 있었고, 성

* 'scorecard'를 득점표로 착각했다는 것이다 ─ 옮긴이

과지표에는 직원과 고객, 주주들이 생각하는 테스코가 개선해야 할 사항들이 반영됐다. 일부 성과지표는 모든 기업에서 흔히 찾을 수 있는 것들이었다. '매출 증대', '결근율 최소화'가 그 예다. 일부 성과지표는 유통업체의 특성, 매장 직원들과 고객의 요구를 반영했다. '진열대 통로를 깨끗하고 번잡하지 않게 유지한다', '고객이 원하는 상품은 무조건 제공한다', '고객이 길게 줄서서 기다리지 않게 한다'가 여기에 해당됐다. 또한 4개의 요소마다 12개월 내에 달성해야 할 실행 목표도 수립됐다. 실행 목표는 12개월마다 변경됐고, 진행 과정은 매주 평가되고 보고됐다. 경영위원회는 분기마다 실행 목표의 달성 정도를 평가했다. 진행 과정의 보고는 신호등 역할을 했다. 매장이나 부서가 실행 목표를 달성할 수 있는 상황이라면 파란불이었고, 그렇지 못한 상황이라면 빨간불이었다.

나는 『균형성과지표』를 도입하자마자 그 위력을 실감했다. 캐플란과 노튼의 약속대로 이 간단한 경영 수단은 테스코가 비전과 전략을 명확하게 정의하고, 그 내용을 직원들과 공유하며, 전략적 목표를 실행 목표와 연동하고, 분명한 실행 목표를 수립하며, 성과에 대한 평가 과정을 개선하고, 실제 매장에서 지속적인 학습을 하는 데 큰 도움이 됐다.[5] 나아가 테스코 스티어링 휠을 고안하는 과정에서 고위임원들은 광범위한 전략에 합의해야 했을 뿐만 아니라 실제 전략을 달성하기 위해 어떤 실천이 필요한지에 대해서도 합의해야 했다. 물론 이 과정에서 부서 간의 알력이나 배타적인 사고방식이 완전히 근절된 것은 아니다("문제가 있다는 건 압니다만, 그건 ○○부서가 해결해야죠" 와 같은 태도는 여전했다). 하지만 테스코 스티어링 휠은 적어도 테스코의 일상 업무에 합의점과 새로운 규율을 가져왔다.

무엇보다도 테스코 스티어링 휠은 간단하면서 실용적이었다. 사실 '경영 수단'은 대체로 직원들의 관심 밖이다. 그저 보고서에서만 언급되거나, 직원들이 잘 다니지 않는 복도 한 끝에 표어로 새겨져 있기 일쑤다. 자동차 매뉴얼이 자동차를 직접 운전할 수 없는 것처럼, 경영 수단 또한 회사를 직접 경영할 수는 없다. 그러나 이와 달리 테스코 스티어링 휠은 사업의 거의 모든 부분, 모든 매장과 의사결정에 적용될 수 있었다. 테스코 스티어링 휠의 개별 요소마다 4~5개의 업무 활동에 대한 성과지표가 있었기에 전체적으로는 20개의 성과지표가 있는 셈이었다. 또한 이런 성과지표들마다 더 자세한 세부 목표가 있었고, 이런 세부 목표들은 직원 개개인의 실행 목표, 매장의 실적, 심지어 더 깊숙하게는 매장에서 근무하는 직원의 업무 활동과도 긴밀하게 연동돼 있었다.

이런 식으로 큰 목표를 간략하게 요약함으로써 회사 전체의 목표가 수천 명의 직원들이 수행하는 일상 업무와 직접적으로 연동될 수 있었다. 『균형성과지표』가 도입된 이후로 직원들은 자신이 속한 매장이나 부서의 실적을 쉽게 파악할 수 있었다. 한마디로 테스코 스티어링 휠은 목표를 명확하게 정의했고, 직원들에게 책임감을 부여했으며, 무엇보다도 회사의 균형을 잡아줬다. 즉 테스코 스티어링 휠은 모든 부서에 명확한 실행 목표를 부여했는데, 그럼에도 부서 간에 우선순위의 충돌로 혼란을 빚는 경우는 없었다.

테스코 스티어링 휠이 제공한 가장 큰 혜택은 관리자들이 변화를 균형적으로 추진할 수 있었다는 점이다. 성공적인 유통업체는 새로운 트렌드나 소비자의 욕구를 '유행 열풍이 되기 전에' 먼저 포착한다. 다시 말해 유행을 창조하고 트렌드를 제대로 활용하는 유통업체가 가장 큰 성공을 거둔다. 캐플란과 노튼의 말을 빌리자면 이런 능력은 기업에게 '수년에 걸친 제품 개발 절차를 성공적으로 관리하거나, 또는 전혀 다른 고객층에 접근할 수 있는 역량을 양성하는 데' 도움이 된다. 나아가 이런 능력은 '기존 사업 절차를 효율적으로, 일관되게, 고객들의 요구에 맞춰 관리하는 것보다 훨씬 더 기업의 장기 재무적 성과에 영향을 끼친다.'[6] 테스코 스티어링 휠 덕분에 테스코는 트렌드와 소비자의 욕구를 빠르게 포착하는 능력을 얻게 됐고, 그 과정에서 수년에 걸쳐 다양한 업무 절차를 바꿀 수 있었다. 즉 새로운 매장 설계, 새로운 상품군, 새로운 재고 비축 방법을 개발해낸 것이다.

테스코 스티어링 휠은 테스코가 성장하면서 매장을 효과적으로 관리하는 데 사용하는 유일한 경영 수단이 됐다. 우리는 테스코 스티어링 휠 덕분에 '지역적 다양성을 고려하되 글로벌 통합시스템을 구축하는' 원칙을 지킬 수 있었고, 런던 이스트엔드의 좌판에서 시작된 초심을 잃지 않을 수 있었다. 나는 본사에 앉아서 폴란드나 한국 매장에 적용할 테스코 스티어링 휠을 대신 수립해주지 않았다. 오히려 반대로 테스코 스티어링 휠의 수립은 개별 지역에 맡겨졌다. 전 세계 모든 매장은 지역관리자들이 지역의 문화와 관습을 고려해서 수립한 고유의 테스코 스티어링 휠이 있었다. 따라서 전 세계 모든 직원들은 자신들의 목표가 무엇인지를 명확히 알았다.

물론 전 세계 테스코 매장에서 동일한 성과지표가 활용됐지만, 성과지표마다 달성해야 할 목표는 지역별로 달랐다. 예를 들어 우리는 전 세계 매장에서 공통적으로 계산을 기다리기 위해 줄을 선 고객들의 숫자를 성과지표로 활용했지만, 목표로 한 수치는 개별 매장의 붐비는 정도를 고려해 약간씩 달랐다.

테스코 스티어링 휠은 직원들에게 명확한 책임을 부여했고, 회사의 경영진부터 개별 직원들에 이르기까지 전략이 제대로 이행되고 있는지를 측정할 수 있는 수단도 제공했다. 나아가 테스코 스티어링 휠 덕분에 우리는 관리자들이 가끔씩 직면하는 난제를 해결할 수 있었다. 바로 (재고 비축 개선이나 비용 절감이라는) 목표를 달성했음에도 불구하고 기대했던 결과(매장별 매출 증가)가 나오지 않는 경우가 이에 해당된다.

기업에서 성과를 측정하는 것이 쉽다고 생각할지도 모르겠다. 물론 어떤 면에서는 그렇다. 사업은 대체로 반복적인 활동으로 이뤄져 있고, 이건 대부분 사업이 추구하는 바이기도 하다. 왜냐하면 더 많은 반복적인 업무 절차가 더 안정적으로 운영될수록, 당연히 사업 실적도 더 안정적이기 때문이다. 아무튼 기업의 모든 활동은 측정이 필요하다. 게다가 오늘날 데이터의 수집과 분석비용은 크게 낮아졌다. 재무와 같은 분야에서는 이미 표준화된 성과지표가 존재한다.

하지만 성과를 측정하는 건 여전히 쉽지 않은 문제이기도 하다. 종종 기대하는 결과물을 얻기 위한 목표가 선정되지만, 막상 목표를 달성하더라도 기대했던 결과물이 도출되지 않을 때도 있기 때문이다. 예를 들어 계산대에 줄을 선 고객들의 숫자가 계산 업무의 속도와 고객들의 만족도를 측정하기에 좋은 성과지표라는 생각에 계산대 앞에 늘어선 줄의 길이를 줄이는 것을 목표로 삼을 수도 있다. 하지만 막상 뚜껑을 열고 보니 계산대 앞에서 기다리는 줄이 짧아져도 막상 고객들의 만족도는 그다지 높아지지 않는 것으로 드러났다. 그 이유는 고객들에게 중요한 건 줄의 길이가 아니라 계산을 하기 위해 기다려야 하는 시간이었기 때문이다.

복수의 성과지표가 상충하는 경우도 있다. 예를 들어 우리는 과거에 계산대 앞에 늘어선 고객의 숫자를 줄이면서, 동시에 계산대 직원들이 (예를 들어 고객의 나이, 쿠폰 사용 여부와 같은) 더 많은 데이터를 입력하도록 요구했다. 그러자 당연히 계산을 하기 위해 고객들이 기다려야 하는 시간이 늘어날 수밖에 없었다. 사실 성과지표의 상충은 목표 수립 과정에서 모든 조직이 겪는 문제다. 일례로 영국건강보험은 의료서비스 분야에서 '성과 목표'의 상충으로 수많은 문제를 겪고 있다. 예를 들어 영국 보건부는 수년에 걸쳐 응급구조 서비스의 성과지표로 응급환자의 상태가 아닌 응급구조 대응시간을 활용했다. 공식보고서에 의하면 그로 인한 문제는 심각했다.

'8분 내 응급구조라는 목표는 가장 심각한 응급환자에나 해당되는 것으로, 세계적으로도 가장 짧은 축에 속한다. 하지만 응급환자의 상태를 측정하는 지표가 부족하기에, 오히려 응급구조대의 신뢰성에 악영향을 끼쳤다. 결국 8분 내 응급구조는 그 목표를 맞추기 위해 쓸데없이 더 많은 구급차를 파견하고, 이를 위해 더 많은 구급차들이 상시 대기해야 하는 폐해를 가져왔다. 게다가 이 목표는 원래 의도했던 응급환자들뿐만 아니라 일반적인 환자들에게까지 확대 적용됐다.[7]

성과지표 상충에 따른 문제의 또 다른 사례는 영국 중앙정부가 지역의회의 의사결정을 강제하는 데에서 찾을 수 있다. 영국 정부는 지역의회가 안건을 둘러싸고 서로 치고받느라 시간만 잡아 먹는다는 지역주민들의 불평을 해소하기 위해, 지역의회가 일정 시간 이내에 안건에 대한 결정을 내리도록 강제했다. 그러자 지역의회는 일정을 맞추기 위해 안건이 올라오는 족족 부결하는 데 급급해했다.

때로는 전혀 예상치 못한 지표가 최고의 성과지표가 될 수도 있다. 내 장인 허버트 블랭크는 몸소 이런 사실을 경험한 적이 있다. 장인은 호텔, 식당, 병원과 같은 기관들을 상대로 공업용 세탁기를 판매하고 있었는데, 당시 장인이 전 세계에 판매하던 세탁기의 경쟁우위는 육안으로는 볼 수 없게 세탁물에 표시를 함으로써 세탁물 분실을 방지하는 시스템이었다. 그러던 중 1960년대 초에 소련에서 열린 박람회에 참가한 장인의 전시부스에 공산당 제1서기인 니키타 흐루쇼프가 방문을 했다. 흐루쇼프는 소련이 과학과 첨단기술 분야에서 미국을 이길 수 있다는 확신에 차 한창 새로운 첨단제품을 찾고 있던 중이었다. 그때 흐루쇼프의 눈에 띈 게 장인의 세탁기였다. 그는 "만약 이 세탁기가 몰로토프*의 속옷도 깨끗하게 빨 수 있다면 아주 좋은 발명품이겠군"이라는 썰렁한 농담과 함께, 장인의 세탁기가 소련이 보유해야 할 첨단기술이라는 말을 남겼다.

장인은 신이 났다. 이제 남은 거라곤 소련에서의 세탁기 판매를 허가해줄 담당자를 찾는 것뿐이었기 때문이다. 장인은 수소문 끝에 소련의 권력체계에서 담당자를 찾아냈지만, 담당자는 자신에게는 허가

* 흐루쇼프의 정적 뱌체슬라프 몰로토프를 말한다 – 옮긴이

권한이 없다는 말만 되풀이할 뿐이었다. 담당자의 상급자와 하급자를 만나봐도 마찬가지 답변만 돌아왔다. 그렇게 거의 한 달에 걸쳐 소련의 공식적인 권력체계를 뒤지며 헛수고를 하던 어느 날, 친구 한 명이 비공식적인 권력체계를 이용해보라고 조언을 했다.

"관리들 중에서 누가 흑해에서 가장 많이 휴가를 보내는지 살펴보게. 아마 그 사람이 가장 힘이 셀 거야."

장인은 조언에 따라 흑해 휴양지를 조사했고, 흑해로 자주 휴양을 떠나는 관리라고 해서 반드시 소련의 공식적인 권력체계에서 높은 위치에 있는 건 아니라는 사실을 알아냈지만, 아무튼 흑해로 가장 자주 휴양을 떠나는 관리를 찾아내 일단 만나봤다. 그런데 기대도 안 했던 그 관리가 소련이 장인의 세탁기를 구매하는 걸 한번에 승인해줬다. 한마디로 소련에서 권력을 측정하는 지표는 권력체계의 위치가 아닌, 전혀 예상 밖의 지표였던 것이다.

테스코도 가장 먼저 눈에 띄는 성과지표보다는 가급적 가장 신뢰할 만한 성과지표를 찾기 위해 애쓴다. 그리고 테스코의 성과지표는 대체로 고객들의 요구를 반영하는 것들이다. 문제는 관리자의 입장에선 쉽게 달성할 수 있지만, 고객의 요구를 반영하지 못하는 성과지표들이다(이런 성과지표들은 업무 절차 과정에서 자연스레 얻어지는 것으로 굳이 관리자들이 노력하지 않아도 달성되는 목표다). 가장 좋은 사례가 컴퓨터로 재고 유무를 기록하는 재고기록시스템이다. 이 시스템은 구축하기도 용이하고 내부적으로도 매우 정확한 재고량데이터를 제공한다. 실제로 재고기록시스템은 특정 상품의 재고 유무를 실시간으로 보여준다. 하지만 안타깝게도 이 시스템은 재고 유무만을 보여줄 뿐, 상품이 매장 창고에 있는지, 아니면 진열대에 전시돼 있는지는 보여주지 못한다. 우리는 이 사실을 야간에 매장 진열대를 다시 채우는 업무를 개선하는 과정에서 발견할 수 있었다. 내부데이터에 의하면 야간 재고 보충 업무는 매우 잘 운영되고 있었다. 하지만 회사는 막상 직원들이 실제로 진열대에 상품을 채우는 데 충분한 시간을 허락하지 않고 있었다. 그 결과 상품은 매장 어딘가에 있긴 했지만, 정작 고객들이 찾을 수 없는 곳에 있었다. 한마디로 회사의 입장에서는 재고가 충분했지만, 고객의 입장에서는 품절이었던 것이다.

우리는 이를 통해 고객만족도를 측정하려면 상호 관련이 없거나 상충하는 성과지표를 피해야 하며, 보다 광범위한 성과지표가 필요하다는 교훈을 배웠다. 예를 들어 '고객이 원하는 상품을 제공한다'는 성과지표는 실제 고객의 요구와 부합했다. 덕분에 우리는 유통업계에서 자주 벌어지는 실수를 없앨 수 있었다. 무작정 수많은 상품들을 매장 진열대에 진열해 상품은 넘쳐나지만 막상 고객들이 자주 찾는 대표적인 상품들의 재고 관리를 소홀히 하는 실수를 피한 것이다. 한마디로 우리는 '고객이 원하는 상품을 제공한다'라는 성과지표를 있는 그대로 해석하기보다는 고객의 입장에서 자주 찾는 상품군을 적절하게 제공했다. 무엇보다도 이 성과지표 덕에 우리는 폭넓은 상품군과 재고 유지의 완벽한 조합이 고객마다 주관적일 수 있다는 사실을 제대로 인식할 수 있었다.

우리는 고객만족과 관련한 다른 측면에서도 단순하면서도 광범위한 성과지표를 활용했다. 예를 들어 고객의 입장에서 '깨끗하고 번잡하지 않은 진열대 통로'라는 성과지표는 통로에 상자들이 가득 쌓여 있지 않다는 것뿐만 아니라 매장 설계가 고객들에게 편리하다는 의미이기도 했다. 마찬가지로 '가격이 좋다'라는 성과지표는 가격정책과 가격마케팅을 모두 포함하는 광범위한 성과지표였다. '고객이 길게 줄 서서 기다리지 않게 한다'는 성과지표는 계산대 업무 절차와 그밖에 매장에서 고객의 대기시간을 줄이는 데 일괄적으로 활용됐다. 물론 우리는 수많은 세부 성과지표도 고안해냈다. 하지만 우리가 가장 중시한 성과지표들은 위에서 언급한 단순하면서도 광범위한 성과지표들이었고, 이런 성과지표 덕분에 직원들은 실제 매장에서 고객들이 원하는 쇼핑 경험-가격부터 서비스까지 고객들이 경험하는 모든 것들을 말한다-이 무엇인지를 명확히 이해할 수 있었다.

현실을 정확히
이해하라

균형 잡힌 조직의 수뇌부는 현실을 정확하게 이해한다. 야망에 도취되어 헛된 꿈을 꾸지 않고, 계획과 변화는 현실성이 있어야만 제대로 이행된다는 것을 알며, 지속적으로 실행에 집중한다. 나는 테스코가 몸집은 다국적 기업답게 거대하지만, 적어도 그 마음만큼은 잭 코헨이 설립하던 당시의 초심을 잃지 않았다고 생각한다.

테스코가 균형을 잡는 데 가장 큰 도움이 된 한 가지 활동이 있다. 이 활동은 부서 간에 존재하던 장벽을 허물었고, 직원들이 좁은 시각에서 벗어나 테스코가 어떤 식으로 사업을 펼치는지를 전체적으로 이해하는 데 도움을 줬다. 또한 직원들이 자신의 역할을 이해하는 데 도움이 됐으며, 그들의 기여가 회사에서 어떤 차이를 만들고, 그들의 의사결정과 행동이 다른 부서에 어떤 식으로 영향을 끼치는지를 보여줬다. 나아가 자신들의 기여가 어떤 식으로 성과지표와 연동되는지, 다른 부서의 성과지표와 어떤 식으로 균형을 이루는지를 보여줬다. 무엇보다도 직원들이 성과지표와 업무 방식을 약간만 바꾸면 다른 부서의 성과에 크게 이바지한다는 점을 이해하는 데 도움이 됐다. 이 마술과 같은 장치의 명칭은 '트위스트TWIST'이다. 트위스트는 '매장에서 함께하는 테스코 주간Tesco Week In Stores Together'을 의미한다(매우 강력한 경영 수단인 것에 비해 이름이 촌스럽다는 건 나도 인정한다).

트위스트는 내가 오랫동안 관료주의에 대해 고민하는 과정에서 고안됐다. 당시 경영진은 업무 시간의 상당 부분을 매장에서 보냈다. 나 또한 1주일에 이틀은 매장이나 창고에서 보냈다. 하지만 나는 우리가 다른 조직과 같은 문제를 겪고 있다고 생각했다. 문제는 바로 직원들이 책상에서 꼼짝도 안 하고 자신의 업무에만 매달려 지내는 것이었다. 나는 또한 내가 매장에서 시간을 보낸다고 한들 어디까지나 한 매장에서 고작 몇 시간을 머무는 방문자에 불과하다는 사실을 깨달았다. 이런 짧은 방문은 내가 실제로는 50만 명의 테스코 매장 직원들이 일상적으로 수행하는 업무를 함께 수행하지 않는다는 의미이기도 했다. 다시 말해 나는 계산대 업무도, 진열대 정리도, 창고 업무도 수행하지 않았다. 나를 비롯한 경영진은 이런 식의 짧은 방문으로는 매장 직원들이 직면하는 문제를 파악할 수도 없었고, 회사가 추진하는 변화가 실제 매장에서 어떤 식으로 실행되는지도 알 수 없었다. 즉 테스코의 사업을 깊숙이 들여다보려면, 나를 비롯한 경영진은 한 명도 빠짐없이 일선에서 더 많은 시간을 보내야 했다.

나는 스스로에게 과제를 던졌다. 매년마다 1주일씩 매장에서 부관리자로 일하며 모든 업무를 체험하기로 한 것이다. 계산대 업무, 진열대 정리, 창고 업무, 가격 책정, 고객 지원, 판매까지 모든 것을 경험하기로 말이다. 나는 매장에서 1주일을 보낸 후 고위관리자들(매장관리자들을 포함해 약 3,000명)에게 내가 '트위스트'를 실천하니 그들도 트위스트를 실천했으면 좋겠다고 말했다. 즉 고위관리자들과 나 사이에 내가 트위스트를 추면 그들도 트위스트를 춘다는 일종의 계약이 성립한 셈이다. 그리고 고위관리자들은 트위스트를 실천했다.

나는 트위스트를 실천할 매장(하트퍼드셔 로이스턴에 위치한 대형매장)을 고른 후, 금요일에 매장관리자에게 전화를 걸어 월요일에 신입직원이 출근할 거라고 말했다. 내가 금요일에 통보를 한 이유는 매장관리자가 트위스트에 대해 너무 우려하지 않기를 바랐기 때문이다(물론 매장관리자에게 주말 동안 내 방문을 준비할 충분한 시간이 있었던 것은 사실이다). 또한 나는 매장 직원들이 일부러 나를 맞이할 채비를 하느라 법석을 떨지 않길 원했다. 나는 매장에서 일한 1주일 동안 그 어느 때보다도 많은 것들을 배울 수 있었다. 예를 들어 나는 24시간 운영되는 테스코 매장의 업무가 매시간 어떤 식으로 운영되는지 자세히 몰랐다. 하지만 트위스트 후에는 잘 알게 됐다. 나는 직원들의 업무(야간에 진열대에 상품을 진열하는 힘든 노동부터 고객서비스에서 처리하는 복잡한 고개 문읙사항에 이르기까지의 모든 업무)가 너무나 소중하다는 점도 깨달았다. 나는 또한 직원들에게 내가 일부 업무에는 젬병이라는 점도 확실히 보여줬다. 예를 들어 나는 계산 업무에서 속이 터지게 느렸다. 꾹 참고 기다리던 고객은 심지어 내게 이런 말도 했다.

"계산이 영 서툴지만 아무튼 열심히 하니 테스코에서 안 잘리고 오래 버틸 수는 있겠네요."

　매장에서 1주일을 근무한 뒤, 나는 테스코의 사업 근간이 매우 탄탄하다는 점에 안도했지만, 동시에 문제점도 많이 찾을 수 있었다. 이런 문제점들은 잠깐의 방문이나 관찰로는 알 수 없는, 오로지 직접 해당 업무를 수행해야만 알 수 있는 것들이었다. 나는 트위스트를 수행하면서 본사로 돌아가 추진할 수많은 아이디어를 얻을 수 있었다. 그러나 트위스트의 목적은 내가 테스코에 대해 더 많은 것들을 배우는 게 아니었다. 중요한 건 다음에 트위스트를 수행할 3,000명의 고위관리자들이었다. 그들이 직접 매장에서 일하며 얻는 교훈들은 회사 전체에 대한 새로운 시각을 가져다줄 수 있었다(3,000명이 1주일 동안 매장에서 일하는 시간을 모두 합치면, 한 명이 60년 동안 매장에서 일하는 시간과 맞먹는다). 고위관리자들은 트위스트가 자신들의 역할에 대한 관점을 새롭게 정의해준다는 걸 깨달았다. 그들은 자신들의 행동과 의사결정이 직원들에게 어떤 영향을 끼치는지를 제대로 이해하는 것이 매우 중요하다는 점도 깨달았다. 그들은 매장에서 직접 일하면서 자신들의 역할이 회사 전체에 어떤 식으로 기여하는지도 깨달았다. 예를 들어 관리자가 내리는 사소한 의사결정―직원 유니폼 디자인이나, 상품 진열 계획, 직원 교대 계획 등―이 실제로 수많은 직원들의 업무 방식을 바꿔놓을 수도 있었다. 이런 교훈들은 본사의 책상머리에만 앉아서 근무하는 한 절대로 얻을 수 없는 것들이다. 오로지 직접 경험해야만 그 중요성을 알 수 있는 교훈들이다. 결과적으로 트위스트에 참여한 모든 관리자들은 자신들의 결정이 회사에 큰 영향을 끼친다는 점을 깨닫고는 더 큰 자긍심을 느꼈다.

이후 다양한 '팀 트위스트'가 생겨났다. 팀 트위스트는 특정 부서(예를 들어 제빵이나 의류)와 관련된 직원들이 모두 참여해야 했다. 팀 트위스트에 참석한 직원들은 문제를 찾아내면 서로 협력해서 신속하게 문제 해결에 착수했다. 예를 들어 우리는 청과 진열대에 물건을 진열하는 데 예상보다 시간이 더 오래 걸린다는 문제를 발견하고는, 더 많은 직원을 투입했다. 심지어 영국 이사회 임원들도 매장에서 1주일씩 근무를 했다(당시 해당 매장의 매출이 늘었는지 줄었는지에 대해서는 여기서 밝히지 않겠다). 결과적으로 우리는 관리자들에게 매장 업무를 경험케 함으로써 사업의 균형을 유지할 수 있었다.

단기 성과와 장기적 안목을
균형 있게 유지하라

'모든 군사 작전의 핵심은 결국 타이밍이다. 아무리 뛰어난 작전계획일지라도 너무 성급하게, 또는 너무 늦게 행동에 옮긴다면 실패하거나, 최악의 경우에는 대재앙으로 이어진다.'[8]

윌리엄 슬림의 말인데 비즈니스에서도 마찬가지다. 회사 전체가 하나가 되어 전진한다고 해서 무조건 균형 잡힌 기업이 되는 것은 아니다. 적시에 적절한 속도로 전진할 수 있어야만 균형 잡힌 기업이 될 수 있다.

일부 사람들은 자신들의 삶이 스스로의 의도적인 결정보다 외부의 사건, 또는 타인의 행위에 의해 더 많은 영향을 받는다고 생각한다. 특히나 빠르게 변화하는 현대 사회에서 개인에게는 더 이상 주도권이 없다고 믿는다. 하지만 이런 생각을 인정한다는 건 자신의 고정관

넘, 경쟁업체의 행위, 또는 세상의 변덕에 휘둘리는 걸 수용하는 것이다. 물론 외부 환경이 회사의 경쟁 방식과 운영에 영향을 끼치는 건 맞다. 하지만 훌륭한 리더와 직업인은 변화의 기회를 포착하고, 언제 어떤 방식으로 행동할지를 스스로 결정한다. 그리고 이런 모든 과정은 심사숙고 후에 주도적으로 이뤄진다. 한마디로 적절한 타이밍을 선택하는 건 기업의 균형을 성공적으로 유지하는 데 매우 중요하다. 그렇다면 어떻게 해야 타이밍을 잘 정할 수 있을까?

안타깝게도 이 질문에 대한 보편적인 해답은 없다. 다만 적절한 타이밍을 선택하려면 두 가지 요소를 중요하게 고려해야 한다. 일단 스스로 결정을 내려야 하고, 다음으로 결정을 내려야 할 시기를 선택해야 한다. 실행에 대한 의사결정은 외부 환경이나 요구에 영향을 받아선 안 된다. 한마디로 외부 소음은 차단돼야 한다. 관리자들은 종종 이런 말을 한다.

"아무것도 하지 않는 건 결코 대안이 될 수 없다."

하지만 균형을 유지한다는 것은 성급하게 새로운 모험에 뛰어들지 않는다는 의미이기도 하다. 다시 말해 아무런 행동도 취하지 않는 게 오히려 나을 때도 있다. 예를 들어 당신이 직면한 문제가 명확하지 않거나, 해결책이 떠오르지 않을 수도 있다. 문제가 명확하게 파악된다고 할지라도, 해결책을 실행하는 데 너무나 오랜 시간이 걸릴 수도 있다. 내가 경험한 바로는 문제가 크면 클수록 그에 따른 의사결정은 더욱더 중대하며, 따라서 의사결정을 내릴 시기가 올 때까지 기다리는 것이 훨씬 중요해진다. 다시 말해 조직 전체가 실행할 채비를 마친 후에 움직여야 한다는 것이다.

피할 수 없는 실수를 최대한 줄이기 위해 테스코는 실행할 때 가급적이면 천천히 그리고 신중하게 움직였다. 새로운 분야에 진출해 어느 정도 경험이 쌓이면 그제야 투자를 늘리는 식이었다. 때로는 한 국가나 사업 영역에 적극적으로 뛰어들기도 했지만, 그때마다 늘 인내하며 적절한 시기를 기다린 후에 움직였다. 새로운 국가에 진입할 때에는 약 3년에 걸쳐 사전조사를 수행해 적절한 진입 방식과 시기를 결정했다. 금융업에 진출할 때에도 기존의 고객 기반을 토대로 성공적인 금융업을 영위하려면 적어도 수십 년이 걸릴 거라는 걸 예상했다. 그리고 우리는 그 긴 시간을 인내할 각오가 돼 있었다. 왜냐하면 성급하게 금융업에 진출했다간 필요 없이 큰 위험을 겪어야 한다는 사실을 알았기 때문이다(실제로 금융업 진출에 조급함을 느낀 기업들은 2007년과 2008년의 글로벌 금융위기에서 가장 큰 타격을 입었다. 속도를 중시하다 보니 지나치게 큰 위험을 감수해야만 했던 것이다).

물론 대부분의 관리자가 일상에서 내리는 의사결정들이 매번 중대한 사안인 것은 아니다. 따라서 일반적인 원칙은 의사결정은 빠르면 빠를수록 좋다. 다만 의사결정을 내릴 때에는 충분한 정보와 분석을 바탕으로 해야 하며, 큰 위험은 피해야 한다.

시장을 선점한다는 것에는 경쟁자의 허를 찌른다는 장점이 분명 존재한다. 더 많은 관심을 끌 수도 있고, 혁신적이라는 명성도 누릴 수 있으며, 유행을 쫓기보다는 새로운 유행을 창출한다는 찬사를 받을 수도 있다. 또한 시장 선점은 새로운 영역에 진출했다는 신호이기도 하다. 수년 전에 우리는 납을 제거한 주유시장에 진입하면서 '납 없는 휘발유에서는 테스코가 선두'라는 캠페인을 펼쳤고, 덕분에 주유시장 내 시장점유율을 높일 수 있었다. 마찬가지로 우리는 영국 국민복권 판매단말기를 최초로 모든 매장에 설치함으로써 최첨단 혁신을 통한 새로운 복권사업 영역에서 시장점유율을 극적으로 늘릴 수 있었다. 이런 사례들은 '속도가 가장 중요'하며, 시장을 선점해서 경쟁자의 허를 찔러야 한다는 주장을 뒷받침한다.

문제는 최초를 향한 속도 경쟁에 한 가지 다른 숨은 목적이 있다는 점이다. 바로 주간 실적이나 월간 실적을 높이고, 예산을 더 배정받거나 작년 동기 대비 실적을 더 높이기 위해 단기 성과에 치중하는 것이다. 단기 성과에 집착하면 경영진은 편의에 따라 충동적인 의사결정을 내리게 되고, 결국 회사는 균형을 잃는다. 구성원 모두는 장기 성과가 중요하며, 실제로 그렇게 행동해야 한다는 걸 알지만, 막상 단기 성과를 추구하는 과정에서 장기적 관점은 소실되기 쉽다. "신이시여, 제가 미래를 예비하게 하소서. 다만 지금 이 일부터 먼저 해결하고요"라는 식이다. 하지만 막상 미래를 준비해야 할 때가 다가오면, 실적에 대한 압박은 여전하기에 결국 또다시 단기 해결책에 눈을 돌리게 된다. 예를 들어 고객을 빼오기 위해 가격 할인을 시행한다거나, 비용을 줄이기 위해 서비스를 줄이게 된다.

이런 기업들은 얼마 지나지 않아 단기 성과에만 치중하는 사고방식에 갇히게 된다. 미래는 사라지고, 일련의 임시방편이 거듭 반복되는 상황에 빠진다. 이처럼 시간을 단축하기 위한 빠른 의사결정과 빠른 실행은 오히려 미래에 더 큰 시간의 낭비를 야기할 수도 있다. 따라서 훌륭한 관리자라면 이런 상황에서 "그만 멈추자"라고 선언할 수 있어야 한다. 그런 뒤 문제의 원인을 깊이 살펴본 후에 영속적인 해결책이 될 수 있는 근본적인 변화를 추구해야 한다.

한편 충분한 근거와 데이터를 기반으로 계획에 맞게 움직일지라도, 시장 선점이 때로는 지나치게 성급한 행동이 될 수도 있다. 1990년대에 우리는 소비자들이 갈수록 첨가물이 적은, 건강하고 환경 친화적인 식품을 원한다고 판단하고, 그에 맞게 '린Lean, 클린앤그린Clean and Green'이라는 새로운 상품군을 선보였다. 20년 정도 뒤였다면 이 시도는 매우 장기적인 관점을 지닌 새로운 트렌드를 창조하는 시도로 각광받았을 것이다. 왜냐하면 고객들은 실제로 건강하고, 깨끗하고, 신선한 식품에 열광했기 때문이다. 하지만 우리는 이 시장에 10년 정도 일찍 진입하는 실수를 범했다. 다시 말해 우리가 포착한 트렌드는 유행이 될 조짐은 있었지만, 1990년대 초반의 경기 불황에도 끄떡없을 정도로 폭넓게 확산되지는 못했던 것이다.

균형 잡힌 조직의 의사결정 과정은 즉흥적이지 않고 유연하다. 이런 조직의 관리자들은 시간 또한 경영해야 할 대상으로 인식한다. 그들은 어떻게 실행해야 할지를 알 뿐만 아니라 언제 실행할지도 안다. 빠르게 내려야 할 의사결정과 시간을 두고 심사숙고해야 할 의사결정을 구분할 줄도 안다. 실제로 테스코 스티어링 휠에는 즉각 실행해야 할 프로젝트와 당장은 준비만 하고 내년에 실행해야 할 프로젝트가 함께 포함돼 있다.

물론 지속적인 단기 성과 압박에 시달리는 조직의 입장에서 보면 장기 성과를 설정하는 것이 사치스런 호사처럼 느껴질 수도 있다. 예를 들어 공기업들은 직원과 주주뿐만 아니라 정치인들과 언론에 이르기까지 여러 다른 이해집단을 고려해야 한다. 이해집단들은 즉각

적이고 가시적인 성과를 요구하며, 단기 성과가 없을 경우 비판을 서슴지 않는다. 우리의 경우, 펀드매니저들은 테스코의 주가가 상대적으로 얼마나 많이 오르는지에만 관심이 있다. 테스코가 전략적 변화를 시도할 경우에도 관심사는 오로지 주가가 오를지 내릴지 뿐이다(물론 모든 증권사나 투자회사가 그렇지는 않다. 워렌 버핏의 버크셔 해서웨이가 그 예다). 나는 테스코의 최고경영자로 14년간 일했다. 내 임기 동안 모든 직원들의 노력 덕분에 매우 좋은 성과를 냈고, 주가도 이를 적절하게 반영했다. 테스코 주식은 장기 보유하기에 매우 좋았고, 실제로 테스코 주식을 보유한 펀드들의 성과도 좋은 편이었다(나 또한 테스코 주식 덕분에 투자 성과가 좋았다). 그럼에도 불구하고 내 임기 동안 테스코의 모든 발행주식은 총 여덟 번이나 손을 갈아탔다(테스코의 주식회전율은 업계 평균에 비하면 낮은 편이다. 일반적인 기업의 경우 발행주식은 8개월에 한 번꼴로 회전된다).

단기 성과에 대한 지속적인 압박에 시달린다고 할지라도, 장기적 안목은 여전히 가장 중요하다. 기업에서 장기적 안목이 중요하다는 사실을 단적으로 보여주는 사례는 최고의 실적을 내는, 가족이 경영하는 민간기업들이다. 가족기업들이 자본의 부족, 경영권 승계 문제, 인재 확보의 어려움을 겪으면서도 (지속가능한 경제 수익 측면에서) 공기업들보다 더 나은 성과를 내는 이유도 장기적 안목 덕분이다.

가족이 경영하는 기업들은 단기 성과에 대한 요구와 장기적 안목 간에 균형을 유지할 수 있다. 사실 이런 기업들에서 장기적 안목은 가문의 유전자에 새겨져 있다고도 할 수 있다. 왜냐하면 이런 기업들은 연간 실적보고를 기준으로 사업을 바라보기보다는 자식 세대에 물려준다는 먼 관점에서 사업을 바라보기 때문이다. 이런 기업들의 사업 계획은 주식시장의 요구를 충족시키는 데 필요한 기간이 아닌, 장기적 목표를 달성하는 데 필요한 기간을 단위로 수립된다. 앞에서 언급한 웨스트민스터 공작(영국 최고의 부호 중 한 명이다)은 내게 자신의 가족이 경영하는 회사가 처음 시작된 계기에 대해 들려준 적이 있다. 당시 정복왕 윌리엄은 1066년 노르만인 정복 이후 여전히 문제를 일으키던 웨일스인들을 제압하기 위해 공작의 조상을 체스터로 파견했고, 이후로 현재의 기업이 출범했다. 따라서 웨스트민스터 공작은 누군가가 경기가 안 좋다고 불평하면, 자신의 가문이 소유한 기업이 약 200번의 경기 불황과 50번의 전쟁을 겪고도 살아남았다는 조언을 넌지시 들려주곤 한다.

가족이 경영하는 기업들은 기관투자자들의 입김에서 자유로운 편이기에 다른 기업들처럼 매 분기마다 우수한 실적을 발표해야 하는 압박에 덜 시달린다. 따라서 다른 기업들과의 경쟁에 보다 집중할 수 있고, 장기적 목표를 위해 단기 성과를 유보할 수도 있다. 중국의 민첩하면서 빠르게 성장하는 가족기업들을 보라. 이런 기업들은 경쟁 상황이나 첨단기술의 변화에 맞춰 언제든 사업 모델을 변경할 준비가 돼 있다.

심지어 가족기업들은 주식시장에 상장돼 있더라도 여전히 다른 기업들보다 더 나은 성과를 낸다. 기업의 소유주가 직접 경영에 관여하기에 더 확실하면서 장기적인 의사결정을 내리고, 회사에 중요한 게 무엇인지도 더 잘 알기 때문이다. 가장 뛰어난 가족기업은 상장회사의 우수한 지배구조를 모방하고, 후계자가 다른 기업에서 사업 경험을 쌓게 함으로써 신선한 아이디어를 흡수한다. 무엇보다도 가족기업들에게는 세월이 흘러도 변하지 않는 원칙이 있다. 이런 분명한 기업의 목적의식이 지속적으로 적용될 때, 시간이 흐를수록 가치는 축적되고 장기적으로 몇 곱절로 증가한다. 이런 요소들은 우수한 기업 성과를 보장하지는 못하더라도 적어도 우수한 기업 성과를 내기 위한 전제조건은 된다. 나아가 기업에 균형감을 부여한다.

나는 테스코에서 일하면서 많은 가족기업과 함께 일할 기회를 가질 수 있었다. 그리고 그 과정에서 직접 자신의 손으로 훌륭한 기업을 일궈내는 그들의 주인의식을 목격할 수 있었다. 이러한 가족기업들 중에서 특별히 언급하고 싶은 기업이 바로 타타^{Tata} 그룹이다.

테스코는 인도 시장 투자를 고려하면서 오랜 기간 적합한 현지 파트너를 물색했다. 사실 인도 진출에는 두 가지 복잡한 문제가 있었고, 이 문제들은 지금까지도 여전히 숙제로 남아 있다. 일단 인도는 외국기업의 소매유통업 직접 투자를 금지하고 있다. 따라서 인도 시장에 진출하려면 물류나 도매유통업 분야에 간접 투자하는 형식을 취해야만 한다. 두 번째 문제는 인도가 앞으로 거대 소비시장이 될 건 분명했지만, 당시에는 아직 그 정도로 시장이 크지 않았다는 점이었다. 게다가 인도의 거대한 면적도 나름대로 큰 걸림돌이었다. 따라서 우리는 인도에서 인내심을 지니고 천천히 사업을 진행해야 했고, 그러려면 우리의 생각에 공감하는 현지 파트너가 필요했다.

우리가 선택한 현지 파트너가 타타 그룹이었다. 좀 더 정확하게 말하자면 타타 그룹의 유통업 계열사인 트렌트^{Trent}였다. 타타는 인도에서 가장 존경받는 회사 중 하나로 100년이 넘은 기업이다. 정보통신,

철강, 자동차, 소비재 사업을 영위하는 거대 기업이지만, 여전히 그들은 가족기업으로 남아 있다. 타타 그룹의 총수는 라탄 타타였고, 트렌트는 그의 배다른 형제인 노엘 타타가 경영했다. 라탄과 노엘은 둘 다 매우 매력적이고 경험이 많은, 관대한 사업 파트너였다. 한마디로 탄탄한 사업 관계를 맺기에 충분히 신뢰할 만한 사람들이었다. 무엇보다도 그들은 매우 높은 윤리의식과 프로의식을 지니고 있었다. 게다가 테스코와 타타는 타이밍에 대한 관점이 일치했다. 다시 말해 타타는 단기적 전술 측면에서는 신속하게 움직여야 하지만, 장기적 전략 측면에서는 인내심을 지니고 시기를 기다려야 하며, 테스코와 타타가 일단 튼튼한 협력 관계부터 구축해야 한다는 데 동의했다. 비록 테스코가 인도에 진출한 지 얼마 되진 않았지만, 타타와의 협력 덕분에 인도에서 출범한 스타바자Star Bazaar는 현재 급성장 중이다.

나는 타타 그룹을 잘 알고 있었기에 타타 그룹이 포드 자동차로부터 재규어 랜드로버를 인수하는 과정을 매우 흥미롭게 지켜봤다. 포드와 타타는 모두 뛰어난 회사이지만 경영 철학은 판이했다. 포드는 자동차업체 중에서 아마 가장 유명한 업체일 것이다. 자동차를 대중화한 기업이며, 전 세계 자동차 제조를 선도한 기업이기도 하다. 유사하게 타타 모터스는 개발도상국가에서 자동차를 대중화하려는 포부를 지니고 있었다. 다만 타타 모터스가 포드처럼 전 세계 자동차 시장에 큰 족적을 남기려면 꽤 오랜 시간이 걸릴 것이고, 아마도 이 점은 라탄 타타 회장도 수긍할 것이다.

따라서 타타가 재규어 랜드로버를 인수하려는 시도는 매우 흥미로운 질문을 던졌다. 포드조차 제대로 경영하지 못한 재규어 랜드로

버를 과연 타타가 제대로 경영할 것인가? 그 해답은 포드와는 판이한, 가족기업의 특성을 반영하는 타타의 고유한 경영 방식과 조직문화에 있었다. 포드는 매우 체계적이고 객관적이며 업무 절차를 중시하며, 엄격한 수직적 조직구조를 지니고 있다. 사실 이런 특성은 포드가 엄청난 자금을 쏟아 붓는 글로벌 자동차업체라는 점을 고려하면 충분히 이해가 된다. 반면에 타타 모터스는 보다 열정적이고 감성적이었다. 라탄 타타의 아버지는 인도에서 처음으로 재규어 XK120 모델을 소유했고, 라탄 자신도 자동차 마니아이자 재규어의 뛰어난 디자인을 사랑했다. 타타 모터스는 재규어에 대한 애정을 숨기지 않았다. 그들은 새로 인수한 재규어 랜드로버에 포드처럼 냉정한 기업문화를 강요하지 않았다. 오히려 고급자동차에는 감성이 필요하다고 믿었다. 그리고 기업에 감성을 불어넣기에 가장 좋은 사람은 그 기업의 소유주다. 한마디로 타타 모터스는 객관적인 분석력과 주관적인 확신을 모두 지니고 있었고, 체계적 접근과 영감 어린 포부를 결합했으며, 사업가적 경영과 수직적 조직구조를 혼합했다. 타타 모터스는 재규어 랜드로버의 경영진이 야심 차게 사업을 추진하도록 후원했으며, 새로운 자동차 모델을 개발하는 데 필요한 자금을 아낌없이 투자했다. 타타 모터스의 투자는 재규어 랜드로버의 성공에 대한 확신 없이는 불가능했을 만큼 전폭적이었다.

테스코 또한 타타 그룹처럼 사업가적 열정과 장기적 안목을 모두 유지하려고 노력한다. 테스코 고위경영진의 특성은 이 두 가지를 모두 유지하는 데 도움이 되고 있다. 앞에서도 언급했듯이 한때 테스코는 가족에 의해 경영됐다. 하지만 내가 이사회에 임명됐을 때, 과거의 가족경영 방식은 이미 사라진 후였다. 다만 테스코가 가족기업처럼 장기적 안목으로 생각하고 행동하는 기업이라는 의식은 여전히 남아 있었다. 테스코는 상장기업과 가족기업의 장점을 모두 취하려고 노력했다. 상장기업의 투명한 지배 구조에 가족기업의 장기적 안목을 결합하려 했다. 실제로 테스코의 고위경영진 대다수는 오래 회사에 몸담았거나 평생을 바친 이들이다. 경영위원회 구성원들의 근속기간은 평균 20년이 넘는다. 그들에게는 전략과 직원, 회사에 대해 흔들리지 않는 확신이 있다. 이런 헌신은 직원들에게 테스코가 한 가족이라는 인식을 심어줬다. 덕분에 테스코는 단기 성과에 대한 일부 주주의 압박과 회사의 장기적 목표 간의 균형을 적절하게 유지할 수 있었다.

테스코는 많은 의사결정에서 '장기적 안목'을 고려한다. 예를 들어 새로운 국가에 진출해 체인형 매장을 구축하려면 10년 정도가 걸리고, 선도적인 유통업체로 발돋움하려면 또다시 10년이 걸린다. 그런데도 우리는 현재 10개국에서 체인형 매장을 운영 중이다. 매장 부지도 마찬가지다. 부지에 투자하려면 향후 30년을 예측하는 장기적 안목이 필요하다. 그럼에도 현재 테스코 매장이 들어선 부지의 70%는 회사 소유다. 무엇보다도 우리는 일련의 기업가치를 바탕으로 테스코를 운영하려는 시도를 절대 멈추지 않았고, 테스코의 존재 목적을 망각하지도 않았다. 다시 말해 우리는 고객을 위해 가치를 창출하고, 모든 고객을 평생고객으로 삼기 위해 늘 노력했다. 평생고객으로 삼는다는 건 장기적 안목이 필요하다. 그리고 이런 장기적 안목은 결국 균형 잡힌 경영에서 나온다.

'실시간', 『균형성과지표』, 테스코 스티어링 휠, 장기 제품 개발은 테스코에서 일상용어가 됐다. 쉽게 설명하자면 테스코의 성장은 결국 회사 전체가 전략을 이행하고, 모든 단계에서 전략이 제대로 효과를 발휘하는지를 점검하고, 그런 뒤 다음 성장 단계로 넘어가는 과정에 달려 있다. 그러려면 단지 모두가 함께 노력하는 것만으로는 부족하며, 반드시 균형 잡힌 접근이 필요하다. 그밖에 필요한 것이 또 있다. 바로 사업에 대한 '단순한' 접근이다.

모든 것을
단순화한다

빠르게 움직이고 급성장하는 조직에서 변화를 이행하기란 쉽지 않다. 이 문제에 대한 해결책은 간단하다. 바로 모든 것을 단순화하는 것이다. 단순함은 스파게티 면발처럼 복잡하게 얽혀 있는 문제를 깔끔하게 잘라낸다.

단순화하면 조직의 목표가
명확해진다

세상은 갈수록 복잡해지고 있다. 조직은 더 커지고 있고, 기술의 위력은 갈수록 막강해지며, 회사와 국가, 사람 간의 연결망은 점점 더 촘촘해지고 있다. 빠르게 발전하는 세상에서 인구가 1,000만 명이 넘는 '메가시티megacity'가 등장하고, 여기에 다시 디지털 혁명이 더해지면서 사람들은 갈수록 이전보다 훨씬 비좁은 환경에서 정신없이 바쁜 삶을 살아간다. 기후 변화, 기업의 복잡한 전산시스템, 직장과 가정생활의 조화는 이제 우리가 일상에서 직면하는 문제가 됐다. 한마디로 오늘날 국가와 기업, 개인은 하나같이 이전보다 훨씬 복잡한 문제를 겪고 있다.

설상가상으로 사람들의 바쁜 일상에 정보의 홍수와 선택의 다양성이 더해지면서 상황은 더욱더 악화되고 있다. 오늘날 《뉴욕 타임스》

한 부에는 17세기 영국인이 평생을 살면서 접하는 것보다 훨씬 많은 양의 정보가 실려 있다.[1] 현재 일반적인 영국 슈퍼마켓은 약 4만 개의 품목을 취급한다. 1950년대만 하더라도 그 숫자는 2,000개에 불과했다.

또한 우리는 우리 자신의 삶을 더 어렵게 만들고 있다. 조직, 특히 정부 조직의 규모가 커지면서 관료주의와 복잡한 절차도 함께 늘어났다. 영국건강보험(50년 만에 유럽에서 가장 많은 직원을 고용하는 조직이 됐다)의 전체 직원은 1999년부터 2009년 사이에 30%가 증가했지만, 관리자는 자그마치 87%가 증가했다.[2] 관료주의가 만연하면 조직 내의 경험과 지식은 저절로 소멸된다. 그건 마치 영지를 두고 다투는 영주들과 길드라는 폐쇄적인 조직이 창궐했던 봉건주의와 같아서 조직의 구성원들은 자신의 영역과 전문성을 지키는 데 급급하게 된다. 이런 상황에서 변화를 이행하기란, 그리고 업무 절차를 단순화하기란 갈수록 어려워진다. 영국의 9개 정부 부처는 예산의 50% 이상을 '가까운 기관' 또는 위임기관에 맡겨서 집행한다. 공식보고서에 의하면 '정부 부처들은 예산 절감을 해야 하지만 그에 필요한 장기적 변화를 추진할 상황이 아니며, 그 이유는 정부 부처가 비용과 위험에 대해 제대로 이해하지 못하고 있다'라고 밝히고 있다. 보고서는 또한 이런 지적도 했다.

'우리가 검토한 결과 정부 부처들은 아직도 비용이 적게 드는 운영 모델을 개발하지 못했다. 따라서 지속적으로 비용을 낮추면서 목표를 달성할 수 있는 방법을 찾아 이행하기 전까지 정부 부처가 예산에 대한 장기적 가치를 창출하기란 불가능하다.'[3]

정부를 비롯한 모든 조직의 규모가 커지면, 서류는 산처럼 쌓이고 공문은 홍수처럼 쏟아져 나오기 마련이다. 현재 영국 법률에는 2만 1,000개가 넘는 행정명령이 포함돼 있다. 1998년부터 규제를 위해 사용된 누적비용은 거의 900억 파운드에 달한다.[4] 세법도 비슷한 경우다. 1997년부터 2009년 사이에 세법의 분량은 1만 1,520쪽으로 2배나 늘어났다.[5]

마이크로칩의 성능이 향상되면서 변화의 속도는 갈수록 빨라지고 있다. '무어의 법칙'에 따르면 집적회로에 장착될 수 있는 트랜지스터의 숫자는 2년마다 2배로 증가한다. 마이크로칩의 성능 향상은 현재 폭발적으로 증가하고 있는 수많은 디지털 기기—예를 들어 처리 속도나 컴퓨터 메모리—의 성능에 직접적인 영향을 끼친다.

"세상을 멈춰라. 이젠 벗어나고 싶다!"라고 소리치고 싶은가? 그 마음 십분 이해한다. 사람은 바쁠수록 더 쉽고 단순한 삶을 원하기 마련이다. 따라서 더 쉽고 더 단순한 것을 제공하는 기업과 정부는 성공하고, 그렇지 못한 기업과 정부는 실패한다. 관료주의, 느려 터진 의사결정 때문에 기업의 수익은 줄어들고, 정치가들은 표를 잃는다. 따라서 빠르게 변화하는 세상에서 새로운 요구와 도전, 신기술의 영향력에 적절하게 대응하려면 조직 또한 빠르게 변화해야만 한다. 하지만 빠르게 움직이고 급성장하는 조직에서 변화를 이행하기란 쉽지 않다. 이 문제에 대한 해결책은 간단하다. 바로 모든 것을 단순화하는 것이다.

단순한 목표일수록 구성원들은 무엇을 해야 할지를 더 명확하게 안다. 단순한 제안일수록 이해하기가 쉽다. 단순한 행위일수록 배우고 실행하는 데 걸리는 시간이 줄어들고, 따라서 비용도 줄어든다. 단순한 시스템일수록 구축 기간이 짧으며, 변경도 쉽고, 사용자들에게 더 큰 만족감을 준다. 결론적으로 스파게티 면발처럼 얽혀 있는 인생의 문제를 깔끔하게 잘라주는 칼이 바로 단순함이다.

특정 문제에 대한 가장 강력한 아이디어나 해결책은 대단히 단순한 경우가 많다. 영향력이 큰 리더들은 단순함이 곧 힘이라는 걸 잘 알고 있다. '자유, 평등, 박애', '나는 생각한다. 고로 나는 존재한다', '각자는 능력에 따라, 각자에게는 필요에 따라!'*, '정치적 대변 없이 납세도 없다' 같은 문구들은 단순하지만 매우 복잡한 사상을 함축하고 있다. 이들을 자세하게 분석하려면 많은 시간과 노력이 필요하지만, 아무튼 이런 문구들은 모두 다 매우 강력한 (때로는 매우 파괴적인) 위력을 지니고 있다.

하지만 어찌된 영문인지 사람들은 단순함을 못마땅해한다. '단순함'을 '평이함'으로 착각하기 때문이다. 현대 문명은 사람들에게 삶에 대한 복잡한 이해가 지성의 척도라는 생각을 심어준다. 사람들은 전문 용어나 어려운 단어를 써가면서 길게 말하는 사람들을 우러러본다. 그들에게 현대인들이 직면한 복잡한 문제를 풀어줄 해결책이 있을지도 모른다고 기대한다.

단순함은 또한 쉽다는 의미와 혼용된다. 하지만 실제로 단순한 생각과 아이디어를 떠올리기란 절대 쉽지 않다. 단순함에 대한 흥미로운 책을 저술한 에드워드 드 보노가 지적한 것처럼 '단순하기란 결

* 칼 마르크스가 쓴 『고타강령비판』에 의해 널리 알려진 슬로건이다 — 옮긴이

코 쉽지 않다.' 언젠가 마크 트웨인이 출판사로부터 전보를 받았다.

'2일 내에 두 쪽짜리 단편 필요.'

트웨인이 보낸 회신의 내용은 다음과 같았다.

'2일 내에 두 쪽짜리는 불가. 2일 내 30쪽짜리는 가능. 두 쪽짜리는 30일 필요.'

트웨인의 회신은 작가(나도 포함된다)들이 복잡한 생각을 단순한 언어로 표현할 때 겪는 고통을 잘 보여준다. 그 과정은 매우 힘들고, 시간도 오래 걸린다. 어니스트 가워스 경은 제2차 세계대전이 끝난 직후에 영국 공무원 조직을 상대로 글을 이해하기 쉽게 작성하는 데 도움이 되는 글쓰기 지침서를 집필하는 임무를 맡았다. 그가 집필한 『매우 단순한 글쓰기The Complete Plain Words』는 보다 효과적으로 의사소통을 하길 원하는 관리자라면 꼭 읽어봐야 할 책인데, 가워스는 이 책에서 다음과 같이 주장한다.

'글은 한 사람의 생각을 다른 사람에게 전달하기 위한 도구다. 따라서 글 쓰는 사람은 독자들이 쉽고 정확하게 의미를 파악하도록 글을 써야 한다.'

가워스는 전문 용어가 난무하거나 엉성한 글의 문제는 '교양 없어 보이기 때문이 아니라 비효율적이기 때문'이라고 지적한다.

'엉성한 글은 시간을 허비하게 한다. 단순한 내용을 지나치게 어렵게 써놓으면 독자들은 내용을 파악하려 머리를 굴리느라 시간을 허비한다. 게다가 작가는 의미를 정확히 전달하기 위해 글을 재작성해야 하기에 시간을 허비하게 된다. 한 번에 끝날 일을 두 번이나 반복해야 하는 까닭은 애당초 처음에 그 일을 제대로 하지 않았기 때문

이다.'

가워스는 글쓰기의 '황금률'이 '글의 내용을 정확하게 전달하는 단어를 선택하고, 오직 그런 단어들만 사용하는 것'이라고 말한다.[6] 한마디로 단순할수록 좋은 글인 셈이다.

다만 모든 것을 단순화하는 것은 직원들을 두렵게 한다. 단순화는 불필요한 절차를 없애기 때문이다. 그로 인해 불필요한 직원을 해고하는 일이 벌어지거나, 또는 적어도 직원들과 업무 방식의 변화에 대해 불편한 대화를 해야 하는 상황이 발생하게 된다. 그러나 단순화는 조직에 투명성과 책임감을 부여한다. 반면 혼란과 관료주의 절차는 비효율, 태만, 저조한 성과를 감춘다. 또한 복잡한 업무 절차는 지휘체계의 혼선을 야기한다. 왜냐하면 누가 어떤 업무를 책임지는지가 명확하지 않기 때문이다.

단순함을 간과하면 조직의 업무 절차는 마비된다. 대체로 업무 절차가 분명하게 정의된 경우는 무척 드물다. 그런데도 아무도 누가 어떤 업무를 담당하는지에 대해 문서로 정리하지 않는다('위대한 조직을 만드는 절대법칙 5' 참조). 따라서 모든 직원들은 자신이 생각하기에 목표 달성에 기여할 수 있는 업무에 매달린다. 업무 효율성을 높이기 위해 누군가가 나서기는 하지만 '우리가 달성하려는 목표가 무엇인가?'를 고민하기보다는 오히려 기존의 업무 절차를 수없이 나열하기만 한다. 결국 업무 절차는 이전보다 더 복잡해지고, 조직은 동맥경화에 걸린다.

사람들은 새로운 목표를 달성하려고 할 때, 또는 새로운 문제를 극복하려 할 때, 대체로 기존의 업무 절차에 새로운 업무 절차를 추가

한다. 하지만 '어떤 업무를 중단해야 할까?' 또는 '새로운 목표를 달성
하기 위해 업무 절차를 최대한 단순화할 방법은 없을까?'라는 질문
을 던지는 사람은 없다. 결국 기존 업무 절차에 새로운 업무 절차가
지나치게 많이 추가되면 조직은 혼란에 빠지게 된다. 크리스마스트리
에 더 많은 장식품을 매달수록 트리 본연의 단순한 아름다움을 감상
할 수 없게 되는 것과 마찬가지다.

과정을 단순화하는
습관을 들여라

유통업체를 살펴보면, 왜 단순함이 중요한지를 잘 알 수 있다. 케첩, 아이스크림, 면도날, 토마토, 샴푸에 이르기까지 고객들이 원하는 모든 상품을 제때 제공하기 위해 슈퍼마켓이 판매하는 수많은 상품, 그리고 물류의 복잡성을 상상해보라. 이런 상품들은 일단 박스에 실린 후에 매장으로 배송되고, 다시 박스에서 꺼내져 진열대에 비치된다. 매장을 방문하는 고객들도 마찬가지다. 고객들은 제각각이다. 고객들의 장바구니에 담긴 상품들이 똑같은 경우는 없다. 그렇다면 유통업체는 기호와 지출 규모가 판이한 고객들을 어떻게 유치해야 할까? 게다가 경쟁도 치열하다. 유통업체들은 동일한 고객들을 두고 서로 경쟁한다. 같은 상품일지라도 책정된 가격은 업체마다 천차만별이다. 그렇다면 어떻게 경쟁하고 어떻게 차별화해야 할까? 마지막으로 유통업체에는 변화에 대한 요구도 있다. 소셜미디어의 등장과 같은 장기적 트렌드뿐만 아니라 최신 유행상품이나 갑작스런 한파와 같은 단기적 영향에도 대응해야 한다.

나는 최고경영자가 된 이후 테스코가 이런 복잡하고 다양한 도전에 적절하게 대응하지 못하고 있다는 것을 깨달았다. 테스코의 시스템은 지나치게 복잡했다. 단순한 업무조차 새로운 절차와 계획이 추가되면서 매우 복잡해졌다. 게다가 테스코는 한꺼번에 수백 개의 프로젝트를 동시에 추진하고 있었기에 의사결정을 실행으로 옮기는 데에도 어려움을 겪고 있었다. 잡초를 제거하고, 곁가지를 잘라내는 과정이 필요하다는 건 분명했다. 단순화를 통해 직원들에게 쓸모없는 업무를 그만두게 하고, 중요한 업무에 집중하게 해야 했다.

직원들은 단순함을 중시하는 조직문화를 기쁘게 받아들였다. 그 이유 중 하나는 테스코의 유전자에 이미 단순함을 추구하는 성향이 존재했기 때문이다. 설립자 잭 코헨이 런던 이스트엔드에서 처음 노점을 열었을 때, 그에겐 복잡한 업무 절차를 처리할 시간도, 자원도, 공간도 없었다. 작은 노점이었기에 어쩔 수 없이 중요한 것에만 집중해야 했고, 불필요한 것은 제거해야 했다. 한마디로 단순화를 추구할 수밖에 없었다. 테스코는 잭 코헨이 추구한 단순함을 계승해서 업무 절차의 원칙을 세웠으니, 바로 '더 낫고, 더 단순하고, 비용이 덜 들어야 한다'는 원칙이었다. 테스코가 추구하는 모든 변화와 혁신은 이 테스트를 통과해야 했다. 즉 우리의 업무 절차는 고객들을 위해 매장을 더 낫게 개선하면서 동시에 회사의 입장에서는 비용을 더 줄이고, 직원들이 더 쉽게 운영할 수 있도록 단순해야 했다.

우리는 '단순하고 쉬운 쇼핑 경험'을 고객에게 제공하기 위해 매장에서 불필요한 거품을 걷어냈고, 매장 설비도 더 단순하게 구성했다. 그러자 단 몇 년 만에 매장 건립 비용은 1제곱피트당 230파운드에서 150파운드로 대폭 줄어들었고, 그럼에도 고객들과 직원들이 더 좋아하는 매장을 제공할 수 있었다. 매장 건축 자재와 건축 기법을 단순화하자 건축 기간도 절반으로 줄어들었고, 건축 비용도 낮아졌다. 표준화된 매장 설비도 이중의 비용 절감 효과를 가져왔다. 일단 표준화된 설비는 대량구매가 가능했고, 단순화된 규격 또한 구매비용을 낮췄다. 매장마다 공간 절감 효과도 나타났는데, 재고 비축 시스템을 개선하면서 재고 비축 공간을 줄일 수 있었기 때문이다.

단순화의 가장 큰 혜택은 직원들이 수행하는 업무 절차의 복잡성이 대폭 줄어들었다는 점이다. 나는 회사가 직원들에게 요구하는 업무 절차가 정말로 단순한지를 확인하는 방법을 하나 알고 있다. 바로 'ABC 테스트'이다(기억하지 쉽지 않은가?). ABC는 단순함이란 '달성 가능하고, 혜택을 가져오며, 명확한 것이다 Simple is Achievable, brings Benefit and is Clear'라는 의미다.

달성 가능하다는 건 직원들이 새로운 업무 절차를 처음 접하면서도 "처음이지만 제대로 해낼 수 있어"라고 말하는 것이다. 즉 직원들이 새로운 업무 절차를 수행하기에 적합한 기술을 지니고 있으며, 직원들에게 그에 따른 모든 자원이 제공된다는 의미다. 혜택을 가져온다는 건 업무 절차가 회사의 목표 달성에 도움이 되거나, 문제점을 해결한다는 의미다. 마지막으로 명확하다는 건 업무 절차가 기억하기 쉽고, 다른 직원들에게 설명하기도 쉽다는 것이다. 즉 직원들이 업무 절차를 수행하기 위해 복잡한 매뉴얼을 들춰볼 필요가 없다는 의미다.

우리는 테스코에서 단순함이 습관이 되게 했다. 물론 단순함을 기업가치로 격상하는 것도 나름 장점이 있다. 만약 단순함을 모두가 소중하게 여기고, 존중하고, 추구하는 기업가치로 삼았다면, 직원들은 업무 절차를 단순화하거나 문제에 대한 단순한 해답을 찾기 위해 노력했을 게 분명하다. 하지만 우리는 단순함이 기업가치가 아닌 습관이 되길 원했다. 드 보노는 이에 대해 아주 좋은 지적을 했다.

'단순함은 가치가 아닌 습관이 되어야 한다. 습관이 된다는 건 모든 사고 과정에서 단순함이 자동적으로 고려된다는 의미다. 가치는 무시될 수 있지만, 습관은 결코 무시될 수 없다.'[7]

단순한 업무 절차가 습관이 되면 직원들은 "이렇게 간단한 방법이 있었는데 왜 몰랐지?"라고 자문하게 된다. 사실 직원들이 단순한 업무 절차를 생각해내지 못하는 까닭은 애당초 회사가 다음과 같은 제대로 된 질문을 던지지 않았기 때문이다.

"이 절차를 보다 단순화할 수는 없는가?"

많은 기업들이 업무 절차를 단순화하기 위해 전략전문가나 외부컨설턴트를 고용한다. 하지만 이들은 회사의 업무 절차를 직접 경험하지 못한 이들이다. 따라서 업무 절차를 단순화하려면 오히려 매일 그 일을 직접 수행하는 일선 직원들에게 맡기는 것이 훨씬 효과적이다. 실제로 현재 테스코는 직원들에게 업무 절차를 단순화하는 방법을 언제든 제안하도록 권장하고 있다. 그리고 아이디어가 채택되어 실천될 경우, 아이디어를 낸 직원에게는 회사에 대한 기여를 인정하며 '밸류 상^{Value Award}'을 수여한다. 덕분에 테스코는 업무 절차를 단순화하는 수많은 아이디어를 확보할 수 있었다. 그중에서 몇 가지 아주 당연한 아이디어를 살펴보자.

첫 번째 사례는 생수다. 이전에는 공급업자가 생수병을 포장해서 트럭에 실어 운송하면, 매장 창고에서 포장을 제거한 뒤 수레에 담아 매장 안으로 옮겨 진열대에 비치하는 식이었다. 즉 생수는 여러 차례의 복잡한 업무 절차를 거쳐야 했고, 손도 많이 갔다.

오늘날 공급업자는 생수병을 바퀴가 달린 이동식 운반대에 실어 트럭에 넣어 배송하고, 배송된 생수는 트럭에서 내려진 후 곧장 매장 안으로 이동된다. 그리고 빈 운반대가 다시 트럭에 실려 공급업자에게 되돌아가면, 다시 공급업자가 운반대에 생수를 실어 배송하는 식이다. 지금 생각하면 너무나 당연한 업무 절차다. 하지만 테스코는 이를 적용하기 위해 물류 방식을 바꿔야 했다. 생수병이 운반대에 실려야 했고, 생수병을 실은 운반대가 다시 트럭에 실려야 했다. 따라서 생수공장의 설비도 바꾸어야 했고, 운반대를 실을 수 있게 트럭의 적재 용량도 바꾸어야 했다.

사과도 비슷한 경우였다. 테스코는 사과에 바코드를 부여했고, 따라서 사과를 판매할 때마다 계산대에서 일일이 바코드를 입력해야 했다. 문제는 사과 품종마다 각기 다른 바코드가 부여됐다는 점이다. 따라서 계산대 직원들은 고객이 선택한 사과가 어떤 품종인지를 확인하려고 매번 사과 사진이 부착된 문서를 확인해야 했다. 당연히 시간이 걸렸다. 그러던 중 한 직원이 사과 공급업체가 사과 품종마다 각기 다른 숫자를 작게 찍어서 운송한다는 사실을 알아챘다. 직원은 계산대 시스템을 이 숫자를 인식하도록 변경하면 어떻겠냐고 제안했다. 너무나도 단순하고 당연한 아이디어였다. 우리는 제안을 실행했고, 덕분에 고객은 소중한 시간을 절약하고, 회사는 비용을 절감할 수 있었다.

샌드위치도 단순화가 적용된 사례다. 우리가 판매하는 샌드위치는 포장지를 가리지 않게 뒷면에 바코드 스티커가 부착돼 있었다. 하지만 유통기한이 다가와 할인가격이 적용되면 새로운 바코드 스티커를 뒷면에 부착하고, 또 고객이 가격을 볼 수 있게 앞면에도 할인된 가격표를 부착해야 했다. 다시 말해 누군가는 샌드위치의 앞면과 뒷면 모두에 스티커를 부착해야 했고, 계산대 직원은 계산할 때마다 앞뒷면 모두에 스티커가 부착돼 있는지를 확인해야 했다. 테스코는 하루에 약 100만 개의 샌드위치를 판매했기에, 샌드위치에 스티커를 부착하는 과정은 엄청난 시간 낭비였다. 고객들의 입장에서도 계산대에서 더 오래 기다려야 했다. 매장 직원 한 명이 이 문제를 인식했고, 아예 샌드위치 앞면에 바코드 스티커와 할인가격 스티커를 모두 부착하면 어떻겠냐고 제안했다. 이 당연한 아이디어 덕분에 테스코가 누린 비용 절감 효과는 약 50만 파운드에 달했다.

새로운 테크놀로지도 업무 절차를 단순화하는 데 도움이 될 수 있다. 다만 그러려면 회사가 어떤 결과물을 원하는지가 명확해야 한다. 내가 최고경영자로 일하는 동안 테스코가 이룩한 비용 절감 효과—대부분은 업무 절차에 소요되는 시간을 단축하는 데에서 나왔다—는 어마어마했다. 예를 들어 2008년부터 2011년까지 영국 테스코는 상품 스캔 절차와 계산대 시스템 개선으로만 1주에 1만 8,000시간을 절감했다. 재고 비축 절차를 개선하기 위해 매장 내에 휴대기기와 컴퓨터를 도입하자 1주에 3,500시간이 절감됐다. 휘발유 구매 고객을 위해 '주유펌프에서 직접 결제' 서비스를 제공함으로써 1주에 2,300시간을 단축했고, 셀프계산대를 도입함으로써 1주에 2만 1,000시간을 절감했다. 단 4개의 프로젝트로 도합 4만 시간을 절감한 것이다(다만 프로젝트 모두 초기 투자비용은 상당했다). 이건 약과에 불과하다. 운송된 상품을 진열대에 곧장 올릴 수 있게 업무 절차를 바꿈으로써 우리는 1주에 4만 3,000시간을 단축할 수 있었다. 다시 말해 연간 223만 6,000시간을 절감한 것이다. 이 모든 게 업무 절차를 단순화한 덕분이었다.

단순한 아이디어 하나가 전체 시스템을 혁신적으로 개선한 사례도 있다. 다름 아닌 플라스틱 상자다. 이 단순한 플라스틱 상자는 신선식품의 물류체계를 완전히 바꿔놓았다.

매일 농장에서 도매시장으로 운송된 후 청과물상에 의해 구매되어 매장 진열대나 노점에서 판매되는 과일과 야채는 고객들이 식료품 구매에서 가장 중시하는 신선도, 건강함, 구매 가능성의 가장 이상적인 형태를 보여준다. 하지만 지난 수십 년 동안 현실과 이상에는 괴리가 존재했다. 1960년대에 리버풀에서 자란 나는 동네 청과상에서 판매하는 과일과 야채가 대체로 비싸거나 품질이 나쁘다고 느꼈다. 사과는 멍이 들었고, 상추는 시들시들했으며, 아보카도나 열대 과일은 아예 구경조차 할 수 없었다.

당시는 물류망이 유명무실한 시절이었다. 소비자와 생산자는 서로 연결돼 있지 않았다. 농부들은 소비자들이 어떤 상품을 원하는지 몰라 아무 과일이나 야채를 재배해서 시장에 출하했고, 무턱대고 잘 팔리기만을 기대했다. 어떤 상품이 시장에서 판매될지, 얼마에 판매될지 전혀 몰랐다. 때로는 떼돈을 벌었고, 때로는 손가락을 빨아야 했다. 청과는 공급량이 딸려서 가격이 폭등하거나, 공급량이 넘쳐나서 농부들이 인건비조차 못 건지는 경우가 허다했다. 포장도 엉망이었고, 품질도 낮았지만, 가격은 상대적으로 높은 편이었다.

결국 소비자들은 품질은 낮고 가격만 높은 청과류를 덜 소비하기 시작했다. 내가 테스코에 합류했을 때, 버터의 매출액이 청과류 전체의 매출액과 맞먹을 정도였다. 반면 현재 버터 매출액은 고작해야 청과류 매출액의 40분의 1에 불과하다. 청과류 수요는 매년 크게 증가하고 있는데, 내 기억으로 지난 30년 동안 청과류 수요가 줄어든 해는 한 번도 없었다. 개발도상국가에서도 마찬가지 현상이 벌어지고 있다. 인도가 좋은 예다. 물류망이 구축되어 질 좋은 과일과 야채가 낮은 가격에 고객 식탁에 공급되자 청과류 수요는 크게 증가했다.

청과류 수요가 폭증하자 얼마 지나지 않아 테스코의 물류망과 매장에서 공급 부족 현상이 벌어졌다. 오늘날 고객이 붐비는 매장은 1주일에 청과류로만 30만 파운드의 매상을 올린다. 물론 청과류 매상은 전체 매상의 10~15%에 불과하다. 하지만 매장으로 반입되는 청과류의 부피는 전체 상품의 30%를 차지한다. 매장의 청과류 코너도 면적이 그나지 넓지 않은 편으로 기껏해야 길이 30미터, 폭 12미터 정도다. 따라서 손님이 몰리는 날이면, 매장 직원은 고객들이 청과류를 쇼핑하는 와중에도 수천 상자에 달하는 청과류를 진열대에 비치해야 한다.

나아가 청과류를 (재배지, 포장센터, 물류창고, 매장에서) 여러 차례 상자에 넣었다 뺐다 하는 건 시간도 많이 걸리고 고객들에게 불편을 줄 뿐만 아니라 상품에 흠집을 내기도 했다. 게다가 청과류를 운송하는 데에만 연간 10만 톤에 달하는 골판지 상자가 필요한데, 이 상자들은 청과류가 매장에 운송되자마자 폐기됐기에 쓰레기 배출량도 엄청났다.

그러던 중 직원 한 명(누군지는 정확히 기억나지 않는다)이 아주 단순한 해결책을 내놓았다. 재배지에서 매장에 이르기까지 상하기 쉬운 청과류를 보호할 만큼 튼튼하면서 재활용이 가능한 플라스틱 상자를 만들자고 제안한 것이다. 우리는 그 제안에 따라 높게 쌓아올릴 수 있는 플라스틱 상자를 제작했다. 플라스틱 상자는 특별히 제작된 이동식 운반대에 실릴 수도 있었다. 플라스틱 상자를 이용하면 한꺼번에 10개의 상자를 쌓아 물류창고 내에서 이동이 가능했고, 무엇보다도 (여러 직원이 아닌) 단 한 명의 직원이 큰 어려움 없이 한꺼번에 매장 안까지 운반할 수 있었다. 플라스틱 박스를 다시 재활용하는 비용은 매번 새로운 골판지 상자를 제작하는 비용보다 훨씬 낮았고, 덕분에 농부들과 운송업체들은 비용을 절감할 수 있었다. 그들은 플라스틱 상자를 활용한 새로운 물류시스템에 적극적으로 협력했다. 플라스틱 박스의 규격을 통일하자 재배지부터 포장센터, 물류창고, 이동 운반대, 매장에 이르기까지 이전에는 수십 개의 서로 다른 규격의 상자를 처리하던 방식이 플라스틱 박스 하나만으로 효율적으로 처리할 수 있게 표준화됐다. 플라스틱 상자에 실린 청과류는 매장 진열대에 올라갈 때까지 중간에 뺐다가 다시 넣을 필요도 없었다. 당연히 쓰레기는 줄어들었고, 품질은 개선됐다.

우리는 이 단순한 아이디어를 전체 물류망으로 확대했다. 예를 들어 상추 농가는 움직이는 포장기계를 개발했다. 즉 이 포장기계를 몰고 직접 밭으로 나가면, 기계가 알아서 상추를 뽑아 그 자리에서 자동으로 플라스틱 상자에 담는 방식이었다. 그런 뒤 상추는 같은 날에 물류창고로 운반됐고, 이튿날이면 매장에서 판매됐다.

한편 우리는 플라스틱 상자를 활용한 물류시스템에 맞게 진열대도 새롭게 디자인했다. 새로운 진열대는 단순한 철제 구조로 제작됐고, 부피에 맞게 플라스틱 상자를 여러 개씩 진열대에 꽂아서 판매할 수 있는 구조였다. 또한 플라스틱 상자에는 바코드가 부착돼 있어서 추적이 가능했기에 정확하게 매장까지 배송될 수 있었다. 새로운 물류시스템 덕분에 직원들은 더 많은 양의 상품을 더 쉽게 처리할 수 있었다. 재고 비축 절차가 빨라지면서 창고 내 여유공간에 대한 수요도 줄어들었다. 상품 운반량과 속도는 빨라졌지만, 그렇다고 청과류의 보존 상태가 떨어진 것도 아니었고, 오히려 더 신선한 상태로 진열대에 오를 수 있었다. 새로운 물류시스템은 환경에도 훨씬 좋았는데, 수만 톤에 달하는 골판지 상자가 사라졌기 때문이다. 나아가 물류비용도 절감됐고, 상품의 파손으로 인한 농가의 손해도 줄어들었다.

'더 나은Better, 더 단순한Simpler, 비용이 덜 드는Cheaper' 새로운 물류시스템 덕분에 고객들은 낮은 가격에 좋은 품질, 보다 신선한 제품이라는 '더 나은' 혜택을 누렸다. 표준화된 시스템과 더 빠르고 용이해진 업무, 개선된 상품 운반과 재고 비축 덕분에 직원들의 업무 절차는 '더 단순'해졌다. 또한 테스코와 공급업체, 농가는 더 적은 폐기물, 더 낮은 상자 제조비용과 운송비용, 더 높은 노동생산성 덕분에 '비용도 덜' 들었다. 새로운 물류시스템은 영국 내 다른 체인형 슈퍼마켓들이 앞다투어 도입할 정도로 대성공이었다. 그 결과 유통업계는 경제성을 대폭 개선했고, 환경에도 크게 기여했다. 테스코는 플라스틱 상자를 활용한 물류시스템을 다른 국가에서도 도입했다. 다만 플라스틱 상자가 도입되면서 진열대에 피라미드처럼 오렌지를 수북하게 쌓아놓는, 멋들어진 광경은 사라졌다. 단순한 아이디어 때문에 약간 손해를 감수해야 한 부분도 있었지만, 그보다 훨씬 큰 혜택을 얻게 된 것이다.

단순한 아이디어에서
거대한 혁신이 시작된다

단순화에 집중하면 업무 절차 개선뿐만 아니라 성공적인 혁신에도 큰 도움이 된다. 대다수 기업들은 혁신을 힘들어한다. 혁신이 태생적으로 복잡한 것이라고 생각하기 때문이다. 하지만 '그렇게 단순할 리가 없어'라는 생각이야말로 혁신을 가로막는 고정관념이다. 기업들은 혁신을 추구할 때 의도치 않게 지나치게 복잡하게 생각한다. 설사 자신들이 불필요하고 복잡하게 생각한다는 것을 깨닫더라도, 원래 혁신에서 복잡성은 피할 수 없는 요소라고 생각한다.

하지만 내 경험상 가장 뛰어난 혁신은 주변 세상을 단순하게 관찰한 뒤 눈에 보이는 것들로부터 단순한 결론을 도출하는 것에서 나온다. 그리고 이런 통찰은 반드시 놀랄 만큼 참신하지 않아도 된다. 오히려 혁신은 종종 현실을 새로운 시각에서 바라보거나, 서로 다른 사건들의 연관성을 도출해내거나, 또는 이미 알고 있는 지식을 새롭게 적용할 때 나온다.

위대한 기술자인 이점바드 킹덤 브루넬은 템스 강을 가로지르는 지하터널을 뚫는 방법에 대한 아이디어를 작은 좀조개로부터 얻었다.

브루넬은 이 자그만 생명체가 단단한 머리로 나무에 아치형 구멍을 뚫고, 그런 뒤 천장과 옆면에 일종의 광택제를 바르는 것을 관찰했다. 그는 좀조개의 방식을 그대로 모방해서 대규모 터널을 보호하는 지지대를 건설함으로써 위대한 건축물을 완성했다.[8]

위대한 사업 아이디어 중 상당수는 새로운 트렌드를 포착하는 데에서 나온다. 따라서 미래를 보려면 현재 당신의 주변 세상을 둘러보아야 한다. 5년 뒤, 10년 뒤 사회에 막대한 영향을 끼칠 트렌드는 거의 대부분 지금도 어떤 형식으로든 존재한다. 다만 아직 완성된 형태가 아닐 뿐이다. 중국의 부상, 디지털 정보, 오디션 프로그램의 인기, 노년층 증가와 같은 트렌드는 비밀도 아니며 포착하기 어렵지도 않다. 성공적인 사회와 기업은 이런 트렌드를 포착할 뿐만 아니라 이로부터 새로운 요구와 기회가 나온다는 것을 잘 알며, 그에 맞게 대응한다.

관찰을 통해 알아낸 새로운 현상은 혁신의 핵심이라 할 수 있는 단순한 아이디어가 되며, 이 아이디어를 복잡한 단계를 거쳐 현실로 만들기까지 분명한 목적의식을 제공한다. 이런 단순함이 없다면 혁신은 불확실성, 방향성의 상실로 지지부진해진다. 혁신에서 단순한 아이디어의 중요성을 보여주는 사례가 바로 '테스코 익스프레스'다.

테스코 익스프레스는 일종의 편의점이다. 우리가 1996년에 처음으로 테스코 익스프레스를 오픈한 건 누구도 예상치 못한 시도였다. 그도 그럴 것이 우리는 그전까지 약 20년 동안 도심에 위치한 소형유통점 사업 모델로부터 탈피하고 있었기 때문이다. 영국에는 약 1,500곳의 도심지역이 있다. 테스코가 1960~1970년대에 성장의 토대로 삼았던 곳도 바로 이 도심지역이었다. 하지만 영국의 유통업체들은 미국으로부터 대형마트 콘셉트를 도입하면서 한 가지 문제에 직면했다. 바로 공간이었다. 대다수 영국 도시는 건물이 빼곡하게 들어서 있다. 따라서 도심지역에 대형매장 부지를 확보하려면 주변 건물을 매입해야 했는데, 이게 말처럼 쉽지 않았다.

그렇다면 왜 굳이 대형매장을 세워야 했을까? 사실 유통업에서 규모의 경제를 가져오는 요인이 무엇인지 정확히 정의하기란 쉽지 않다. 일반적으로 사람들은 유통업체가 공급업체들로부터 상품을 대량구매하는 데에서 규모의 경제가 생긴다고 생각한다. 그러나 대량구매가 중요하긴 해도 사람들의 생각만큼 중요한 요소는 아니다. 오히려 규모의 경제는 더 큰 매장으로부터 나온다. 큰 매장에서 낮은 가격에 더 다양한 상품을 판매할수록 더 많은 고객을 매장으로 끌어들일 수 있기 때문이다. 고객이 증가하면 당연히 매장 운영비용은 낮아지고, 당연히 유통업체는 상품 가격을 더 낮출 수 있다. 그러면 판매량이 증가하면서 더 많은 상품을 대량으로 구매할 수 있는 선순환의 고리가 생겨난다. 한마디로 대형매장에 대량구매가 더해지면서 규모의 경제가 생겨나는 것이다.

유통업계가 대형매장이 더 좋다는 사실을 깨닫게 되면서, 테스코 역시 도심지역 내의 소형매장에서 탈피해 대형매장 공간을 확보하기 위해 차츰 교외지역에 집중하게 됐다. 교외지역에 위치한 대형매장은 판매할 수 있는 상품의 종류도 다양했고, 당시 한창 증가하던 자가용 소유자들을 위해 보다 넓은 주차공간을 제공할 수 있는 장점도 있었다. 다만 교외지역에 대형매장을 건립하려면 큰 투자비용이 소요됐다. 따라서 테스코는 교외지역에 부지를 매입하고 매장을 짓는 비용을 충당하기 위해 기존의 도심 내에 위치한 소형매장을 매각해서 자금을 마련해야 했다. 그런데 처음에는 필요에 의해 도심의 소형매장을 매각하던 것이 점차 당연한 관행이 된 게 문제였다. 다시 말해 소형매장을 매각해서라도 대형매장을 건립하는 게 당연하다는 생각이 조직 내에 깊게 뿌리내린 것이다. 테스코의 브랜드 이미지가 개선되면서 이런 사고방식은 더욱 공고해졌다. 우리는 소형매장이 이미 한물 간 구세대의 유물이며, 대형매장이야말로 찬란하게 빛나는 새로운 미래라고 느꼈다. 영국과 다른 지역의 유통업체들처럼 테스코도 결코 다시는 과거의 소형매장 시대로 회귀할 생각이 없었다. 한마디로 당시에는 거대한 것이 아름다운 것이었다.

따라서 테스코 익스프레스의 출범은 이전까지의 전략과 사고방식을 완전히 뒤집는 것이었다. 이 사례는 혁신의 두 가지 공통 요소를 잘 보여주는데, 바로 우연성과 호기심이다.

사실 우리는 전혀 다른 사업 모델인 도매유통점cash-and-carry 시장을 살펴보는 과정에서 테스코 익스프레스에 대한 아이디어를 착안해냈다. 도매유통점 분야는 법인을 상대로 도매를 한다는 점에서 엄밀하게 얘기하면 '소매'와는 다르다. 대다수 도매유통점은 일반 소비자들을 상대로 상품을 판매하는 것이 금지돼 있다. 하지만 1995년에 대형 도매유통점들이 차츰 일반 소비자들을 상대로 사업을 확장하고 있다는 소문이 우리 귀에 들어왔다. 그 말은 도매유통점들이 우리의 경쟁자가 되고 있다는 뜻이었다. 따라서 어느 날 아침에 나는 구매총괄이사 존 길더슬리브를 데리고 런던의 웸블리 구장 옆에 있는 도매유통점을 방문했다. 도매유통점에서 어떤 일이 벌어지고 있는지를 직접 눈으로 확인할 생각이었다.

그러나 어떤 면에서 우리의 방문은 그다지 소득이 없었다. 도매유통점이 제공하는 상품과 서비스는 일반 소매유통점들과 별반 다르지 않았다. 과거의 도매유통점과 크게 달라진 것 같지도 않았다. 그렇게 도매판매점이 큰 위협이 되지 않을 거라고 결론 내린 후 주차장으로 향하던 나는 주차장이 매우 번잡하다는 걸 깨달았다. 주차장에는 수십 대의 하얀 승합차가 서 있었는데, 한창 승합차에 다양한 상품이 실리고 있었고, 알아보니 상품들은 도심 내에 위치한 소형편의점에서 판매되는 상품들이었다. 내 생각에 도매유통점 주차장이 이리도 번잡하다면 소형편의점들이 성황을 누리는 게 분명했다. 나로선 그 이유를 도무지 이해할 수가 없었다. 그도 그럴 것이 유통업계의 통념과 시장데이터에 의하면, 편의점 시장은 지속적으로 내리막길을 걷고 있었기 때문이다. 유통업계에서 편의점의 시장점유율은 그만큼 낮았고, 그나마 지속적으로 줄어들고 있었다. 수백 개, 심지어 수천 개의 편의점이 문을 닫고 있다는 게 공공연한 풍문이었다.

나는 존에게 도매유통점에 상품을 공급하는 공급업체 한두 곳과 조용히 접촉해서 편의점 시장에 대해 자세히 알아볼 것을 지시했다. 얼마 뒤 존이 가져온 정보는 놀라웠다. 바로 공급업체들이 편의점을 상대로 매우 많은 물량을 납품하고 있었기 때문이다. 다시 말해 편의점은 쇠퇴하기는커녕 오히려 번창하고 있었던 것이다.

우리는 편의점 시장에 호기심을 느꼈다. 따라서 다음으로 할 일은 그렇다면 왜 시장데이터는 우리가 직접 목격한 광경과 판이한 결론을 제시하는지를 이해하는 것이었다. 1990년대 중반, 영국은 불황에서 빠져나오고 있었다. 유통업계는 소비자들이 이전보다 더 여유가 생기면서 1980년대 말처럼 한 매장에서 모든 쇼핑을 해치우는 과거의 '일상적인' 쇼핑 행태로 회귀할 것이라고 예측했다. 실제로 고용률은 높았고, 여유자금도 있었으며, 자동차 보급률도 증가했기에 소비자들은 새로운 상품을 구매할 여력이 충분했다. 이를 증명하듯 테스코의 대형매장들도 매출이 좋은 편이었다. 이런 모든 상황은 소비자들이 '과거의 일상'으로 돌아가고 있다는 걸 보여주는 신호로 여겨졌다.

하지만 유통업계의 예상과 달리 소비자들은 '과거의 쇼핑 행태'로 회귀하지 않고 있었다. 우리는 그 이유를 파악하기 위해 또다시 가장 좋은 지혜와 조언을 제공하는 이들을 찾았다. 바로 고객들이다. 고객들은 경기가 회복된 건 맞지만, 1980년대 말 이후로 세상이 완전히 달라졌다는 말을 우리에게 들려줬다. 특히 소비자들의 삶은 이전보다 더욱 바쁘고 복잡해졌기에, 무언가를 계획해서 할 시간도 줄어들었다. 모든 소비자들이 더 바쁘고 복잡한 삶에 영향을 받고 있었고, 특히 젊은 소비층, 그중에서도 젊은 남성들이 가장 큰 영향을 받았다. 이런 소비자들은 두 개의 판이한 소비 성향을 지니고 있었다.

때로는 주말에 가장 좋아하는 대형매장에서 한 푼이라도 싸게 일주일 치 쇼핑을 하다가도, 급할 경우에는 집에서 가까운 가게를 찾아 가격에 크게 개의치 않고 물건을 구매하기도 했던 것이다. 우리는 고객들에게 편의점을 좋아하냐고 물었다. 고객들은 "그다지 좋아하지 않는다"고 답했다. 하지만 편의점은 무척 편리하기에 다른 건 크게 신경 쓰지 않는다고 덧붙였다. (자주 그렇지만 이 경우에도) 통념이 틀렸던 것이다. 편의점 시장의 미래는 밝았다. 이처럼 고객들은 늘 예상을 뛰어넘는다.

나는 모든 정보를 종합한 후 단순한 결론을 내렸다. 만약 고객들이 테스코의 대형매장을 방문하지 않는다면, 테스코가 고객을 직접 찾아나서야 했다. 다시 말해 테스코는 소형매장을 매각해서 대형매장을 건립하는 회사라는 기존의 사고방식을 버려야 했다. 거대한 것은 여전히 아름다웠지만, 작은 것도 그 나름대로 매력적이었다. 그리고 이 단순한 결론은 규모의 경제만을 추구하기 위해 세워진 전략을 수정해야 한다는 의미이기도 했다. 우리는 이제 조그만 동네 편의점을 이용하는 고객들도 섬길 방법을 찾아내야 했다. 다만 기존 편의점의 부족한 상품군과 높은 가격을 그대로 수용할 수는 없었다. 오히려 편의점 시장에 진입하려면 규모의 경제를 뒤집어야 했다. 다시 말해 소형편의점 매장 공간에 '대형매장과 동일한' 고품질의 상품과 서비스를 낮은 가격에 제공할 수 있어야 했다.

우리가 직면한 도전이 얼마나 큰지를 이해하기 위한 가장 쉬운 방법은 일단 편의점을 하나 오픈해서 실제로 우리가 고객들에게 원하는 상품을 제대로 제공할 수 있는지를 살펴보는 것이었다. 분명한 건 우리가 이 작은 편의점에 고객들이 테스코 매장에서 원하는 상품들을 어떻게든 모두 집어넣어야 한다는 것이었다. 그러려면 상품군부터 운영방식까지 모든 것을 처음부터 완전히 새롭게 고민해야만 했다. 모든 것을 최대한 단순화해야 했다는 의미다.

우리는 일단 단순한 원칙을 세웠다. 원칙은 매장 면적은 약 280제곱미터에 최대 3,000개의 상품을 판매하며 고객들이 1주일치 쇼핑을 모두 할 수 있는 것이었다. 다시 말해 테스코 익스프레스 매장은 우유나 빵이 떨어져서 '급할 때 찾는' 일본식 편의점이 아니라 소형 식료품 슈퍼마켓의 형태로 구성됐다. 상품 가격은 대형매장에 비해 최대 3%를 넘지 않게 책정됐다. 앞에서도 말했지만 편의점에서 낮은 가격으로 상품을 판매한다는 건 대단히 어려운 일이다. 당시 동네 편의점의 상품 가격은 일반 대형매장에 비해 10~20%가 높았다. 또한 동네 편의점들은 다양한 신선식품을 많이 구비하지 않았는데, 판매량은 적은 데 반해 폐기하는 양이 많았기 때문이다.

280제곱미터의 소규모 매장에서 3,000개의 상품을 일반 대형매장보다 최대 3% 이상 높지 않은 가격에 판매한다는 계획은 비록 회사에서 정한 목표이긴 했지만, 한편으론 매우 단순하면서 분명한 목표였다. 그리고 얼마 지나지 않아 우리는 이런 단순함이 직원들이 목표를 달성하고, 원칙에 입각한 사고를 하는 데 도움을 주며, 새로운 시스템을 구축하는 데 필요한 토대가 된다는 걸 깨달았다.

우리의 실험용 익스프레스 매장은 런던 서부 반스에 위치한 주유소 앞마당에 세워졌다. 수익은 높지 않았지만 매출은 좋은 편이었고, 특히 고객들의 반응이 매우 좋았다. 첫 번째 매장은 편의점 시장의 성장 가능성을 확인해줬고, 우리는 더 많은 익스프레스 매장을 세웠다. 소형편의점은 건축 비용이 높지 않았기에 여러 지역에 매장을 낼 수 있었고, 시행착오를 통해 배울 수도 있었다. 하지만 익스프레스 매장을 다른 지역으로 확대하면서, 우리는 실적이 지역마다 너무나 차이가 많이 난다는 사실을 깨달았다. 따라서 소형편의점 사업 모델을 대규모로 확대하기에는 무리가 따랐다. 우리는 지역마다 고객들의 기호와 요구, 쇼핑 행태가 다르다는 사실을 깨달았다. 따라서 편의점 시장에서의 성공 가능성을 높이려면 지역별로 맞춤형 매장을 제공할 필요가 있었다. 다만 지나치게 종류가 많아서 매장을 확대하는 데 걸림돌이 되어선 안 됐다.

이런 문제에 봉착했을 때 가장 좋은 방법은 단순하고 쉬운 조치를 단행한 후 실제로 문제가 해결되는지를 확인하는 것이다. 우리는 클럽카드 덕분에 지역마다 고객데이터를 보유하고 있었다. 하지만 지역별 고객데이터는 축복이자 동시에 저주가 될 수 있었다. 데이터가 너무나 많아서 오히려 완벽한 해결책을 찾으려다가 데이터에 파묻힐 위험이 높기 때문이다. 따라서 우리는 이런 실수를 피하기 위해, 소득과 지역 형태만을 기준으로 지역을 분류했다. 고소득 지역과 저소득 지역, 오래된 마을과 신개발 주거지로 시장을 나눈 것이다.

또한 익스프레스 매장이 고객들이 원하는 다양한 상품을 모두 제공하면서 동시에 수익을 내려면 기존의 테스코 업무 절차와 통합되어야 했다. 그래야만 테스코가 보유한 기간설비를 활용할 수 있었다. 하지만 테스코가 판매하는 상품들은 편의점에 잘 맞지 않거나, 물류와 포장방식이 소형매장에 적용하기에는 지나치게 복잡했다. 예를 들어 포장박스는 너무 컸고, 광고물도 소형매장에 부착하기에 지나치게 컸으며, 진열대는 너무 높았다. 인사관리나 주문시스템과 같은 업무시스템도 편의점에 적용하기에는 지나치게 복잡했다. 따라서 우리는 모든 업무 절차를 가장 단순하고 기본적인 요소로 구분한 뒤, 그중에서 중요하지 않은 부분은 모두 제거해야 했다. 수십 개의 운영매뉴얼이 쓰레기통으로 직행했다. 의사결정도 상당 부분 위임했으며, 특히 상품 주문과 재고 비축은 일선 매장에 거의 맡겨버렸다.

익스프레스 매장에서 판매할 상품군은 처음에는 기존 대형매장에서 판매하던 상품군 중에서 선별됐다. 익스프레스 매장의 상품 판매량은 소량이어서 테스코 전체의 상품 판매량에서 큰 비중을 차지하지 못했다. 당연히 구매 담당자들도 신경을 덜 썼다. 결국 회사는 구매 담당자들의 사고방식을 바꿔야 했다. 우리는 구매 담당자들에게 익스프레스 매장에서 판매하는 3,000개 상품을 다른 상품보다 우선순위에 두라고 지시했다. 구매 담당자들은 익스프레스 매장에 최적화된 상품군을 마련하기 시작했고, 그러자 대형매장에서 판매하는 상품군도 함께 강화됐다.

우리는 편의점 사업을 위해 업무 절차를 재구축하면서 테스코만의 고유한 특성을 확보할 수 있었다. 즉 테스코의 거대한 매장 네트워크를 활용한 규모의 경제를 누리면서, 동시에 상대적으로 작은 규모의 매장을 여러 지역에서 운영할 수 있는 유연성도 확보한 것이다. 나아가 우리는 포장과 물류의 혁신, 그리고 주문시스템의 변경을 통해 익스프레스 매장에서도 신선식품을 판매할 수 있었다. 예를 들어 대형매장을 이용하는 고객들은 다양한 과일을 소량씩 구매하는 경향이 있는 반면, 익스프레스 매장을 이용하는 고객들은 대체로 한 가지 과일을 대량으로 구매하는 경향이 있었다. 따라서 우리는 익스프레스 매장의 특성에 맞게 신선식품 물류망을 재조정했다. 어류와 육류를 위해 진공포장도 개발했다. 익스프레스 매장의 어류 및 육류 판매량은 대형매장에 비해 적었기에 진공포장을 활용해서 신선도를 더 오래 유지한 것이다. 우리는 또한 익스프레스 매장으로 청과를 운송하기 위해 더 작은 화물차를 설계했다(그래야만 조그만 주차공간에 쉽게 차를 댈 수 있었다). 소형 화물차는 냉장식품뿐만 아니라 일반 청과류도 운송할 수 있었기에 기존에 여러 차례 청과류를 운송하던 과정을 단축해줬다. 우리는 다양한 시행착오를 겪으며 배웠고, 덕분에 익스프레스 매장을 지역별 맞춤형으로 여러 지역으로 확대하고, 나아가 충분한 수익을 낼 수 있다는 자신감을 얻을 수 있었다.

낮은 가격과 폭넓은 상품군, 편리한 입지와 신속한 서비스가 결합되면서 익스프레스 매장은 단기간에 고객들이 가장 선호하는 매장 형태로 자리 잡았다. 익스프레스 매장을 방문하는 고객 중 80%는 도보로 쇼핑을 나온 고객들이었다. 대부분의 고객들은 대체로 반경 800미터 이내에 거주하는 이들이었다. 직원들도 익스프레스 매장을 특히 좋아했다. 직원들은 동네 슈퍼마켓과 같은 익스프레스 매장에서 고객과 친분을 쌓을 수 있었다. 대다수 직원들 또한 같은 동네에 거주하는 이들이었기에 걸어서 출퇴근이 가능했다. 무엇보다도 직원들은 익스프레스 매장에서 다양한 업무를 경험할 수 있고, 적은 수의 직원들끼리 똘똘 뭉쳐서 가시적인 성과를 낼 수 있다는 점을 좋아했다. 실제로 매장이 작을수록 팀워크가 더욱 중요하다. 왜냐하면 직원 수가 적기에 필요할 경우 서로 업무를 도와줘야 하는 경우가 더 잦기 때문이다. 익스프레스 매장의 관리자는 문자 그대로 직접 소규모 매장을 운영하는 것과 다름없었고, 고객 관리부터 현금 관리, 보안, 마케팅에 이르기까지 모든 것을 직접 처리할 수 있어야 했다. 우리는 익스프레스 매장의 경우 직원들이 더 많은 일을 수행해야 하며, 직원들의 기여도가 매장의 실적에 큰 영향을 끼친다는 것을 알았기에, 처음으로 성과급 제도를 도입했다. 또한 익스프레스 매장은 관리자에게 다양한 책임을 부여했기에, 테스코의 인재양성소 역할도 수행했다.

테스코 익스프레스 매장은 가장 빈곤한 도심지역, 가장 위험한 공동주택지역, 오지, 대학교 캠퍼스까지 진출했다. 익스프레스 매장은 지역사회에 활기를 불어넣었다. 익스프레스 매장이 들어서면 자연스레 방문객들이 늘어나면서 지역의 상권에도 큰 도움이 됐다. 한마디로 익스프레스 매장은 지역사회에 도움이 됐다. 주변 환경이 개선됐고, 일자리도 늘어났다. 지역주민들의 식단도 개선됐다. 내가 어린 시절에 기억하던 값비싸고 시들시들한 상추와 멍든 사과는 이제 저렴하고 신선한 과일과 야채로 대체됐다.

물론 모든 사람들이 익스프레스 매장을 환영한 건 아니다. 일부는 테스코가 지역상권을 침해하며 이미 테스코 매장이 '너무 많다'고 지적했다. 반대의 목소리는 높았지만 어디까지나 소수의 목소리에 불과했다. 다시 말해 기존의 값비싼 동네 편의점이나 슈퍼마켓에서 물건을 구매할 수 있는 충분한 시간적·금전적 여유를 가진 이들의 목소리였다. 반면 시간과 돈이 부족한 대다수 지역주민들은 익스프레스 매장이 제공하는 혜택을 반겼다.

익스프레스 매장은 현재 테스코가 사업을 벌이는 해외지역으로도 서서히 확대 중이다. 해외지역의 편의점 시장에 진입하기 위해 익스프레스 매장 모델은 지역 고유의 특성에 맞게 맞춤형으로 재설계됐다. 그리고 현재 전 세계 수천 곳에 달하는 테스코 익스프레스 매장의 매출액은 수십억 파운드에 달한다. 편의점 시장은 또한 수익성이 매우 높으며, 온라인 상거래 이후 가장 빠르게 성장하는 유통시장이기도 하다. 전 세계에서 도시화가 가속화되고 사람들의 삶이 갈수록 바빠지면, 익스프레스 사업 모델도 지속적으로 확대될 수밖에 없다. 그리고 이 모든 게 웸블리 구장 옆 주차장에서 포착된 단순한 아이디어로부터 비롯됐다.

단순함으로 통념을 깨고
효율성을 높여라

우리 생활에 가장 큰 영향을 미치는 건 단순한 발명품이다. 종이클립, 고무밴드, 포스트잇, 음료수 팩 등은 디지털 시대에서도 여전히 살아남았다. 하지만 기업의 입장에서 이런 단순한 혁신을 발명해내기란 여간 어려운 일이 아니다. 단순한 발명은 종종 모든 것을 뒤엎을 만큼 혁명적이다. 기존 질서를 모두 파괴하며, 현 상태를 뒤엎는다. 기업의 조직 구조, 사고방식, 물류망에 이르기까지 진정으로 혁신적인 발명은 이런 모든 것들을 짓밟고 이렇게 선언한다.

"이게 미래다."

헨리 포드가 포드 모델 T 자동차를 개발할 당시의 일화는 최고의 혁신은 가장 단순한 것에서 나온다는 점을 잘 보여준다. 실제로 모델 T는 디자인은 물론이고 제조 방식도 단순화했다.

새로운 모델 T의 중요한 특징은 단순함이었다. 모델 T는 딱 4개의 주요 파트로 구성됐다. 동력기관, 차체, 앞차축과 뒷차축으로 이뤄진 모델 T는 제조가 쉬웠고, 부품의 교체나 수리에 특별한 기술이 필요하지 않게 설계 됐다. 당시에는 지나치게 앞서 가는 아이디어라는 생각에 말을 아꼈지만, 아무튼 당시 나는 매우 단순하고 저렴한 부품을 사용한다면 수작업이 필 요한 높은 수리비용을 없앨 수 있다고 믿었다. 부품 값이 매우 저렴해지 면 오래된 부품을 수리하는 것보다 오히려 새 부품을 구매하는 것이 더 싸질 수 있다고 생각했다. 이런 부품들은 못과 나사처럼 동네 철물점에서 도 구매할 수 있었다. 나는 자동차 설계자로서 누구나 쉽게 이해할 수 있 는 아주 단순한 형태의 자동차를 개발하는 것이 내 의무라고 느꼈다. 그 리고 단순한 자동차는 고객뿐만 아니라 회사에도 도움이 됐다. 왜냐하면 상품이 단순할수록 제조가 쉽고, 제조가 쉬워지면 더 낮은 가격에 상품 을 판매할 수 있으며, 그럴 경우 더 많은 양을 판매할 수 있기 때문이다.[9]

그러나 기업의 문화가 혁신을 가로막는 경우도 있다. 예를 들어 새 로운 연구 개발의 잠재력을 '경영진이 인식하지 못하거나', 새로운 업 무 절차가 '오히려 목표 달성을 방해한다고 여기거나', 새로운 아이디 어가 '인정은 받지만 막상 채택되지는 않는' 경우도 있다. 때로는 기 업문화가 대담하고 단순한 아이디어를 조직이 감당할 수 있는 '평상 시에 수행하는 업무'의 수준으로 희석시키기도 한다. 하지만 이는 새 로운 혁신의 창출에 치명적이다. 이런 점을 고려할 때, 세계에서 손 꼽히는 대기업 네슬레가 발명한 '네스프레소Nespresso'는 매우 놀라운 사례다.

테스코처럼 네슬레 또한 대기업이지만 그들은 매우 유연하다. 나는 네슬레와 20년 동안 협력하면서 사업과 혁신에 대한 네슬레의 접근 방식에 매우 큰 감명을 받았다. 테스코는 협력을 통해 여러 국가에서 수많은 네슬레 상품을 판매함으로써 연간 10억 파운드가 넘는 매출을 올린다. 네스카페와 마일로 같은 전 세계적인 브랜드로 유명한 네슬레는 경쟁우위를 유지하기 위해 영양 섭취 연구에 연간 10억 유로를 투자한다. 네슬레는 지역시장의 문화와 특징을 잘 파악하고 있으며, 따라서 본사 차원에서의 의사결정과 개별 지역시장의 특수성 사이에서 적절한 균형을 유지한다. 실제로 네슬레는 해외지사에 충분한 권한을 부여하며, 해외지사는 강력한 현지 브랜드를 유지하기 위해 노력한다.

이런 네슬레가 한 가지 야심 찬 목표를 세웠다. 바로 에스프레소 커피 제조공정을 단순화하고 소형화함으로써 모든 사람이 맛좋은 커피를 즐길 수 있게 하겠다는 목표였다. 다만 네슬레의 모든 제조공정과 물류망은 기존 커피 소비자들의 습관을 반영하도록 설계돼 있었다. 따라서 글로벌 대기업 네슬레가 기존의 통념을 거스르는 이 목표를 달성하려면 보다 급진적이고 단순한 사고가 필요했다.

커피는 가정집의 주방과 카페에 이미 수세기 전부터 존재했고, 에스프레소 커피를 제조하는 기술은 이탈리아에서 정점을 이뤘다. 에스프레소 머신이 개발되면서 갉은 원두에 압력을 가하며 뜨거운 물을 통과시키면 원두의 쓴맛은 사라지고 풍미만이 남는 커피를 추출할 수 있게 된 것이다. 하지만 에스프레소 머신의 발명 이후로 커피 제조 기술은 발전을 멈췄다. 수십 년 동안 커피 제조는 여전히 복잡하면서 시간이 오래 걸리는 과정에 머물고 있었다. 원두를 갉고, 원두 가루를 넣은 후 필터를 끼우고, 다 쓴 원두 가루를 폐기해야 하는 번거로운 과정을 거쳐야 했기 때문이다.

네슬레는 1976년에 이런 번거로운 제조공정을 대체할 수 있는 해결책을 찾아냈다. 커피가 들어 있는 캡슐을 특수 제작된 커피머신에 삽입하면 기계가 압력을 가하고 뜨거운 물을 통과시켜서 에스프레소 커피를 추출하는 방식이었다. 이 특수한 커피머신을 사용하면 원두를 갉거나 필터를 청소할 필요 없이 신선한 커피를 즐길 수 있었다. 이후 네슬레는 10년에 걸쳐 캡슐커피머신을 연구했다(현재 네스프레소는 특허만 1,700개에 달한다).[10] 그리고 얼마 뒤 당시 에스프레소 커피가 한창 인기를 끌던 일본 시장에서 일반 소비자가 아닌 레스토랑을 상대로 이 제품을 선보였다. 반응은 어땠을까? 그다지 좋지 못했다. 제조된 캡슐커피머신 중 절반도 판매되지 않았던 것이다.

당시 일부에서는 네슬레가 캡슐커피머신 연구를 중단해야 한다고 주장했다. 그들의 주장에는 일견 타당한 면이 있었다. 하지만 네슬레는 포기하지 않았다. 이번에는 사무실 고객들을 대상으로 캡슐커피머신을 판매했고, 이전보다는 더 나은 성과를 거둘 수 있었다. 하지만 캡슐커피머신의 지나치게 고급스런 이미지 때문에 역시 큰 성공을 거두진 못했다. 그러자 네슬레는 소비자들에게 직접 캡슐커피머신을 판매하기로 결정했다. 최고급 커피를 원하는 소비자들을 상대로 회원제 판매를 시작한 것이다. 네슬레는 이를 위해 여러 업체에서 다양한 캡슐커피머신과 커피를 생산하던 기존 물류망을 하나로 통합했다. 그렇게 탄생한 게 바로 '네스프레소'다. 네슬레는 소비자들에게 네스프레소 머신과 커피뿐만 아니라 점검서비스도 함께 제공했다. 한마디로 하나의 브랜드와 하나의 물류망으로 통합해 소비자들에게 원스톱서비스를 제공한 것이다. 네스프레소 커피는 인스턴트커피에 비해 가격이 높은 편이었지만, 커피전문점에 비하면 여전히 매우 저렴한 편이었다.

소비자들을 상대로 직접 네스프레소를 판매하려면 마케팅 방식도 새롭게 바꿔야 했다. 네슬레는 네슬레 브랜드를 유지하기 위해 네스프레소를 본사 내 개별사업부로 운영했다. '회원제'였기에 '회원만이 누릴 수 있는 고급서비스'라는 이미지를 유지해야 했고, 이런 이미지를 커피머신의 디자인, 캡슐, 광고에 반영했다. 미쉘린 스타를 받은 최고급 레스토랑들이 네스프레소를 이용한다는 소문도 네스프레소의 고급스런 이미지에 일조했다. 흥미로운 건 네슬레가 개발한 또 다른 캡슐커피머신인 돌체구스토는 전혀 다른 마케팅 방식을 채택했다는 점이다. 돌체구스토는 테스코와 같은 기존 유통업체를 통해 판매됐는데, 네스프레소만큼 큰 성공을 거뒀다(네스프레소는 네슬레의 수익에도 크게 기여했다. 네슬레가 네스프레소의 이익률을 별도로 발표하지는 않아서 확실하지는 않지만, 네슬레 전직 임원에 의하면 네스프레소의 매출총이익은 85%에 달한다. 필터를 사용하는 기존 원두커피 상품의 매출총이익이 40~50%라는 점을 감안하면 매우 높은 수치다.[11] 2006~2010년 사이에 네스프레소의 판매량은 3배가 증가했고, 매출은 총 30억 달러가 넘은 것으로 추산된다).[12]

네슬레가 커피머신 시장과 업무 절차를 혁신하기까지 오랜 세월을 버틸 수 있었던 까닭은 분명한 목적의식이 있었기 때문이다. 네스프레소는 커피머신에 대한 통념을 뒤엎은 단순한 아이디어였고, 결국 소비자들이 에스프레소 커피를 만드는 방식을 송두리째 바꿔놓았다.

물론 때로 지나친 단순화는 오히려 독이 된다. 예를 들어 업무 절차를 지나치게 단순화하다 보면 부가가치 창출에 소홀해질 수 있다. 그건 마치 디테일이 너무 부족해서 그림이 오히려 볼품없어지는 것과 같다. 따라서 어디까지 단순화를 할 것인지는 결국 판단의 문제다. 우리는 미국 시장에 프레시앤이지 매장을 출시하면서 처음에는 매장에서 판매하는 상품군을 지나치게 단순화했다. 하지만 결국에는 약 1,000개의 상품군을 추가해야 했다. 이처럼 지나친 단순화를 피해야 하는 건 맞지만, 한 가지 기억해야 할 것은 '지나친 단순화'의 위험을 지적하는 이들이야말로 종종 단순화가 가져오는 변화를 두려워하는 이들이라는 점이다.

마지막으로 단순함이란 짧게 요점만을 말하고, 입을 다물어야 할 때 다물 줄 안다는 것을 의미한다. 웰링턴 공작은 언젠가 영국 의원들에게 이런 말을 했다.

"현학적인 장황설은 그만두시오. 요점만 말하고 착석하시오."

너무나 지당한 말이다. 결론적으로 단순함은 선한 것이며, 나아가 효율적인 조직의 초석이 된다.

린 사고로
낭비 요소를 없앤다

지속가능한 소비는 결국 소비자들로 하여금 더 적은 천연자원을 사용하는 상품과 서비스를 원하게 할 때에만 가능하다. 이처럼 '더 적은 것으로 더 많은 것을 할 수 있는' 린 사고야말로 친환경으로 나아갈 수 있는 길이다.

더 적은 비용으로
더 큰 성과를 거둬라

군살이 없는 효율적인 상태를 의미하는 '린lean'이란 말은 새로운 경영컨설팅 시장을 창조할 정도로 폭발적인 인기를 끌고 있다. '린 생산lean production'이나 '린 제조lean manufacturing'는 더 나은 가치를 창출하기 위한 지속적이고 집요한 과정에서 모든 형태의 낭비(업무 절차, 자재, 시간의 낭비)를 제거하는 시스템을 말한다. 린 생산의 핵심가치는 '적을수록 더 많다'라고 할 수 있다. 다시 말해 적게 투입해서 더 많이 생산하는 것이다.

적은 것으로 더 많은 것을 생산하고, 더 적은 비용을 들여 더 좋은 제품을 생산한다는 건 불가능한 주장처럼 들릴 수도 있다. 우리의 고정관념인 이른바 '통념'에 의하면 더 나은 것을 만들기 위해서는 더 많은 투자를 해야 하며, 뭔가를 더 낮은 비용에 생산하려면 일정 기능을 제거해야 하기에 당연히 품질은 더 낮아지기 때문이다.

생산성에 대한 일반적인 생각도 이런 통념을 반영한다. 생산성은 투입량 대비 산출량으로 정의된다. 산출량의 생산성 가치는 투입량(노동력, 자본, 에너지)에 의해 결정된다. 따라서 투입량이 증가하면 산출량도 증가하고, 반대로 투입량이 줄어들면 산출량도 줄어들 수밖에 없다는 게 일반적인 생각이다.

이런 통념은 사회의 여러 분야에서 당연한 상식으로 통한다. 공공서비스의 개혁이 늘 정치적 논쟁으로 변질되는 이유도 이 때문이다. 한쪽이 예산 투입을 줄여야 한다고 주장하면, 다른 쪽은 그럴 경우 상황이 더욱 악화된다고 반박한다. 하지만 이건 터무니없는 생각이다.

영국 공공서비스에서 발생했던 두 가지 사례를 살펴보자. 첫 번째 사례는 학교 신축 사례다. 영국 정부는 2003년에 450억 파운드를 투입해서 영국의 모든 중등학교를 재건하기 위한 계획을 발표했다. 이 계획은 영국 정부가 추진한 프로젝트 중에서 예산이 가장 많이 드는 프로젝트였다. 하지만 이 거대한 프로젝트는 2010년까지 계획 대비 고작 8%에 해당하는 학교만을 재건하는 초라한 성적을 거뒀을 뿐이다.[1] 게다가 예산 규모는 550억 파운드로 오히려 증가했다. 결국 정치적 논쟁 끝에 프로젝트는 폐기되고 말았다.

프로젝트에 대한 감사가 진행되자 수많은 문제점이 도출됐다. 예를 들어 프로젝트의 목표는 '교육개혁'이었다. 하지만 감사 결과에 의하면 과연 교육개혁이 정확히 무엇을 의미하는지를 정의한 내용은 찾아볼 수 없었다. 교육개혁의 정의는 '적절한 학습 환경 제공'이라는 단순한 목표부터 보다 적극적인 '세계 일류학교'에 걸맞은 학교 건물 건립에 이르기까지 너무나 방대했다.[2] 산더미 같은 문서 작업—지침과 계약서를 합쳐 약 3,700쪽에 달했다—은 프로젝트의 비용만 높였을 뿐이다. 학교 건축을 위한 첫 삽을 뜨기도 전에 이미 문서 작업에만 110억 파운드의 예산이 소요됐던 것이다.[3] 건축 입찰 과정은 '구체적인 계획은 없고 예산만 배정된' 상태로 진행됐고, 건축 설계안도 '지나치게 제멋대로였으며', 시행착오를 통해 '실수, 또는 성공으로부터 효과적으로 배워나가려는 시도도 없었다.'[4] 감사보고서는 만약 보다 명확한 목표를 수립하고, 관료주의를 제거하고, 표준화된 건축 설계안을 활용했더라면 최대 30%의 예산을 절감하면서 '오히려 결과는 더 좋았을 것'이라고 결론지었다.[5]

또 다른 사례는 복지시스템이다. 영국에는 약 12만 가구에 달하는 '문제가정'이 있는 것으로 추산된다. 문제가정은 부모가 모두 일을 하지 않거나, 가족 구성원이 정신질환을 앓거나, 아동이 학교에 다니지 않는 등 심각한 문제를 겪는 가정을 말한다. 문제가정은 범죄나 반사회적 행위 같은 심각한 문제를 야기한다. 과거부터 영국 정부는 문제가정을 돕기 위해 여러 정부기관을 통해 막대한 예산을 투입해왔다. 문제는 이런 정부기관들이 서로 배타적으로 임무를 수행했고, 관료주의가 만연했으며, 목표도 제각각이었다는 점이다. 당연히 업무도 중첩됐고 심할 경우에는 서로 충돌하기까지 했다.

문제가정들은 최대 스무 곳의 정부기관에 보조를 요청할 수 있었다. 당연히 예산 낭비가 뒤따랐다. 문제가정들은 영국 전체 인구의 고작 1%밖에 안 되는데도, 자그마치 90억 파운드의 혈세가 투입되고 있었다.[6] 그중 80억 파운드는 문제가정이 겪거나 야기하는 문제에 대응하는 데 지출되며, 문제가정을 긍정적인 방향으로 바꾸려는 시도에는 고작 10억 파운드만 투입됐다.[7] 결론적으로 문제가정 한 가구에 투입되는 연간 예산이 자그마치 33만 파운드에 달했다.[8] 한마디로 막대한 예산을 투입하는데도 불구하고 결과는 달라지지 않았던 셈이다.

영국 정부는 문제가정에 대한 접근 방식을 통합하면 예산 낭비를 줄일 수 있다는 걸 마침내 깨달을 수 있었다. 실제로 이후 문제가정에 투입되는 연간 예산은 가구당 1만 4,000파운드로 절감됐다.[9] 성과도 훨씬 좋아졌다. 예를 들어 영국 북부 샐퍼드에 거주하는 한 문제가정은 58건의 경찰 신고, 5건의 체포, 5번의 응급 신고, 2건의 법원 명령, 세금 문제로 인한 법정 출두 1회에 이르기까지 1년 동안 도합 250건의 중재 절차를 야기했고, 중재 비용만 20만 파운드가 소요됐다. 하지만 문제가정에 대한 새로운 접근 방식이 도입된 이후로 비용은 3분의 1로 감소했다.[10]

위의 두 사례는 결과물을 훼손하지 않으면서 예산을 절감할 수 있다는 점을 잘 보여준다. 뒤집어 말하면 굳이 더 많은 예산을 투입하지 않더라도 성과는 얼마든지 개선될 수 있다는 뜻이다. 즉 시스템에서 병목지점을 제거해 모든 절차를 조화롭게 정렬하고 낭비 요소를 제거하면, 생산성은 크게 향상될 수 있다. 그러면 적은 투입량으로 똑같은 결과물을 산출할 수 있을 뿐만 아니라, 오히려 더 나은 결과물을 산출할 수도 있다. 예를 들어 고객들이 가장 중시하는 결과물이 뭔지를 명확히 파악해 기업들이 관련한 업무 절차를 개선한다면,

더 낮은 비용으로 더 좋은 서비스와 제품을 제공할 수 있다.

'린 사고lean thinking'의 핵심에는 바로 이런 통찰이 자리하고 있다. 린 사고를 설명하려면 자동차 제조업체 두 곳과 체인형 슈퍼마켓 한 곳을 반드시 살펴봐야 한다. 첫 번째 사례는 대량 제조공정을 개발해낸 헨리 포드다. 포드는 대량 제조공정을 통해 소비자 가격은 대폭 낮추면서 품질과 생산량은 대폭 높일 수 있었다. 포드는 절차상의 낭비 요소가 노동생산성을 저하시킨다는 사실을 잘 알고 있었다.

농부는 일을 하는 과정에서 낡은 사다리를 수십 차례나 오르내린다. 파이프를 설치하면 될 것을 굳이 직접 물을 이고 나른다. 일이 많으면, 더 많은 인부를 고용할 생각만 한다. 일하는 과정을 개선하기 위해 돈을 쓰는 것을 투자가 아닌 지출로 여긴다…… 하지만 이 모든 것이 결국에는 헛된 노동이며, 노동력의 낭비일 뿐이다. 그 결과 농사 비용은 증가하고, 수익은 줄어든다.[11]

포드는 자동차의 주요 부품과 제조공정을 최대한 단순화할 경우의 혜택을 분명하게 인식했다. 이럴 경우 자동차 제조공정에서 '조립 전문가'를 완전히 제거할 수 있었다.

'불필요한 부품을 없애고, 필요한 부품도 단순화하면 당연히 제조비용은 낮아진다. 지극히 단순한 원리이지만, 어찌된 영문인지 기업들은 부품을 단순화하지 않으면서 제조비용만 낮추려고 애쓴다. 하지만 제조비용을 절감하려면 작은 부품부터 시작해야 한다.'[12]

자, 이번에는 빠르게 시간을 앞으로 돌려서 제2차 세계대전 후의 일본으로 가보자. 도요타의 기술자 타이치 오노는 부족한 자본과 낮은 수요에 직면하자 생산 목표에 따라 제품을 무작정 생산하기보다는 판매량에 따라 생산량을 조절할 수 있는 방법을 찾고 있었다. 그는 직원들과 함께 미국을 방문해서 포드 자동차를 견학했다. 하지만 포드 자동차에서 목격한 광경은 실망스럽기 그지없었다. 재고는 쌓여 있었고, 불량 자동차는 출고되기 전에 일일이 수리 절차를 거쳐야 했으며, 업무 방식도 들쑥날쑥이었다.

오히려 타이치 오노의 눈길을 사로잡은 건 피글리위글리 슈퍼마켓이었다. 피글리위글리에서는 상품이 실제로 판매되어야만 장부에 기록됐기에 재고량도 훨씬 적게 유지되고 있었다. 당연히 창고에서 재고가 차지하는 공간도 작았고, 오랜 기간 창고에 머물다가 부패하거나 폐기되는 경우도 훨씬 적었다.

오늘날 도요타가 세계적인 기업으로 자리하고 수많은 박사 논문의 주제가 된 건 오노와 도요타 직원들이 목격한 피글리위글리의 생산시스템 덕분이다. 도요타는 자신들의 시스템 전체를 살핀 후 개별 구성 요소로 세분화하고, 그런 뒤 모든 낭비 요소를 제거하는 방법을 고안해냈다.

도요타는 낭비 요소를 세 가지로 구분했다. '무리muri'는 시스템과 노동력의 과부하를 야기하는 요소들을 말한다. '무라mura'는 업무 절차상의 비균일성이나 비일관성을, '무다muda'는 부가가치를 제공하지 않는 업무를 의미한다. 도요타는 일단 업무 절차의 모든 측면을 측정했다. 즉 투입비용이나 시간 대비 산출효과를 측정한 후에 모든 낭비 요소를 찾아낸 후 이를 제거할 계획을 세웠다. 예를 들어 제조공정의 경우, 먼저 어떤 부분이 비효율적(무리)인지를 찾아냈다. 그런 뒤 생산량과 품질에서 불균형(무라)을 야기하는 절차를 없앰으로써 최대한 순조롭게 돌아갈 수 있는 제조공정을 수립했다. 마지막으로 수립된 제조공정이 구축되면 가치를 창출하는 데 기여하지 않는 부분(무다)을 찾아내 제거했다.

무다는 또한 일곱 가지 요소로 분류된다. 경영학을 전공한 학생들은 이 일곱 가지 요소를 '팀 우드TIM WOOD'로 기억할 것이다(팀 우드는 운송transport, 재고inventory, 동작motion, 대기waiting, 과다생산overproduction, 과다공정overprocess, 불량defects을 뜻한다). 도요타는 업무 절차에서 낭비를 제거하는 방식을 조직문화로까지 발전시켰다. 도요타의 조직문화는 크게 두 가지로 정의할 수 있다. 지속적인 개선(낭비를 제거하는 절차는 끝이 없다는 의미)과 직원에 대한 존중(문제를 공유하면 직원 간의 신뢰가 구축되고 그 과정에서 직원들이 새로운 기술을 익힌다는 의미)이다.

도요타는 오랜 기간에 걸쳐 낭비 요소를 제거하는 데 막대한 자본을 투자했고, 그 과정에서 경험과 학습 효과를 축적함으로써 '린 기법lean technique'을 가다듬었다. 이후로 수많은 기업과 조직들이 린 기법을 도입했고, 실제로 더 적은 투입으로 더 큰 성과를 거둘 수 있음을 증명했다. 하지만 아직도 린 기법의 잠재력이 100% 발휘됐다고는 할 수 없다.

린 사고를 적용해
모든 활동을 점검하라

창조적인 린 사고를 가장 잘 보여주는 사례는 상하이에 있는 카펫공장이다. 당시 이 카펫공장은 기계 설비에 더 효율적인 펌프를 적용하려 했다. 카펫공장의 기술자는 기존의 기계 설비를 약간 수정해서 펌프를 장착하는 대신에 전체 제조공정을 모두 검토한 뒤 개선 방안을 도출하기로 했다. 그는 일단 기계 설비에 사용되는 펌프를 검토했다. 업계의 통념은 가느다란 펌프가 제조비용이 더 낮기에 더 좋다는 것이 지배적이었다. 하지만 기술자는 가느다란 펌프를 통해 액체를 통과시키려면 더 큰 에너지가 필요하다는 걸 알았다. 기술자는 두툼한 파이프가 구매단가는 높아도 더 작은(더 싼) 펌프, 모터 등과 함께 사용될 수 있기에 오히려 더 효율적이라는 사실을 알아냈다. 기존의 통념을 거스르는 것이 오히려 비용 절감 효과가 더 높았던 셈이다. 기술자는 설계도면을 새롭게 그려 파이프를 최대한 일직선으로 구성하고, 다른 부품들은 파이프 주변에 배치했다. 다시 말해 파이프의 휘어진 부분을 최소화해서 마찰 증가로 인한 에너지 소모를 줄였던 것이다. 그 결과 새로운 펌프를 작동하는 데 필요한 마력은 92%나 감소했다.[13]

과거에 기업들은 린 방식의 경제적 이득은 인정했지만, 린 방식을 반드시 필요한 조치로 인식하진 않았다. 과거에는 에너지가 싸고 넘쳐 대부분의 기업들이 에너지 낭비를 심각하게 생각하지 않았기 때문이다. 그만큼 전체 비용에서 에너지 사용료가 차지하는 비중이 매우 낮았다. 1970년대의 석유파동도 일시적인 현상으로 간주됐을 뿐, 에너지 절감의 중요성을 재고하는 계기가 되지는 못했다. 마찬가지로 오늘날의 물류망 또한 에너지 자원이 무한하다는 통념을 기반으로 구축됐다. 즉 농장, 기계 설비, 공장, 운송수단, 매장들은 모두 에너지 자원을 재활용하는 것보다 그냥 사용하는 것이 더 저렴하다는 생각에 기반을 두고 있다.

하지만 이제 사람들은 에너지 자원이 유한하다는 사실을 깨닫게 되었고, 에너지 비용이 더 이상 무시할 만큼 적은 비용이 아니며, 오히려 미래에는 갈수록 증가할 것임을 인식했다. 소비 증가와 공급 불안도 에너지의 원자재 비용이 상승을 부추겼다. 게다가 이제 사람들은 기후 변화에 적절하게 대응하지 못할 경우에 치러야 할 사회경제적 비용을 이해한다. 2006년 영국 정부의 지시에 의해 작성된 스턴 보고서는 기후 변화로 인한 손실비용이 적어도 연간 세계총생산의 5%가 감소하는 것과 맞먹는다는 결론을 내놓았다.[14]

따라서 이제는 에너지나 자원의 절약, 이산화탄소 배출량 감소와 같은 '친환경'에도 린 사고가 필요하다. 이미 일류기업들의 유전자에 각인된 린 사고는 '적을수록 더 많아진다'고 주장하고 있다. 여기서 말하는 '적다'는 뜻은 소비를 줄이는 것이 아닌, 생산과정에서 더 적은 자원을 투입하는 것을 의미한다. 제조공정에 린 방식을 적용하면 낭비와 비효율성이 제거된다(귀한 천연자원을 절약한다). 동시에 보다 지속가능한 업무 절차를 구축함으로써 품질은 유지하되 생산비용은 낮출 수 있다. 린 방식의 핵심은 자원의 사용량과 낭비량을 측정하는 데 있다. 그리고 이런 정보-예를 들어 상품의 제조와 유통에서 배출되는 탄소량에 대한 정보-는 소비자가 '환경 친화적인 결정'을 내리는 데 도움이 된다.

고농축 세제를 예로 들어보자. 기존 세제는 대량 포장으로 판매됐고, 따라서 포장과 운송에 더 많은 비용이 들어 제조업체와 판매업체의 입장에서도 이익이 줄어들 수밖에 없었다. 대조적으로 고농축 세제는 포장 용량이 작고, 운송비용도 낮기에 훨씬 경제적이다. 또한 세탁 시에 사용되는 물의 온도가 낮아도 돼, 상대적으로 에너지 소비도 훨씬 적다. 만약 전 세계 모든 소비자들이 기존 세제에서 고농축 세제로 갈아탄다면, 탄소 배출량을 400만 톤 넘게 줄일 수 있는데, 이는 자동차 100만 대에서 발생하는 탄소 배출량과 맞먹는 수치다.[15]

이런 모든 사례들은 린 사고의 경제적 이득과 위력을 보여준다. 낭비 요소를 제거하면, 다시 말해 지나친 포장과 운송비용을 제거하면, 비용도 절감할 수 있고 탄소 배출량도 줄일 수 있다. 도요타의 오노는 한정된 자원에서 최대한의 효과를 이끌어내야 한다는 걸 알았다.

결론적으로 오늘날 인류도 똑같은 과제에 직면해 있다. 린 사고는 소비를 유지하면서도 친환경으로 나아가고, 동시에 세계 경제가 지속적으로 성장할 수 있는 방법도 제시한다.

이 주장에 동의하지 않는 사람도 있을 것이다. 이런 사람들은 현재 인류가 직면한 문제―인구 증가와 기후 변화―의 해결책이 소비 감소라고 주장한다. 그들은 만약 인류가 현재 수준의 소비를 유지하려면 지구와 같은 규모의 행성 3개에 달하는 자원이 필요하다고 지적한다. 따라서 인류는 다시 과거로 회귀해야만 한다고 주장한다. 예를 들어 정부는 더 많은 세금을 부과하고, 사람들은 더 적게 소비하며, 경제 성장 속도도 더 늦춰져야 한다는 것이다. 그들의 시각으로 보면 대다수 대기업들―제조업체와 유통업체들―은 환경의 적이며, 지구의 자원을 비효율적으로 낭비하는 탐욕스런 집단이다. 대기업들이 친환경 정책을 추진함에도 불구하고 오히려 비난에 직면하는 이유도 그 시도가 그저 '친환경 열풍'에 편승한 마케팅으로 폄하되기 때문이다(실제로 몇몇 경우에 이런 비난은 틀린 지적이 아니다).

일정 부분 당연한 지적이긴 하다. 하지만 내 생각에 이런 주장에는 그 자체에 오류가 있다. 수백 년에 걸쳐 발전된 물질적 풍요를 지금 와서 뒤집기란 불가능하다. 특히나 개발도상국들에게 발전해선 안 된다고 주장하기도 어렵다. 왜냐하면 소비의 감소는 부유한 선진국보다는 상대적으로 빈곤한 후진국들에게 더 큰 타격을 입히기 때문이다.

대안은 있다. 바로 인류가 소비를 유지하거나, 심지어 늘리면서도 지속가능한 발전을 이룰 수 있는 방법을 배우는 것이다. 인간은 태생적으로 더 나은 삶을 추구한다는 점을 고려할 때, 이 방법은 가장 실현 가능한 대안이다. 실제로 부와 행복, 발전을 추구하는 인간의 본성을 억제하려 했지만, 결국에는 실패한 수많은 사례를 역사는 보여주고 있다.

지속가능한 소비는 결국 사람들이 린 사고, 다시 말해 '적을수록 더 많아진다'라는 생각을 인정하고 그에 맞게 살아갈 때에만 가능하다. 이 말은 사람들이 원하는 것보다 '더 적은' 것에 만족해야 한다는 말이 아니다. 오히려 더 적은 자원을 소비하는 상품과 서비스를 원해야 한다는 의미다. 다시 말해 기업들은 소비자들이 더 낮은 비용에 더 쉽고 더 합리적으로 친환경을 실천할 수 있게 해야 한다. 즉 소비자들로 하여금 직접 에너지를 절감하면서, 동시에 친환경 제품과 서비스를 구매하게 해야 한다. 그러려면 린 사고를 기반으로 전체 물류망을 새롭게 설계해야 한다.

자, 이제 이론은 이만하고 실제로 린 사고와 친환경이 어떤 식으로 접목되는지를 살펴보자. 테스코의 예를 들어보겠다. 일단 테스코는 린 방식으로 운영된다. 모든 업무 절차에서 쓸데없이 자원을 낭비하는 활동을 제거한다. 영국 테스코가 직접 배출하는 탄소량은 연간 약 250만 톤에 달한다. 여기에 협력업체들의 탄소 배출량까지 더하면 전체 배출량은 자그마치 3,600만 톤에 달한다. 테스코는 전 세계 테스코 물류망이 토해내는 탄소 배출량을 2020년까지 30% 줄이겠다는 도전적인 목표를 세웠다. 테스코의 최종 목표는 2050년까지 탄소를 전혀 배출하지 않는 회사가 되는 것이다. 그 말은 회사가 배출하는 탄소량에 맞먹는 재생에너지를 생산해서 제공하겠다는 의미다. 물론 비판적인 이들에게는 그저 홍보효과를 노린 마케팅 활동처럼 들릴 수도 있다. 하지만 여기서 내가 강조하고 싶은 건 영국 테스코의 가스 및 전기 사용료만 해도 2011년에 2억 파운드에 달했지만, 회사의 친환경 조치 이후로 전 세계 테스코의 에너지 사용료가 연간 1억 5,000만 파운드나 감소했다는 점이다.

현재도 테스코는 에너지 효율성을 높이기 위해 수많은 실용적인 조치를 단행하고 있다. 우리는 매장과의 거리를 단축하기 위해 물류창고를 이전하고 있다. 운반트럭에 공기역학 디자인을 적용해서 연료를 절감하고 있다. 무엇보다 우리의 친환경 조치는 테스코 전체 탄소 배출량의 7%를 차지하는 매장에 집중되고 있다.

린 사고가 매장 설계에 적용된 건 1990년대 중반부터였다. 2007년부터 테스코는 기존 매장에 비해 에너지 소비량이 절반인 매장을 건립했다. 하지만 2050년까지 탄소 배출량 제로를 실천하려면 단계적 변화가 아닌 근본적인 사고의 혁신이 필요했다. 따라서 우리는 친환경에 대한 테스코의 업무 절차를 전체적으로 재검토했고, 세부적인 활동을 자세하게 분석했다. 그 과정에서 우리는 충격적인 사실을 발견할 수 있었다. 바로 매장을 리모델링하는 과정에서 기존 매장 설비의 14%만이 재활용된다는 점이었다. 이건 절대 간과할 수 없는 낭비였고, 결국 우리는 매장을 리모델링할 경우 기존 매장을 100% 재활용하는 목표를 세웠다. 다시 말해 매장을 해체하거나 리모델링할 때, 설비와 자재를 재활용하기에 쉽도록 매장 설계를 바꿨다(실제로 한 매장의 경우 60%의 자재가 재활용됐다. 10년 전과 비하면 매우 높은 수치다). 일상에서 지속적으로 마모되고 훼손되는 매장의 특성상, 테스코 매장의 평균 사용기간은 고작 30년에 불과하다. 따라서 매장 설비와 자재의 재활용률을 높인다는 건 미래에 테스코에 막대한 비용 절감 효과를 제공할 수 있다.

우리는 또한 탄소 배출량 제로 목표를 즉각 달성하기 위해, 탄소 배출량 제로 매장을 세울 수 있는지도 검토했다. 탄소를 전혀 배출하지 않는 매장을 만든다는 건 매우 힘든 도전이었다. 현대의 대형매장은 발전을 거듭하면서 모든 기능 간에 균형을 신중하게 고려한 형태로 발전했다. 고객이 많은 매장은 1주일에 약 5만 명의 고객을 맞이한다. 주간 매출은 약 200만 파운드에 달하며, 약 4만 개의 상품이 담긴 20만 개의 상자가 주문, 배송, 진열, 판매된다. 따라서 매장은 고객의 요구뿐만 아니라 직원의 요구도 함께 충족해야 한다.

우리는 '린 사고'를 적용해 매장에서 이뤄지는 모든 활동을 검토한 뒤, 개별 활동마다 발생되는 탄소 배출량을 측정했다. 특히 치탐힐 매장을 중심으로 에너지 절약과 탄소 배출량 감소 방안을 연구했다.[16] 그 결과 매장에서 이용하는 열기 중 37%는 환기 과정에서 유실되고, 8%는 건축 자재에 흡수된다는 걸 알아냈다. 전기 사용량과 관련해서 23%는 조명에 사용됐다. 가장 큰 문제는 냉장고였다. 냉장고는 매장 열기의 54%를 흡수했을 뿐만 아니라 전기 사용량 비중도 37%나 차지했다.

우리는 분석 결과를 바탕으로 무탄소 매장을 설계했다. 철제와 콘크리트는 목재로 대체됐다. 할로겐등과 형광등은 LED조명으로 교체됐다. 소매매장으로선 선도적인 시도였다. 자연광과 자연환기도 추가됐다. 즉 과거의 전통적인 건물 설계 방식을 활용해서 보다 효과적으로 자연광을 이용하고, 자연환기를 통해 열기와 냉기를 효율적으로 조절할 수 있었다. 매장은 절연처리를 했고, 유리창도 열기를 덜 흡수하고 덜 방출하는 유리로 교체했다(덕분에 인공적인 냉난방이 필요 없었다). 냉장설비도 환경 파괴가 덜한 가스를 사용하는 것으로 새롭게 설계했고, 모든 냉장고에는 문을 설치했다.

매장 전체에 충분한 동력을 제공할 재생동력원도 필요했기에 열병합 발전소도 건립했다. 음식 제조 과정에서 나오는 식물성 폐기름을 재생하는 열병합 발전소는 주변 주택에서도 사용할 수 있을 만큼 충분한 전력을 생산했다.

이 모든 노력이 더해지면서 마침내 전 세계 최초로 무탄소 매장이 탄생했다. 무탄소 매장은 2009년에 캠브리지 근교에 오픈했고, 우리가 기대했던 목표를 모두 충족했다. 중요한 점은 고객들 또한 무탄소 매장을 매우 반겼다는 점이다. 목재로 된 건물은 보다 따뜻하고 친근한 분위기를 제공했다. 매장 곳곳에 친환경 설비를 설명하는 안내판이 게시됐고, 고객들은 무탄소 매장이 환경에 좋은 영향을 끼친다는 사실을 알고는 매우 좋아했다.

우리는 린 사고를 활용해 물류망에서 탄소 배출을 줄이는 방법도 함께 연구했다. 물류망에서 탄소 배출을 줄이려면 생산과 운송, 보관, 상품 사용에 이르기까지 어떤 부분에서 가장 많은 탄소가 배출되는지를 파악하고, 그런 뒤 개별 상품의 탄소 배출 흔적을 측정해야 했다.

'탄소 흔적 추적'은 오노가 제조공정에서 낭비를 제거하기 위해 활용한 방식과 동일한 린 방식을 활용했다. 하지만 개별 상품에 린 방식을 적용한다는 건 실제로는 결코 쉬운 일이 아니었다. 티셔츠를 예로 들면, 티셔츠는 제3국가에서 재배된 목화를 또 다른 국가에서 티셔츠로 제조한 뒤 해외에서 판매된다. 고객이 구입한 티셔츠는 또 다른 국가에서 개발된 가정용 세탁기로 세탁된다. 그리고 이 모든 과정에서 탄소가 배출된다.

내가 테스코를 떠날 무렵, 테스코는 주요 공급업체와 협력해 꽃부터 섬유유연제, 파스타, 기저귀, 우유, 잡지에 이르기까지 약 1,100개의 잘 팔리는 자체 브랜드 상품의 탄소 배출량 계산을 마쳤다. 이런 식으로 개별 상품의 탄소 배출량을 측정하는 건 매우 시간이 오래 걸리고 비용도 많이 드는 과정이지만, 탄소 흔적 추적절차가 개선되자 추적비용은 상품당 2만 5,000파운드에서 1,000파운드로 크게 줄어들었다. 한마디로 탄소 흔적 추적은 전체 시스템을 분석한 뒤 낭비 요소를 제거하는 오노의 린 방식을 적절하게 활용했다.

탄소 흔적 추적을 통해 우리는 매우 뜻밖의 사실을 알아낼 수 있었다. 예를 들어 농축 오렌지주스는 비농축 오렌지주스보다 탄소 배출량이 적었다. 왜냐하면 오렌지주스 농축액을 냉각한 후 운송하는 것이 에너지 소모가 덜했기 때문이다. 테스코가 판매하는 '달콤한 소야밀크'는 저지방 우유에 비해 탄소 배출량이 3분의 1 수준이었던 반면, 저지방 우유는 젖소가 배출하는 메탄가스 때문에 탄소 배출량이 훨씬 높았다. 케냐에서 수입한 장미는 네덜란드에서 수입한 장미보다 탄소 배출량이 적었다. 왜냐하면 네덜란드에서 장미를 재배하기 위해 사용하는 연료와 전기로 인한 탄소 배출량이 케냐로부터 비행기로 장미를 운송하는 데 드는 탄소 배출량보다 더 많았기 때문이다. 신선 파스타는 냉각에 소모되는 에너지 때문에 건조 파스타보다 탄소 배출량이 대체로 10~20% 정도 많았다. 스페인에서 자연 재배한 오이는 영국의 온실에서 재배한 오이보다 탄소 배출량이 훨씬 적었다.

테스코는 데이터를 토대로 보다 개선된 린 생산방식을 추구할 수 있었다. 탄소 배출량이 적은 생산방식에는 '자연자본주의^{natural capitalism}'의 원칙이 담겨 있다. 자연자본주의란 폴 호큰, 에이머리 로빈스, 헌터 로빈스를 필두로 일부 과학자와 학자, 기업가들이 주장하는 이론이다. 자연자본주의는 시장경제의 장점을 부정하지 않으며, 수익이나 부의 추구를 적대시하지도 않는다. 대신 기업이 자본의 개념을 자연자본에까지 확장해서 낭비를 줄이고 생산성을 높이는 것이 오히려 기업에게 더 큰 이득이 된다고 주장한다.

자연자본주의자들은 시장에 대한 접근 방식에 네 가지 원칙을 주장한다. 첫째, '혁신적인 자원생산성'은 기업이 자원을 최대한 효율적으로 활용하는 것을 말한다. 둘째, '폐기물로부터의 가치창출'은 여유 자원이 재활용되거나 또는 재활용될 수 없을 때까지 사용됐다면, 환경에 피해를 주지 않는다는 주장이다. 다음으로 '솔루션 경제'는 낭비를 줄이면 생산자와 소비자 모두 이득을 얻는다는 말이다. 마지막으로 '자연에 재투자'는 자원의 생산성이 높아질수록 인류 전체가 얻는 혜택도 커진다는 주장이다.

나는 이 네 가지 원칙에 한 가지 원칙을 더하고 싶다. 바로 '소비자의 힘을 활용하라'이다. 내가 앞에서 언급했듯 지속가능한 소비를 위해선 소비자의 참여가 절대적이다. 어쩌면 앞뒤가 안 맞는 주장이라고 느낄지도 모르겠다. 왜냐하면 소비자들이야말로 현재 우리가 직면한 문제의 주범 아닌가? 하지만 만약 소비자들이 친환경 대열에 동참하지 않는다면, 결국 변화의 가장 큰 원동력을 상실하는 것과 같다.

실제로 영국의 경우, 전체 탄소 배출량의 60%는 소비자의 결정에 영향을 받는다. 다시 말해 소비자들이 특정 상품을 가정에서 이용하는 방식, 예를 들어 조명을 사용하는 방식이나 바지를 세탁하는 방식에 따라 탄소 배출량은 달라질 수 있다. 유통업체들이 상품을 보관하고, 포장하고, 운송하는 방식도 탄소 배출량에 영향을 끼친다. 예를 들어 냉장 보관, 플라스틱 포장, 항공 운송에 따라 배출량은 달라진다. 생산 공정에 따라 배출량이 달라지기도 한다. 젖소가 뿜어내는 메탄가스, 농부가 모는 트랙터에서 배출되는 배기가스, 생산설비를 운영하는 데 소모되는 에너지 등이 그 예다. 따라서 소비자들이 친환경 상품을 더 많이 구매한다면, 해당 상품이 잘 팔린다는 신호가 계산대에서 물류망으로 전송되고, 결국 제조업체들은 더 많은 친환경 상품을 시장에 내놓게 된다. 결론적으로 소비자들에게는 물류망을 친환경으로 바꿔놓을 수 있는 힘이 있다.

소비자들에게 그러한 힘을 발휘하게 하려면, 그들의 감성을 자극해야 한다. 사람들은 두 가지 상반되는 성향을 지니고 있다. 한쪽 코너에는 현대 소비자의 성향이 자리하고 있다. 이런 성향은 가격과 품질도 중시하지만, 편의성과 휴대성, 고유성도 중시한다. 이런 성향은 최신 전자제품을 구매하길 좋아하고, 독일산 맥주나 칠레 와인을 즐기며, 휴가로 해외여행을 떠나길 좋아한다. 반면 다른 쪽 코너에는 책임감 있는 시민의식이 자리하고 있다. 이런 성향은 기후 변화가 인류를 위협하고, 나아가 후손들의 삶까지 위협한다는 걸 잘 알고 있는 것이다. 이런 성향은 환경 보호와 탄소 배출량 감소에 이바지하고 싶어 한다.

이 두 가지 성향의 조화가 불가능한 것은 결코 아니다. 오히려 소비자들의 목소리에 귀 기울이면, 어떻게 하면 소비자들이 친환경 상품을 선택하게 할지를 분명히 알 수 있다. 일단 소비자들이 마음 편하게 구매할 수 있게 친환경 상품의 가격을 낮춰야 한다. 다음으로 인체나 환경에 해로운 상품에 대한 정보를 소비자들에게 제공해야 한다. 이 두 가지 장벽을 제거하고 나면, 물류시스템−물류망에 참여해 상품과 서비스를 제공하는 이들이 모두 포함된다−은 린 사고를 바탕으로 친환경 상품을 더 많이 제공하기 위해 노력하게 될 것이다. 반대로 이런 장벽들을 그대로 놔둔다면, 린 사고를 바탕으로 전 세계를 바꿀 기회는 사라지고 만다. 최악의 상황은 소비자들에게 친환경을 강요하는 것이다. 이럴 경우 오히려 한쪽에 위치한 현대 소비자의 성향이 더욱 맹렬하게 고개를 들 것이다.

테스코는 소비자들이 더 적극적으로 친환경 상품을 선택하고, 스스로 탄소 배출량을 줄이도록 하기 위해 친환경 상품의 높은 가격, 불편함, 정보 부족이란 장벽을 제거하려고 노력했다. 내 목표는 단순했다. '친환경'을 모든 이들이 쉽게 실천할 수 있고, 실천하길 원하는 목표로 만드는 것이다. 그러려면 친환경 상품은 더 저렴해야 할 뿐만 아니라 품질도 더 좋고, 사용하기에 편리하며, 유행이 되어야 했다.

우리는 쇼핑백을 재활용하는 고객들에게 더 많은 클럽카드 포인트를 부여했다. 이 시도는 친환경에 도움이 됐을 뿐만 아니라 '린'한 사업 방식에도 기여했다. 쇼핑백 재활용을 권장함으로써 약 30억 개의 쇼핑백을 절약할 수 있었던 것이다. 우리는 또한 에너지 효율이 높은 전구의 가격을 반값으로 낮췄는데, 그러자 판매량은 3년 동안 6배나 늘었다.

무탄소 매장, 탄소 흔적 추적, 친환경 상품은 현재 인류가 직면한 인구 증가, 자원 부족, 기후 변화의 문제를 해결하는 데 필요한 린 사고를 현실에 적용한 구체적인 사례다. 친환경은 소비를 제한하거나, 소비자들에게 고품질의 일반상품 대신에 값비싼 저품질 친환경 상품을 강요하는 것이 아니다. 오히려 '더 적을수록 더 많아진다'는 린 사고를 활용하면 친환경은 결코 어렵지 않다. 무엇보다도 린 사고를 실천하는 기업일수록 더욱 튼튼한 기업이며, 따라서 '경쟁'에도 맞서 싸울 수 있다.

경쟁자를
찾아 나선다

경쟁자, 그리고 경쟁 행위는 그 자체로 위대한 스승이다. 경쟁자가 레이더망에 걸릴 때까지 가만히 기다리지 말고 직접 경쟁자를 찾아 나서라.

경쟁은 곧
생존의 문제다

경쟁은 소비자들에게 이득이 된다. 이 주장이 생소하게 들릴지도 모르겠다. 왜냐하면 여러 분야에서 '경쟁'이란 단어는 부정적인 뜻을 내포하고 있기 때문이다. 하지만 내가 보기에 경쟁은 선량한 힘이며, 기업뿐만 아니라 사회 전반에도 이득이 된다.

물론 경쟁에는 반드시 승자와 패자가 있기 마련이며, 때로는 승자와 패자가 도출되는 방식이 공정하지 않을 수도 있다. 하지만 판에 박힌 표현대로, 그게 인생이다. 사람은 태어날 때부터 평등하지 않다. 모든 이들을 평등하게 하려는 시도는 언제나 비극, 또는 유혈 사태로 귀결되었다. 시장경제를 버리고 계획경제를 토대로 성장을 이룩하려 했던 정부들은 하나같이 국가부도를 맞았다. 작고한 바츨라프 하벨은 암울한 공산주의 시대를 거쳐 체코공화국의 초대 대통령이 된 인물인데, 그 또한 마찬가지 결론을 내놓았다.

내가 아는 한 제대로 된 유일한 경제시스템은 시장경제뿐이다…… 오직 시장경제만이 자연스럽고 상식적이며 번영을 가져올 수 있는 유일한 경제구조다. 그 이유는 시장경제가 자연스런 삶의 본질을 반영하기 때문이다. 원래 삶이란 무한히 다양한 형태를 띠기 마련이다. 따라서 하나의 중앙조직이 다양한 인간의 삶을 완벽하게 통제하거나 계획하려는 시도는 애당초 불가능하다.[1]

역사적 교훈에도 불구하고, 많은 사람들은 여전히 시장경제와 그 안에서 활동하는 기업들을 비판적으로 바라본다. 특히 대기업에 대한 시각은 매우 부정적이다. 대기업들은 종종 '사회에 돌려주는 것보다 더 많은 것을 사회로부터 앗아간다'라는 비난을 듣는다. 이런 비판적인 시각을 지닌 이들이 보기에 수익 추구 행위는 범죄에 다름 아니다. 그들은 기업이 수익을 내려면 결국 사회 구성원 중 누군가는 희생을 할 수밖에 없다고 믿는다. 따라서 아무리 좋게 말하더라도, 기업은 윤리의식이 없으며, 자신들만의 이득을 추구하는 이기적인 집단이고, 다른 사람들의 이해관계를 철저하게 무시한다는 것이다. 따라서 비판적인 시각을 지닌 이들의 입장에서 보면, 선택은 둘 중 하나다. 타인에게 선을 베풀거나, 자신만의 이득을 추구하거나.

나는 경쟁과 시장경제가 인류에게 이득이 된다고 믿는다. 나는 또한 경쟁과 시장경제에 대한 사람들의 믿음이 21세기 초반 일부 금융기관들의 무분별한 행위 탓에 크게 흔들렸다는 지적도 인정한다. 실제로 금융기관들의 어리석은 탐욕은 경쟁과 시장경제에 대한 일반인들의 옹호적인 시각을 크게 훼손시켰다. 따라서 금융시장 규제의 실패는 반드시 해결되어야 할 중요한 과제다. 하지만 경쟁의 필요성, 그리고 시장경제의 장점에 대한 명확한 이해는 여전히 중요하다.

1950년부터 세계는 역사상 가장 빠르고 오래 지속되는 경제성장을 목격했다. 그 근간이 된 건 사유재산을 보호하고 자유무역을 허용하는 정치·경제적 시스템인 자본주의였다. 자본주의는 모든 이들에게 공짜로 빵을 제공하는 시스템은 아니었지만, 적어도 개인들이 명확한 법적 체계 내에서 경쟁하며 이득을 추구하는 걸 허용했다.

자본주의 시스템의 근간에는 기본적인 원칙이 자리한다. 정부가 아닌 개인을 신뢰하는 것이다. 이런 개인들이야말로 경제학자 루트비히 폰 미제스가 말한 '소비주권자'들이다. 이들은 자신과 가족에게 가장 좋은 것이 무엇인지를 알며, 따라서 자신의 삶을 스스로 결정할 권한이 있다.

개인과 경쟁, 수익 추구에 대한 믿음은 1930년대를 점철했던 보호주의 장벽을 무너뜨렸다. 그 결과 자유무역이 시작됐으며, 시장혁신과 시장창출, 시장투자가 일어났다. 우루과이라운드는 단 한 번의 교역 협상을 통해 자그마치 연간 2,000억 달러에 달하는 관세 장벽을 허물었다.[2] 결론적으로 1960년부터 2003년까지 1인당 세계총생산은 2배가 넘게 증가했다.[3] 이런 상황에서 가장 큰 혜택을 입은 국가들은 자본주의의 근간인 자유무역, 경쟁, 자유를 가장 적극적으로 수용한 국가들이었다. 실제로 한 연구조사에 의하면 경제구조가 '자유로운', 또는 '가장 자유로운' 등급을 받은 국가의 소득은 전체 평균보다 2배가 넘는 소득증가율을 기록했다.[4] 또한 아직도 갈 길이 멀긴 하지만, 빈곤과 기아에 대한 투쟁도 계속됐다. 세계은행에 따르면 1.25달러 미만의 돈으로 하루를 살아가는 이들은 2015년에 8억 8,300만 명에 달할 것으로 추산된다. 1990년 18억 명, 2005년 14억 명에 비하면 상당히 낮아진 수치다.[5] 이처럼 경쟁, 자유시장, 소비자에 대한 신뢰는 성공의 방정식이었고, 실제로 전 세계인들의 삶을 크게 향상시켰다.

물론 경쟁은 사람들을 불안하게 한다. 경쟁이란 결국 경쟁자를 이기는 것이기 때문이다. 그게 경쟁의 목적이다. 일상에서 경쟁기업의 고위임원들과 수천 명의 직원들은 지속적으로 당신을 이길 궁리를 하고, 당신의 고객을 빼앗아가려 한다. 그건 마치 당신이 선거를 치르며 경쟁하는 정치가가 된 것과도 같다. 차이가 있다면 정치가는 수년에 한 번 돌아오는 선거를 통해 경쟁하지만, 기업은 하루도 빼놓지 않고 경쟁을 한다는 점이다.

경쟁을 피하고 싶은 마음이 드는 건 매우 자연스런 현상이다. 또한 그만큼이나 자연스런 현상이 바로 경쟁자를 박살내고 난 후에 찾아오는 교만함이다. 경쟁에서 승리했으니 이제 할 일이 다 끝났다는 생각이 드는 경우가 많기 때문이다. 그러나 경쟁자와 치열하게 싸우는 와중에 뒤에서 서서히 다가오는 경쟁자를 눈치채지 못할 수도 있다. 눈치챘다고 하더라도 '지금은 일단 눈앞의 적부터 해치우고 보자'라고 생각할 수도 있다. 하지만 이런 태도는 실수일 뿐만 아니라 기회의 낭비이기도 하다. 당신은 경쟁을 적극적으로 포용해야 한다. 결코 물러서지 않고, 경쟁해야 한다.

내가 숨 가쁘게 돌아가는 유통업계에 몸담으면서 깨달은 사실은 경쟁자, 그리고 경쟁 행위가 위대한 스승이라는 것이다. 나는 경쟁자들이 레이더망에 걸릴 때까지 가만히 기다리는 걸 좋아하지 않는다. 그보다는 직접 경쟁자를 찾아 나서는 것을 더 좋아한다.

그러나 나는 경쟁자들의 실수나 약점을 파악하는 데 큰 관심이 없다. 왜냐하면 이건 지나치게 쉬운 일이며, 나 자신의 교만함의 표출이기 때문이다. 오히려 나는 경쟁자들을 자세히 조사해서 그들로부터 교훈을 배운다. 내게 가장 강력한 경쟁자들은 가장 뛰어난 경영컨설턴트라고 할 수 있다. 나는 그들의 운영방식과 상품을 살펴보고, 홈페이지를 방문해서 그들의 사고방식, 연구개발 계획을 알아낸다. 게다가 값비싼 컨설팅 비용도 지불할 필요가 없으니 금상첨화가 아닐 수 없다.

내 경험상 경쟁업체 조사를 진행하다 보면 예기치 못한 진실에 직면하게 된다. 예를 들어 우리 회사가 준비가 부족하다거나, 신상품 개발을 간과하고 있다거나, 투자가 필요한 분야를 인식하지 못하고 있다는 점을 깨닫게 된다. 물론 이런 예기치 못한 진실을 직시한다는 건 무척 고통스러운 일이다. 하지만 그보다 더 큰 고통은 경쟁업체 조사보고서를 서랍에 처박아둔 채, 그저 경쟁자가 사라지길 손꼽아 기다리다가 뒤통수를 맞는 것이다. 따라서 경쟁업체를 조사하지 않는 것보다 더 큰 죄악은 경쟁업체를 조사하고서도 그에 맞게 대응하지 않는 것이다.

물론 안타깝게도, 경쟁업체가 취할 행동에 대한 다양한 시나리오를 준비하는 것만으로는 부족하다. 냉전시대에 영국에서 가장 뛰어난 방위계획 수립자였던 마이클 퀸란 경은 예측의 어려움을 다음과 같이 요약한 바 있다.

결론적으로, 만일의 군사적 위험에서 사전에 예측 가능한 상황은 사전에 예측이 가능하다는 점 때문에라도 발생하지 않는다. 왜냐하면 우리는 예상되는 상황에 맞춰 계획하고 준비함으로써 비상시를 대비하지만, 막상 우리가 대비한 상황은 결코 일어나지 않기 때문이다. 오히려 우리가 예상치 못했던 상황이 벌어진다. 그리고 우리는 그 상황을 사전에 예측하지 못하기에 당연히 그 상황을 계획하고 대비할 수 없다.[6]

퀸란의 결론은 기업에도 정확하게 해당된다. 경쟁자의 행동을 보다 더 구체적으로 예상할수록, 실제로 경쟁자가 예상대로 움직일 가능성은 오히려 줄어든다.

나아가 전문가와 분석가들의 관점에서 경쟁자를 정의하면 정의할수록, 숨은 경쟁자를 인식하지 못하고 놓치게 될 확률 또한 높아진다. 사실 기업에게 가장 큰 위협은 당신이 존재 여부조차 모르는 숨은 경쟁자의 존재다. 시장 한구석에 몸을 숨긴 채 당신을 호시탐탐 노리는 이 숨겨진 위협을 찾아내려면, 당신은 소비자처럼 생각하고 행동해야 한다. 고정관념과 편협한 시각을 버리고, 자기중심적인 사고에서 벗어나, 욕구와 필요를 지닌 소비자의 관점에서 생각해야 한다. 그런 뒤 직감에 따라 호기심을 품고 주변을 살펴야 한다. 그러면 직관과 경험이 당신에게 올바른 길을 제시할 것이다. 당신은 그저 그 길을 따라가면 된다.

내 경험상 대체로 예상치 못한 위협은 경쟁자의 행위 때문이 아닌,

새로운 첨단기술의 등장에 따라 이전과는 전혀 다른 산업 분야가 창출되면서 생겨난다. 예를 들어 테스코의 비식품사업군과 홈쇼핑 서비스—자전거나 세탁기 같은 상품을 판매—는 원래 아르고스Argos와의 경쟁이 목적이었다. 아르고스는 카탈로그를 배포해 고객들이 구매한 상품을 창고에서 고객의 가정으로 곧바로 배송하는 유통업체다. 하지만 나는 비식품사업군의 목적이 아르고스와의 경쟁이라는 생각 자체가 매우 잘못됐다는 걸 깨달았다. 우리의 진정한 경쟁자는 아르고스가 아닌, 아마존닷컴이었던 것이다. 아마존은 당시 도서와 음반, 영화를 판매하고 있었지만, 조만간 다른 상품으로 판매를 확장할 게 분명했다. 그리고 아마존이 다른 상품으로 확장한다면, 우리에게는 버거운 경쟁자가 될 게 뻔했다. 따라서 우리는 아마존과의 경쟁을 직시해야만 했다. 그러려면 사업 규모를 크게 확대해야 했고, 업무 절차를 개선하고, 새로운 상품군을 마련하고, 온라인 주문과 배송 역량을 확보해야 했다.

유통업계에서 경쟁자보다 한 발 앞서 나가는 건 매우 중요하다. 실제로 유통업계는 경쟁이 가장 치열한 산업 분야다. 수많은 유통업체들이 동일한 고객들을 상대로 자신의 매장을 방문해 상품을 구매해 달라고 호소하지만, 선택권은 결국 고객들에게 있기 때문이다. 모든 선택은 고객의 몫이며, 고객이 어느 유통업체를 선택하는지에 따라 유통업체의 운명이 좌우된다. 한마디로 유통업계는 가장 원초적인 경쟁이 벌어지는 곳이다.

경쟁은 매년, 매일, 매시간 계속된다. 어느 날은 매출이 좋고 고객들도 만족해 하다가, 다음 날이 되면 상황이 백팔십도 변하기도 한

다. 고객들은 실망감을 느끼면 즉각 다른 매장으로 발걸음을 돌린
다. 이런 즉각적인 고객들의 호불호 때문에라도 유통업체들은 고객
들의 마음을 잡기 위해 매일매일 노력하고, 한시라도 마음을 놓지 못
한다. 따라서 경쟁은 갈수록 치열해지고, 이윤도 갈수록 줄어든다.
이런 상황에서 고객들의 외면을 받으면 어떤 유통업체도 오랫동안 버
틸 수 없다. 따라서 유통업계의 경영자들은 매일 아침에 눈을 뜰 때
마다 경쟁에 대한 엄청난 압박감에 시달린다. 경쟁은 곧 생존의 문
제이기 때문이다.

이와 같은 잔혹한 경쟁은 나쁘며, 따라서 규제해야 한다는 의견도
있다. 대형마트 간의 고객 확보 경쟁 때문에 여러 사회문제가 야기된
다는 비난도 있다. 예를 들어 대형마트는 동네의 유통업체을 파괴한
다. 지역사회를 망가뜨리며, 매장을 세우기 위해 건물을 허물고 그 부
지에 콘크리트를 발라버린다. 교통 체증도 야기하며, 공급업체들을
쥐어짜며, 영국 농가에도 악영향을 끼친다. 대형마트는 사람들에게
몸에 해로운 식품을 판매하며, 비만율 증가의 주범이기도 하다. 이보
다 더 심한 비난도 많다.

하지만 만약 1980년대에 영국 정부가 이런 주장을 인정해서 유통
업체의 경쟁을 규제했다면 어떻게 됐을까? 내 생각에는 세인즈베리
가 여전히 1위 자리를 차지했을 것이고, 테스코는 세인즈베리를 따라
잡으려 애쓰고 있었을 것이며, 공급업체들은 지금보다 훨씬 작은 시
장을 상대로 사업을 영위했을 것이다. 물론 "좋은 일이 아닌가?"라고
반문하는 사람도 있을 것이다. 하지만 경쟁 규제가 소비자들에게 끼
쳤을 영향을 생각해보라.

　1980년대 초반, 대형마트는 식료품만을 판매했다. 그나마 판매하는 식료품도 하나같이 통조림 제품이었다. 신선한 야채와 과일의 판매는 매우 제한적이었다. 대형마트에서 판매하는 고급상품이라고는 품질이 우수하지 못한 와인 정도였다. 하지만 유통업계의 경쟁 덕분에 내가 젊었던 시절에는 호사스런 고급상품이 지금은 일반 가정도 구매할 수 있는 평범한 상품이 됐다. 경쟁은 또한 저소득층의 생계에도 도움이 됐다. 실제로 영국의 식료품 가격은 1975년부터 2007년까지 지속적으로 하락했고, 실질적인 식료품 물가는 3분의 1이나 낮아졌다.[7] 다시 말해 전형적인 영국 가정들은 테스코 덕분에 10년 동안 식료품 쇼핑 금액으로 약 5,000파운드를 절약할 수 있었다. 반면 그 10년 동안 다른 물가는 지속적으로 상승했다.

　또한 경쟁은 고객의 선택 폭을 폭발적으로 증가시켰다. 내가 테스코에 입사했던 1979년에 테스코가 판매하던 상품의 가짓수는 지금의 10분의 1에 불과했다. 하지만 21세기에 돌입한 후 첫 6년 동안, 영국의 4대 대형유통업체들은 하루 평균 3개의 신상품을 소개했다. 6년 동안 고객의 선택 폭은 매일 12개씩 늘어난 셈이다.

　상품의 선택 폭뿐만 아니라 선택할 수 있는 매장의 수도 늘어났다. 현재 영국인들의 95%가 거주지에서 15분 이내에 3개 이상의 대형마트를 두고 있다. 매장 선택의 폭이 넓어지면서 고객들은 이전보다 더 많은 매장을 방문한다. 평균적으로 고객들은 4주 동안 서로 다른 매장 세 곳에 들른다. 한 매장을 정해놓지 않고 여러 매장에서 쇼핑을 하는 고객들의 쇼핑 금액은 연간 100억 파운드에 달한다. 바로 이 100억 파운드가 유통업계의 치열한 경쟁을 부추기는 것이다.

경쟁은 또한 간접적인 혜택도 제공한다. 일단 일자리를 들 수 있다. 테스코는 지난 10년 동안 20분마다 새로운 일자리를 창출했다. 유통업체들은 세수 증대에도 도움이 된다. 테스코의 경우, 10년 동안 납부한 세금이 35억 파운드에 달하며, 이는 영국에 160곳의 새로운 중등학교를 세우기에 충분한 규모다. 경쟁은 공급업체들에게도 혜택이 된다. 혹시라도 대형마트에서 쇼핑을 할 기회가 있다면, 당신의 카트에 담긴 상품들을 제공하기 위해 얼마나 많은 사람들이 관여했는지를 생각해보라. 농부, 식품가공업자, 양조업자, 어부, 중소제조업체, 운송업자 들에 이르기까지 유통업체 물류망에는 지역, 국가, 대륙을 막론하고 수많은 이들이 참여한다.

이 모든 것들이 경쟁의 혜택이다. 그렇다면 실제로 경쟁은 어떤 식으로 진행될까? 내가 테스코에 몸담으면서 만난 가장 강력한 경쟁자는 거대 유통업체인 '알디Aldi'와 '월마트Wal Mart'였다.

경쟁자에게서 배운 교훈으로
경쟁자를 뛰어넘어라

알디와 월마트는 과거뿐만 아니라 현재도 영국 본토와 해외시장에서 테스코와 경쟁하고 있는 가장 강력한 유통업체들이다. 알디와 월마트는 사업 형태와 운영방식에서 큰 차이가 있지만, 한 가지 핵심적인 공통점이 있다. 두 업체 모두 대량소비자를 대상으로 유통할인점 사업을 영위하고 있으며, 과거의 방식을 '파괴적으로 바꿔놓은' 뛰어난 사업가에 의해 설립됐다는 점이다. 내가 여기서 강조하고 싶은 부분이 비로 '파괴적disruptive'이란 단어다. 이 말은 알디와 월마트의 설립자가 자국 시장에서 유통업의 접근 방식과 시스템을 완전히 새롭게 바꿔놓음으로써 비용을 대폭 절감했고, 기존 유통업체를 궁지로 몰아넣었다는 말이다.

사람들에게 "세계에서 가장 큰 유통업체가 어디냐?"라고 물으면,

대부분은 월마트라고 답할 것이다. 유통업계 종사자가 아닌 이상, 알디라고 답하는 사람은 드물 것이다. 알디는 여전히 상장하지 않은 비공개 기업으로 남아 있으며, 사업 방식에 대해서도 외부에 잘 알려지지 않고 있다. 매출액이 600억 달러에 달하는 알디가 타깃Target이나 어홀드Ahold, 막스앤스펜서보다 규모가 더 크다는 사실을 아는 사람도 찾기 어렵다.

테스코처럼 알디도 하나의 가게에서 출발했다. 독일 에센에서 광부의 아내가 운영하던 가게가 알디의 시작이다. 1946년에 두 아들 테오와 칼 알브레히트가 가게를 물려받았고, 이후 사업을 키워가다가 매장이 300개에 도달한 1960년에 둘은 갈라서게 된다. 다툼의 원인은 수익 분배나 전략에 대한 이견이 아닌, 계산대에서 담배를 판매할지 말지를 둘러싼 말다툼이었다고 한다. 둘은 한 명이 회사를 그만두는 대신에 보다 합리적인 방안을 택했다. 바로 알디 노드Nord와 알디 수드Sud로 회사를 분할해 각자 하나씩을 맡았던 것이다. 이후로 두 회사는 동일한 브랜드와 사업 모델을 활용하긴 했지만, 서로 다른 지역에서 사업을 벌였고, 두 회사 모두 큰 성공을 거두었다.

알디는 제한적 할인 모델을 개발해 완벽에 가깝게 가다듬었다. 그들은 일정 수준의 품질을 유지하면서 최대한 낮은 가격에 상품을 제공하는 데 집중한다. 물론 모든 유통업체들이 이런 시도(럭셔리 상품은 예외)를 하지만, 알디의 경우에는 저가전략을 극단적으로 추구한다(어쩌면 알디가 저가에 집착하는 까닭은 독일이 1920년대에는 극심한 인플레이션을, 제2차 세계대전 이후에는 물품 부족과 빈곤을 겪은 것이 깊은 정신적 외상을 남겼기 때문일지도 모르겠다).

알디의 저가전략은 내가 지금까지 목격한 유통업 모델 중에서 가장 목적에 충실하다. 말 그대로 알디의 전략에는 거추장스런 요소도, 다양한 선택 사항도 없다. 저가 모델에 필수적인 것만을 포함할 뿐, 불필요한 요소들은 철저하게 배제된다. 예를 들어 알디의 사업 모델은 다양한 상품군을 제공하지 않는다. 판매하는 상품의 종류도 일반적인 대형마트의 4만 품목에 비해 훨씬 적은 1,000~1,500개 품목 정도로 제한적이다. 그리고 대부분의 상품은 알디가 자체적으로 주문 생산한 브랜드 상품이다. 알디 매장은 통로에 장식이 없다. 비용이 들기 때문이다. 비용을 절감하기 위해 상품들은 별도의 진열대가 아닌 상자나 운반대에서 판매된다.

알디의 강점은 알디가 추구하는 저가전략이 소비자들에게 통한다는 점, 그리고 알디가 단순한 사업 모델과 원칙을 철저하게 준수한다는 점이다. 한마디로 알디는 경쟁업체들에게 매우 버거운 상대다. 왜냐하면 알디는 결코 실수를 저지르는 법이 없기 때문이다. 알디와의 경쟁에서 이기려면 알디와 차별화되는 더 나은 뭔가를 제공해야만 한다. 알디와의 경쟁에서 꼼수는 통하지 않는다. 알디에게는 없는 분명한 부가가치를 제공하지 않는 한, 가격으로 경쟁해서 알디를 이기기란 불가능하다.

알디는 독일 시장에서 탄탄한 기반을 다지면서 서서히 다양한 소득계층으로 사업을 확대했고, 할인점으로는 매우 높은 수준인 25%의 시장점유율을 확보했다. 알디가 큰 성장을 이룰 수 있었던 데에는 다른 독일 유통업체들의 전략적 실수도 한몫했다. 그들은 사업 모델을 재정비해서 온 힘을 다해 맞서기보다는 알디를 틈새시장 경쟁자로 인식하고 알디와 유사한 할인매장을 건립해서 경쟁했다. 문제는 다른 독일 유통업체들에게 할인점은 주요 사업 분야가 아니었다는 점이다. 즉 그들은 알디에게 유리한 규칙에 따라 자신들이 잘 알지도 못하는 할인점 모델로 경쟁했던 것이다. 시간이 지나면서 알디는 오히려 다른 유통 분야에 진입할 정도로 몸집을 키웠고, 다른 독일 유통업체들에게는 없는 규모의 경제를 달성할 수 있었다. 만약 경쟁업체들이 혁신에 성공했다면, 알디와의 싸움을 보다 유리하게 이끌 수 있었을 것이다. 하지만 그들은 결코 그러지 못했다.

우리가 알디와 처음 경쟁하게 된 건 알디와 또 다른 독일계 할인점인 리들이 1990년에 영국 시장에 진출하면서였다. 전문가들은 알디와 리들이 독일 시장에서와 마찬가지로 영국 시장에서도 25%의 시장점유율을 확보하게 될 거라고 예측했다. 그 말은 기존에 영국 시장에서 경쟁하던 대형유통업체들 중 한 곳이 망하게 될 거라는 의미였다. 그리고 당시에 전문가들은 가장 유력한 후보로 테스코를 꼽았다.

실제로 알디가 영국에 매장을 내자마자 테스코는 큰 타격을 입었다. 하지만 지금 생각해보면 알디의 영국 진출은 테스코에게는 오히려 행운이었다. 테스코는 무조건 대응해야만 했기 때문이다. 만약 타격이 크지 않았다면, 오히려 우리는 별일 아니라고 생각하고 평상시처럼 안일하게 사업을 진행했을 테고, 얼마 지나지 않아 알디의 손에 놀아나게 됐을 것이다.

1990년대 초반은 경기가 좋지 않아 테스코 고객들도 그 여파를 체감하고 있었다. 고객들은 한 푼이라고 아껴야 했고, 마침 그 시기에 알디가 '기록적인 낮은 가격'을 들고나왔다. 우리는 고객조사('위대한 조직을 만드는 절대법칙 1' 참조) 덕분에 고객들이 '테스코가 좋긴 하지만 쇼핑은 알디에서'라고 생각한다는 걸 알아냈다. 당시 우리는 옳은 결정을 내렸다. 알디와 같은 가격에 상품을 제공하되, 중요한 점은 테스코가 잘하는 부가가치도 없애지 않고 지속적으로 제공하기로 한 것이다. 다시 말해 우리는 테스코의 특징을 유지하면서 '짝퉁 알디'가 되지 않았다.

쉽지는 않았다. 우리는 밸류라인이라고 불리는 상품군을 새로 선보였다. 밸류라인은 고객들에게 가격 대비 최고의 가치를 제공하기 위해 불필요한 기능을 모두 제거한 상품들이었다. 우리는 밸류라인 상품의 특징을 상품 라벨에 정직하게 표기해 고객이 느끼는 테스코의 브랜드 가치도 훼손하지 않았고, 고가상품을 구매하는 고객들을 상대로 눈속임을 하지도 않았다. 오히려 우리는 밸류라인이 돈을 아끼려는 고객들을 위한 상품임을 당당하게 밝혔다. 일부러 눈에 잘 띄게 포장은 선명한 파란색과 흰색을 사용했다. 당시 테스코는 세인즈베리나 막스앤스펜서처럼 고가 고객을 확보하려 수년간 투자를 단행해왔던 후였고, 따라서 주주들은 밸류라인 출시를 어리석은 시도라고 생각했다. 하지만 우리는 시장 상황을 제대로 읽었고, 경쟁자로부터 배우면서 고객의 변화를 따라가고 있었다. 밸류라인은 대성공을 거뒀고, 알디는 쓴맛을 봤다. 아마 알디가 경쟁에서 패배한 건 그때가 처음이었을 것이다.

밸류라인의 성공 이후, 우리는 보다 장기적인 관점에 따라 새로운 시스템과 경영 혁신을 통해 테스코의 모든 사업 절차를 보다 효율적으로 개선했다. 우리는 저가전략으로 알디와 정면으로 맞서되, 알디

보다 더 효과적으로 저가전략을 펼치길 원했다(예를 들어 우리는 알디
가 진열대 대신 운반대에서 직접 상품을 판매하는 것을 모방했다. 다만 운
반대 밑에 바퀴를 부착해 이동이 더 쉽도록 했다. 지극히 단순한 시도였지
만 이런 작은 시도가 모이면 큰 효과를 발휘하기 마련이다). 우리는 절감된
비용—상당한 규모였다—을 한 푼도 남김없이 고객에게 더 나은 서비
스와 상품을 제공하는 데 재투자했다. 이런 노력에 따라 10년이 넘
게 테스코의 상품 가격은 매년 낮아졌다. 우리는 가격을 낮추어서 더
많은 상품을 판매하고, 다시 더 낮은 가격을 책정하는 선순환 고리
를 만들었다.

물론 저가정책이 주는 압박은 엄청났다. 상품 가격이 낮아지는 10년
동안에도 임금, 에너지 사용료, 부지 가격은 지속적으로 상승했고, 따
라서 직원들은 예산 책정 시기마다 예산이 너무 빡빡하다고 불평을 했
다. 주주들은 고객들을 위해 상품 가격을 낮추는 대신 그 돈으로 배당
금을 더 달라고 요구했다. 그럴 때마다 나는 테스코의 목을 졸라오는
경쟁자들의 손아귀를 벗어나려면 유일한 방법은 지속적인 비용 절감
뿐이라는 점을 반복해서 설명해야 했다. 다행히도 내 생각은 옳았다.
테스코의 시장점유율은 계속해서 증가했고, 수익도 높아졌다. 덕분
에 우리는 브랜드 가치를 높이기 위한 장기 투자도 단행할 수 있었다.

알디와 리들은 영국 시장에서 어느 정도 성공을 거두긴 했지만,
어디까지나 허약한 경쟁자들을 상대로 거둔 승리였다. 1990년부터
2005년까지 유통시장에서 그들이 차지하는 비중은 4~5%로 크게 증
가하지 않았다. 한마디로 알디와 리들은 독일에서와 달리 영국에서
는 유통산업의 주류시장에 진입하는 데 실패했다.

같은 시기에 우리는 알디, 리들과 또 다른 시장에서도 전쟁을 벌였다. 그 시장은 영국보다 훨씬 경쟁이 치열한 해외시장이었다. 전쟁은 베를린 장벽이 붕괴된 1989년에 우리가 과거 공산주의 국가였던 중부 유럽을 순회하면서 시작됐다. 당시 우리는 중부 유럽 국가들이 테스코의 새로운 기회가 될 수 있음을 직감했다.

나는 1991년에 폴란드를 방문했던 기억을 결코 잊지 못한다. 중앙계획형 경제가 시민들의 요구를 충족하지 못한다는 사실은 당시 중부 유럽 국가를 방문하면 분명히 알 수 있었다. 이런 국가들에는 현대식 매장이 전혀 없었다. 폴란드 공산정권의 붕괴를 불러온 자유노조 Solidarity의 본거지였던 그단스크는 내가 어린 시절에 경험했던 1960년대의 조립식 가건물 주거지를 연상시킬 정도로 황폐했다. 폴란드 사람들은 이런 열악한 상황에서도 좋은 유통업체와 좋은 상품을 간절하게 원하고 있었다.

불행히도 중부 유럽 시장의 폭발적인 성장 잠재력을 인식한 건 우리만이 아니었다. 유럽 전역의 유통업체들이 중부 유럽 시장으로 몰려들었다. 테스코가 진입하기로 결정한 시장−폴란드, 체코공화국, 슬로바키아, 헝가리−에는 특히 프랑스와 독일 유통업체들이 앞다퉈 진입하고 있었다. 당연히 알디와 리들도 진입을 앞두고 있었다.

중부 유럽 시장에서 매장을 건립하려면 기반이 전혀 없는 상황에서 출발해야 했기에, 초기에는 유통점이 많지 않았다. 하지만 시장의 크기에 비해 너무 많은 유통업체들이 진출했고, 당연히 경쟁이 심하다 보니 수익성은 낮을 수밖에 없었다. 게다가 중부 유럽 국가의 시민들은 소득이 낮았기에 모든 유통업체들은 가격으로 경쟁을 해야만 했다. 결국 저가할인점 모델을 토대로 수많은 유통업체들 간에 소모적인 전쟁이 촉발됐다.

테스코는 중부 유럽 시장에 진입하면서 쇼핑몰처럼 모든 상품을 판매하는 대형마트 모델을 선보였다. 대형마트는 체인형 유통업체의 근간이며, 동시에 빠르게 규모의 경제를 달성할 수 있는 수단이기도 하다. 이런 대형마트는 승용차를 몰고 매장에 들러 한곳에서 모든 쇼핑을 해치우는 고객들을 겨냥해 설계됐고, 따라서 대체로 교외지역에 위치한다. 하지만 우리는 우리가 내세운 대형마트가 알디와 리들의 할인점 모델에 밀린다는 걸 깨달았다. 그도 그럴 것이 알디와 리들의 할인점은 도심에 더 가까이 위치하고 있었기 때문이다. 사실 우리는 통계자료를 통해 슬로바키아와 헝가리 사람들 중 상당수가 자동차를 소유하고 있다는 걸 알고 있었다. 하지만 우리가 간과한 사실은 그들 대부분이 주말에 자동차를 몰고 매장에서 쇼핑을 할 만큼 부유하지 않다는 점이었다. 우리는 이 예상치 못한 상황에 대응하기 위해 매장 면적이 740~930제곱미터인 대형마트 대신에 185~280제곱미터의 보다 작은 매장을 개발하는 데 착수했다. 소형매장은 식료품과 일반상품을 아우르는 다양한 상품을 판매했고, 면적이 훨씬 작았기에 도심 근처에 위치할 수 있는 장점도 있었다.

그런 뒤 우리는 소형매장에서 밸류라인 상품뿐만 아니라 우리가 독점으로 보유한 저가상품들도 제공했다. 사실 자체 브랜드 저가상품을 판매하는 방식은 알디가 처음 선보인 판매기법이다. 우리는 그저 그 기법을 알디로부터 배웠을 뿐이다. 이처럼 경쟁에는 피도 눈물도 없다.

알디와 리들은 우리가 자신들을 매우 주의 깊게 지켜본다는 점에 놀라는 눈치였다. 이전까지만 해도 주요 유통업체들은 알디와 리들을 틈새시장 경쟁자로 인식할 뿐, 정면 대결을 피했기 때문이다. 하지만 우리는 그런 실수를 범할 생각이 추호도 없었다. 서서히 우리의 전략은 결실을 맺었고, 시장점유율도 상승했다. 처음에는 우리의 성공이 알디와 리들에게 타격을 입히지는 않았다. 다만 알디와 리들의 성장세를 늦췄을 뿐이다. 오히려 슬로바키아와 헝가리 시장에서 우리의 성공 때문에 가장 큰 타격을 입은 건 다른 대형마트들이었다. 소비자들의 소득이 증가한 것도 우리에게는 도움이 됐다. 왜냐하면 우리는 소비자들에게 낮은 가격뿐만 아니라 다른 혜택도 제공했기 때문이다. 이후 우리는 고급상품(의류나 전자제품)과 양질의 신선식품을 본격적으로 제공함으로써 알디와 리들을 서서히 압박했다. 만약 우리가 경쟁자로부터 사업을 더 단순화하고 효율화하는 방식을 배우지 않았더라면 이런 반전은 불가능했을 것이다. 이렇게 우리는 초기 성공을 기반으로 고객들의 신뢰를 얻을 수 있었다. 이후 보다 고가의 상품을 제공했을 때에도 고객들은 부가가치 때문에라도 더 높은 가격을 지불할 만하다고 생각했다.

15년간의 노력과 꾸준한 성장 덕분에 테스코는 현재 중부 유럽에서 1위 유통업체로 발돋움했다. 그렇다고 한숨 돌릴 수 있는 상황은 아니다. 알디와 리들은 여전히 매우 강력한 경쟁자이며, 따라서 한순간도 방심할 수 없다. 게다가 중부 유럽의 전장에서 한창 승리를 거두고 있을 때, 우리의 본거지인 영국에는 알디와 리들보다 훨씬 큰 경쟁자가 등장하고 있었다. 바로 월마트였다.

월마트는 일종의 사회현상이다. 1962년에 샘 월튼(그는 마케팅과 유통업의 천재였다)이 설립한 월마트는 진정한 의미에서 미국 최초의 다국적 유통업체이다. 월마트는 일반상품—의류를 비롯해 식료품을 제외한 모든 일상품—을 판매하는 유통점으로 출발했다. 미국에서 대형할인점 개념을 처음 소개한 사람이 월튼은 아니었지만, 적어도 그가 대형할인점 개념을 완벽하게 가다듬은 장본인인 건 틀림없는 사실이다. 초기에 월튼은 다른 대형할인점인 K마트와의 경쟁을 피하기 위해 소도시 위주로 사업을 전개했다(K마트는 당시 월마트보다 규모가 훨씬 컸다). 하지만 K마트가 거대 매장 위주로 규모의 경제를 추구할 때, 월마트는 중앙물류센터와 통합구매 및 물류시스템 구축에 주력했다. 미국처럼 거대한 땅덩어리에서 체인형 매장 네트워크를 구축한다는 건 결코 쉬운 일이 아니다. 그리고 실제로 이런 시도를 했던 업체들은 하나같이 실패했다. 따라서 대다수 유통업체들은 미국 전역을 아우르는 체인형 매장을 세우려는 시도를 아예 포기하고 있었다. 적어도 월마트가 등장하기 전까지는 말이다.

월마트는 근거지인 미국 남동부 지역을 기반으로 신중하게 매장을 확대했다. 이때 월마트가 사용한 전략이 바로 '허브앤스포크hub and spoke' 시스템이다(여기서 허브는 차축을, 스포크는 바큇살을 말한다. 즉 하나의 물류센터를 거점으로 다수의 매장들이 바큇살처럼 연결되는 방식이다). 월마트는 물류와 상품 판매 방식—따분하게 들리겠지만 이 두 가지는 유통업체의 성공에 핵심적인 요소들이다—을 선도한 기업이었고, 덕분에 점차 경쟁자보다 비용이 낮은 사업 모델을 확보할 수 있었다. 물론 월마트가 효율적인 시스템에만 집중했던 건 아니다. 월마트는 분명한 기업가치를 지니고 있었고, 덕분에 의욕과 열정이 넘치는 조직을 만들 수 있었다. 사기가 높고, 영민한 직원들 덕분에 월마트 매장은 늘 활기가 넘쳤다.

1988년에 월마트는 최초의 슈퍼센터(미국에서는 대형마트를 이렇게 부른다)를 오픈했다. 슈퍼센터는 일반상품뿐만 아니라 식료품도 판매하는 거대 매장이었다. 1990년대 중반이 되자, 월마트는 누구도 감히 도전할 수 없는 거대 유통업체로 성장했다. 따라서 컨설턴트들은 다른 유통업체들에게 월마트라는 공룡에게 잡아먹히지 않으려면 차별화를 해야 한다고 주장했다. 다른 유통업체들이 월마트를 피하기 위해 차별화 전략을 취하면서, 오히려 월마트는 '저가상품' 분야에서 시장 1위 업체가 됐다. 영국에 진출하던 무렵에는 이미 전 세계에서 가장 큰 유통업체였을 뿐만 아니라 당시 전 세계에서 가장 큰 기업으로의 등극을 앞두고 있었으며, 테스코보다 몸집도 5배나 컸다.

월마트는 아스다를 100억 달러에 인수해 영국 시장에 교두보를 마련했다. 나는 태국에서 직원들과 한창 질의응답 시간을 진행하던 와중에 그 소식을 들었다. 지금 생각해보면, 막상 머릿속에서 '맙소사, 이제 어쩌지?'라는 생각이 들더라도 표정만은 차분하게 유지하는 능력은 매우 소중하다. 아무튼 소식을 들었을 때 내가 처음 떠올린 생각은 이랬다. '최대한 빨리 이 모임을 끝내고 영국으로 돌아가야 해!' 하지만 만약 내가 모든 일정을 취소하고 영국으로 돌아간다면 오히려 직원들의 눈에 내가 겁먹은 것처럼 비춰질 수도 있었기에 나는 일단 모든 일정을 수행했다. 나는 스페인의 무적함대가 접근한다는 소식에도 태연하게 잔디볼링 게임을 끝까지 마친 프랜시스 드레이크만큼 대담하진 못했지만, 적어도 남은 일정을 진행하면서 시간적 여유를 가지고 월마트의 영국 시장 진출에 대한 생각을 정리할 수 있었다.

월마트라는 위협에 대해 직원들에게 어떤 메시지를 전달해야 할까? 나는 직원들이 이 사건을 심각하게 받아들이긴 해도, 겁에 질리길 바라지는 않았다. 한편으론 직원들이 월마트의 영국 시장 진입을 큰 위협이 아니라고 애써 부인하는 것도 원치 않았다. 왜냐하면 월마트의 진입은 실제로 우리에게 거대한 위험이었기 때문이다.

우리는 월마트를 잘 알았고, 심지어 존경했지만, 이전까지 월마트와 경쟁한 적은 없었다. 따라서 월마트의 운영비용이 테스코보다 얼마나 낮은지 전혀 알지 못했다. 일반적인 통념(우리는 이 통념을 믿지 않았다)에 의하면, 미국의 산업은 영국보다 훨씬 생산성이 높았고, 따라서 미국 시장 1위 업체인 월마트가 테스코를 박살 내는 건 시간문제였다.

특히나 우리가 우려한 점은 월마트가 비식품사업에서 엄청난 매출을 올리고 있다는 점이었다. 당시 테스코는 비식품사업에 막 진입한 후였고, 따라서 일반상품은 식료품에 비해 규모의 경제에 훨씬 취약했다. 우리는 월마트가 비식품군에서 우리보다 더 많은 매출을 올릴 것이고, 그 수익을 재투자함으로써 우리의 핵심 사업 분야인 식품군으로 확장할 것이라고 우려했다.

이런 불리한 상황에서도 우리는 테스코답게 행동하기로 결정했다. 즉 경쟁자인 월마트로부터 배우고, 계속해서 고객을 따르기로 결심한 것이다. 다시 말해 우리는 고객을 중심에 두는 우리의 기본 전략을 수정하지 않되, 경쟁을 존중하고 월마트로부터 최대한 많은 것을 배우기로 결정했다. 우리는 이를 즉각 실행했다. 일단 월마트를 철저히 해부했다. 고위관리자들은 미국, 중국을 비롯해 월마트가 진출한 곳이라면 무조건 방문해서 월마트에 대해 배웠다. 실제로 월마트에는 우리가 배워야 할 교훈이 많이 있었다. 그리고 우리 눈으로 직접 월마트의 운영방식을 조사하면서 월마트에 대해 품었던 막연한 두려움은 어느새 차츰 사라지고, 충분히 경쟁할 만한 부분을 찾아낼 수 있었다. 핵심은 일반상품군이었다. 즉 월마트와 경쟁하려면 글로벌 물류망을 최대한 빨리 구축해야만 했다.

당시 우리는 월마트만큼 대량으로 일반상품을 판매하지는 않았지만, 다행히도 판매량은 빠르게 증가하고 있었다. 우리는 또한 효율적인 물류망을 구축하는 데 강점이 있었다. 우리가 영국 시장에서 신선상품 물류망을 보유하고 있다는 게 그 증거였다. 따라서 물류망을 보다 효율적으로 개선한다면 월마트에 비해 일반상품 구매에 (적은 구매량 때문에) 더 높은 가격을 지불하는 것도 어느 정도 상쇄할 수 있었다. 우리는 모든 식품군과 비식품군을 제공하기 위해 즉각 매장 면적을 늘렸다. 새로운 매장 형태를 도입했고, 새로운 상품군을 소개했으며, 새로운 서비스와 낮은 가격도 제공했다. 월마트가 (토스터와 같은) 제품을 제작하기 위해 열 곳의 중국 공장을 가동한다면, 우리는 주문량은 적더라도 최소 한 곳의 공장을 풀가동할 수 있는 주문량이면 충분히 경쟁이 가능하다고 믿었다. 이런 노력 덕분에 우리는 월마트의 초기 공세를 막아낼 수 있었다.

시간이 지나면서 테스코의 생산성은 월마트와 어깨를 견줄 수 있을 정도로 개선됐고, 심지어 식품 분야에서는 월마트를 앞지를 수 있

었다. 그런데도 여전히 전문가들은 미국의 거대 유통업체인 월마트
가 당연히 테스코보다 생산성이 더 높다고 지속적으로 주장했다. 그
러나 우리는 월마트가 영국 시장에 진출한 후 5년 동안 오히려 시장
점유율과 수익을 확대했다. 한편 월마트와의 힘겨운 경쟁은 글로벌
유통업과 같은 거대 시장이라면 월마트, 테스코, 알디를 비롯한 여러
업체들이 공존할 수 있는 충분한 시장이 존재한다는 점을 새삼 일깨
워줬다. 결론적으로 월마트는 우리로 하여금 최선을 다하게 만들었
다. 또한 월마트를 비롯한 대형유통업체들과의 전투는 경쟁의 가장
아름다운 면모를 보여준다. 왜냐하면 그 전투에서 가장 큰 이득을 본
건 결국 소비자들이었기 때문이다.

승리하기 위해
모든 것을 들이붓지 마라

치열한 전투를 치르다 보면 '어떤 희생을 감수하더라도 승리하고 싶다'는 유혹이 생기기 십상이다. 하지만 승리를 거두는 과정에서 자신이 믿는 가치를 저버린다면, 승리는 아무 의미가 없다. 따라서 승리에 대한 의지는 자신의 가치에 대한 진실한 태도가 수반되어야 한다. 나는 경쟁자들과의 힘겨운 전투에서 테스코는 테스코답게 행동해야 한다는 점을 늘 강조했다. 경쟁자에게서 배운다는 건 결코 경쟁자와 똑같이 되는 것을 의미하지 않는다. 경쟁에서 승리하기 위해 직원의 이해관계를 저버리는 일이 있어서도 안 된다.

승리는 고객, 직원, 지역사회, 공급업체에 대해 책임을 져야 한다는 의미이기도 하다. 그리고 이런 책임감을 인식하는 기업이야말로 진정 강력한 기업이다. 테스코와 고객과의 관계는 신뢰를 토대로 한다. 따라서 만약 테스코가 고객과 고객이 속한 지역사회에 책임을 다하지 않는다면 신뢰는 무너질 수밖에 없다. 테스코가 옳은 행동을 하는 이유는 회사의 실적에 도움이 되기 때문이기도 하지만, 다른 한편으론 그것이 기업의 사회적 책임이기 때문이다. 즉 우리는 우리가 대접받고 싶은 것처럼 남들을 대접한다.

기업의 사회적 책무를 사업을 하기 위해 당연히 치러야 할 '비용'이라고 주장하는 사람들도 있다. 나는 이 주장에 동의하지 않는다. 왜냐하면 적극적으로 시장에서 활동하는 기업에 책임이 뒤따르는 건 당연하기 때문이다. 모든 기업에는 또한 도덕적 책임이 있다. 왜냐하면 기업의 행위에는 기업에서 일하고 기업에 투자하는 모든 이들이 믿는 공통의 가치가 반영되기 때문이다. 오늘날 기업에게 보다 더 사려 깊은 판단, 개인의 도덕적 책무보다 더 큰 책임을 요구하는 까닭도 이런 엄격한 관점 때문이다.

좋은 기업은 대체로 혁신, 위험 감수, 경쟁, 투자, 고용, 서비스와 마케팅을 통해 사회적 책임을 실천한다. 이런 일상적인 기업 활동은 기업뿐만 아니라 고객, 더 폭넓게는 지역사회에 혜택을 제공한다.

위대한 기업들의 '존재 목적'이 오로지 수익 추구에만 맞춰져 있지 않은 까닭도 이 때문이다. 수익 창출이 반드시 필요하다는 점은 모든 기업들이 안다. 하지만 대부분 기업들은 수익 추구만으로는 지속적으로 직원들과 투자자들의 사기를 진작하고, 동기를 부여하기에 불충분하다는 사실도 잘 안다. 여기서 내가 '대부분 기업들'이라고 지적한 것을 유의하라. 모든 기업이 입버릇처럼 기업의 사회적 책무를 말하기는 한다. 하지만 실제로 그 말을 진심으로 내뱉는 기업은 훨씬 적으며, 이를 실천에 옮기는 기업은 더더욱 적다. 그렇다면 왜 일부 기업들은 사회적 책무를 다하지 못하는 걸까? 왜 환경 오염을 야기하고, 무분별한 투자를 단행하는 걸까? 무지 때문일 수도 있고, 방만한 경영이나 왜곡된 성과보상제도 때문일 수도 있다. 하지만 대부분의 경우, 그 원인은 해당 기업의 조직문화와 기업이 속한 사회에서 찾아볼수 있다. 왜냐하면 기업의 도덕 수준은 결국 그 사회의 도덕 수준을 반영하기 때문이다. 뒤집어 얘기하면, 사회는 그 사회의 도덕 수준에 걸맞은 기업들을 끌어들이기 마련이다.

반면에 좋은 기업은 자신들이 섬기는 고객을 시민으로 인식한다. 고객의 즉각적인 요구를 어떻게 만족시킬지를 고려할 뿐만 아니라 한 발 더 나아가 시민과 지역사회를 어떻게 섬길지를 함께 고민한다.

나는 테스코가 좋은 기업임을 의심하지 않는다. 테스코가 성장하면서 사업을 영위하는 지역사회에 대한 봉사의 중요성도 함께 커졌다. 그리고 지역사회에 대한 헌신은 단지 부차적인 의무가 아니며, 연간 사업보고서를 치장하는 '화려한 미사여구'가 아니라는 것도 점점 더 분명해졌다. 다시 말해 사회적 책무는 우리의 사업에 핵심적인 요소였고, 따라서 당연히 전략에도 반영되어야 했다.

우리가 테스코의 사업을 균형적으로 운영하기 위해 활용한 테스코 스티어링 휠('위대한 조직을 만드는 절대법칙 6' 참조)은 원래 네 가지 요소로 구성되어 있었다. 여기에 다섯 번째 요소인 지역사회를 추가한 이유 역시 우리의 모든 사업 절차가 고객뿐만 아니라 고객이 속한 지역사회도 함께 섬겨야 한다는 원칙을 확립하기 위해서였다. 우리는 기업가치를 고려한 후 고객의 의견과 한국 홈플러스 사업에서 배운 경험(앞에서 설명했다)을 바탕으로 지역사회에 봉사할 수 있는 방법을 수립했다. 현재 테스코 스티어링 휠의 다섯 가지 요소는 다음과 같다.

- 우리는 고객을 위해 무엇을 하고 있는가?
- 우리는 어떻게 업무를 개선하고 있는가?
- 우리는 직원들을 위해 무엇을 하고 있는가?
- 우리의 재무 목표는 무엇인가?
- 우리는 지역사회를 위해 무엇을 하고 있는가?

우리는 테스코 스티어링 휠에 지역사회를 추가한 뒤 '지역사회 계획' 수립에 착수했다. 계획에는 고객들을 위한 계획만큼 자세한 전략과 실천사항을 포함했고, 현재 다른 요소들과 마찬가지로 철저하게 지켜지고 있다. 지역사회를 위해 가장 먼저 선정한 네 가지 실천사항-봉사활동, 교육, 건강한 식단, 기후 변화-도 무작위로 선정됐다기보다는 우리가 사업을 영위하는 지역사회의 환경과 지역주민들의 요구사항을 토대로 선정됐다. 다시 말해 우리는 지역사회에 대한 조그만 헌신이 장기적으로 테스코의 생존과 번창에도 도움이 된다는 점을 인식했다.

지역사회 계획이 실행된 좋은 사례가 바로 '레이스 포 라이프Race for Life'이다. 우리는 많은 사람들이 보다 건강한 삶을 영위하며, 동시에 레이스 포 라이프의 주최자인 '영국 암연구소Cancer Research UK'를 후원하길 원했다. 상당수의 암 관련 질환은 생활 습관에서 비롯되는 데, 테스코는 이전부터 건강한 식품을 판매하고, 건강한 생활방식을 홍보해 왔기에, 영국 암연구소를 후원한 건 이런 시도의 확장이라고 볼 수 있다.

영국 암연구소는 내가 참여한 여러 단체들 중에서도 가장 존경할 만한 단체다. 영국 암연구소는 유럽에서 암 연구에 가장 많은 자금을 지원하고 있으며, 연간 약 3억 파운드를 암 연구에 기부한다.[8] 실제로 암연구소는 영국의 암 연구에 아주 중요한 역할을 수행하고 있다. 암연구소는 독립적으로, 때로는 협력을 통해, 혁신적인 치료제를 개발해왔다. 그리고 암연구소와 관련기관들 덕분에 현재 암 관련 질환에 맞선 인류의 사투는 점차 승리를 거두고 있다. 이런 성공적인 업적은 암연구소의 경영이 매우 뛰어나다는 증거이기도 하다. 실제로 영국 암연구소는 전문성과 전략적 집중도 측면에서 전 세계 일류 기업들과 종종 비교되곤 한다.

암연구소는 1994년에 암에 대한 인식을 높이고 기금을 모금하기 위해 레이스 포 라이프를 처음 개최했다. 레이스 포 라이프는 매우 단순하다. 여성들이 5킬로미터의 거리를 경주하는 것이다. 실제로 경주를 하기 위해 참여하는 이들도 있긴 하지만, 그보다는 어떤 식으로든 암에 영향을 받은 사람들—암환자와 그들의 가족이나 지인들—이 한자리에 모이는 행사의 성격이 더 강하다.

레이스 포 라이프는 시간이 지나면서 영국 전역에 걸쳐 치러지는 대규모 행사로 성장했다. 테스코는 레이스 포 라이프에 기금을 후원하기도 하지만, 그보다는 실질적인 도움을 제공하는 데 더 주력한다. 홍보나 광고를 지원하고, 행사 조직과 계획, 참가자 모집을 돕는다.

암연구소와 테스코의 관계는 순수한 후원관계이며, 두 조직 모두 서로에게서 많은 것을 배운다. 서로에게 더 많은 것을 요구하면서 그 과정에서 최선을 이끌어낸다. 실제로 테스코 고객 중 상당수가 레이스 포 라이프에 참여하며, 그들은 테스코가 행사를 후원한다는 사실을 좋아한다. 직원들과 공급업체들도 마찬가지다.

레이스 포 라이프를 비롯해 테스코의 모든 지역사회 계획은 테스코가 사회에 뭔가를 베푸는 데 그치는 게 아니라 그 과정에서 테스코 브랜드에 대한 충성도를 높인다는 점을 잘 보여준다. 물론 성공적인 기업이라면 하나같이 상품 판매를 위해 마케팅 기법을 발전시킨다. 하지만 테스코가 지역사회 계획에서 활용하는 마케팅 기법은 단지 상품 판매량이나 매장 방문자 수를 증가시키기 위한 경제적 이득을 추구하는 데 머물지 않고, 회사와 고객, 직원과 지역사회 간의 감정적 유대관계를 더 끈끈하게 밀착시키는 데 기여한다. 그리로 이런 감정적 유대관계는 다양한 시기에 다양한 방법으로 서로에게 혜택을 제공한다.

기업이 사회적 책임을 다하는 과정에서 브랜드 충성도를 높이려는 시도가 지나치게 이기적인 행태로 보일 수도 있다. 하지만 내 생각에 이런 행위는 오히려 좋은 사업 관행이며, 자유시장 경쟁이 직원, 경영진, 주주들뿐만 아니라 사회에도 혜택이 된다는 증거이기도 하다. 정치가들 또한 기업을 사회문제의 원인이 아닌 해결책으로 인식해야 한다. 정부와 기업은 사회가 직면한 모든 문제에 대한 혁신적인 해결책을 찾아내기 위해 보다 긴밀하게 협력할 필요가 있다. 무엇보다 사회도 기업처럼 경쟁을 선한 힘으로 수용하고, 경쟁이 인류에게 수많은 혜택을 가져왔다는 점을 인정해야 한다.

경쟁에 대한 결론은 자유시장의 옹호자인 애덤 스미스의 말로 대신하겠다. 경쟁은 '개인의 사적인 관심과 열정'을 '사회 전체가 받아들일 수 있는 가장 만족스런' 결과물로 바꿔놓는다. 스미스는 가게 주인이라면 누구나 맞장구를 칠 말을 남겼다.

"우리가 저녁식사를 할 수 있는 까닭은 정육점과 양조장, 빵집 주인의 관대함 때문이 아니라 그들이 자신들의 이익을 중시한 덕분이다. 우리는 굳이 그들에게 우리의 절박함을 호소하며 관대함을 베풀기를 애원할 필요가 없다. 왜냐하면 그들은 이기심 때문에라도 자신들에게 유리하다면 고기와 술, 빵을 제공할 것이기 때문이다."[9]

결론적으로 경쟁은 좋은 것이다. 그리고 '경쟁에 맞서 후퇴하지 마라'는 금언은 리더라면 가슴 깊이 새겨야 할 원칙이다. 하지만 경쟁에서 승리하려면 모든 리더가 반드시 명심해야 할 것이 있으니, 바로 '신뢰'다.

사람들을
신뢰한다

신뢰야말로 리더십의 근간이다. 직원들이 당신을 신뢰한다면, 그들은 당신이 자신들을 위해 최선을 다할 것이라고 느낀다. 당신의 비전과 능력, 판단을 확신하며, 비전을 달성하기 위해 끝까지 노력하려는 당신의 열정과 신념을 믿는다.

리더를 신뢰하는
조직을 만들어라

원래 내가 이 책에서 맨 마지막에 다루려 했던 주제는 '리더십'이었다. 강력한 리더는 위대한 기업을 만들고, 놀라운 승리를 거둔 후 영광스럽게 은퇴한다. 훌륭한 리더가 없다면 기업의 성공도 불가능하다. 몽고메리 원수는 자신의 '지휘 원칙'을 단 한 단어로 요약하면 '리더십'이라고 말한 바 있다.

내가 처음으로 리더십과 그에 따르는 책임감을 맛본 건 1992년에 마케팅이시로 임명되면서였다. 그때 나는 불안과 혼란이 반쯤 섞인 감정을 느꼈다. 당시 이안 맥로린과 데이비드 말파스는 내게 테스코가 어떤 문제를 겪고 있는지 정확히 말해주지 않으면서 그저 내 도움이 필요하다고만 말했다. 이전까지 나는 이안과 데이비드를 전적으로 신뢰했다. 그들은 내 멘토이기도 했다. 나를 이끌어주는 이들이었고,

따라서 나는 그들이 모든 해답을 알고 있다고 생각했다. 하지만 마케팅이사직을 맡고 나자, 나는 어마어마한 책임감과 함께 사람들이 내게서 리더십을 기대한다는 막중한 부담감을 느껴야 했다. 한마디로 그건 마치 어린 아들이 아버지가 도움을 필요로 한다는 점을 처음으로 깨달은 것처럼, 내게는 큰 충격으로 다가왔다.

그렇다면 리더십은 무엇일까? 윌리엄 슬림은 리더십을 용기, 의지, 추진력, 지식, 이타심이라고 정의했다. 하지만 나는 리더십에 대해 깊이 고민할수록 리더에게는 그 무엇보다 더 중요한 한 가지 자질이 있다는 점을 인식했다. 바로 신뢰다. 신뢰야말로 리더십의 근간이다.

신뢰가 없다면 사람들은 리더에게 복종은 하겠지만, '복종'이란 단어에 내포된 뜻처럼 마지못해, 우물쭈물하면서, 성의 없이 리더의 말을 따를 것이다. 하지만 리더를 신뢰하면, 사람들은 리더가 자신들의 이해관계를 위해 최선을 다할 것이라고 느낀다. 리더의 비전과 능력, 판단을 확신하며, 리더에게 비전을 달성하기 위해 끝까지 노력하려는 열정과 신념이 있다고 믿는다. 그리고 이런 신뢰는 이 책에서 내가 언급한 여러 요소들에 의해 결정된다. 즉 직원들은 리더의 목적의식과 대담한 목표에 공감해야 한다. 리더의 가치에 동감해야 하며, 정해진 업무 절차에 따라 행동하려는 의지를 지녀야 한다. 그리고 이 시점에서 리더는 직원들의 이성뿐만 아니라 감성까지 사로잡아야 한다. 몽고메리 원수는 이 원칙을 믿었다.

'전투에서의 승리는 결국 병사의 마음에서 결정된다…… 특히 영국군은 리더십에 크게 영향을 받는다. 영국 병사들의 마음을 사로잡을 수만 있다면, 그들은 어디든 당신을 따를 것이다.'[1]

하지만 리더에게는 많은 사람들이 간과하는 한 가지 측면도 있다. 리더를 믿고 따른다고 무조건 강력한 리더십이 생겨나는 건 아니다. 오히려 강력한 리더십은 리더가 무리들을 신뢰할 때 생겨난다. 즉 리더는 직원들에게 매장을 건립하고, 진열대에 상품을 진열하고, 심지어 기업을 인수하는 업무까지 믿고 맡길 수 있어야 한다. 리더라면 적군이 점거하고 있는 참호를 탈환하기 위해 병사들에게 작전을 믿고 맡겨야 한다(물론 내게 이런 경험은 없었다). 리더가 자신을 따르는 사람들을 신뢰하면, 그들의 자신감, 자존감, 용기, 의지, 헌신도 더 커진다. 이런 신뢰가 구축되면 모든 것이 가능한데, 그중에서도 특히 세 가지 변화가 일어난다.

첫째, 신뢰받는 리더는 조직을 더 먼 곳까지 이끌 수 있다. 그 과정에서 더 큰 목표를 수립하고, 더 많은 노력뿐만 아니라 때로는 더 큰 인내심도 이끌어낼 수 있다. 리더를 신뢰하는 조직은 리더가 제시한 도전적인 목표가 불가능해 보일지라도 목표를 달성하기 위해 기꺼이 최선을 다한다. 리더에 대한 신뢰 덕분에 부족한 자신감을 극복하고, 기대 이상의 능력을 발휘한다.

둘째, 리더를 신뢰하는 조직은 행동이 바뀐다. 리더와 구성원 간에 신뢰의 분위기가 조성되면, 자연스럽게 구성원들 간에도 신뢰가 형성된다. 즉 동료들을 믿게 된다.

셋째, 가장 중요한 변화는 리더를 신뢰하는 조직에서는 구성원들 스스로가 리더로 변모한다는 점이다. 그들은 더 큰 자신감과 자부심을 지니게 되고, 행동에 책임을 지게 된다. 그렇다고 조직의 모든 구성원들이 평등해지고, 규칙이 사라지고, 자기가 하고 싶은 일만 하는 혼란이 찾아오는 건 아니다. 앞에서도 말했듯 직원들이 자신의 역할을 명확하게 이해하고, 행동에 책임을 지는 건 매우 중요하다. 이 두 가지 조건이 충족되는 상황이라면, 훌륭한 리더는 직원들에게 스스로 판단할 수 있는 자율권을 부여한다.

신뢰의 문화는 모든 조직에서 중요하지만, 특히 규모가 큰 조직에서 훨씬 중요하다. 사실 너무나 많은 공공기관이 관료주의와 근시안적인 목표에 시달린다. 목표는 조직에 초점과 동기를 부여하지만, 직원들을 신뢰하지 못하는 경영진이 직원들의 행동을 통제하기 위해 세운 목표는 오히려 사기를 낮추고, 의욕을 저해할 뿐이다. 신뢰가 부족한 조직의 직원들은 동기부여가 부족하고, 결국 성과도 낮다. 이런 상황이 지속되면 조직은 직원들을 더욱 강력하게 통제하게 되고, 그 결과 문제가 심화되면서 불신이 깊어지는 악순환에 빠지게 되는 것이다.

솔직하게 말하고
정중하게 대하라

그렇다면 테스코에는 신뢰의 문화가 자리했을까? 나로선 당연히 그렇다고 답하고 싶지만, 아마 그 대답은 나보다는 직원들이 해야 할 것이다. 아무튼 나는 리더로서의 신뢰감을 얻기 위해 직원들에게 의도적으로 특정한 행동을 하지는 않았다. 하지만 리더의 자리에서 물러난 지금 회상해보면, 조직에 신뢰를 구축하고자 하는 리더들에게 들려주고 싶은 조언이 몇 가지 있다.

첫 번째 조언은 자신의 본모습을 감추지 말라는 것이다. 왜냐하면 직원들을 솔직하게 대해야 신뢰를 얻을 수 있기 때문이다. 종종 리더들은 이상적인 경영자가 특정한 이미지를 지니고 있을 거라고 착각한다. 예를 들면 슈퍼맨 같은 고위경영자의 이미지 말이다. 이런 착각에 빠진 리더들은 직원 앞에만 서면 심지어 평상시와는 다른 목소리로 말하고, 평상시에는 쓰지 않는 단어들을 쓰기도 한다. 하지만 직원들은 리더가 솔직하며, 겉과 속이 일치한다는 것을 알 필요가 있다. 직원들은 리더가 쓴 가면을 꿰뚫어 본다. 가면은 언젠가는 벗겨지기 마련이다. 따라서 자신의 본모습을 감추는 건 애당초 불가능하다.

리더는 또한 본사의 고위경영진뿐만 아니라 일선 직원까지 모든 이들에게 자신의 모습을 보여줘야 한다. 누구를 만나건 똑같은 모습으로 대해야 한다. 본사에서 보여주는 모습과 현장에서 보여주는 모습이 달라선 안 된다. 나 역시 매장에서 직원들을 만날 때, 특히 타운미팅에서 내 본모습을 솔직하게 드러내기가 쉽지 않았다. 수백 명의 모르는 사람들 앞에서 솔직하게 자신을 드러내기란 어려운 일이다. 게다가 수백 명의 신뢰를 얻어야 할 상황이었기 때문에 있는 그대로를 보여주는 게 겁이 나기도 했다. 하지만 리더가 직원들의 신뢰를 얻을 수 있는 유일한 방법은 자신을 그대로 드러내는 것뿐이다.

일부 최고경영자들은 직원들의 신뢰를 얻으려면 엄청나게 많은 일을 처리하고, 모든 의사결정에 관여해야 한다고 믿는다. 하지만 이런 행동은 오히려 부작용을 가져올 가능성이 높다. 리더는 차분해야 한다. 때로는 우유부단한 것처럼 보일지라도 평정심을 유지해야 한다. 차분한 리더는 중간관리자들의 의견을 더 경청할 수 있고, 관찰을 통해 더 많은 교훈을 배우며, 나무가 아닌 숲을 본다. 반대로 지나치게 활동적인 리더는 조그만 문제가 생겨도 사사건건 지시를 내리고, 자신의 '최신 아이디어'를 매번 조직에 강요한다. 결국 조직에 도움이 되기보다는 걸림돌이 된다. 최고경영자가 사사건건 지시를 하다 보면, 일선에서 사업을 수행하는 직원들은 혼란을 겪을 수밖에 없다.

내 경우에는 일선 직원들을 신뢰했고, 그에 맞게 직원들에게 업무를 위임했다. 나는 직원 개개인이 스스로 생각할 수 있는 권한과 자율이 필요하다고 믿었다. 그래야만 문제가 심각해지기 전에 스스로 해결책을 미리 고안해내고, 무엇보다도 업무에 대한 자신감을 얻을 수 있기 때문이다. 조직에서 자신감이란 권한과 책임을 실제 사업가치가 창출되는 일선에 부여한다는 의미다. 새뮤얼 스마일스도 권한 위임의 중요성을 다음과 같이 강조한 바 있다.

> 지나친 지시와 제약은 자발적으로 일하는 습관의 형성을 방해한다. 그건 마치 수영을 미처 배우지 못한 사람의 팔에 모래주머니를 묶어놓은 후 헤엄치라고 말하는 것과 같다. 자신감의 부족은 우리가 생각하는 것보다 훨씬 더 개선을 방해한다.[2]

이런 이유로 테스코는 일선 직원들에게 폭넓은 권한과 책임을 부여함으로써 중간관리자들이 그들의 업무를 대신 처리하느라 쓸데없이 나서는 것을 방지했다. 우리는 직급체계도 최대한 단순하게 유지함으로써 직원들이 조직구조와 직급에 지나치게 신경 쓰지 않게 했다. 해외에서 근무하는 직원들의 수만 해도 25만 명에 달하지만, 그중 영국에서 파견된 관리자는 채 1,000명이 안 된다. 이 또한 해당 지역의 문화와 사회를 이해하는 현지 직원들이 직접 의사결정을 하도록 하기 위함이었다. 이처럼 테스코는 직원들이 직접 의사결정을 내리고, 스스로 변화를 추진하도록 권장했다.

오늘날 리더들은 디지털 혁명 때문에 이전보다 더 빨리 문제에 대응하고, 더 많은 일에 관여해야 한다는 압박감을 느낀다. 나 또한 테스코에서 근무하면서 수없이 많은 이메일을 처리했다. 하지만 이메일로 중요한 업무를 다루는 경우는 거의 없었다. 이메일은 즉각적인 의사소통에는 매우 뛰어난 수단이지만, 한계도 명확하다. 무엇보다 이메일로는 직원의 의견을 정확히 '경청'할 수 없다. 감정이나 느낌을 포착할 수도 없다. 따라서 민감한 사안에 대한 의견을 나눌 때, 가장 좋은 수단은 여전히 얼굴을 맞대고 대화를 하는 것이다. 그리고 직접 대화를 하는 게 신뢰를 유지하는 가장 좋은 방법이기도 하다.

작은 사안에 대해서도 이메일로 의견을 나누길 좋아하는 관리자들은 대체로 큰 그림을 놓치는 경우가 많다. 이런 관리자들은 지나치게 세세한 부분까지 간섭하며, 사소한 부분에 너무 많은 신경을 쓴다. 그러나 이런 성향은 재앙을 불러오기 쉽다. 반대로 좋은 관리자들은 자신의 시각을 유지할 줄 안다. 세세한 부분은 직원에게 믿고 맡겨야 한다는 점도 안다. 관리자가 모든 사안에 간섭하거나, 아주 사소한 부분까지 고민한다는 건 나쁜 리더십을 보여주는 전형적인 신호다. 이런 행동은 리더인 관리자와 직원들 사이에 신뢰가 무너졌다는 반증이며, 리더가 방향성뿐만 아니라 통솔력까지 상실했다는 의미이기도 하다.

물론 지나치게 세세한 부분까지 신경 쓰지 않는다고 해서, 디테일의 중요성을 간과해도 좋다는 말은 아니다. 리더가 디테일을 모른다는 건 사업과 조직에 대해 모른다는 의미이기 때문이다. 나는 평생을 테스코에 몸담았기에 매장을 둘러보면 단박에 매장이 잘 돌아가는지 아닌지를 파악할 수 있었다. 이처럼 나무가 아닌 숲을 보려면, 그

전에 나무가 어떤 형태인지를 파악해두는 것이 필요하다.

즉 신뢰받는 리더는 세세한 부분까지 파악하지만, 자신이 직접 나서서 챙기기보다는 직원들에게 일임할 수 있는 자신감도 함께 지녀야 한다. 이런 리더들은 돌아가는 상황을 면밀히 지켜보다가, 일이 틀어질 때만 개입해서 도움을 제공한다. 이런 신뢰야말로 성공적인 조직의 핵심이다. 몽고메리 원수도 자신감 넘치는 특유의 강한 어조로 이 점을 강조했다.

상급 지휘관이라면 세세한 사안까지 직접 처리하지 않으려고 노력하는 것이 매우 중요하다. 나도 이 점을 늘 실천했다. 나는 세세한 문제를 고민하기보다는 홀로 조용히 시간을 두고 중요한 문제를 고민하는 데 집중했다. 전투에서 지휘관은 어떻게 적을 섬멸할지를 가장 많이 고민해야 한다. 만약 지휘관이 지나치게 세부적인 사항까지 고민한다면, 전투의 승리에 가장 중요한 사안들을 오히려 놓치게 된다. 오히려 전투 결과와는 무관한 사소한 문제에만 집중하면, 지휘관에 대한 보좌관의 신뢰는 무너진다. 왜냐하면 세부적인 사안들은 결국 보좌관들의 몫이기 때문이다.[3]

내 입장에서 차분한 리더십이란 직원들의 업무에 일일이 간섭하지 않으면서, 동시에 내 도움이 필요한 직원들을 위해 사무실 문을 항상 개방한다는 의미였다. 일부 직원들은 처음에는 이런 내 방식을 불안해했다. 그들은 의사결정에 대해 꼭 상사의 확인을 거치고 싶어 했다. 하지만 나는 그런 조직문화에서는 결코 제대로 된 리더가 양성되거나 신뢰가 구축될 수 없다고 확신했다. 만약 모든 직원들이 자신의 책임을 회피하고 윗사람의 승낙을 구한다면, 나는 사소한 업무에 치여 지쳐버릴 게 뻔했고, 결국 회사는 달팽이처럼 느린 속도로 움직일 수밖에 없었다. 실제로 차분한 리더십을 실천한 후로 시간이 지나면서 직원들은 내가 자신들을 신뢰한다는 점을 깨달았고, 그러자 자신감도 커졌다.

그렇다고 해서 내가 (앞서 언급한 영국 함대 사령관) 피셔 장군처럼 직원들에게 모든 것을 맡긴 건 아니다. 피셔는 누군가가 자신을 대신해 서류에 서명하는 것을 용인할 정도였는데, 그의 집무실 문에는 이런 글귀가 적혀 있었다.

'중대 사안이 아니라면 방해하지 말고 돌아갈 것.'

나는 몽고메리처럼 매우 낙관적이지도 못했다. 1940년 몽고메리가 이끄는 군대는 프랑스에서 한창 전쟁을 치르고 있었다. 어느 날 부관이 몽고메리를 급하게 깨우더니 독일군이 루뱅을 함락했다고 보고했다. 그러자 몽고메리는 부관에게 큰 소리로 말했다. "날 방해하지 말고 물러가게. 루뱅에 주둔한 군대에게 독일군을 물리치라고 지시하고." 그런 뒤 몽고메리는 다시 잠을 청했다.

물론 리더가 항상 차분한 리더십만을 발휘해야 하는 것은 아니다. 오히려 방향성을 상실한 조직, 사기가 저하되고 목적의식이 불분명한 조직에서는 차분함과는 거리가 먼, 역동적인 리더십이 더 잘 통할 수도 있다. 대표적인 사례가 1940년에 영국 총리가 된 윈스턴 처칠이다.

당시 영국은 역사상 가장 암울한 시기에 직면해 있었다. 나치 독일은 프랑스를 제외한 유럽 전역을 점령했고, 섬나라 영국만이 유일하게 유럽에서 독일과 맞서고 있었다. 이런 상황에서 처칠의 열정과 추진력, 신념은 당시 어쩔 줄 몰라 허둥대던 영국 정부의 세세한 부분에까지 큰 영향을 끼쳤다. 처칠은 종종 '오늘의 실천사항'이라는 제목으로 수많은 지시사항과 공문을 내려 보냈는데, 처칠의 부보좌관이었던 존 콜빌 경은 당시 상황을 이렇게 회상했다.

처칠이 지시한 내용은 대부분 현재 진행 중인 전투나 비행기 생산과 같은 중대한 사안을 다뤘다. 하지만 처칠은 또한 사소한 부분에도 신경을 썼다. 제1차 세계대전에서 획득한 전리품을 개조해서 전투에 투입할 수 있는가? 전투의 굉음에 고통 받는 병사들을 위해 귀를 틀어막을 수 있는 왁스를 보급할 수 있는가? 폭격 시에 동물원의 동물들은 어떻게 할 것인가?[4]

콜빌의 지적대로 "사소한 것 때문에 중요한 사안을 놓쳤다"고 불평하거나, "사안의 경중을 가리지 않고 지나치게 디테일에 집착한다"고 처칠을 비난한 사람은 아무도 없었다. 오히려 처칠의 열정과 활력은 영국 정부의 체질을 완전히 바꿔놓았다. 한 내각 관료는 당시 상황을 이렇게 묘사했다.

처칠이 비록 어조는 매우 강하지만 적절한 공문을 제때 내려 보낸다는 소문이 정부의 모든 직원들 사이에 퍼졌다. 처칠의 공문은 영국 정부의 중심에 강력한 리더가 존재한다는 느낌을 직원들에게 심어줬다. 다양한 사안에 대한 처칠의 수많은 공문은 쉬지 않고 돌아가는 탐조등처럼 영국 행정부의 구석구석을 비췄다. 아무리 직급이 낮고, 사소한 업무를 맡고 있는 직원일지라도 모두들 그 빛이 언젠가는 자신을 비추고 자신의 일을 조명해줄 것임을 알았다. 이런 영향력은 영국 내각에 즉각적이고 극적인 효과를 가져왔다. 다시 말해 영국 관료조직이 처칠의 리더십에 즉각 반응한 것이다. 일 처리 속도는 더욱 빨라졌고, 분위기도 훨씬 좋아졌다. 강력한 의지와 확고한 리더십을 지닌 사람이 자신들을 이끌고 있다는 걸 알게 된 이들은 이전보다 훨씬 더 자신이 맡은 업무를 중시하게 됐다. 사기도 드높았다.[5]

처칠의 '강력한 의지'와 '확고한 리더십'이야말로 당시 영국 관료조직, 나아가 전체 영국 국민들이 정부에 대한 신뢰를 회복하는 데 핵심적인 역할을 했다. 내각 관료가 지적한 것처럼 이런 변화는 '즉각 영국 행정부에 강력한 목적의식을 불어넣었다.' 내각 관료는 이렇게 덧붙였다.

'그건 마치 하룻밤 사이에 기계에 새로운 기어가 장착되어 이전에는 상상조차 못했던 속도로 기계가 작동하는 것과 같았다.'[6]

이처럼 특정한 상황―조직이 큰 위기에 직면한 경우―에는 역동적인 리더십이 매우 효과적이다. 하지만 조직이 늘 생존의 문제에 직면해 있는 경우는 드물다. 안정적인 상황에서는 지나치게 강력한 리더십이 오히려 걸림돌이 된다. 예를 들어 처칠은 전시에는 매우 성공적이었지만, 전쟁이 끝난 후에는 오히려 덜 성공적인 정치가였다. 그럼에도 불구하고 처칠에게는 내가 공감하고 존경하는 한 가지 리더의 자질이 있었다. 이 자질이 없으면 그 어떤 리더도 조직에 큰 영향을 발휘할 수 없다. 바로 강력한 의지다.

'영국을 1940년의 대재앙으로부터 구해낸 건 오로지 처칠의 강력한 의지 덕분이라고 할 수 있다.'

처칠의 측근은 이렇게 썼다. 실제로 처칠은 강력하게 추진하는 정책이나 실천사항이 있을 경우 자신의 의견을 관철했다. '때로 처칠의 의견은 틀리거나, 지나치게 성급했기에 반대도 많았다. 이럴 경우 장시간에 걸쳐 치열한 논쟁이 벌어졌다. 처칠은 모든 의사결정에 대해 충분한 토론의 기회를 허락했다.'[7]

그리고 토론 과정에서 '처칠은 양측의 주장을 모두 경청할 자세가 돼 있었고, 자신의 입장이 이미 확고하더라도 오랜 토의를 거쳐 새로운 근거나 주장이 제기되면 언제든 자신의 입장을 바꿀 의사가 있었다.'[8] 처칠이 입버릇처럼 말하던 것 중 하나가 "일관된 결정보다는 옳은 결정을 내리겠다"였다. 또 다른 내각 관료는 처칠에 대해 이렇게 묘사했다.

토론 과정에서 처칠이 제안한 방법이 틀렸거나, 주어진 자원에 비해 무리라고 판명되는 경우도 더러 있었다. 하지만 처칠은 자신의 생각이 틀렸다는 것을 스스로 깨닫거나, 더 나은 대안이 있지 않는 한 결코 포기하지 않고, 필요하다면 다른 곳에서 자원을 끌어와서라도 자신의 제안을 실행했다.[9]

처칠의 추진력, 어떠한 걸림돌 앞에서도 포기하지 않겠다는 신념, 불가능해 보이는 목표에 대한 집착은 주변 사람들을 극도로 화나게 하거나 지치게 할 수도 있다. 하지만 이런 성향은 전쟁으로 인한 국가의 패망을 막으려면, 또는 조직이 성장하고 번창하려면 반드시 필요한 성향이기도 하다.

나 또한 진실이 도출될 때까지 집요하게 논쟁을 벌이는 성격 때문에 주변 동료들을 피곤하게 한 적이 왕왕 있었다. 그러나 집요한 논의 과정은 고통스럽지만, 조직이 리더의 결정을 신뢰하고 따르려면 반드시 필요한 절차다. 나는 또한 한번 내뱉은 말은 반드시 실천에 옮겨야 한다는 점에서도 매우 집요했다. 예를 들어 가치나 목표, 실행사항은 일단 정해지고 나면 반드시 실천해야 한다. 만약 리더가 전략을 수립한 후에 달성하기 힘들다는 이유로 전략을 수정하면, 리더에 대한 직원들의 신뢰는 추락한다. 자신이 한 약속을 지키는 것이야말로 신뢰를 구축하는 가장 좋은 방법이다. 정치가가 유권자에게 한 공약을 지켜야 하는 것처럼, 최고경영자도 직원들에게 한 약속을 반드시 지켜야 한다.

지금까지 우리는 '차분한' 리더십과 '엄격한' 리더십을 살펴봤다. 나는 여기에 '직원을 존중하는' 리더십을 더하고 싶다. 나는 전 세계를 누비며 최대한 많은 직원들과 직접 얼굴을 맞대고 대화를 하려 애썼다. 하지만 직원들을 직접 만나는 것만으로는 부족하다. 사실 직원들의 입장에서는 최고경영자가 (대체로 예고 없이) 매장을 방문하면 불안하기 마련이다. 따라서 직원들이 지니고 있는 최고경영자에 대한 의심이나 두려움을 없애줘야만, 직원들은 비로소 일선에서 어떤 문제를 겪는지, 전략이 제대로 실천되고 있는지를 솔직하게 털어놓는다. 직원들의 입장에서 보면, 자기 할 말만 하는 최고경영자보다는 자신들의 이야기를 경청하는 최고경영자가 자신감을 심어주는 데 더 도움이 된다.

직원들을 존중하는 리더십에는 고함을 지르는 유치한 행동이나 지나치게 거칠고 공격적인 태도를 피하는 것도 포함된다. 리얼리티 프로그램을 보면 리더가 직원들에게 무자비하게 행동하고, 직원들을 비난하거나, 심지어 공개적으로 해고하는 모습이 등장하는데, 리더에 대한 잘못된 인상을 심어주기 딱 좋다. 이런 행동은 오히려 리더십의 실패와 신뢰의 부재를 단적으로 보여주는 사례다. 만약 직원이 실수를 한다면, 리더는 직원들이 실수로부터 배우게 해야 한다. 공개적으로 망신 주는 행동은 직원들의 자신감을 떨어뜨리고, 결국에는 직원들의 자발적인 혁신과 변화 노력을 약화시킬 뿐이다. 직원들이 자신의 의견에 동의하지 않거나 반대한다고 해서 리더가 큰 소리로 고함을 지르며 의견을 강요한들 설득이 되는 것도 아니다.

테스코는 존중하는 리더십과 관련해 실천하기 어려운 시도를 실천하려고 노력했다. 바로 '비난보다는 칭찬을 더 많이' 하는 것이다. 사람들은 열 마디 칭찬보다는 한마디 비난을 더 잘 기억하는 법이다. 특히나 자주 접하지 않는 최고경영자의 비난은 직원들의 뇌리에 오래 남기 마련이다. 나는 이 점을 의식하고 내가 자주 접해서 잘 알고 있는 고위경영진을 대할 때보다, 매장 직원들을 대할 때 가급적 '비난보다는 칭찬'을 더 열심히 실천했다.

리더십의 또 다른 자질은 '평등함'이다. 나는 의식적으로 직급과 상관없이 모든 직원들을 평등하게 대하려고 노력했다. 회의를 하기 전에 내 편을 끌어들이거나, 파벌을 조성하는 것은 내 성격과는 맞지 않았다. 나는 원래부터 수줍음을 많이 타는 성격이기에 사내 정치에 그다지 능숙하지도 못했다. 또한 나와 성격이 잘 맞는다고 그 사람을 더 좋아하는 성격도 아니기에 누군가를 더 총애하는 경우도 없었다. 특정 직원을 각별히 아끼는 건 조직에 불신을 야기할 뿐이다. 윌리엄 슬림은 "몇 군단이 당신의 정예 군단이냐?"는 질문에 "내가 지휘하는 군단 모두가 정예 군단"이라고 답하곤 했다. 특정 부서를 더 총애하면, 리더는 조직의 진정한 목소리를 듣지 못하게 된다. 리더가 총애하는 파벌에 속한 이들은 축출이나 외면이 두려워서라도 리더가 듣기 좋아하는 말만 골라서 하기 때문이다. 반대로 파벌에 속하지 못한 이들은 자신들이 소외되고, 존중받지 못하고 있다고 불만을 품게 된다. 결국 조직 전체에 리더에 대한 불신이 생겨나는 것이다.

마지막으로 리더는 진실을 말하지 않는 직원을 절대 신뢰해선 안 된다. 지나치게 고결하고 옳은 말처럼 들릴지도 모르겠지만, 누군가에게 존중을 표하는 가장 좋은 방법은 진실을 말해주는 것이다. 나는 이 생각을 철저히 지켰고, 심지어 그로 인해 미움을 사더라도 늘 진실만을 말했다. 매장 직원들을 만날 때도, 이사회에 참석해서도 늘 내 생각을 있는 그대로 솔직하게, 다만 정중하게 말했다. 시간이 지나면서 사람들이 내 말과 행동이 일치하며, 솔직하게 할 말을 한다는 점을 알게 되자, 나에 대한 신뢰는 나에 대한 미움을 덮을 정도로 커졌다. 이처럼 사람들이 당신의 솔직한 언행을 싫어한다는 건 신뢰하지 않는 것에 비하면 큰 문제가 아니다.

특히 리더가 직원들에게 진실을 말하는 것은 매우 중요하다. 리더가 자신들을 속였다는 걸 직원들이 알게 되면 신뢰는 무너진다. 반대로 리더가 아무리 나쁜 소식이라도 있는 그대로 말한다면, 신뢰는 커진다. 하지만 가장 중요한 진실은 스스로에게 진실해야 한다는 것이다. 리더가 진실하게 자신을 인식한다는 건 자신의 강점과 약점을 정확하게 안다는 의미다. 이런 리더는 당연히 실수도 적고, 더 큰 확신을 바탕으로 더 담대하게 행동할 수 있다. 여기에 명백한 목표가 더해지면, 목표를 달성하는 과정에서 직면하게 되는 모욕과 트집, 비난을 무시할 수 있는 자신감도 얻을 수 있다.

균등한 기회를 주고
자신감을 심어줘라

결국 리더에게 가장 중요한 요소는 자질과 능력이 아닌, 따르는 이들로 하여금 실행하게 하는 능력이다. 진정 성공적인 리더는 조직에 신뢰와 자신감의 문화를 심어준다. 신뢰와 자신감의 문화야말로 강력한 조직의 핵심이다.

신뢰의 조직문화를 창출하려면 직원들이 자신의 직업에서 기대하는 것들을 충족해줘야 한다. 앞에서도 언급했지만 직원들은 자신들의 직업에서 크게 네 가지 요소를 원한다. 만약 리더가 이 요소들을 충족해주면 직원들은 리더를 신뢰하게 되며, 아무리 험난한 길이라도 기꺼이 리더를 따른다. 네 가지 요소는 존중받는 대우, 흥미로운 업무, 도움과 지원을 제공하는 상사, 남보다 앞서고 승진할 수 있는 기회다.

사실 관리자로서 뛰어난 자질을 타고난 이들도 있긴 하다. 하지만 이런 타고난 능력과 재능을 지닌 이들에게만 관리자의 역할을 맡길 수는 없는 노릇이다. 따라서 경영 기술과 관리 능력의 지속적인 향상은 반드시 필요하다. 내가 최고경영자가 됐을 때, 테스코는 빠르게 성장하고 있었다. 나는 직원들에게 도움이 되는 관리자를 충분히 양성하려면 중간관리자들에게 가장 뛰어난 경영 기술과 최신 관리기법을 가르쳐야 한다고 믿었다. 그래서 우리는 경영컨설팅 회사의 도움을 받아 매장, 물류센터, 본사에서 근무하는 1만 명의 중간관리자들에게 경영 기술을 가르칠 수 있는 방안을 고안했고, 이를 바탕으로 '퓨처Future'라고 불리는 교육훈련 프로그램을 마련했다.

2년간 진행되는 퓨처 프로그램은 영국에서 진행되는 경영 교육 프로그램 중에서 가장 규모가 크고 가장 강도가 높은 프로그램일 것이다. 퓨처는 일종의 미니 MBA 과정으로 중간관리자들에게 일상에서 직원들을 관리하는 데 필요한 실용적인 기술을 가르친다. 예를 들어 직원들과의 의사소통 방법, 회의 진행 방법, 신속한 분석과 계획 수립 방법, 프로젝트 실행법, 직원 코칭 등을 교육한다.

특히 회의 진행 방법은 매우 단순한 교육 과정이지만 그 효과는 대단했다. 우리는 일상에서 제대로 돌아가지 않는 회의를 자주 경험한다. 예를 들어 명확한 주제가 없거나, 회의를 소집한 이유가 분명하지 않은 경우 말이다. 이런 회의는 표류하기 마련이며, 한두 명만이 논의를 좌지우지하면서 중구난방이 되기 쉽다. 합의된 결정사항을 메모하는 사람도 없다. 결국 회의가 끝나고 나면 참석자들은 더 큰 혼란에 빠지거나, 심지어 짜증을 느끼게 된다. 물론 아주 가끔씩은 어쩔 수 없이 회의가 표류하는 경우도 있지만, 만약 관리자가 매번 회의를 이런 식으로 진행한다면 결국 직원들의 신뢰는 무너지고 만다.

우리는 중간관리자들에게 회의를 주재할 때 지켜야 할 몇 가지 단순한 원칙을 가르쳤다. 일단 모든 회의는 목적과 주제가 분명해야 한다. 다음으로 관리자는 직원들에게 회의에 참석한 이유와 회의에서 얻고자 하는 결과물이 무엇인지 질문해야 한다. 이럴 경우 참석자들은 회의에서 자신들이 얻어야 할 결과물을 인식하게 돼 즉각 회의에 집중하게 된다. 또한 관리자는 참석자들에게 부정적이거나 비판적인 의견 대신 다른 사람들의 말을 경청하고 그 위에 자신의 의견을 덧붙이라고 주문해야 한다. 합의된 결정사항과 실행사항은 모든 사람들이 볼 수 있게 칠판에 적어둠으로써 모두가 언제까지 어떤 일을 해야 할지를 명확히 인식하게끔 해야 한다. 관리자는 또한 회의를 마무리하기에 앞서 참석자들에게 회의가 원하는 결과물을 도출했는지, 혹시 추가로 논의해야 할 사안이 있는지를 묻고, 만약 추가적인 논의가 필요하면 즉각 그 사안을 논의해야 한다. 마지막으로 관리자는 최대한 회의를 간결하게 끝내야 한다.

퓨처 프로그램 덕분에 테스코는 운영방식—상품 판매를 비롯한 모든 업무 절차—를 매우 빠르게 개선할 수 있었다. 그리고 이런 성공적인 결과의 바탕에는 관리자와 직원들 간의 상호 신뢰가 있었다. 퓨처는 단순한 경영 교육을 제공함으로써 기술과 자신감을 갖춘 수천 명의 관리자를 양성할 수 있었고, 덕분에 모든 직원들은 '도움과 지원을 제공하는 상사'를 얻을 수 있었다.

우리는 또한 직원들에게 남보다 앞서 가고 승진할 수 있는 기회를 제공하기 위해 최대한 노력했다. 선의의 경쟁에서 이기고 승진할 수 있는 기회는 직업에서 원하는 또 다른 중요한 요소이기 때문이다. 조직의 규모와 상관없이 직원들은 자신의 배경이나 출신과는 상관없이 일을 맡겨주고, 그 과정에서 개인의 포부를 충족할 수 있는 기회를 제공하는 조직을 좋아하기 마련이다.

'테스코는 모든 사람들을 반깁니다'라는 표어에는 고객뿐만 아니라 테스코의 고용철학도 반영돼 있다. 우리는 출신 배경, 교육 수준, 연령과 상관없이 모든 직원들에게 평등한 기회, 나아가 최고위직에 오를 수 있는 기회가 주어진다는 점을 전파하려 노력했다. 그리고 우리는 우리가 한 말을 지켰다. 직원들이 재능을 개발하고 배양할 수 있도록 교육훈련을 제공함으로써 업무와 삶을 더 잘 영위하게 했다. 또한 우리는 승진이 성과에 의해 결정된다는 점을 분명히 했다. 다시 말해 승진은 직원의 업무 태도, 성격, 기여도와 성취에 의해 결정됐다. 오늘날 많은 기업들은 특히 전문직 분야에서 대학 졸업장을 요구한다. 이런 관행은 너무나 오래 지속돼서 이제 대학 졸업은 승진의 기본요건이 됐다. 그러나 우리는 이런 관행을 깨뜨렸다.

테스코가 일반 기업들과 다른 인재정책을 시행하는 이유는 회사의 역사적 배경이 남다르기 때문이다. 특히 설립자 잭 코헨이 이민 가정 출신이었다는 점 때문이다. 잭 코헨의 가문은 19세기 말 폴란드의 유대인 집단 학살을 피해 영국으로 건너왔다. 따라서 잭 코헨은 사회의 밑바닥부터 이방인으로 출발했다. 그리고 그는 성공을 거두면서 자신과 비슷한 사람들을 주로 채용했다. 근사한 학위나 추천서보다는 열정적이고 지혜롭고 상식이 있는 이들을 더 중시했다. 이런 사람들은 하나같이 사회의 밑바닥에서 출발했고, 대체로 매장 점원으로 시작해서 근면과 신념, 지혜를 발휘해 고위직까지 오른 이들이었다. 우리는 코헨이 테스코에 심어둔 능력주의와 균등한 기회 부여의 전통을 최대한 지키려 노력했다. 물론 '누구나 최고위직에 오를 수 있다'는 주장은 필요한 지원과 보상이 없다면 일개 구호에 불과하다. 따라서 우리는 이런 조직문화를 만들기 위해 여러 방식을 활용했다.

예를 들어 고위임원을 뽑을 때에는 직원들을 관리하고 통솔하는 능력을 우선시했다. 따라서 우리는 고위임원 승진심사에서 가장 먼저 이런 질문부터 던졌다.

"지금까지 어떤 직원들을 발탁하고 양성했습니까?"

그러자 승진을 하려면 지속적으로 우수한 직원을 발탁하고 양성한 경력이 필요하다는 소문이 조직 내에 빠르게 퍼졌다. 즉각 관리자들은 인재 발탁과 양성에 나섰다.

우리는 조직구조도 최대한 단순하게 유지해 대다수 직원들이 처음 배치되는 직급(계산, 재고 비축, 창고 업무와 같은 가장 낮은 직급)부터 최고경영자까지 딱 여섯 단계로 직급을 구성했다. 조직구조를 단순하게 유지하자 직원들은 직급체계를 보다 분명하게 이해할 수 있었다. 다시 말해 직원들은 높은 자리에 오르기 위해 자신이 거쳐야 할 다음 단계가 무엇인지를 명확히 알 수 있었다. 반대로 복잡한 조직구조에서는 직급체계 또한 불투명하기에 '사정을 잘 아는 직원들'만이 승진의 기회를 얻는다. 당연히 불신이 싹틀 수밖에 없다.

우리는 직원들의 승진을 돕기 위해 '옵션Options'이라는 프로그램도 개발했다. 옵션은 다음 직급으로의 성공적인 승진을 돕기 위해 직원들에게 필요한 교육훈련을 제공하는 프로그램이다. 대부분의 교육훈련은 일상적인 업무 현장에서 진행되지만, 동시에 경험을 넓히기 위해 전혀 다른 업무를 수행하는 과정도 제공된다. 옵션은 하급직원들에게만 제공되는 프로그램이 아니다. 고위임원들을 포함한 모든 직원들이 옵션을 통해 더 많은 기술을 익힐 수 있다. 한마디로 가장 낮은 직급부터 가장 높은 직급까지 모든 직급에 옵션 프로그램이 제공된다. 예를 들어 고위관리자에게는 현장 실습보다는 업무 시간 외의 교육훈련이 집중적으로 제공된다. 2년 동안 전 세계를 돌면서 맞춤형 교육훈련을 받거나, 때로는 자신이 직접 설계한 교육과정을 거치는 방식이다.

이처럼 모든 직원들이 옵션 프로그램에 지원할 수 있고, 실제로 수천 명이 옵션 프로그램에 참여했다. 일상적으로 옵션 프로그램에는 테스코 전체 직원 중 약 6%―3만 명에 달한다―가 가입해서 다음 승진을 준비하고 있다. 옵션 프로그램은 또한 사회적 계층 이동의 사다리 역할도 수행한다. 실제로 수천 명의 직원들이 옵션 프로그램을 통해 가장 높은 직급까지 계층 이동에 성공했다. 파트타임 계산대 직원으로 회사에 입사해서 지역 총괄매니저로 승진한 가정주부도 있고, 열여섯 살 때 카트 정리를 담당하는 직원으로 입사해서 전체 매장을 총괄하게 된 직원도 있다.

물론 모든 직원들이 더 높은 직급으로 승진하길 원하는 것은 아니다. 일부 직원들은 자신이 현재 맡고 있는 일을 잘 수행하는 것만으로 만족하기도 한다. 하지만 이런 경우에도 자신과 함께 진열대에 상품을 진열하는 동료 직원에게 승진의 기회가 공평하게 제공된다는 사실을 알고 있다는 건 매우 큰 차이를 가져온다. 예를 들어 어린 시절에 매장에서 점원으로 함께 일하던 직원이 세월이 지난 후 총괄매니저가 돼 같은 매장에 다시 부임하면, 동료 직원들은 이 사실을 매우 자랑스럽게 여긴다(그리고 직원들은 새로 부임한 총괄매니저를 여전히 열여섯 살의 어린 직원처럼 허물없이 대한다).

하지만 테스코의 조직구조는 여전히 현대 노동구조의 문제점도 반영하고 있다. 예를 들어 여전히 열여섯 살의 고졸 직원보다는 대학을 졸업한 직원이, 그리고 주부사원보다는 젊은 남성직원이 더 쉽게 승진하는 게 현실이다. 우리는 이 문제점을 인식한 후로 모든 직원들에게 공평한 기회를 제공하기 위해 더욱더 애썼다. 여성직원과 소수 인종 직원의 자신감을 높이기 위해 사내 후원조직을 구성했고, 이를 통해 그들이 승진할 때 겪는 걸림돌이 무엇인지를 파악했다. 우리는 여성직원들과 소수 인종 직원들에게 더 많은 지원을 할수록 결과 또한 더욱 좋아진다는 점도 배웠다. 실제로 여성직원과 소수 인종 직원에서 더 많은 고위직이 등장했고, 이들이 롤 모델이 되면서 더 많은 여성과 소수 인종 직원들이 승진을 위해 노력하게 됐으며, 덕분에 더 많은 직원들의 역량이 향상됐다.

테스코에서 현재 여성관리자들이 차지하는 비중을 보면 이런 접근방식이 매우 성공적이라는 걸 잘 알 수 있다. 테스코에는 여성 매장관리자가 단 한 명도 없던 시절도 있었다. 지금 생각하면 말도 안 되는 상황이다. 현재도 여전히 여직원보다 남직원이 더 많지만, 그래도 여직원 비율은 빠르게 늘어나고 있고, 매장관리자 중에서 40%는 여성이다. 또한 매장관리자보다 높은 직급에까지 오르는 여성들의 숫자도 크게 늘어나고 있다.

나아가 기업가치를 중시하는 테스코의 문화는 평등과 공정성을 강제하기 위한 규제가 오히려 효과적이지 않다는 점을 잘 보여준다. 특히 여성의 이사회 참여 강제가 대표적인 사례다. 영국 일각에서는 일정 수의 여성이 이사회에 참여하도록 정부가 법으로 강제해야 한다고 주장한다. 하지만 이런 조치는 결국에는 여성의 가치를 오히려 낮추고, 여성에 대한 편견을 강화할 뿐이다. 따라서 강제적 조치보다는 기업들이 스스로 이사회에 여성들의 숫자가 지나치게 적다는 사실을 인식하고 여성의 경영 참여를 확대하려는 노력이 필요하다. 일부 여성들은 직장과 가정을 병행할 자신이 없어 경영 참여에 막연한 두려움을 느끼기도 한다. 이사회의 남성적인 분위기를 싫어하는 경우도 있다. 실제로 이사회의 지극히 남성적인 경향은 아주 사소한 부분에서도 드러난다. 나 또한 이사회에 참석하면 단 5분 만에 축구에 대한 화제를 자연스럽게 꺼낸다. 많은 여성들은 이런 분위기를 생소하게 여길 것이다. 즉 기업의 문화를 바꾸고, 더 많은 여성 임원들이 등장해서 더 많은 롤 모델이 등장하고, 이사진을 임명하는 심사위원으로 더 많은 여성을 참여시킨다면, 기업은 변화하고 더 많은 여성직원들의 신뢰를 얻을 수 있을 것이다.

우리는 여러 해외시장에 진출하면서 영국이나 미국에 비해 계층화가 매우 엄격한 국가에서도 사업을 진행하게 됐다. 그리고 이런 국가에서 '테스코는 모든 사람을 반깁니다'라는 표어는 한층 더 중요하다. 단지 하나의 문장이자 표현일 뿐이지만, 이 문장을 실제로 실천할 경우에는 기회의 균등이라는 강력한 메시지가 전달되며, 신뢰의 문화도 정착된다.

고객이 '진실'이다

인류의 역사는 조직의 역사라고 해도 과언이 아니다. 국가, 기업, 도시국가, 교회, 기부단체, 군대에 이르기까지 전쟁, 폭정, 학살에도 불구하고 인류의 발전과 번영을 가져온 원동력은 스스로 조직을 구성하는 인류의 능력에 있었다. 조직은 인류에게 부와 빈곤을 동시에 안겨줬다. 나는 운 좋게도 아주 큰 조직을 운영할 수 있었지만, 이 또한 역사의 거대한 캔버스에 찍힌 작은 점 하나에 불과하다. 다만 내가 조직을 운영하면서 깨달은 교훈들, 내가 이 책에서 설명하려 했던 내용들은 다가오는 미래에 모든 조직이 지켜야 할 원칙이라고 자신한다.

빠른 인구 증가와 기후 변화의 위협 때문에 가뜩이나 부족한 천연자원에 대한 압박은 갈수록 심해질 것이다. 디지털 혁명은 사람들에게 더 많은 정보와 선택을 부여하며, 그로 인해 기업뿐만 아니라 정부도 넘어뜨릴 수 있게 되었다. 이미 오래전부터 진행된 아시아의 도약에 의해 과거 서양이 쥐고 있던 세계의 패권은 이제 원대한 꿈과 희망을 품은 중산층이 빠르게 등장하는 동양으로 옮겨가고 있다.

오늘날 전 세계 소비자들은 글로벌 시장에서 길을 찾아야 한다. 현대 소비자들은 온라인에서 상품을 고른 후 오프라인 매장을 방문해서 상품을 구매할 수 있고(반대로 할 수도 있다), 수많은 선택과 방대한 정보에 휩쓸리고 있다. 이런 상황에서 브랜드의 역할은 갈수록 중요해지고 있다. 이제 강력한 브랜드를 구축하기 위해서는 품질이나 가격, 편의성과 같은 소비자들의 물질적·이성적 요구만을 충족하는 것으로 부족하다. 예를 들어 오늘날 사람들이 시간이 곧 돈인 아주 바쁜 삶을 산다는 것을 깨닫는다고 해서 무조건 고객충성도가 확보되는 건 아니다. 고객충성도를 확보하려면 소비자들과 감성적 관계를 구축해 소비자들의 기대, 꿈, 욕구에 부응해야 한다.

더 나은 삶을 영위하려는 욕구, 자녀에게 더 나은 삶을 물려주려는 마음, 안전한 주거와 건강한 장수에 대한 욕망은 역사 이래로 인류가 늘 품어온 욕구다. 그러나 글로벌 시장의 확대, 중산층의 증가, 인구 밀도의 증가 때문에 이런 욕구는 보다 더 중요해질 것이다. 동양에서 갈수록 많은 대학 졸업자들이 사회에 진출하면서 글로벌 경제 또한 그 영향을 받을 수밖에 없다. 따라서 향후 전 세계 기업들은 고학력의 더 뛰어난 인재를 영입하기 위해 경쟁하게 될 것이다. 이럴 경우 교육산업의 중요성이 커지면서 산업 규모도 크게 증가할 것이다. 메가시티의 등장이 가속화되고, 일부 지역에서 인구 밀도가 크게 높아지면서 사람들은 이전보다 주거 환경을 더욱 중시할 것이다. 노년층의 증가로 이미 크게 성장한 의료시장의 규모는 더욱 커질 것이다. 다만 국가가 운영하는 의료보험은 무너질 가능성이 높기에, 결국 시민들이 의료와 건강에 지출하는 비용은 더욱 커질 것이다.

새로운 트렌드는 아니지만 여기서 반드시 언급하고 넘어가야 할 트렌드가 있다. 바로 대중의 집단행동이다. 오늘날 인터넷 덕분에 조직하고, 반대하고, 저항하기란 더욱 쉬워졌다. 결국 모든 조직들—기업과 정부 모두—은 이제 자신들의 행위가 가져올 결과를 더욱 신중하게 고민해야 한다. 환경 재해, 고위임원에 대한 성과급, 신공항 건설, 공공지출 축소와 같은 모든 사안에서 잘못 결정을 내렸다간 수천 명의 사람들이 온라인에서, 또는 길거리로 쏟아져 나와 브랜드를 공격하고, 불매운동을 벌이고, 심지어 폭동을 일으키는 광경을 목격하게 될 것이다.

데이터의 중요성도 결코 간과해선 안 된다. 2010년 전 세계 기업들이 보유한 데이터의 양은 7엑사바이트^{exabyte}*가 넘는다. 전 세계 소비자들이 보유한 데이터도 6엑사바이트에 달한다. 1엑사바이트는 미국의회도서관이 보유한 정보량의 4,000배에 달하는 용량이다.[1] 이런 방대한 양의 데이터는 여러 측면에서 생산성 증대에 기여할 수 있다. 방대한 데이터는 투명성을 높이고, 투명성이 높아지면 자연스레 책임과 선택도 따라서 증가하기 마련이다. 방대한 데이터는 조직이 성과를 측정하고 성과로부터 배우는 과정을 개선하며, 고객이나 시민들에게 맞춤형 솔루션을 제공하게 한다. 앞에서도 언급했듯 기업에게 방대한 데이터는 경쟁우위가 된다. 맥킨지에 의하면 방대한 데이터를 제대로 활용하는 유통업체는 영업이익률을 자그마치 60%나 높일 수 있다.[2] 하지만 방대한 데이터는 조지 오웰이 예견한 '빅브라더' 국

---

* 1엑사바이트는 10^{18}에 해당하는 데이터 용량이다. 1기가바이트의 데이터 용량은 10^9이다 —옮긴이

가의 등장이라는 심각한 윤리적 질문을 던진다. 즉 누가 이 데이터에 접속할 수 있는가? 데이터는 안전하게 보관되는가? 데이터는 어떤 식으로 확보됐고, 누구의 소유인가?

이런 모든 변화는 새로운 도전을 야기하지만, 서두에서도 말했듯 나는 낙관론자다. 인류는 이전에도 이런 도전에 직면했고, 그때마다 타고난 창의성을 발휘해 도전을 극복했다. 예를 들어 최근의 글로벌 금융위기는 인류에 거대한 고통을 안겨줬지만, 고통 속에서도 여전히 세계 경제가 성장하고 있는 것 또한 사실이다. 윌리엄 슬림의 말처럼 '상황은 결코 처음 보고된 것처럼 너무 심각하지도, 너무 좋지도 않은 경우가 대부분이다.'[3]

인류가 역사적으로 도전을 잘 극복해왔다는 점이 위안이 되긴 하지만, 오늘날 우리가 직면한 도전들은 단지 혁신과 창의적 사고로만 극복할 수 있는 것들이 아니다. 우리는 조직, 다시 말해 기업, 서비스, 도시를 구성하는 방법을 새로운 관점에서 고민해야 한다. 오늘날 조직이 필요로 하는 인재는 열심히 일하려는 의지가 있어야 하는 것은 물론이고, 스스로 혁신하고, 판단하고, 위험을 감수하는 자율성을 지니고 있어야 한다. 우리에게는 변화를 포용하는 문화, 그리고 변화에 쉽게 적응할 수 있는 단순한 시스템도 필요하다. 무엇보다도 고객충성도나 시민충성도를 기반으로 하는 기업과 정부기관들은 공통의 가치를 지녀야 하고, 그 가치를 준수해야 한다. 나아가 거짓이나 반쪽짜리 진실로는 고객이나 시민의 충성도를 확보하지도 신뢰를 구축하지도 못하기에, 정면으로 진실을 직시해야 한다.

내 생각에 미래에는 영속적이면서 단순한 원칙을 지키는 조직만이 성공할 수 있다. 그리고 이런 원칙들은 삶에 대한 당연한 진실, 하지만 너무나 당연해서 종종 간과되거나 무시되는 진실을 반영한다. 이런 진실들은 또한 사람들로부터 자연스런 감정을 인정하게 한다. 예를 들어 사람들은 진실을 직면하길 두려워한다. 대담한 목표를 수립하거나 경쟁에서 지는 것도 꺼려한다. 사람들은 업무 절차를 세세하게 문서화하는 과정을 지루해하며, 단순한 업무를 처리하거나 디테일에 집중하는 것을 따분해한다. 하지만 이런 모든 행동이야말로 성공의 핵심 요소다.

나는 조직들이 이런 중요한 진실들을 간과하는 문화적 원인이 있다는 것도 잘 안다. 그중 하나가 단기성과주의다. 오늘날 기업과 정치, 공공 분야의 리더들은 단기성과에 지나치게 집착한다. 당장 다음 달의 실적, 내일의 신문기사에만 연연한다. 물론 단기성과주의는 이전에도 있었다. 기업들이 당장 다가올 내일의 수익을 위해 의사결정을 내리려는 유혹은 시장이 생겨난 이래로 지속적으로 존재했다. 그건 마치 정치가들이 표를 얻기 위해 장기 비전을 버리고 포퓰리즘에 빠지는 것과 마찬가지다. 하지만 오늘날 단기성과주의의 주범은 지나치게 편리하고 빨라진 의사소통 방식이라고 할 수 있다. 소셜미디어, 그리고 소비자들이 거리적 제약을 무시하고 직접 소통할 수 있는 능력 때문에 모든 조직의 리더들은 사소한 비난에 즉각 대응하고, 소비자들에게 지금 당장 더 좋은 소식을 들려줘야 하는 부담감에 시달린다.

조직에서 진실이 외면 받는 또 다른 이유는 관료주의 때문이다. 앞에서 말했듯 관료주의는 특정한 목표를 달성하기 위해 사람들을 조직하는 수단이었다. 따라서 관료주의는 늘 통제수단으로 활용돼왔다. 하지만 조직이 성장하면 관료주의는 조직의 숨통을 조여오고, 변화를 막으며, 일선 현장에서 일하는 직원들의 독립성과 자부심을 저해한다. 동시에 리더와 구성원 간의 거리를 멀게 한다. 그러면 관리자와 직원들 간의 간극이 생기기 마련이고, 이런 간극은 디지털 통신수단으로도 메워질 수 없다.

또 다른 원인은 확신의 부족이다. 다시 말해 상대방을 화나게 할까봐 자신이 옳다고 믿는 진실을 말하지 못하는 것이다. 자본주의에 대한 옹호가 대표적인 사례다. 일부 금융기관과 투자자들의 (점잖게 말해) 실수와 악행은 전 세계 경제를 불황으로 내몰았을 뿐만 아니라 자유시장, 수익, 소비자의 힘에 대한 믿음이 원래부터 잘못이라고 주장하는 이들에게 좋은 빌미를 제공했다. 자유시장을 비판하는 목소리가 갈수록 커지는 동안, 시장 경쟁의 중요성이나 기업이 사회를 위해 부를 창출한다는 단순한 진실을 옹호하는 사람은 아무도 없었다.

마지막으로 조직으로 하여금 진실을 외면하게 하는 가장 해로운 경향은 우리 사회가 자신도 모르게 도덕적 상대주의라는 진창으로 빠져들고 있다는 점이다. 오늘날 리더들은 관대함에 대한 집착, 모든 사람들을 만족시키려는 욕구를 핑계로 어렵고 고통스런 의사결정을 회피한다. 리더들은 명확한 가치라는 나침반이 없는 상태에서 틀린 의사결정을 수없이 내린다. 여기서 틀렸다는 말은 도덕적으로 옳지 못하다는 의미다. 정치처럼 비즈니스에도 도덕은 존재한다. 옳은 일을 한다는 건 단지 법의 준수를 넘어 당신과 함께 일하는 동료들, 당신이 섬기는 고객들, 당신이 어떤 식으로든 영향을 주는 사회를 위해 올바른 행위를 한다는 것이다. 그러려면 때로는 일시적인 실적 악화나 비판적인 여론을 감수해야 한다. 만약 의사결정이 진실을 기반으로 내려진다면, 또한 의사결정이 공동의 선한 가치를 반영한다면, 의사결정이 가져오는 혜택은 어려운 의사결정을 내려야 하는 고통을 충분히 보상해주고도 남을 것이다.

오늘날의 관리자 교육은 이런 기본적인 도덕관념이나 진실에 대한 집착을 가르치지 않고 있다. 오늘날 기업을 지배하는 건 가치가 아닌 수치다. 기업들은 사회적 책임감을 강조하지만, 막상 기업의 의사결정 과정에서 "옳은 일을 하라"는 주장은 결여돼 있다. 한편 정치가들은 "정치에서는 모든 것이 가능하다"고 말한다. 하지만 이 표현 자체에 패배감이 담겨 있다. 즉 옳은 행동이 무엇인지를 알면서 막상 옳은 행동을 실천하는 데 필요한 의지와 신념은 부족하다는 것을 인정하는 셈이다.

진실, 충성도, 용기, 가치, 실행, 균형, 단순함, 린 방식, 경쟁, 신뢰의 10개 키워드는 내가 몸소 체득한, 좋은 조직의 핵심 요소들이다. 여기에 '행운'이라는 요소를 추가하고 싶기도 하다. 나폴레옹은 장교를 진급시킬 때 "이 친구 운이 따르는 편인가?"라고 물었다고 한다. 사실 위대한 아이디어를 생각해냈는데, 불행하게도 다른 사람보다 약간 늦게 생각해낼 수도 있다. 또는 위대한 계획을 세웠지만, 인력으로는 어쩔 수 없는 상황 때문에 무용지물이 될 수도 있다. 예를 들어 테스코도 2007년에 미국 시장에서 프레시앤이지 매장을 오픈하자마자 예기치 못한 글로벌 금융위기를 맞아야 했다. 운이 좋으면 사소한 실수도 넘어가는 반면, 운이 나쁘면 사소한 실수 때문에 큰 대가를 치러야 한다.

따라서 운은 실제 우리 삶에 작용하며, 우리는 때로는 행운을, 때로는 불운을 겪는다. 중요한 점은 운이 어떤 식으로 작용하는지가 아닌, 뜻밖의 행운이나 불운에 어떻게 대응하는가이다. 행운이 다가오면 행운을 최대한 움켜쥐려는 용기를 내야 한다. 반대로 불운이 닥치면 그럼에도 불구하고 다시 일어서려는 강력한 신념이 필요하다. 무엇보다도 일이 항상 계획대로 되는 것은 아니라는 점을 인정한다면 가끔씩 찾아오는 불행도 이겨낼 수 있다.

내가 테스코에서 근무하는 동안에도 모든 일이 내 뜻대로 된 것은 결코 아니다. 마케팅이 실패하거나, 경쟁자를 너무 늦게 포착하거나, 전산 프로젝트를 제대로 완료하지 못하는 등 계획대로 진행되지 않은 일이 너무나 많다. 하지만 일시적인 실패나 좌절 때문에 궤도를 이탈한 경우는 단 한 번도 없었다. 덕분에 1992년에 영국 대형유통업 분야에서 매출 70억 파운드에 업계 순위가 고작 3위였던 테스코는 2011년에 영국에서만 440억 파운드의 매출을 올린, 현재 전 세계에서 손꼽히는 유통업체로 도약할 수 있었다. 나아가 그 기간 동안 우리는 13개국의 해외시장에 진출했고, 그중 8개 시장에서 1위, 또는 2위 업체가 됐다.

내가 제시한 성공적인 조직의 10개 키워드 중에 '운'이 포함되지 않는 까닭도 이 때문이다. 운은 존재한다. 다만 경영의 핵심 요소로 삼기에는 지나치게 제멋대로 작용한다는 점이 문제다. 반면 내가 제시한 키워드는 다르다. 이 키워드들에는 내가 몸소 경험한 좋은 조직의 핵심 요소들이 담겨 있고, 따라서 모든 조직에 보편적으로 적용된다는 게 내 믿음이다.

만약 10개의 키워드 중 무엇이 가장 중요하냐고 묻는다면, 나는 '진실'이라고 답하겠다. 진실은 문제의 원인을 제대로 파악한 뒤 이를 숨기지 않는 것이다. '이 조직의 목적은 무엇인가?'에 대해 정직하게 답하는 것도 진실이다. 자신에게 솔직하고, 주변 사람들에게 자신의 모습을 솔직하게 드러내는 것도 진실이다. 진실을 찾고, 진실을 말하는 건 도덕적으로 옳을 뿐만 아니라 성공적인 경영의 근간이다. 그리고 진실은 당신이 섬기는 고객들에게서 나온다. 고객의 말을 경청하고, 그들에게서 배워라. 아무리 힘들어도 매사에 고객의 조언을 구한다면 조직의 성공 가능성은 높아진다. 성공적인 경영은 이처럼 단순하다.

참고문헌

위대한 조직을 만드는 절대법칙 1
진실을 직시한다

1 『The Grocers』, Andrew Seth and Geoffery Randall, Kogan Page(1999년), p.24

2 위의 책, p.25

3 잭 코헨 일화는 다음 책을 인용했다. 『Counter Revolution: The Tesco Story』, David Powell, Grafton Books(1991년), p.119

4 『The Grocers』, Seth and Randall, p.24

5 『The Grocers』, Seth and Randall, p.25, 27

6 『The Grocers』, Seth and Randall, p.33

7 《The Guardian》 기사는 다음 책을 인용했다. 『The Grocers』, Seth and Randall, p.33

8 『The Grocers』, Seth and Randall, p.35

9 《Sunday Times》, Sri Lanka, 2001년 4월 1일

10 http://www.lga.gov.uk/lga/aio/10 9536 표 14

11 http://www.slough.gov.uk/documents/room1.pdf

12 http://www.zen99662.zen.co.uk/id/resources/DemographicsSummary.pdf

13 http://www.audit-commission.gov.uk/SiteCollectionDocuments/InspectionOutput/ InspectionReports/2009/sloughbcaplacetoliveinspection-13aug2009REP.pdf

14 『Defeat into Victory』, Field Marshal Viscount Slim, Cassell & Company (1956년), Pan Books edition(1999년), p.182

15 『An Essential Partnership-The Chemical Industry and Medicine』, 1935년 4월 22일에 조지 W. 머크가 미국화학학회 의화학 부서를 대상으로 한 연설을 참조했다. 이 내용은 다음 책을 인용했다. 『성공하는 기업들의 8가지 습관』, 짐 콜린스, 김영사(1996년)

위대한 조직을 만드는 절대법칙 2

고객충성도를 확보하고 유지한다

1 『The New Rules of Retail』, Robin Lewis and Michael Dart, Palgrave MacMillan(2010년), p.51, 53

2 http://www.ons.gov.uk/ons/rel/family-demography/families-and-house-holds/2011/stb-families-households.html

3 http://research.stlouisfed.org/publications/review/o8/01/DiCecio.pdf

4 http://www.irp.wisc.edu/publications/focus/pdfs/foc201.pdf, p.5

5 『Women and Employment: Changing Lives and New Challenges』, Jacqueline L Scott, p.160

6 http://www.legislation.gov.uk/ukpga/Geo6/14/28/contents

위대한 조직을 만드는 절대법칙 3

새로운 영역에 진입할 용기를 갖는다

1 『Fisher's Face』, Jan Morris, p.138-139

2 다음 책을 인용했다. 『성공하는 기업들의 8가지 습관』, 짐 콜린스, 김영사(1996년)

3 『프라토의 중세상인』, 이리스 오리고, 앨피(2009년)

4 에머리 경영대학원 연설, 1991년

5 『The Machine that Changed the World』, James P Womack, Daniel T Jones and Daniel Roos, Simon & Schuster(2007년), p.55-56

6 http://www.pigglywiggly.com/about-us

7 잭 코헨의 일화는 다음 책을 인용했다. 『Counter Revolution: The Tesco Story』, David Powell Grafton Books(1991년), p.65

8 위의 책, p.79

9 『Closing in 1911-1912』, Daniel H. Burnham, Architect, Planner of Cities, Vol.2, Charles Moore, Houghton Miffin(1921년)

10 http://www.mersey-gateway.org/server.php?show=ConNarrative.119&chapterId=804

11 http://www.liverpoolmuseums.org.uk/maritime/exhibitions/magical/quiz/trivia.asp

12 http://www.worldportsource.com/ports/GBR_Port_of_Liverpool_86.php

13 http://www.visionofbritain.org.uk/data_cube_page.jsp?data_theme=T_POP&data_
   cube=N_TOT_POP&u_id=10105821&c_id=10001043&add=N

14 http://liverpool-consult.limehouse.co.uk/portal/planning/csrpo_consultation/
   csrpo?pointId=1245921856105

15 http://liverpool-consult.limehouse.co.uk/portal/planning/csrpo_consultation/
   csrpo?pointId=1245921856105

16 http://www.liverpoolvision.co.uk/

17 http://www.visitbritain.org/insightsandstatistics/inboundvisitorstatistics/regions/
   towns.aspx

18 《Experian》, 17 October 2008

19 『새무얼 스마일즈의 자조론』, 새무얼 스마일즈, 21세기북스(2006년)

위대한 조직을 만드는 절대법칙 4

기업의 핵심가치를 심어준다

1 『감성의 정치학』, 드루 웨스턴, 중앙북스(2007년)

2 위의 책, p.15

3 『Defeat into Victory』, Slim, p.184

4 『Quartered Safe Out Here』, George MacDonald Fraser, HarperCollins(2000년), p.52−
   53

5 『Defeat into Victory』, Slim. p.186−187

6 위의 책, p.37

7 위의 책, p.186

8 『Brand Manners』, Hamish Pringle and William Gordon, John Wiley & Sons Ltd(2001
   년), p.3, 36

9 http://www.pwc.com/en_GX/gx/world-2050/pdf/world-in-2050-jan-2011.pdf

10 http://kostat.go.kr/portal/english/news/1/1/index.board?bmode=read&−
   aSeq=245048

11 http://www.lmg.go.kr/2006iaescsi/generalinfo/seoul.asp

12 http://kostat.go.kr/portal/english/news/1/7/index.board?bmode=read&bSeq=&aSeq=

252523&pageNo=1&rowNum=10&navCount=10&currPg=&sTarget=title&sTxt=

13 http://www.ft.com/cms/s/o/b5bb3868-3b36-11df-a1e7-00144feabdco. html#axzz1lAMBH74h

14 《The Guardian》, 2010년 1월 6일; 《Daily Telegraph》, 2011년 4월 16일

위대한 조직을 만드는 절대법칙 5
계획대로 실행한다

1 『The Machine that Changed the World』, Womack, Jones and Roos, p.239

2 『불황없는 소비를 창조하라』, 샘 월튼, 21세기북스(2008년)

3 『새무얼 스마일즈의 자조론』

4 『로열티 경영』, 프레더릭 F. 라이히헬드, 세종서적(1997년)

5 『Courage and Other Broadcasts』, Field Marshal Viscount Slim, Cassell & Company(1957년), p.28

6 위의 책, p.30

7 『새무얼 스마일즈의 자조론』

8 『군주론』, 마키아벨리, 까치(2008년)

9 http://cep.lse.ac.uk/pubs/dpwnload/DP0526.pdf

10 『Webvan's Spashy Stock Debut May Shake Up Staid Grocery Industry』, George Anders, 《Wall Street Journal》, 1999년 11월 8일

11 『Webvan: Reinventing the Milkman』, Denise Banks, Otto Driessen, Thomas Oh, German Scipioni and Rachel Zimmerman(미시간 경영대학원 MBA 지원자), Allan Afuah(지도교수), McGraw-Hill(2001년)

12 http://www.publications.parliament.uk/pa/cm201012/cmselect/cmpu-bacc/1397/1397. pdf, 5번째 단락

13 http://www.publications.parliament.uk/pa/cm201012/cmselect/cmpu-bacc/1397/1397. pdf, p.3

14 The Failure of the FiReCountrol Project, National Audit Office, HC 1272 2011년 7월 1일, p.4

15 Roger Hargreaves, National Project Director, FiReControl, Q73, Public Accounts

Committee Hearing, 2011년 7월 6일

16 공공회계위원회가 조사한 내용은 다음과 같다. '프로젝트는 처음부터 잘못됐다. 지역사회부는 이전까지 지역별로 운영되던 소방 및 응급서비스를 하나로 통합하려는 과정에서 반발을 불러일으켰다. 하지만 프로젝트의 필요성을 설득하기보다는 권역별 통제센터와 전산시스템을 개발하기 위한 의사결정 과정에서 아예 배제했다. 문제는 이 의사결정이 지역 소방 및 응급서비스 기관에 비용과 책임을 부과했지만, 이 부분에 대해 지역기관들이 동의하지 않았다는 점이다.'

17 '46개의 서로 다른 소방기관이 있고, 소방기관마다 업무 방식이 다를 경우, 이를 시스템화하려면 모든 기관이 동일한 방식으로 업무를 수행하게 해야 한다. 왜냐하면 46개의 서로 다른 업무 방식을 인정할 경우, 이를 전산화하기란 불가능하기 때문이다.' Steve McGuirk, Chief Executive, Manchester Fire Service, Board Member, Chief Fire Officers Association, Q 191 http://www.publications.parliament.uk/pa/cm201012/emselect/cmpubacc/1297.pdf

18 '프로젝트의 초기 5년 동안 운영 방안에 대한 협의는 복잡한 논의를 거쳤고, 매우 비효율적이었다. 결국 책임은 명확하게 정의되지 못했고, 의사결정은 매우 느렸다. 새로운 문제가 도출되면 별도의 관리 방안이 추가됐지만, 여전히 명확한 의사결정체계나 책임 소재 정의, 내부 논의는 없었다.' http://www.nao.org.uk/publications/1012/failure_of_firecontrol.aspx, 5번째 단락

19 Outline cost 2005: £12om. Full version(1.0) 2007: £34om http://www.nao.org.uk/publications/1012/failure_of_firecontrol.aspx, 그림 3

20 http://www.dailymail.co.uk/news/article-2040259/NHS-IT-project-failure-Labours-12bn-scheme-scrapped.htm

21 『새무얼 스마일즈의 자조론』

위대한 조직을 만드는 절대법칙 6
균형 잡힌 안목을 기른다

1 『Defeat into Victory』, Slim, p.413

2 『가치실현을 위한 통합경영지표 BSC』, 로버트 캐플런, 한언(1998년)

3 위의 책, p.8

4 위의 책, p.25

5 위의 책, p.10

6 위의 책, p.28

7 http://www.nao.org.uk/publications/1012/nhs_ambulance_services.aspx

8 『Defeat into Victory』, Slim, p.294

위대한 조직을 만드는 절대법칙 7
모든 것을 단순화한다

1 『Information Anxiety』, Richard Saul Worman, Doubleday(1989년), p.32

2 http://www.publicfinace.co.uk/news/2010/03/nhs-manager-numbers-increase-by-84-in-a-decade/

3 http://www.nao.org.uk/publications/1012/government_cost_reduction.aspx

4 http://bis.gov.uk/policies/growth/growth-review-implementation

5 http://www.taxpayersalliance.com/tolleys.pdf

6 『The Complete Plain Words』, Sir Ernest Gowers, Penguin(1987년), p.2-3

7 『Simplicity』, Edward de Bono, Penguin(1998년), p.61

8 『새무얼 스마일즈의 자조론』

9 『헨리 포드』, 헨리 포드, 21세기북스(2006년)

10 http://www.bloomberg.com/news/2011-01-30/newpresso-will-wurvive-plethora-of-knock-offs-inventor-says.html

11 http://www.time.com/time/magazine/article/0,9171,2053573,00.html

12 http://www.bloomberg.com/news/2011-01-30/nespresso-will-survive-plethora-of-knock-offs-inventor-says.html

위대한 조직을 만드는 절대법칙 8
린 사고로 낭비 요소를 없앤다

1 『Review of Education Capital』, Sebastian James, 2011년 4월, 단락 2·3

2 위 보고서, 단락 2.4·2.5

3 위 보고서, 단락 2.20

4 위 보고서, Executive Summary, p.5

5 위 보고서, Executive Summary, p.4

6 http://www.communities.gov/uk/news/comminities/2009832

7 http://www.communities.gov.uk/communities/troubledfamilies/

8 http://www.communities.gov.uk/news/communities/2009832

9 http://www.communities.gov.uk/news/communities/2009832

10 http://www.communities.gov.uk/news/communities/2009832

11 『헨리 포드』

12 위의 책, p.15

13 『A road map for natural capitalism』, Amory B Lovins, L Hunter Lovins and Paul Hawken, Harvard Business Review, May—June 1999. 책에 소개된 회사는 '인터페이스'이다.

14 http://www.hm—treasury.gov.uk/d/CLOSED_SHORT_executive_summary.pdf

15 http://www.unilever.co.za/aboutus/newsandmedia/pressrelease/2011/

16 http://www.wci.manchester.ac.uk/uploads/zestfinalreport.pef p.117

17 『자연자본주의』, 폴 호큰, 에이머리 로빈스, 헌터 로빈스, 공존(2010년)

위대한 조직을 만드는 절대법칙 9
경쟁자를 찾아 나선다

1 『Summer Meditations』, Vaclav Havel, Alfred Knopf(2002년), p.62

2 『Open Markets Matter: The Benefits of Trade and Investment Liberalisation』, OECD(1998년)

3 Peter G Peterson Institute for International Economics. 다음 기사에서 인용했다. 'Free Tree Agreements, Promoting Prosperity in 2008', Daniella Markheim, Heritage Foundation(2008년 5월)

4 http://www.heritage.org/Index/pdf/Index09_ExecSum.pdf

5 http://web.worldbank.org/WBSITE/EXTERNAL/NEWS/o,,contentMDK:22889943~pagePK:64257043~piPK:437376~theSitePK:4607,00.html

6 'Shaping the Defence Programme, Some Platitudes', Sir Michael Quinlan. 다음 책에서

인용했다. 『The Secret State』, Peter Hennessy, Penguin(2003년), p.296

7 http://www.defra.gov.uk/statistics/files/defra-stats-foodfarm-food-pocket-book-2001.pdf, p.26

8 http://science.cancerresearchuk.org/prod_cosump/groups/cr_common/@fre/@gen/documents/generalcontent/research-strategy-dnld-version.pdf

9 『국부론』, 애덤 스미스, 동서문화사(2008년)

위대한 조직을 만드는 절대법칙 10
사람들을 신뢰한다

1 『The Memoirs of Field Marshal Montgomery』, Field Marshal Viscount Montgomery, Collins(1958년), p.89

2 『새무얼 스마일즈의 자조론』

3 『The Memoirs of Field Marshal Montgomery』, Field Marshal Viscount Montgomery, p.86

4 존 콜빌 경의 일화는 다음 책을 인용했다. 『Action This Day: Working with Chuchill』, Sir John Wheeler-Bennett(ed.), Macmillan(1968년), p.50

5 노르만 브룩 경의 일화는 다음 책을 인용했다. 『Action This Day: Working with Chuchill』, Wheeler-Bennett(ed.), p.22

6 브리지스 경의 일화는 다음 책을 인용했다. 『Action This Day: Working with Chuchill』, Wheeler-Bennett(ed.), p.220

7 노르만 브룩 경의 일화는 다음 책을 인용했다. 『Action This Day: Working with Chuchill』, Wheeler-Bennett(ed.), p.27

8 위의 책, p.28

9 이안 제이콥 경의 일화는 다음 책을 인용했다. 『Action This Day: Working with Chuchill』, Wheeler-Bennett(ed.), p.176

맺음말

1 『Big data: The next frontier for innovation, competition and productivity』, McKinsey Global Institute

2 위의 보고서

3 『Defeat into Victory』, Slim, p.235

KI신서 4665

위대한 조직을 만드는
10가지 절대법칙

1판 1쇄 인쇄 2013년 3월 15일
1판 2쇄 발행 2015년 1월 30일

지은이 테리 리히 **옮긴이** 차백만
펴낸이 김영곤 **펴낸곳** (주)북이십일 21세기북스
부사장 이유남
해외사업팀장 김상수 **디자인 표지** 씨디자인 **본문** 김진희
해외기획팀장 조동신 **해외기획팀** 정영주
영업본부장 안형태 **영업** 권장규 정병철
마케팅본부장 이희정 **마케팅** 민안기 김한성 김홍선 강서영 최소라 백세희
출판등록 2000년 5월 6일 제10-1965호
주소 (우 413-120) 경기도 파주시 회동길 201(문발동)
대표전화 031-955-2100 **팩스** 031-955-2151 **이메일** book21@book21.co.kr
홈페이지 www.book21.com **트위터** @21cbook **블로그** b.book21.com

ISBN 978-89-509-4622-7 13320
책값은 뒤표지에 있습니다.